跨以成人

小学跨学科主题学习这样做

王蓉 编著

上海教育出版社
SHANGHAI EDUCATIONAL
PUBLISHING HOUSE

本书是温州高铁新城实验学校"跨学科主题学习实践与研究"课题群成果。

总课题：瓯海区教科规划课题"小学跨学科主题学习项目建构的实践研究"（OHJK2421）

子课题：
浙江省教育科学规划一般课题"三维设计：小学语文跨学科主题新读写课程的开发实践"（2023SC278）

瓯海区教学研究课题"基于跨学科学习的小学语文单元整体教学"（OHJY24128）

瓯海区教学研究课题"指向真实情境问题解决的小学科学跨学科实践研究"（OHJY2410）

瓯海区教学研究课题"跨学科主题学习视域下小学数学体验式教学的研究"（OHJY2420）

瓯海区教学研究课题"基于 C-POTE 模型的小学英语跨学科主题教学设计与实施研究"（OHJY2436）

瓯海区教学研究课题"基于跨学科主题融合的德育主题活动课程实践研究"（OHJY24223）

瓯海区教科规划课题"基于跨学科融合的德育课程设计实践研究"（OHJK2517）

瓯海区教学研究课题"融合课程下表现性评价的实践研究"（OHJY2370）

编委会

序 言

掩卷沉思，王蓉老师精心编著的书稿仿佛一扇窗，轻轻推开，温州高铁新城实验学校（以下简称"高实"）的教育画卷便徐徐铺展于眼前：三年级孩童于中国传统节日博览会中策展布展，稚嫩的双手描绘文化的斑斓；四年级学生在"汽车总动员"活动中，以全域视角洞悉汽车与生活的千丝万缕，展望未来的能源图景；五年级学子以《西游记》为蓝本，匠心独运，用棋牌游戏剖析人物百态……这一幕幕生动场景，绝非虚幻的教育乌托邦，而是这所普通公办学校日常实践的璀璨篇章。在知识边界日益消融的当下，这样的探索正重新锚定教育的价值坐标。

均优教育秉持"为学校进化加速"的神圣使命。作为首批联盟学校之一，高实的实践无疑印证了一个核心命题：跨学科学习不是简单的知识拼盘，而是对教育逻辑深刻的系统重构。我们清晰地看到，当教师以真实问题为支点，巧妙撬动学科壁垒时，知识便从静态符号化作解决问题的工具。

以"品读名著，戏说人生"为例，学生在皮影戏的古老韵律中，领略中国四大名著的博大精深。语文教师引领他们徜徉于皮影戏作品的海洋，美术教师精心传授皮影制作的精湛技艺，科学教师则深入浅出地解析皮影戏的科学原理。在探究、交流与表演中，学生的团队协作能力悄然提升，传统艺术也在学生的行动中焕发出新生——被理解和接受。这种"超学科学习图谱"的构建，正是均优教育在课程领域坚守的"根系"方法论——以国家课程为深厚根脉，以在地文化为肥沃土壤，让知识在真实问题中自然交融、自由生长。

在课程研发的征途中，高实教师团队开辟了三条实践路径：单学科主导型、多学科融合型和跨学科实践活动型。经过数载不懈探索，硕果累累，让我们看到普通学校突围的可能。我们不仅见证了教学创新的火花四溅，还目睹了教育者从"知识传递者"向"学习设计师"的华丽蜕变，从中我们也看到了分数"紧箍咒"破解的可能——不唯分数与不畏分数在这里实现了辩证统一。

王蓉老师带领的小学部教师团队的执着和努力令人动容。他们常常挑灯打磨学习方案，顶着烈日寻找真实学习场景，更在无数次陪伴中守护年轻教师的成长。书中的每一个典型课例，都凝结着课堂观察与迭代。这些案例没有虚构的浪漫，只有真实的成长——它们源自教师对课堂的洞察与反思，亦扎根于学生对世界的天然好奇。

学校坚持难而正确的改革项目，除了超学科学习，还有选课走班、扁平化管理等新举措，学校的改革也入选《中国教师报》2024 全国基础教育创新十大案例。均优教育其他联盟学校也在管理、课程、教学、空间、评价等领域进行了一系列的创新和探索，使学校呈现出低管控、低负担、低竞争的教育新生态。这些学校的实践看似形态迥异，却共享同一内核——以学生真实成长为中心，以新生态教育原理为根系，因地制宜地嫁接资源、重构场景；共用同一方法——差异化的定位、新生态体系的搭建、关键性人才的选拔。教育创新从来不是照搬公式，也绝非凭空想象，而是寻得"原则坚守"与"路径创造"的平衡——如树之生长，根植厚土，枝展苍穹。

此刻回望温州高铁新城实验学校的这场变革，不见颠覆性的叙事，唯见静水流深的渐进改良，"得寸进寸"的积累沉淀。谨向耕耘者致敬，你们对教育本质的坚守、对专业精进的追求，正在重塑学校的基因。愿此书如星火，给更多一线教育者以微光；愿吾辈常怀"未完成"之心，因创新的真谛，永在下一段旅程。

陈长河

2025 年 3 月 1 日于北京

目 录

■ **第一章　跨学科主题学习的整校推进**　|　*1*

　一、建构跨学科主题学习项目的背景　|　*2*

　二、建构跨学科主题学习项目的意义与目标　|　*3*

　三、建构跨学科主题学习项目的策略与经验　|　*4*

　四、建构跨学科主题学习项目的资源支持　|　*11*

■ **第二章　单学科主导："1+N"式跨学科主题学习**　|　*13*

　一、语文跨学科主题学习　|　*15*

　二、数学跨学科主题学习　|　*64*

　三、英语跨学科主题学习　|　*81*

　四、科学跨学科主题学习　|　*101*

■ **第三章　多学科融合：课程融合式跨学科主题学习**　|　*117*

　杏园探植　|　*119*

　杏娃探高实　|　*144*

　叶子的奇妙世界　|　*165*

　慧收纳，巧整理　|　*184*

　追风少年　|　*198*

　"源"来如此　|　*221*

中国传统节日博览会 ｜ *238*

我的秋游我做主 ｜ *254*

我的温州游记 ｜ *266*

汽车总动员——高实首届杏娃车展 ｜ *282*

品读名著，戏说人生 ｜ *298*

我的成长足迹 ｜ *311*

■ **第四章　跨学科实践活动：**
　　　　　综合实践活动类跨学科主题学习 ｜ *331*

"菜菜头"春耕 ｜ *333*

绿色小卫士的环保之旅 ｜ *341*

亚运小使者，探秘龙舟韵 ｜ *347*

小小纸飞机，放飞科创梦 ｜ *361*

幼小牵手，双向奔赴 ｜ *368*

杏娃书画展 ｜ *378*

激情篮球，团结共进 ｜ *384*

杏娃迎冬奥，一起向世界 ｜ *390*

小餐桌，大学问 ｜ *396*

花开十岁　成长有礼 ｜ *405*

■ **第五章　结语** ｜ *413*

■ **后记** ｜ *416*

跨学科主题学习的整校推进

教育部发布的《义务教育课程方案（2022 年版）》（以下简称《课程方案》）中明确提出，义务教育课程应遵循"加强课程综合，注重关联"的原则，"各门课程用不少于 10% 的课时设计跨学科主题学习"，对跨学科主题学习活动提出了更明确的要求。跨学科主题学习是一种综合性的学习方法，将不同学科的知识和技能融合在一起，培养学生的综合素质和创新能力。

2021 年，温州高铁新城实验学校开始开展跨学科实践活动，并于 2022 年进行跨学科主题学习的研究和实践。学校依据新课程方案和新课标，关注学生问题，在真实情境中提升学生素养。起初在一、二年级试点，随后逐步扩展至全校范围，整校推进，实现了全体教师参与，深度开展了跨学科主题学习研究和实践。

一、建构跨学科主题学习项目的背景

（一）应对国家复合型人才培养诉求

第四次工业革命已经到来，人工智能等高新技术产业在为社会各行各业带来许多机遇的同时，也对人才的素质提出了更高的要求。当前，社会需要的是能解决综合性问题的复合型人才。跨学科主题教学提倡多学科知识融合，以解决实际问题为导向进行学习，不仅弥补了分科教学导致的知识割裂，还培养了学生解决实际问题的能力，为培养未来的复合型人才打下了坚实的基础。

（二）落实学生核心素养的培养目标

跨学科主题教学的教学目标与我国课改方向相同，均以培养学生核心素养为目标。核心素养是指"学生应具备的、能够适应终身发展和社会发展需要的必备品格和关键能力"。但传统的分科学习将知识划分为不同的学科，导致学科间割裂，学生在学习过程中往往难以将知识进行整合和应用，缺乏对知识的整体性和综合性理解，基于此高实提出跨学科主题教学。

（三）跨学科主题教学实践相对匮乏

跨学科主题学习既能够满足跨学科实践的要求，又能够体现学生学习方式的变革，但目前面临经验支持不足、缺乏系统性学习、缺少深入的跨学科主题教学实践等现实困境。虽然《课程方案》提出"各门课程用不少于 10% 的课时设计跨学科主题学习"，但尚未形成完整的跨学科主题教学课程体系，可资借鉴的优质案例太少。

二、建构跨学科主题学习项目的意义与目标

（一）意义

1. 理论意义

用跨学科主题学习实施国家课程并进行校本化的研究和探索，从课程开发中探索出跨学科主题学习的技术及方式，为跨学科主题学习改革提供参考。

2. 实践意义

跨学科主题学习是培育学生核心素养的重要措施，是学校针对学生被动接受的学习方式进行的积极尝试。通过逆向设计思维推动对国家课程进行跨学科主题学习的研发，探索出课程教学环节及支架，形成一般性的经验和方法论。

跨学科主题学习是唤醒教师整体育人的有利契机，引导教师不再过分注重单一学科，深化对跨学科主题学习的理解，教师的观念将从教转向学，注重学生学习证据的搜集，培养学生的认知能力和非认知能力。

跨学科主题学习是推行学校课程建设的积极抓手，对学校教材内容组织形态和呈现方式进行优化和变革，推动学校"梦恒"课程[①] 的发展，促进跨学科主题学习在小学教学实践中迭代。

---

① 温州高铁新城实验学校课程以"梦恒"命名，希望学生既能仰望天空，又能脚踏实地，让学生从小有梦想，找到自己前进的方向，能坚韧不懈地付出实际行动，又具备将梦想变成现实的持之以恒的精神。"梦恒"课程按需分层，着眼于学生个性化学习；按需施教，提高学生综合化素养；按需选学，促进学生多样化发展。

（二）目标

1. 培养学生核心素养及高阶思维能力

开展小学跨学科主题学习应用研究，推动学生通过跨领域的融合学习方式提升素养，引导学生在多门学科的视角和思维下认识自然、社会、自我，培养学生核心素养及高阶思维能力，并回应学校提出的"培养具有创新意识、自律精神、国际视野的高实学子"的培育目标。

2. 提升教师教育教学水平

设计跨学科主题学习案例，为教师开展跨学科主题学习提供参考，使教师在边研究边实践的过程中提升教育教学水平。

3. 完善学校课程体系

从内涵、特征、实践层面研究小学跨学科主题学习的路径与方法，构建小学跨学科主题学习项目方式，完善并丰富"梦恒"课程体系。

三、建构跨学科主题学习项目的策略与经验

（一）整体架构，融入学校课程

将跨学科主题学习融入学校课程并非另起炉灶或者重新架构来做"加法"，而是基于学校现有的课程进行优化和完善，对已有课程进行系统分析，结合学校校情和学生学情进行全面整合，立足于本校学生的课程需求，指向本校的育人目标，且与本校已有的课程资源匹配，促进学生核心素养的发展。

1. 顶层设计，将跨学科课程融入学校整体课程规划

学校的教育理念为"有教无类，适性扬才，让每一个孩子得到最好的发展"，培养目标为"培养具有创新意识、自律精神、国际视野的高实学子"，构建了基础型课程和拓展型课程。基础型课程全面落实各学科课程标准要求，完成教材学习任务，采用必修的方式实施，分为学科课程和跨学科课程。拓展型课程分为跨学科实践活动和自主拓展课程，跨学科实践活动以必修形式开展，整合了专题教育、班队活动、社会实践、校本课程等内容；自主拓展课程以选修形式开展，分为学科拓展和科艺体活动两类，通过自主申请和选课，满足学生个性化需求。

2. 明确跨学科课程的内涵，实现协同育人目标

跨学科主题学习始终致力于解决由学科分化而导致的知识割裂问题，打破学科

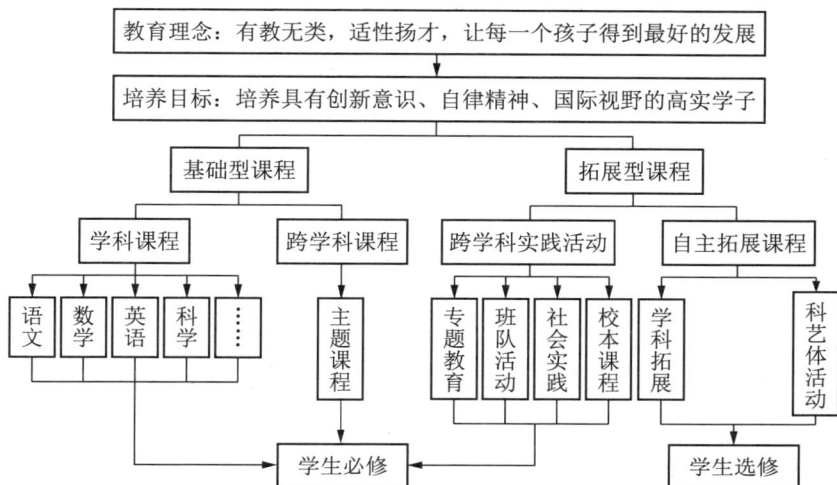

界限，培养具备融通各学科思维的创新型人才。跨学科课程在学校育人目标的导向下融入学校课程，融合语文、数学、英语、科学、艺术、劳动、道德与法治、体育与健康等各门学科知识，以单学科主导型、多学科融合型、跨学科实践活动三种途径，通过主题、问题、现象、概念、成果等，以项目式学习、探究性学习、问题式学习、研究性学习、研学实践等载体完成完整的跨学科主题学习，培养具有创新意识、自律精神、国际视野的高实学子。

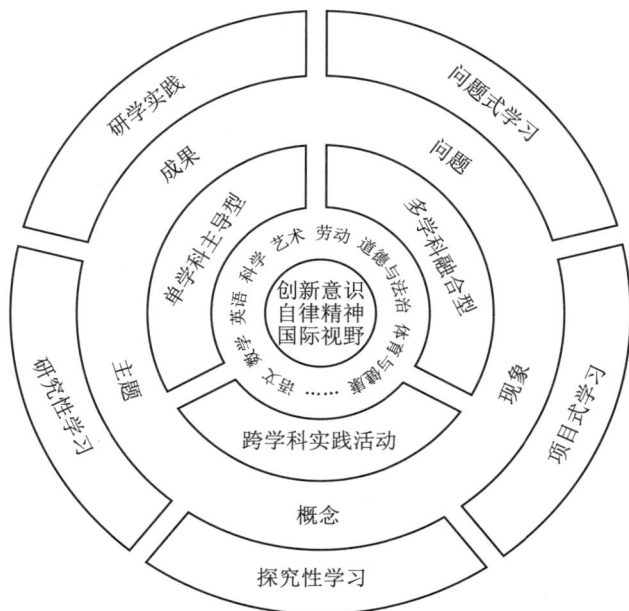

3. 研制大课表，统筹课程内容

为避免在跨学科主题学习的实践中出现随意叠加、重复的情况，年级主任在每学期初会组织全学科教师共同教研，根据本学期跨学科主题学习的主题，排出可实施的课表，真正将"纸上的设计"变为"真实的学习"。以一年级"探秘校园"主题为例，从办一场校园开放日活动，让学生向家长介绍自己的小学生活的真实任务出发，在"探"校园、"美"教室、"交"朋友三个子任务中融合语文、数学、道德与法治、艺术等学科内容，构建真实的小学生活场景，解决幼儿初入小学的适应性问题。

日期	周一	周二	周三	周四	周五
主题课程	常规课	常规课	绘本共读《小魔怪要上学》	读写绘：画出高实的一天	高实探险家：校园空间问题讨论
自主时间					
主题课程	常规课	常规课	儿歌《家》：识字、续写诗歌	【道德与法治】《开开心心上学去》	高实探险家：人物角色采访题讨论
主题课程	常规课	绘本共读《大头鱼上学记》	读写绘：画出自己的一天	儿歌《安静》：尊重与礼貌的学习	高实探险家：如何进行采访调查活动讨论
日期	周一	周二	周三	周四	周五
主题课程	高实探险家：采访与记录	我的新家（班级文化）	绘本共读《月亮先生生病了》	绘本共读《大卫上学去》	【科学】观察学校标志植物：银杏树
自主时间					
主题课程	高实探险家：整理与写绘	口语交际《图书借阅公约》	《高实文明礼仪三字口诀》《站如松》	写绘与分享	【艺术】叶子大变样（画银杏叶/创作叶画）

（二）三种途径，全覆盖学习过程

根据跨学科主题学习中的学科关系，高实的跨学科主题学习分为主从型和融合型两种。主从型以一门学科为主，其他学科为辅；融合型则综合两门及以上学科开展跨学科主题学习，学科之间没有主次之分。由此，高实的跨学科主题学习可以分为单学科主导型和多学科融合型。

在学校的实际工作中，除了学科学习，活动也在学生校园生活中占重要比重，是重要的育人方式。跨学科实践活动也是实践"学科＋活动"形态的重要途径。因此，学校在发挥各门学科育人价值的同时，以强化跨学科主题学习的综合性和实践性为基础，尝试构建单学科主导型跨学科主题学习、多学科融合型跨学科主题学习、跨学科实践活动三种途径，推动跨学科主题学习在学校的全面开展。

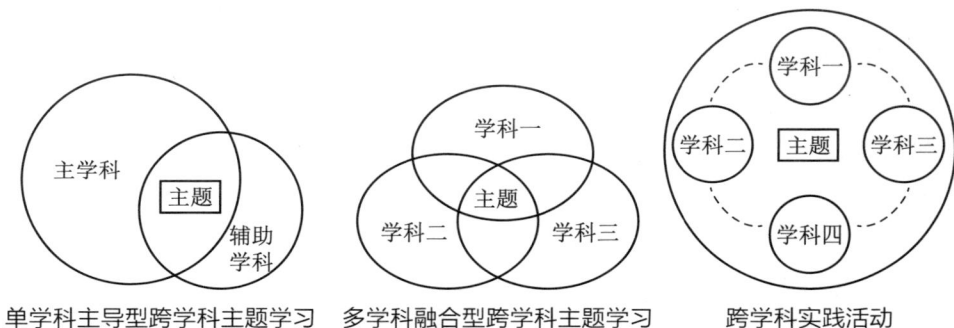

单学科主导型跨学科主题学习　　多学科融合型跨学科主题学习　　　跨学科实践活动

1. 单学科主导型跨学科主题学习

单学科即主学科，在单学科主导型跨学科主题学习中，教师围绕主学科的教学目标进行教学设计，主学科之外的辅助学科起从属和服务作用。

在新课标中，跨学科主题是一个内容概念，即在学科内容领域中单独划分部分内容，如语文"跨学科学习"、数学"综合与实践"、信息科技"跨学科主题学习"、体育与健康"跨学科主题学习"等。这些任务群里有跨学科主题学习建议，以《义务教育数学课程标准（2022 年版）》中对第一学段提出的综合与实践主题活动6"数学连环画"建议为例，教师可以数学学科为主、语文和美术学科为辅，引导学生创作数学故事，用语言文字、美术绘画作品来呈现自己所学的数学知识。多门学科的国家课程标准都已对"跨科目"进行了顶层规划与设计，通过主题学习可以实现学科间的联结与整合。

单学科主导型跨学科主题学习主要依托各门学科课程标准中的跨学科主题学习内容进行设计，以主学科即单学科为支点，由主学科教师主动往其他相关学科内容方向"跨"，融合其他相关学科内容，通常 1—2 名教师就能共同完成一个单学科主导型跨学科主题学习的设计和实施，灵活性强，容易操作。因此，各门学科教师都会认真研读本学科课程标准中对跨学科的要求和建议，并将其纳入学期课程计划，通过课时安排落实跨学科主题学习。

2. 多学科融合型跨学科主题学习

通过主题对两门及以上学科进行融合，学科之间没有主次之分，每门学科都很重要。这类跨学科主题学习是学科课程形态过渡到综合课程形态的稳妥路径，是跨学科主题学习的高级形态，通常需要从学校或者年级组的层面来推动全学科教师深度参与。

多学科融合型跨学科主题学习要求主题合适，从学生的真实生活出发，如帮助一年级的新生平稳度过幼小衔接时期、实现角色转变并顺利适应小学生活，设计多学科融合型跨学科主题学习的主题。另外，社会热点也可以转化成多学科融合型跨学科主题学习的内容。例如，2023 年杭州亚运会期间，温州承办了龙舟赛等赛事，以此为背景，教师可以从真实生活出发，设计核心问题"如何向亚运会期间外来的客人推荐温州的景点"，并确定核心任务"制作一本温州旅行手册"，让学生调查和统计温州最受欢迎的景点，并在实地游览后以写游记的方式推荐景点，通过绘制温州旅行攻略等方式完成温州旅行手册的制作，以真实情境中的任务关联语文、劳动、数学、英语、美术等学科。

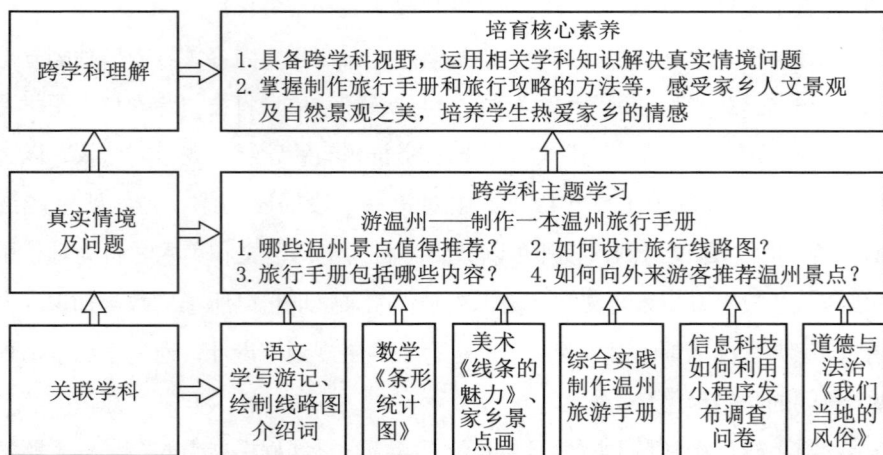

跨学科理解	→	**培育核心素养** 1. 具备跨学科视野，运用相关学科知识解决真实情境问题 2. 掌握制作旅行手册和旅行攻略的方法等，感受家乡人文景观及自然景观之美，培养学生热爱家乡的情感
真实情境及问题	→	**跨学科主题学习** 游温州——制作一本温州旅行手册 1. 哪些温州景点值得推荐？ 2. 如何设计旅行路线图？ 3. 旅行手册包括哪些内容？ 4. 如何向外来游客推荐温州景点？
关联学科	→	语文 学写游记、绘制线路图介绍词 / 数学《条形统计图》 / 美术《线条的魅力》、家乡景点画 / 综合实践 制作温州旅游手册 / 信息科技 如何利用小程序发布调查问卷 / 道德与法治《我们当地的风俗》

3. 跨学科实践活动

从学生真实的生活经验和发展需求出发，以实践活动的形式开展跨学科主题学习，跨学科实践活动的重点在于"实践活动"。除学科学习以外，学校还会开展大量的活动、比赛，如艺术节、科技节、访谈、课外实践等。跨学科实践活动要求学生融会贯通多学科知识和方法，以解决现实生活情境中的复杂问题，加强所学知识与社会生活的联结。以学校开展的"体育健康月"活动为例，学校组织篮球联赛，"如何让全员参与学校篮球赛"成为班级面临的真实问题。学生通过设计运动员体育训练、啦啦操表演、后勤服务人员分工、制作班级口号牌等任务，完成了跨学科实践活动。学生基于校园活动的真实需求，在情境中开展跨学科实践活动，提升了综合解决问题的能力。

（三）一套流程，完整构建跨学科主题学习全过程

跨学科主题学习因实施路径不同而存在差异，但设计思路和流程基本一致，通常包括六个步骤：选取主题、确定目标、设计评价、策划任务、开展学习、总结反思。通过规范化的流程来开展跨学科主题学习，便于师生合作学习和探究，可以省却不必要的环节，让师生能更高效地投入到学习中。

1. 选取跨学科主题学习主题

跨学科主题学习可以从课程标准、学科教材中选取主题，也可以从社会生活、区域资源以及学生在生活、学习中真实遇到的问题中寻找主题。除此之外，四季变化、校园文化、家庭生活都可以成为主题的来源。确定主题需要综合考虑几方面问题，如在"水的研究"这个话题中，教师从课程标准、学科教材、校园生活、学生的真实问题等几个方面综合考量，确定了"节水惜流我能行"的主题。从实践角度看，单学科主导型跨学科主题学习主要从各学科课标建议的跨学科主题中选取，跨学科实践活动从学校原有的节日文化中选取，而多学科融合型跨学科主题学习则打通更多的关联点，让学生在学习过程中解决复杂问题，融通更多的学科，形成跨学科理解。

2. 大概念导向下的目标确定

学科课程有各学科独特的逻辑体系和知识进阶安排，更容易提取大概念，其目标聚焦于学生学科核心素养。跨学科主题学习涉及各门学科，如果不提取统领跨学科的大概念，跨学科主题学习很容易陷入"拼盘式"的学科叠加，无法真正让学生形成可迁移运用知识的核心概念。跨学科主题学习需要从主题中提取大概念。单学科主导型跨学科主题学习应明确主学科目标，多学科融合型跨学科主题学习要明确跨学科目标和分学科目标，跨学科实践活动则须从跨学科的视角转向素养目标的落实。

3. 设计评价，导向过程

跨学科主题学习的评价关注综合性，在学科评价的基础上强调学生的跨学科理

解，评价的要求指向教学目标，可用于过程性评价、终结性评价。跨学科主题学习主要评估学生在跨学科主题学习中的表现，通常运用表现性评价来评估学生对知识理解的应用、学习过程的表现、取得的成果。在跨学科主题学习中，我们常常需要教师设置一个真实或模拟真实情景的复杂任务，鼓励学生主动运用知识完成任务，然后运用评分工具对学生完成任务的过程与成果进行评价。

4. 大问题下的表现性任务确定

跨学科主题学习的任务需要根据评价的目标来设计。同样以"植物"为主题，如果评价的是学生对植物的了解，可以设计"绘制校园植物分布图"或"给校园植物做名片"的任务；如果需要让学生了解植物的生长过程，可以设计"植物观察日记"的任务。任务的设计要综合考虑学情和学习资源。二年级的"植物探究"，通常用 GRASPS 工具设计，并根据实践的逻辑将主题分解成三个子任务，再关联其他学科。学校注重表现性任务的设计，要求教师运用 GRASPS 工具，为学生设计具有挑战性和可行性的真实任务。

任务设计元素	案例描述
目标（G）	通过探究和观察，能够认识学校的植物，面向一年级学生介绍高实的"植物朋友"
角色（R）	讲解员
受众（A）	一年级学生
情境（S）	一年级学生入学后知道校园里有很多植物，大家都非常喜爱校园里植物。他们好奇：校园里有哪些神秘的"朋友"？这些"朋友"为什么让大家这么喜欢？作为一名二年级学生，请你以植物讲解员的身份，和你的好朋友一起向一年级弟弟妹妹们介绍校园植物吧！
成果（P）	1. 一份校园植物分布图 2. 植物名片 3. 准备一段介绍植物的讲解词
标准（S）	1. 植物分布图须清晰标注植物位置 2. 植物名片包含植物名称和特征等 3. 讲解词符合一年级学生水平，讲解时注重互动性和趣味性

5. 设计结构化任务，开展主题探究

单学科主导型跨学科主题学习重学科实践，学习任务按学科的逻辑和要求来完成，并通过课时安排落地；多学科融合型跨学科主题学习从不同的学科目标出发，从认知和实际生活中分解子任务，以子任务来推动学习；跨学科实践活动从学生的真实生活场景出发，聚焦真实问题的解决，以综合应用的实践活动方式展开，凸显根植生活、服务生活的基本特点。

在五年级的"品读名著，戏说人生"跨学科主题学习中，学生需要完成对四大名著的阅读，并了解主要人物特征，以语文教材中节选的内容为蓝本创作皮影戏剧本，在美术课上学习皮影的制作，搜集合适的配乐，并和同伴合作完成皮影戏的表演。围绕审美素养这一核心素养，通过教学目标、教学内容、教学设计、教学资源与教学评价各环节，实现主题内部各要素在跨学科方式下的有机统一，发挥整体育人功能。

6. 总结反思

总结反思是促进学生高阶思维发展和跨学科知识结构化的重要环节。教师需要给学生提供相应的支架以帮助学生复盘和反思，而学生反思的方向和内容可具有发散性，不必拘泥于某一个方面。例如，学生可以从主题的内容与形式、思想方法、学习体验、人际交流、情意观念、精神境界、综合素质等方面，采用书面报告、思维导图、口头汇报等方式开展反思。在"绿色小卫士的环保之旅"跨学科实践活动中，学生意识到自己没有养成垃圾分类的习惯，通过记录家庭垃圾量、撰写倡议书、展示环保倡议书等环节逐步理解并内化环保理念。跨学科主题学习强调真实情境，学生应运用综合能力去解决现实生活中复杂的真实问题，将学科知识与现实生活有机联系起来。

四、建构跨学科主题学习项目的资源支持

（一）成立研发平台，进行组织变革

学校领导团队为跨学科主题学习的研发和落实提供保障，成立由校外专家、校内骨干教师组成的研发平台，教研室、教务处、德育处为支持部门。单学科主导型跨学科主题学习由各学科教研组长牵头，学科组承担研发和实施任务；多学科融合型跨学科主题学习由年级组长牵头，进行年级分布式改革，各学科备课组长为年级

核心研究成员，联合年级内各学科教师共同参与跨学科主题学习的设计和实施；跨学科实践活动由德育处牵头，根据校园活动的安排和分布，分阶段联合相关学科教师策划和组织。

在整校推进的起始阶段，学校骨干教师可以集中设计和开展一到两个跨学科主题实践活动，由点到面，让一部分教师先做起来，从而带动更多教师参与，在迭代发展中不断修改和优化，实现全员全学科开展跨学科主题实践活动。

（二）教师研训，从概念理解走向实践应用

建立跨学科合作教研制度，搭建跨学科主题学习资源平台，研发教师跨学科主题学习培训课程，在教师读书会、专题培训、教师工作坊等教师培训活动中开展校本研修活动，让每一位教师明确自己所设计实施的跨学科主题学习项目在课程体系中的位置，以提高育人效能。通过持续推进跨学科主题学习实施方案"编制—实施—评估—更新"的行动闭环，教师在学期开始前共创，在学期中实施并研讨，在学期结束后复盘，带动学校跨学科主题学习的高质量实施和发展，助力课程改革从"知识本位"走向"素养追求"的真正实现。

（三）空间赋能，从单一空间走向无处不在

结合学校教师资源、家长资源、学校文化、区域文化传统，建设跨学科主题学习场馆；围绕跨学科主题学习优化教室空间，提供相关的工具和资料；进一步拓展学校空间的育人价值，开发新型非正式学习空间。将每间教室打造成跨学科主题学习空间，每间教室可做到"六分区"，除了卫生区，还设有跨学科主题学习展示区、学科学习区、阅读区、过程性评价区、学习素材区。校园内的农场、图书馆、实验室等都可以成为学生的跨学科主题学习场域。学校还拓宽了校外学习场域，让学生走向自然、走近社会，在博物馆、大自然中学习体验，采用"小（教室）、中（学校）、大（社会）"的形式，为跨学科主题学习创设丰富的学习环境。

单学科主导：
"1＋N"式跨学科主题学习

单学科主导型跨学科主题学习即在跨学科主题学习时设立一门主学科，其他学科为辅助学科，可以理解为"1+N"式跨学科主题学习，"1"为主学科，"N"为辅助学科。根据主题学习的需要，辅助学科可以是一门，也可以是一门以上，但主学科的教学目标是核心，主题学习的教学环节都围绕主学科进行设计。这种学习方式强调在保持学科知识体系完整性的同时，打破传统学科间的界限，促进知识的综合运用与创新思维的发展。

各学科的课程标准中都设有跨学科主题学习，如语文"跨学科学习"，数学"综合与实践"，体育与健康"跨学科主题学习"，艺术"艺术实践活动"等，虽然名称不同，但都是指向跨学科主题学习。道德与法治、科学、劳动等本身就属于综合类学科，英语的课标中虽没有设置专门的跨学科主题学习任务群，但其课标中也有"引导学生结合个人生活经验和社会生活需要，围绕特定主题，由真实的问题或任务驱动，综合运用其他相关课程的知识自主开展项目学习"等关于跨学科主题学习的要求。

具体来说，单学科主导型跨学科主题学习有以下特点：

一是核心学科主导。选择一门学科作为主学科，该学科通常是学生需要深入掌握的核心学科，如数学、语文、科学等。

二是跨学科融合。虽然有了一个主导学科，但在学习过程中也会融入其他学科的观点、方法和内容，形成多元的学习视角，帮助学生从不同角度理解和解决问题。

三是主题或问题导向。学习活动围绕具体主题或实际问题展开，鼓励学生探索、讨论和解决真实情境中的问题，增强学习的目的性和实践性。

四是促进高阶思维。通过跨学科的探索，激发学生的批判性思维、创造性思维，提高学生解决问题的能力，促进深度学习的发生。

五是团队合作与交流。跨学科主题学习往往需要小组合作，通过促进学生之间的交流沟通，使学生懂得如何在多元背景中协作，以达成共同的目标。

六是资源与方法的多样性。利用各学科的教学资源与方法，为学生提供丰富的学习材料和多样的学习路径，以满足不同学生的需求。

总之，单学科主导型跨学科主题学习旨在培养学生的综合素养，使他们能够在复杂多变的社会环境中灵活运用知识，成为具有创新能力和社会责任感的人才。

一、语文跨学科主题学习

语文课程是一门学习国家通用语言文字运用的综合性、实践性课程。而跨学科主题学习既是以跨学科意识为核心的课程观，又是融综合性与探究性为一体的深度学习方式，还是以综合主题为基本呈现方式的特殊课程形态，因此实现跨学科主题学习高度契合新课标的理念与精神。

在传统的小学语文教学中，大部分教师主要关注本学科的教学内容和课程标准，往往以学科教材为中心，侧重对语文基础知识的传授和基本技能的训练，对课程整合缺乏正确的理解和认知。这种分科教学的模式使各学科之间相对独立，缺乏有效的交叉和融合，难以形成综合性的知识体系。基于此，近年来，小学语文教育界对跨学科主题学习展开了积极探索，涌现了许多典型课例和优秀的教育成果。笔者和团队围绕跨学科主题学习也开展了一系列教研工作，现从以下几个方面进行归纳梳理。

（一）语文跨学科主题学习的要求

《义务教育语文课程标准（2022年版）》（以下简称"语文新课标"）中明确指出："设立跨学科主题学习活动，加强学科间相互关联，带动课程综合化实施，强化实践性要求"。《课程方案》中也提出"各门课程用不少于10%的课时设计跨学科主题学习"。从中可以得知，语文学科的跨学科主题学习主要关注语文学科与其他学科、语文学习与社会生活之间的联系，力求建构广阔的语文实践活动空间；强调基于现实话题的探究式学习，提升学生的问题探究能力，坚守语文学科本位，在跨学科主题学习过程中着眼于提升学生的语言文字运用能力，促进学生语文核心素养的发展。

　　跨学科主题学习体现了语文课程改革倡导的理解本位的学科知识观，以及整合取向的学科学习观。它更关注学生对不同学科的知识、思维、方法的内化和应用，更重视学习内容与学生经验、社会实践、现实生活的融通和关联。通过将跨学科融合的理念充分融合到教学全过程，能够在增强和拓宽教学内容的同时，进一步发挥新课标的育人目标，使学科之间能够形成有效衔接和联系，为素质教育的进一步发展打造良好的教育平台，使课程结构逐渐向综合性和均衡性的方向发展。

（二）语文跨学科主题学习的核心价值

　　随着我国社会的发展和对复合型人才需求的增加，现代化教育更注重培养全方面发展的人才。小学语文跨学科主题学习是一种非常有趣且富有启发性的学习方式。它没有局限于语文学科本身，而是将语文与数学、科学、艺术、历史等学科进行有机结合，通过多角度、多层次的探索和学习，提升学生的综合素养。它的教育价值主要体现在以下几个方面：

1. 跨学科主题学习拓宽了语文学习边界

　　真实的语文学习，绝不只停留在语文课上，也绝不限于学校中。它发生在学生生活的方方面面、时时处处，正所谓"世事洞明皆学问，人情练达即文章"。跨学科主题学习的"跨"，首先表现为语文学习的跨时空。它不仅发生在课堂上、学校里，也发生在家庭中、社会上；它不仅发生在课程计划表上规定的时间里，也发生在非计划、非规定的各种时间里。通过跨学科主题学习，学生不仅可以通过语文学科学语文，还可以通过其他学科，如道德与法治、数学、科学、英语、体育与健康、艺术等学科学语文；不仅通过显性课程学语文，也通过无处不在的隐性课程学语文。可以说，跨学科主题学习是对语文真实性学习的一种场景还原。语文学习边界的拓宽，有助于学生发现、体悟语文学习的真实意义和价值，增强学生语文学习的内驱力；有助于学生在更复杂、更开放的真实情境中理解和运用语言文字，提升语言运用能力。

2. 跨学科主题学习整合了语文学习方式

　　跨学科主题学习改变了传统语文单一的学习方式。用语文的方式学语文固然重要，但是，学生生活中真实的语文学习，却常常是语文与非语文学习方式的综合运用。跨学科主题学习往往是基于项目的探究性学习，其所依托的项目则来自学生学科学习与社会生活中的真实问题。要解决这些相对复杂的真实问题，仅仅依靠传统的语文学习方式，如阅读与鉴赏、表达与交流、梳理与探究等，是力有不逮、捉襟见肘的。只有从真实问题出发，发现其中所涉及的不同学科知识背景，并运用跨学科主题学习方式，才能从根本上解决问题。

可以说，跨学科主题学习直面学生的真实问题情境，重新贯通了学生与真实世界的有机联系。它引领着语文课程教与学方式的变革，推动语文学科与其他学科、学生生活之间的协调和融通，帮助学生超越对知识的"点"式理解，从更高层次的知识网角度思考与应用知识。掌握真实问题的探究步骤和方法，是学生形成批判性思维与问题解决能力、开展创造性学习、学会交流与合作的基础，也是跨学科主题学习要达成的重要目标。

3. 跨学科主题学习丰富了语文学习意蕴

跨学科主题学习具有鲜明的学科性。它虽然跨出了学科的自我界限，与多门学科相互交叉、渗透，是多学科知识在某一项目或主题中的联结和融合，但是，以语文学科为主体的跨学科主题学习，其边界与目标依然指向语文学科。因此，语文教师不能以牺牲语文学科特性为代价实施跨学科主题学习，也不能简单地将语文跨学科主题学习上成"语文＋科学""语文＋信息科技""语文＋音乐＋体育"，跨学科主题学习不是几门学科的简单叠加。语文跨学科主题学习需要教师有目的地建立语文学科与其他学科、语文学习与学生生活之间的内在联系，既让学生将各门学科的内容整合起来学以致用，又能保持语文课程的基本属性，以实现学生语文学科能力的提升。

与此同时，跨学科主题学习具有独特的交叉性。它是一种以解决真实问题为导向的深度学习方式，培养学生综合运用多学科知识发现问题、分析问题、解决问题的能力。因此，跨学科主题学习不仅涉及不同学科内容的交叉，如语文与科学的交叉、语文与信息科技的交叉，也涉及不同学科方式的交叉，如实用方式与研究方式的交叉、科学方式与审美方式的交叉等。这就从一个更开放、更多元的角度丰富了语文学习意蕴。

（三）语文跨学科主题学习的实施

教师在明确目标标准、内容标准、教学标准、学业标准内在关联性的基础上，最为关心的是如何将跨学科主题学习任务群与语文教材结合，设计出适合学生进行跨学科主题学习的任务。教师主要通过两种方式进行设计。

一是项目式学习。教师通过设计具有挑战性的微项目式学习任务，让学生在完成任务的过程中综合运用多学科知识，完成以语文学科为主的学习任务，学生在完成这一项目的过程中，综合能力和素养得到全面提升。

二是问题式学习。教师以问题为导向，引导学生围绕具体问题开展跨学科主题学习。问题都源于语文教材，教师会以语文学科为基点，勾连多学科，拓宽解决问题的途径。例如，在学习《草船借箭》时，教师可以引导学生探究"古代战争中的智慧与策略"，让学生结合历史等学科的知识进行分析和讨论，并开展"绘制英雄脸谱""群英争霸小讲坛"等活动。

综观目前笔者和团队围绕小学语文教材开展的跨学科主题学习教学探索，问题式学习主要通过以下两种路径实施。

一是依托语文教材的体系体例，以现行教材内容为切入点。首先，教师要充分利用教材中的经典文本，挖掘开展跨学科主题学习的契机。统编版小学语文教材的选文覆盖童话、寓言、神话、现代诗、民间故事、历史人物故事等多种类型的文学文本，以及科普类、说明类等实用性文本，这些选文中都隐藏着适宜的跨学科"跨点"。教师可以在单篇课文阅读教学中融入跨学科视角，拓展文本解读空间。比如，教师在教授四年级上册第三单元《爬山虎的脚》《蟋蟀的住宅》时，可以借助关于爬山虎和蟋蟀习性的科普资料丰富学生对文本的理解。教师还可以通过重组不同学段的单元选文或者补充课外文本，提炼学习主题并开展跨学科主题学习。

其次，语文教材中的习作主题丰富多样，同样可以作为设计跨学科主题学习活动的抓手。比如，语文教材中"观察序列"的习作学习就包括"我的植物朋友""我做了一项小实验""写观察日记"等多个主题。这些学习主题与新课标规定的跨学科主题学习的内容高度匹配。这些相似的学习主题恰好能够成为教师开展跨学科主题学习的切入点。

最后，教材中的语文园地、口语交际、综合性学习等特色栏目，也能够为教师开展跨学科主题学习带来灵感。比如，四年级上册第八单元口语交际的学习主题是"讲历史人物故事"，笔者根据教材编排特点和学生学情将学习主题最终确定为"读史养风骨，故事伴成长"，创设"为三年级学弟学妹讲述我最喜爱的历史人物故事"

这一主题学习任务，引导学生探究讲好历史人物故事的方法，并适时融入数学、历史、信息科技、艺术等学科相关知识，引导学生综合运用多学科视角来理解历史人物故事的特点，使学生学会运用图文、音频、视频等形式富有创意地表达自己对历史人物的认知和情感，让学生通过阅读、鉴赏、梳理、探究课内外文本，查阅相关资料，感受历史人物形象，领悟文本中蕴含的思想和智慧，落实中华优秀传统文化教育。

从当前语文跨学科主题学习教学实践来看，依托教材体系体例开展跨学科主题学习的形式最为常见，也更接近教师日常教学的真实现状。教师在理解新课标理念、熟知教材体系体例的基础上，提炼学习主题，确定学习目标，探寻学科深度融合的"跨点"，组织合理的学习任务，能够较高效地完成跨学科教学实施工作。

二是超越语文教材体系体例，开展具有校本特色的跨学科活动。超越学科体系的跨学科主题学习旨在打通学科间的壁垒，拓宽学生的视野，丰富学生的学习途径，促进他们综合素养的提升。笔者和团队在研读新课标和语文教材的基础上，围绕学校课程建设目标和学生发展需求，从跨学科主题学习视角设计具有校本特色的语文跨学科主题学习活动，现梳理特色如下。

（1）文学与艺术的结合

选取教材中的经典文本，组织学生将其改编成剧本或童话并进行表演。这不仅锻炼了学生的语言表达能力，还培养了他们的艺术表演能力和团队合作精神。例如，在校园艺术节，二年级进行了童话剧的表演，三年级进行了戏剧表演，四年级进行了诗歌朗诵，五年级进行了皮影戏表演等。

（2）绘画与诗词的结合

让学生根据诗词内容画画，引导学生通过图像表达诗词的意境和情感。这类活动可以加深学生对诗词的理解，并激发他们的艺术创造力。例如，在四年级下册第三单元"轻叩诗歌大门"综合性学习中，让学生合编诗集并配插图，实现了语文与美术的融合。

（3）文学与科学的融合

科普文章写作：鼓励学生结合科学知识，撰写科普文章或说明文。比如，在学习了动物或植物的相关知识后，可以让学生尝试写一篇介绍某种动物或植物特性的调查报告。例如，在学习四年级下册第六单元习作《我的动物朋友》时，可以让学生在查阅动物的相关资料后动笔写一写。

制作科学小模具：在学习科普文章后，学生可以结合科学课的内容制作一些小模具。例如，在四年级段的"汽车总动员"跨学科主题学习活动中，学生根据语文课文及科学课内容制作汽车模具，举办汽车展，撰写制作报告。这既是对科学知识的巩固，也是对写作能力和动手能力的锻炼，学生可以将制作结果与教材中的相关知识进行联系、比较和运用。

（4）文学与信息科技的结合

电子图书制作：利用信息科技工具，如电子书制作软件，指导学生将教材中的课文或自己创作的作品制作成电子图书。这不仅可以提高学生的信息科技应用能力，还可以培养他们的创新思维和审美能力。

（5）文学与日常生活的联系

社会调查与写作：引导学生关注社会热点问题，进行社会调查并撰写调查报告或议论文。这可以帮助学生了解社会、认识生活，培养他们的社会责任感和批判性思维能力。

生活日记与随笔：鼓励学生记录自己的日常生活和感悟，撰写生活日记与随笔。这有助于学生养成观察生活、思考问题的习惯，并提高他们的写作能力。

（四）建立语文跨学科主题学习评价机制

跨学科主题学习评价应关注学生在学习过程中的实际表现和完成的各类学习成果，注重过程性评价、综合性评价、自我评价与反思。

过程性评价：关注学生在学习过程中的表现和进步，及时给予反馈和指导。通过观察记录、学习日志、同伴评价等方式收集过程性评价数据，促使学生积极参与活动，起到诊断、导向和激励作用。

综合性评价：注重学生综合运用多学科知识解决问题的能力，教师可以采用项目报告、调研报告、作品展示等形式，借助活动过程中产生的数据进行全面、客观的评价。例如，在"汽车总动员"跨学科主题学习活动中，教师对学生进行多方面的考查，从多个角度设置奖项，如最佳设计奖、最佳风采奖、最佳商铺奖等。

自我评价与反思：引导学生进行自我评价与反思，帮助他们认识自己的优点和不足，明确改进方向，促进自我成长。在活动过程中，可为学生提供可视化的量化评价表，促使学生自我评价与反思。在活动结束阶段，召开项目总结大会，让学生畅所欲言，分享自己在这次活动中的得与失。

（五）加强师资培训和资源建设

在语文跨学科主题学习活动过程中，教师是课程的开发者和主导者，教师的眼界、知识结构、教学理念、教学能力等都起到了重要作用。教学资源的好坏直接影响学生综合素养和能力的形成与否，因此必须要加强师资培训和资源建设。

师资培训，即组织教师参加跨学科主题学习相关的培训活动，提升教师的跨学科教学能力和素养。近年来，高实高度重视教师在专业素养方面的提升，每学期初和期末都会召集全体教师进行集中培训，并定期购买相关的书籍供教师阅读，以充实教师的理论知识，帮助教师更好地指导跨学科教学工作。

在资源建设方面，学校整合校内外资源，在各年级开发适合语文跨学科主题学习的课程资源，循环使用，并且进行迭代更新，形成具有学校特色的语文跨学科主题学习资源库。

综上所述，新课标背景下小学语文学科知识的教学，更加注重跨学科融合发展，通过将语文学科知识和其他学科知识进行有效融合，能够在丰富语文教学内容的同时，更好地发挥小学语文学科教学的育人价值，使学生在参与语文课程学习的过程中，进一步提高综合素养。此举能真正有效地指导学生学好语文、用好语文。

案 例 一

玩转西游：重走西行路，学做取经人

实施年级：五年级

主学科：语文

辅助学科：美术、信息科技、劳动

实施周期：6 课时

设计者：张宗茹

执笔人：张宗茹

一、主题背景分析

（一）主题来源

本次跨学科主题学习活动立足统编版语文教材五年级下册第二单元"快乐读书吧：读故事名著，品百味人生"推荐书目《西游记》，联结六年级上册第四单元

"读小说，关注情节、环境，感受人物形象"这一语文要素，衔接初中语文七年级上册第六单元"整本书阅读"板块，引导学生走近经典，掌握多种阅读策略以及个性化的阅读策略。

（二）主题概况

在"成长与磨难"话题的统领下，发布设计一款棋牌类游戏招募令，开展制作人物身份牌、绘制取经路线图、设计人物命运卡等任务，消除与经典作品的隔膜，打破语文、信息科技、美术、劳动等学科之间的壁垒，引导学生开阔阅读视野、丰富精神世界、锻炼解决问题的能力。

二、学习目标

通过认识回目，引导学生了解中国古典章回体小说，并尝试运用精读、跳读等阅读策略，整体感知故事内容，领略古典名著的魅力。

通过精读经典情节，感受名著文化内涵，培养学生的民族自豪感；聚焦"取经团"人物成长经历，把握人物变化，建立人物与故事情节之间的联系，探究作品主题。

通过整本书阅读，让学生与同学合作设计一款游戏产品，引导他们发展核心素养与创造力，提升他们的合作与探究能力，进而培养他们解决问题的能力。

三、学习规划

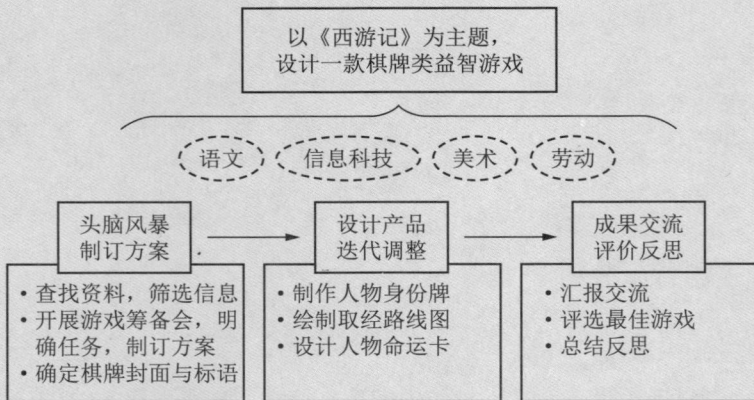

课时	学习内容	学习活动	学习评价
活动准备	教师布置暑假阅读《西游记》的任务，学生每日有计划地阅读，完成相应阅读任务单，对《西游记》的故事脉络形成初步认识		
第一课时	开展游戏筹备会：查找资料，基于吴承恩生平事迹（创作背景）与《西游记》故事发生时代的历史与文化背景，设计游戏背景；通过小组合作，开展用户需求分析，制订游戏规则与游戏亮点	1. 招募"大师"，开启游戏策划之旅 2. 查找资料，了解《西游记》相关内容 3. 头脑风暴，形成游戏产品说明	能激发阅读兴趣，利用网络自主查找、筛选资料；能主动分享书中内容；能通过小组合作形成制作游戏方案、确定游戏封面与标语
第二课时	制作人物身份牌：运用跳读、圈点勾画、批注等阅读方式，关注人物身份变化、故事转折等内容，分析人物形象	1. 圈画批注，了解人物信息 2. 色彩辨析，畅谈人物印象 3. 思辨交流，感受人物成长 4. 梳理信息，形成人物评价	能多角度感受人物形象，并能利用美术或信息科技学科知识，创造性绘制人物身份牌
第三课时	绘制取经线路图：梳理故事情节，想象精彩画面，创编新故事	1. 探听奇闻，推介热门地点 2. 亲历奇遇，新编西游故事	能精读经典章节，仿造小说写法新编故事；能利用美术或信息科技的学科知识，创造性绘制取经线路图
第四课时	设计人物命运卡：以"三调芭蕉扇"为例，运用精读策略多角度鉴赏孙悟空形象，多元解读"成长"主题	1. 小试牛刀，初探进退格 2. 比较探究，再谈成长路 3. 一字立骨，修订命运卡	能运用赏析、精读、比读的阅读方法品鉴作品，解读人物形象的多面性，从而探究"成长与磨难"的丰富内涵；能利用美术或信息科技的学科知识，创造性地设计人物命运卡
第五、六课时	举行游戏发布会：各小组结合游戏产品详情，进行发言汇报，并开展试玩，由学生投票评选最佳游戏	1. 展示游戏 2. 开启游戏公测 3. 举行颁奖典礼 4. 开展总结大会	能完整表述自己的方案，分享个性化阅读体验；能在实践中对他人作品做出客观评价

四、学习过程

活动准备：开展《西游记》每日阅读活动

活动开始前，教师布置暑假任务，要求学生做好 8 月的阅读计划，通读《西游记》，并完成相应的任务单，整体感知小说内容。

《西游记》整本书阅读阅读单

壹 | 阅读计划书

阅读总体规划：历时一个月，将小说分为"取经缘由（第一至二十二回）""取经过程（第二十三至一百回）""精彩章节选读"三个部分进行阅读。

结合"贰 | 阅读过程"，规划《西游记》每日阅读情况，并做好批注及问题收集。

阅读者：	读完这一部分，你还有什么疑惑？（可以结合具体章节，从阅读方法、人物形象、情节设计等方面提问）		
日期	阅读回目	问题收集站	阅读打卡
8 月 1 日			√

贰 | 阅读过程

阅读总体规划：历时一个月，将小说分为"取经缘由（第一至二十二回）""取经过程（第二十三至一百回）""精彩章节选读"三个部分进行阅读。

阶段一

阅读小说第一至二十二回，了解师徒各自取经经历及缘由，特别留意"石猴出世""拜师学艺""大闹天宫"等经典情节，并在章节相关处圈画批注。

第一回	思考孙悟空称呼的变化，并完成下列表格	
地　点	称　呼	事　件
东胜神洲	石猴、美猴王	
南赡部洲		
西牛贺洲		拜师学艺
第二回	圈画：前六年学习内容；第七年学习内容；第十年学习内容 批注：菩提祖师对孙悟空成长的影响	
第三回	用一段话概括本章内容，语段中要包括以下内容：兵器、东海龙王、披挂、勾生死簿、招安，并评价人物形象	
第四回	批注：孙悟空是怎么被玉帝从"弼马温"封为"齐天大圣"的？	
第五回	批注：用含有"桃"和"偷"的词语概括本章内容（至少5个）	
第六回	分段：用"//"把本回分为三个部分 圈画批注：孙悟空与二郎神战斗中的"七十二变"	

学生返校后，教师可通过问卷的方式，进行学情调查，以学生的问题为起点，开展跨学科主题学习活动。

姓名		班　级	
初步梳理	1. 结合阅读体验，你认为《西游记》是一部什么题材的书？具有哪些特点？（用1—2个关键词概括）		
	2. 这本书与你以往读过的名著有什么区别？（目录、内容、语言、篇幅……写两点及以上）		
	3. 你最喜欢书中哪个人物？请分享几点理由		
思考质疑	4. 读完《西游记》，你最想了解的问题有哪些？（写3点及以上）		
	5.《西游记》作为中国四大名著之一，你觉得有哪些价值？（写3点及以上）		
探寻方法	6. 阅读过程中，你遇到哪些困难和障碍，又是如何克服的？分享你的经历和方法		

第一课时：开展游戏筹备会

本课时的主要任务是提出真实性问题情境，让学生明确学习任务。学生需要以《西游记》为主题，设计一款棋牌类益智游戏。学生将开展游戏筹备会，了解棋牌类益智游戏特点，并结合《西游记》内容，开展用户需求分析，设计游戏创作背景、游戏规则、游戏亮点。

学习活动 1：招募"大师"，开启游戏策划之旅

教师提出真实性问题情境：为走近名著、传承经典，学校语文组教师广发英雄帖，招募"大师"，向能人异士征集一款以《西游记》为主题的棋牌类益智游戏。我们将化身游戏策划师设计一款棋牌类益智游戏，让用户深入理解《西游记》西天取经的意义，并从中获得有益启示。

【小贴士】教师通过设置真实情境，激发学生学习自驱力。

学习活动 2：查找资料，了解《西游记》相关内容

师：关于名著《西游记》，你了解多少呢？请大家利用电脑查找资料，基于吴承恩的生平事迹（创作背景）与《西游记》故事发生时代的历史与文化背景，设计部分游戏背景，并在班内进行交流、分享。

教师展示《梦幻西游》及《黑神话：悟空》游戏背景介绍。学生参考示例，查找资料，筛选关键信息，形成自己的游戏背景简介，并进行交流分享。

《梦幻西游》游戏背景

大唐贞观年间，当世分为人、魔、仙三界，有东胜神洲、北俱芦洲、西牛贺洲、南赡部洲四洲。四洲之中东胜神洲多有奇兽灵仙，敬天地礼法；北俱芦洲多生凶禽猛兽，异常凶险；西牛贺洲多隐仙庭道馆，养气潜灵；而南赡部洲扰攘纷繁，为人世红尘之所。三界均有门派创立，以广纳门徒，传授技艺，壮大声威。三界弟子勤奋修习之余，经常在四洲行走，锄强扶弱，扶危济贫，过着平静却快乐的生活。南赡部洲大唐地界内的建邺城出现邪物"妖风"，对活人的鲜血有着强烈的渴望，肆意攻击小城的居民。一个刚拜入门派不久的小弟子试图阻止妖风，却反而被重伤，所幸门派首席弟子及时赶到将妖风击杀，并把这个小弟子送回门派休养。一切又重归平静，没有人意识到，那仅仅是个开始……

《黑神话：悟空》游戏背景

唐贞观二十七年，唐玄奘师徒四人取经归来之后，诸天神佛突然消失不见。斗战胜佛孙悟空被二郎神所杀，化作六件灵物四散各地。花果山上的一只猴子作为"天命人"，为探寻昔日传说的真相，踏上一条充满危险与惊奇的西游之路。天命人将前往多个引人入胜又风格迥异的西游故地，再次谱写前所未见的冒险史诗。西行的旅途并非只有风光绮旎，天命人还将遭遇许多强大的敌人与可敬的对手。

【小贴士】教师通过提供范例，引导学生回归《西游记》，学会掌握搜集、查找、筛选资料的方法，并通过比较两则游戏背景介绍与《西游记》的不同，开阔思路，训练发散思维，培养创新意识。

学习活动3：头脑风暴，形成游戏产品说明

教师组织学生建立游戏策划团队，提供棋牌类游戏实物（如《大富翁》）引导学生仔细观察后，开展讨论。

师：设计这款游戏需要考虑哪些问题？

生1：这款益智游戏的设计目的是什么？

生2：怎样才是益智？怎样评定游戏的优劣？

生3：游戏包含哪些要素？需要怎么分工？

……

学生在交流讨论中逐渐明确设计实施的流程，教师结合学生发言，利用思维导图总结思路。

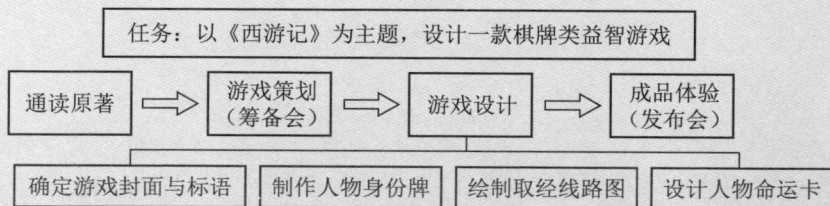

```
任务：以《西游记》为主题，设计一款棋牌类益智游戏

通读原著 ⇒ 游戏策划（筹备会） ⇒ 游戏设计 ⇒ 成品体验（发布会）

确定游戏封面与标语 | 制作人物身份牌 | 绘制取经线路图 | 设计人物命运卡
```

教师组织学生组建团队，以小组为单位展开合作。小组内合理安排分工，开展用户需求分析，制订游戏规则与亮点，并填写游戏策划筹备会（活动记录单）与游戏介绍说明书。

游戏策划筹备会（活动记录单）

主题	《西游记》游戏设计筹备会	主持人（组长）	
日期		地点	
与会人员			

小组合作分工表

序号	成员	具体任务
1		

······

- 实施过程中可能遇到的问题及期待得到的帮助：

产品需求分析表

目标用户		五、六年级学生
功能需求	知识	
	技能	
	情感	
	其他	

游戏介绍说明书

游戏名			
游戏宣传语			
游戏类型	棋牌类益智游戏	游戏道具	地图纸、骰子、角色牌及棋子、人物命运卡 其他：
游戏规则	思考：如何操作？达到什么条件为胜利？		
背景设定			
亮点呈现	思考：本款游戏有什么亮点？（玩法、背景、人物设定及与其他棋牌类游戏的不同之处等）		

注意：
- 游戏的名字要凝练，要能体现游戏元素
- 游戏宣传语要能体现游戏特点，并激发用户的热情，使用户产生一种想加入游戏的冲动

【作业设计】学生利用课后时间开展小组合作,完成活动记录单与游戏介绍说明书。完成后请语文教师进行修改、完善,再利用信息科技或美术学科知识绘制棋牌类益智游戏封面与标语。

第二课时:制作人物身份牌

本课时的主要任务是指导学生在确立游戏背景的基础上,制作人物身份牌,运用跳读、圈画、批注等阅读方式,关注人物来历、身份变化、结局,辨读人物形象,对人物进行评价。

■ **课前学习活动:** 圈画批注,了解人物信息

学生在前期通读全文过程中,聚焦经典章节,提取关键信息,圈画人物基本信息(别称、法宝、本领),概括其经典情节,批注其性格特征,初步感受人物形象。

■ **学习活动 1:** 色彩辨析,畅谈人物印象

师:在棋牌类益智游戏中,角色棋(身份牌)必不可少。请小组合作,为"取经团"四人各选择一种颜色作为角色棋标识,并结合情节阐释理由。

学生在交流过程中,填写表格,展示成果。

人物	代表色	原因阐述(举例情节＋特点概括)
唐僧	白色	白色代表"纯粹",唐三藏在"西梁国留婚"中,拒绝名利、美色的诱惑,坚守道义,很符合他信念坚定、一心向佛的形象

■ **学习活动 2:** 思辨交流,感受人物成长

师:请为上述表格中所选的人物设计一个思辨性话题,并在组内开展辩论,对同一人物发表不同的见解,形成多元评价。

学生组内讨论后,填写人物记录单,并进行展示。

《西游记》人物记录单

交流人	
话题参考	1. 孙悟空的紧箍咒是成长利器还是惩罚利器？ 2. 唐僧是一个可敬的人还是可恶的人？ 3. 猪八戒显得"好色""笨""粗鲁""无知"，可就是这样一个猪八戒居然成功到灵山，被封为净坛使者。他靠的仅仅是挑担有功吗？ 4. 沙僧是可有可无的人物吗？ ……
确立话题	
开展讨论	正方观点： 反方观点：
人物启示	

【小贴士】通过设计思辨性问题，让学生在辩论中获取知识，培养学生的语言表达与思辨能力，形成对人物形象的多元分析。

学习活动 3：梳理信息，形成人物评价

小组合作，商定人物身份牌设计方案，阐述设计意图。分工选择角色，快速梳理《西游记》中"取经团"的人物基本信息，根据人物基本信息、来历、典型事迹等内容，形成100字左右的人物评价。

基本信息	☑人物名、法号 ☑经典情节列举 ☑人物介绍 或 □其他_____
特色数据（选）	□血量条 □武力值 或□其他_____
设计意图	通过身份牌的基本信息，用户可以了解到_____ 特色数据的依据是_____ 在游戏中的作用是_____
评论示例	他是唐僧大徒弟，原是东胜神洲傲来国花果山的一块仙石，后得天地之灵气孕育为一只石猴（来历）。而后闹天宫、斗如来、经观世音点化，降妖除魔，历尽艰辛，保护唐僧西天取经（事迹）。从桀骜不驯的野猴成长为有情有义、正直无私的"斗战胜佛"（变化、结果）

【作业设计】小组合作，依据评价量表，创造性地绘制一组人物身份牌。

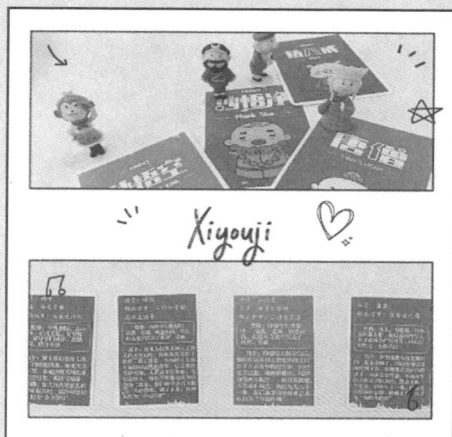

《西游记》身份牌评价量表

评价量表	星级评价	
	自评	他评
1. 图文并茂，美观大方（可电子版）		
2. 要素丰富，包含两条以上信息及一段评论		
3. 人物介绍围绕"成长"主题，清楚交代人物来历、事迹、成长变化、结局		
4. 大胆创造，设计体现自己的特色		

第三课时：绘制取经线路图

本课时让学生在制作人物身份牌的基础上，继续精读经典情节，品味小说精彩之处，梳理人物与之相关的情节事件，模仿吴承恩《西游记》的写作风格，创作新故事，完成想象习作，形成游戏地图。

学习活动 1： 探听奇闻，推介热门地点

师：经过一周的奋斗，一张张凝聚智慧与团结的游戏身份牌已经出炉。请你围绕"取经团"四人的经典情节，创作新故事，增加新地点，绘制取经线路图。

学生自主阅读，根据自己的阅读经验，在《西游记》劫难表中，勾选出值得入选的事件，并确定故事发生地点。

小组开展交流分享会，每人精选三处作为游戏地图的"热门地点"，填写排行榜，并向组员介绍上榜理由。

《西游记》"热门地点"排行榜

排序	地点	对应章节	发生事件	上榜理由
1				
2				
3				

学习活动 2：亲历奇遇，新编西游故事

师：《西游记》中，许多故事情节大都相似，请你以第二十七回《尸魔三戏唐三藏　圣僧恨逐美猴王》为例，梳理故事情节脉络。

章节	行至某地	遇到磨难	原因	过程	结局
第二十七回	白虎岭前	尸魔白骨精	白骨精想吃唐僧肉	白骨精先后变幻为村姑、老妇人、老爷爷，被孙悟空打死假身	唐僧不辨人妖，写下贬书，将孙悟空赶回了花果山

教师在梳理情节脉络的基础上，展示描写白骨精"三变"与孙悟空"三打"的句子，穿插介绍原著的精彩表达，指导学生朗读原文，感受一波三折的故事魅力。

师：通过对原著进行阅读分享，我们发现了写好精彩故事的奥秘。请分享你的小说创作锦囊。

生：关注环境描写，设置铺垫，小说中"山高必有怪，岭峻却生精"，为下文诡计多端的白骨精做了铺垫。

……

学生自主思考、小组讨论、全班交流，师生总结《西游记》小说新编故事锦囊。

一波三折的情节:"取经团"要遭受多次挫折,历经反转,才能解决磨难。

生动的环境描写:要运用比喻、夸张的修辞手法,渲染环境,刻画人物形象。

细致的人物描写:善于运用语言、动作等多种角度的描写突出人物形象。

【小贴士】教师搭建范文支架,指导学生分析故事情节脉络、赏析精彩语句,学生在分享、交流中形成自己的写作锦囊,在此基础上构思文本,落笔成文。

师:小说中,有一波三折结构的故事还有很多,你还知道哪些?

生:在第五十八回《二心搅乱大乾坤 一体难修真寂灭》中,孙悟空和六耳猕猴先后求助观音菩萨、玉帝、地藏王菩萨,但他们都无法分辨真假,最后如来佛祖揭晓真相,六耳猕猴被孙悟空打死,孙悟空继续保护唐僧西行取经。

……

师:一波三折的故事结构让小说引人入胜,请运用所学的故事结构方法创作西游新故事。

【作业设计】根据《西游记》故事新编写作导学单,运用一波三折的故事结构方法与写作锦囊,发挥想象,设定"新一难",创编"新章回",并在组内开展改稿会,分享、交流、修改后评选出最受欢迎的作品。

章回名:		
起叙(对上回遇险进行总结)	却说	[妖怪自画像]
季节性叙事	正是时序易迁	

（续表）

磨难征兆	忽见

正文（含妖怪来历、解决过程、结局）

结合原著及小组新编的故事，依据评价量表，创造性地绘制游戏地图。

《西游记》游戏地图评价量表

评价量表	星级评价	
	自评	他评
1. 具有地点标记（图或文）、特殊活动标识（如抽卡等）		
2. 围绕原著取经路线有序绘制		
3. 所选地点发生的事件具有代表性，对人物形象、作品主旨的理解有一定帮助		
4. 创编地点与事件符合原著，具有神魔小说的特点		
5. 图纸整体美观、大方、无（少）涂改		
6. 有自己的个性化设计		

第四课时：设计人物命运卡

本课时的主要任务是通过精读"三调芭蕉扇"这一故事情节，归纳多种阅读策略，比较探究孙悟空的前后变化，多元解读成长，引导学生设计人物命运卡。

学习活动 1：小试牛刀，初探进退格

师：请同学以《西游记》第五十九至六十一回"三调芭蕉扇"为例，根据游戏地图呈现的事件格，为人物命运卡设计文字内容，并填写表格，交流自己的设想。

人物	情节概述	进退格理由	进退格步数

教师展示学生答案，并设问：为什么同一事件有进阶、退格、不进不退这三种不同结果？同是退格，为什么步数有差异？

生1：唐僧师徒四人途经火焰山，孙悟空向罗刹女好言借扇，进1格。

生2：唐僧师徒四人途经火焰山，孙悟空向罗刹女好言借扇，却因与红孩儿有过节，借扇不成，退1格。

生3：唐僧师徒四人途经火焰山，孙悟空因红孩儿被送往南海，与亲人分离，向罗刹女借扇不成，反被扇飞，退2格。

学生通过讨论，逐步明确：衡量一个人的成功不能只看结果，需要关注其起因和过程，还要关注事件对人物带来的影响程度。

【小贴士】抓住学生答案"矛盾之处"，通过"质疑"这一方式，引导学生自主发现问题、解决问题。

■ **学习活动2：** 比较探究，再谈成长路

（1）学生默读相关章节，与教师进行"快问快答"互动。

师：请同学再次默读文章，根据图示，梳理"三调芭蕉扇"相关情节，完成填空。

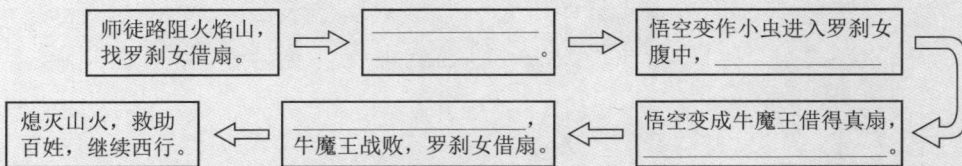

师徒路阻火焰山，找罗刹女借扇。	→	＿＿＿＿＿＿＿＿＿。	→	悟空变作小虫进入罗刹女腹中，＿＿＿＿＿＿＿
熄灭山火，救助百姓，继续西行。	←	牛魔王战败，罗刹女借扇。	←	悟空变成牛魔王借得真扇，＿＿＿＿＿＿＿＿＿。

学生通过分享交流，明确：在阅读长篇小说时，可根据阅读目的，采用跳读法，主动舍弃次要信息，以提高阅读效率。

师：一调时，罗刹女为什么不愿借芭蕉扇？

学生回答问题，教师展示原文。

罗刹道："你这泼猴！既有兄弟之亲，如何坑陷我子？"行者佯问道："令郎是谁？"

罗刹道："我儿是号山枯松涧火云洞圣婴大王红孩儿，被你倾了。我们正没处寻你报仇，你今上门纳命，我肯饶你！"

学生讨论，教师总结：如果不曾仔细阅读《西游记》第四十至四十二回，我们很难理解借扇的艰难。细读让我们感知全文，前后勾连，更好地理解内容。

（2）学生分角色扮演孙悟空、罗刹女，进行朗读，朗读时需要声情并茂、读出人物形象的特点。

师：你们从中读出了一个怎样的孙悟空？

师：孙悟空一直如此彬彬有礼吗？同是索宝，你还想到了哪一处情节？

生：《西游记》第三回，下东海强取豪夺取得如意金箍棒。

（3）比较阅读相关章节，从性格特征、人际关系、人生追求、处事方法等角度，参考表格，为孙悟空重新设计命运卡进退格理由，从不同角度思考成长的意义和价值。

比读内容（情节 + 人物表现）		我的发现	我的设计
在第五十九回，"一调芭蕉扇"中，孙悟空向铁扇公主借扇彬彬有礼、满脸赔笑	在第三回，"龙宫借宝"中，孙悟空凭靠武力，威胁老龙王，抢夺武器、披挂	同样是索宝，我发现孙悟空一改过去的泼皮无赖，变得有礼、有节，他成长了	进 1 格

【小贴士】从"扶"到"放"，提供相应的学习支架，引导学生在阅读和比较中梳理观点，从不同角度辨析人物形象，学会有理有据地表达。

学习活动 3：一字立骨，修订命运卡

师：翻开命运卡的花色面，如果让你用一个字概括《西游记》，你想到的是什么？

教师出示范例，学生讨论、分享。

我会选择"修"字。我们的成长道路，正如西天取经，也是一场修行。退一步是暂时的磨难，进一步是成长，可贵的是，在这个过程中不断地修剪心魔，战胜自我，修得真经。

【作业设计】参考示例，学生尝试从不同角度为人物设计命运卡进退格理由与步数，修订文字内容，并在组内开展讨论，进一步理解成长主题，提炼关键词作为命运卡的花色面。

孙悟空为求兵器来到东海龙宫索宝（情节概述）。因为强取豪夺，泼皮无赖，获取如意金箍棒与披挂，引起四海龙王不平（进退格理由），退1格（进退格步数）。

根据评价标准与游戏地图，为人物创造性地绘制图文并茂的命运卡。

《西游记》人物命运卡评价量表

评价标准			星级评价	
			自评	他评
正面（花色面）		绘图美观、大方，有神话色彩		
		一个字归纳《西游记》		
背面（文字面）	故事起因	基于原著，准确提炼关键信息		
		概括简短		
	进退格理由	围绕原著情节		
		准确体现人物形象		
		比较分析，体现人物成长变化		
	进退格步数	合理		
		体现事件对人物的影响程度		
总体设计		美观大方，表述凝练		
创意设计		富有特色，吸人眼球		

第五、六课时：举行游戏发布会

本课时的主要任务是召开游戏发布会活动，学生通过汇报交流与试玩实践，展示游戏成品，并分享设计过程中遇到的困难与收获，教师引导学生对整个跨学科活动学习过程进行反思。

▌**学习活动 1：展示游戏**

各小组利用 PPT，从游戏设计历程、游戏玩法介绍及设计意图等方面进行汇报，向同学展示游戏。

各小组根据评价量表，对其他小组的游戏进行客观评价。

《西游记》益智类棋牌游戏发布会评价表

	评价指标	分值	评价
游戏内容	游戏外形美观，道具齐全	10	
	规则清晰，易于操作	5	
	设计基于原著，符合人物形象	15	
	主旨鲜明、深刻，引发用户思考	20	
汇报内容	衣着整洁，仪态端庄大方	5	
	语言表达流畅清晰，富有感染力	10	
	设计过程体现团队分工，具有凝聚力	10	
	心得交流环节，具有深刻体悟，富有真情实感	10	
	答辩环节旁征博引，对答自然	5	
附加分	游戏或汇报具有鲜明特色	10	

▌**学习活动 2：开启游戏公测**

在学校图书馆启动游戏公共测试活动，五、六年级全体学生及教师参与游戏互动，并填写体验券，帮助游戏设计小组做好改进工作。

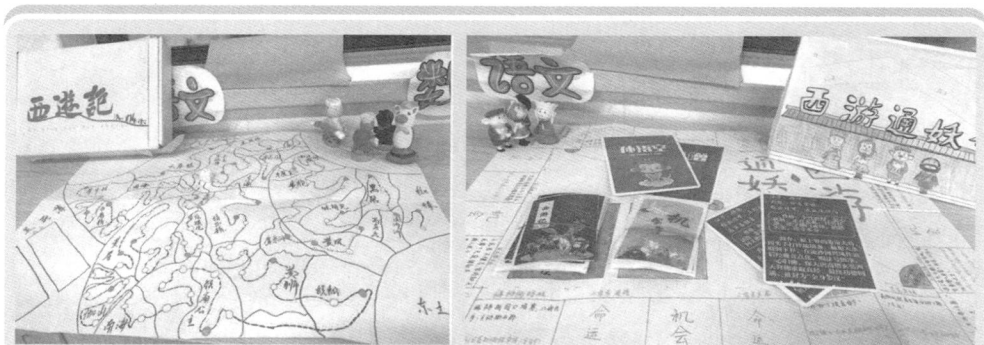

学习活动 3：举行颁奖典礼

根据汇报效果及体验券反馈，评选出最佳设计奖、最佳创意奖、最佳美绘奖、最佳合作奖、最佳风采奖，并举行颁奖典礼。

学习活动 4：开展总结大会

小组间交流，学生可借助思维导图，分享阅读《西游记》的成长感悟；复盘活动过程，并思考本次活动的亮点及可改进之处，畅谈感受与收获。

五、活动点评

本活动通过六个课时，以《西游记》整本书阅读为载体，打通语文、信息科技、美术等多学科，跨界驱动，打破思维定式，颇有成效。

（一）任务驱动，撬动学习热情

中国古典小说常因晦涩难懂，令不少学生望而却步。本活动通过发布招募令"设计一款棋牌类益智游戏"，创设真实的学习情境，紧扣游戏《黑神话：悟空》《梦幻西游》，将枯燥、机械的整本书阅读过程转化为充满趣味与挑战性的游戏开发活动，激发学生的学习热情，为持续性阅读注入动力。

在"设计一款棋牌类益智游戏"这一核心任务下，统领制作人物身份牌、绘制取经线路图、设计人物命运卡等子任务，学生在查找资料、绘画人物、改编故事、汇报展示等系列活动中，亲自感知、动手操作，切实培养学生团队合作能力与创新精神。

（二）巧设支架，推动活动实施

本活动根据游戏开发的真实开展情况与学生的实际学习情况，提供了大量学习支架，如活动记录单、写作导学单、评价量表、阅读策略等，引导学生借助支架进行分析与论证。正如《西游记》传递的成长真经所言"踏上取经路，比抵达灵山更重要"，学生在活动实施过程中的进步与《西游记》的主旨相契合，学生借力支架，克服重重困难，从浅层阅读走向深度阅读，真正走进人物内心世界，探究《西游记》多元而丰富的内涵，创生阅读智慧。

（三）读写融合，提升语文素养

跨学科视角下的整本书阅读活动，为学生创造开放的环境，从封闭、单一的名著阅读逐渐转变为开放、多元的问题解决任务探究，关注多元智能发展，培养学生丰富的阅读与写话的个性化思维。这些丰富的阅读体验，唤醒了他们的习作需求。教师基于语文核心素养设计课堂学习活动及课后作业，聚焦读写能力，关注阅读内容，更重视培养学生的语言实践能力和迁移应用能力，通过撰写一段人物评价、编写《西游记》新故事、汇报游戏方案等子任务，真正为学生的未来生活奠基。

案　例　二

一次有趣的实验

实施年级：三年级

主学科：语文

辅助学科：科学

实施周期：2 课时

设计者：余盈盈

执笔者：余盈盈

一、主题背景分析

（一）主题来源

统编版语文教材三年级下册第四单元围绕"观察与发现"安排的习作是"我做了一项小实验"，要求"先借助图表整理小实验的主要信息""把做小实验的经过写清楚"，旨在引导学生借助图表整理实验的主要信息，培养学生留心观察的习惯和有序表达的能力。《蜜蜂》这一课引导学生学会用思维导图梳理实验过程，启发学生把思维导图迁移运用至单元习作中，即运用导图梳理实验过程，并利用语文教材提供的表达支架，学写"一次有趣的实验"。

（二）主题概况

本次习作以"观察与发现"为出发点，以始为终设计观察记录员、实验探究员、实验发布者这三个情境角色，将语文课堂的学习活动拓展为真实生活情境中的跨学科主题学习任务。融入问题情境，明确学习任务，让学生在需要动手的科学实验中获得真实体验，提取信息、建立信息关联、厘清实验步骤，思维导图助力积累素材，落实"有条理"的表达要素。习作表达不再"禁锢"课堂，实践和体验为表达注入新鲜活力。

二、学习目标

能从实验出发，提出不懂的问题并尝试解决。

能在学习情境中运用本单元习得的方法，观察事物变化，完成习作科学探究单。

能借助表格、思维导图和佳句锦囊写清楚实验过程，并在实验空间站展示自己的作品。

能根据要求与同学互评习作，并尝试用修改符号修改自己的习作。

三、学习规划

课时	学习内容	学习活动	学习评价
第一课时	融入问题情境，明确学习任务，在科学实验中获得体验，厘清步骤，积累素材	1. 生活现象问一问 2. 课文方法学一学 3. 科学实验记一记	能主动融入情境，产生科学探究的兴趣；能做简单的记录，积累素材
第二课时	运用从课文中习得的观察记录方法，将实验记录单转化为习作，并进行修改、评价	1. 实验记录我来变 2. 我的实验我发布 3. 晋升高级我来评	能在习作学习支架的导引下积极思考，善于在对比辨析中发现习作妙招，完成作品

四、学习过程

第一课时：任务驱动，用课文学作文

本课时设计了三个学习活动，主要任务是创设问题情境使学生发散思维，激发他们观察探究的欲望。用《蜜蜂》一课拓展延伸，引导学生在阅读中学会"提取关键句子"，检索信息制作实验单，梳理科学观察实验的思考的方法。

学习活动 1：生活现象问一问

> 小朋友，你们好。欢迎来到科学实验空间站，我是你们的学习伙伴小博，今天很高兴和大家一起做一项有趣的实验。你们在生活中是否遇到过一些不懂的问题并因此产生了更多的疑问？比如：叶子落在水里后为什么浮起来？一天中我们的影子什么时候最长？蚂蚁为什么总是成群结队的？
>
> 仔细想一想你们在生活中遇到的小疑问，试着把它们写下来。

请学生仔细想一想自己在生活中遇到的疑问，并试着把这些问题写下来。

学习活动 2：课文方法学一学

回顾课文《蜜蜂》，请学生梳理法布尔的写作思路。

> 一天，我在我家草料棚的蜂窝里捉了一些蜜蜂，把它们放在纸袋里。我叫小女儿在蜂窝旁等着，自己带着蜜蜂，走了四公里路，打开纸袋，在它们身上做了白色记号，然后放了出来。

⟹ 实验步骤

二十只左右被闷了好久的蜜蜂向四面飞散，好像在寻找回家的方向。这时候刮起了狂风，蜜蜂飞得很低，几乎要触到地面。 ⇨ 观察发现

大概这样可以减少阻力。我想，它们飞得这么低，怎么能看到遥远的家呢？

······

这样，二十只左右的蜜蜂，至少有十五只没有迷失方向，准确无误地回到了家。尽管它们逆风而飞，沿途都是一些陌生的景物，但它们确确实实飞回来了。 ⇨ 实验结果

⇨ 我的猜测

我发现：《蜜蜂》是按照"实验步骤—观察发现—我的猜测—实验结果"的思路写下来的。

学习活动 3：科学实验记一记

（1）制作实验清单，案例小提示

实验名称：鸡蛋在水中怎样会浮起来？/鸡蛋在水中会浮起来
实验准备：一个生鸡蛋、一个量筒、一袋食盐、适量的水、小木棍。
实验过程：第一步，将水加入量筒中，水量过半；
第二步，将鸡蛋轻轻放入水中；
第三步，将食盐慢慢加入水中，用小木棍搅拌食盐，观察变化；
第四步，鸡蛋没有浮起来，再加入适量食盐。······
实验结果：鸡蛋终于浮起来了。

> 实验名称与实验目的吻合，可以是陈述句也可以是问句。

> 实验准备也就是实验过程中所需要的物品，一定要写清楚哟，否则实验会遇到困难哟。

> 实验过程按照你实际操作的流程，一步一步写下来就好哦，没有想象中那么难哦。

> 实验结果不一定都成功哦，照实写就好，重在体验实验过程。

（2）借助图表记下做小实验的情景

实验清单	
实验名称	
实验准备	
实验过程	第一步： 第二步： 第三步： 第四步：
实验结果	

【小贴士】通过让学生在阅读过程中提取主要信息，训练学生有理有据地进行阅读和表达。案例《制作实验清单》引路，提供支架，教授思考的方法，进一步帮助自己梳理实验过程，将"有条理、重证据"的阅读与表达要素落地。

第二课时：探寻方法，"清单"下妙笔能生花

本课时设计了三个学习活动，主要任务是设计习作学习支架，了解实验清单是如何一步步转换为习作的，并从类文阅读、对比、辨析中发现问题，提炼妙招，解决转换的难点。其中，思维导图和佳句有助于学生提高习作的流畅度。

学习活动 1：实验记录我来变

（1）引导学生将实验清单转化为习作

实验清单

实验名称	制作弹力球
实验准备	泥沙、胶水、水、两个烧杯、一根小棒
实验过程	第一步：在一个烧杯中加入胶水 第二步：在另一个烧杯中倒入泥沙 第三步：将水倒入泥沙中搅拌 第四步：将烧杯中的固体倒在手里揉成圆球形，静置十五分钟
实验结果	弹力球做好了

制作弹力球实验

今天下午，科学老师终于要带着我们做一个弹力球的实验了，我们欢呼雀跃、兴奋不已。实验室桌子上摆放了一套做弹力球的材料：泥沙、胶水、水、两个烧杯、一根小棒。

先把两个小杯子放在桌子上，拿出第一个烧杯，把胶水倒入杯子中，不用过多，四分之一就足够了。

然后再拿出第二个烧杯，把泥沙倒入杯子，倒入的泥沙量和胶水量一致，四分之一。

再向有泥沙的烧杯里倒入一点水，拿小棒用力搅拌泥沙。

接着，再把有胶水的烧杯中的胶水倒入有泥沙的烧杯中，等待三至四分钟。

最后,当看到烧杯中的液体不是水,而是像果冻一样黏稠的固体时,再把烧杯中的固体倒入手中,用手把这个果冻似的东西揉成圆形,揉好后静置十五分钟,这样一个有趣的弹力球就做好了。

一个小实验让我感受到了动手实践的乐趣,感受到科学的趣味。

实验名称可以转换成习作标题;实验准备可以在第一段中写明;实验过程可以转换成文章的主要部分,分段一步一步有序地写清楚实验步骤;实验结果可以在实验经过的最后一步说明,也可以作为文章的结尾。

(2)对比阅读,发现习作妙招

水中漂浮的鸡蛋

我百无聊赖地看着漂浮在水面上的菜叶,突然产生一个奇怪的念头:既然菜叶能够浮在水面上,那么鸡蛋呢?是不是也能够浮在水面上?心动不如行动,我准备做一个小实验来证实我的猜想。

第一步,我将做实验所需的样品准备齐全,主要材料有:一个透明的大杯子、清水、一根筷子、鸡蛋,还有最关键的食盐。

第二步,将清水倒入水杯中,再把鸡蛋放入水中,那鸡蛋像喝醉了酒似的晃晃悠悠地往杯底坠落,好像呼呼睡大觉了呢。

第三步,我向杯子中倒入一勺盐,我以为鸡蛋会浮起来的,可是,鸡蛋没有浮起来,鸡蛋的表面只是冒出了几个小泡泡。这是怎么回事呢?啊,我想起来了:是不是盐太少了?

第四步,我又舀了一大勺盐,看着堆成小山的盐,兴奋不已,可是鸡蛋依旧一动不动。盯着如小山一般的食盐,我突然反应过来了,食盐还没有在水中充分溶解。

第五步,我拿起筷子小心翼翼地搅拌,奇迹出现了,鸡蛋真的浮起来了。

这个实验真有意思,可是为何会出现这样的现象呢?我按捺不住心中的好奇,查阅了资料,原来盐水的密度比清水的密度大,浮力也大,浮力大了,鸡蛋自然就浮起来了。人们利用浮力的原理,制造了许多使生活便捷的工具,科学真的是太神奇了!

阅读《制作弹力球实验》和《水中漂浮的鸡蛋》,学生可以发现以下习作妙招。

妙招一:习作选材上可以源于生活,也可以源于课堂。

妙招二：在描写实验过程时可以用"第一步……第二步……"或者"首先……接着……最后……"这样的句式，把实验经过写清楚。

妙招三：文章结尾可以写自己做实验时的心情和实验中有趣的发现。

【小贴士】学习不仅限于课堂，还要与生活紧密结合，教师须引导学生留心观察生活中的科学现象。通过对课文和案例的学习，学生能够开展科学实验以解答自己的疑问。同时，教师还可以通过建立单元阅读和单元习作的联系，帮助学生在回顾阅读收获的过程中掌握介绍实验的方法。这个学习活动结合了多种形式的语文实践活动，将科学观察深度融入语文实践活动。

学习活动2：我的实验我发布

（1）佳句锦囊来助写

连接词	1. 先……接着……然后……最后…… 2. 第一步……第二步……第三步…… 3. 首先……其次……最后…… 4. 一方面……另一方面…… 5. 因为……所以…… 6. 只要……就…… 7. 先……再……
心情	焦急、激动、好奇、失落、兴奋、美滋滋、迫不及待、疑惑不解
神态	若有所思、兴致勃勃、全神贯注、迟疑不决
动作	注视、目不转睛、不敢眨眼、瞪大眼睛、伸长脖子、拍手欢呼

（2）实验思维导图来构思

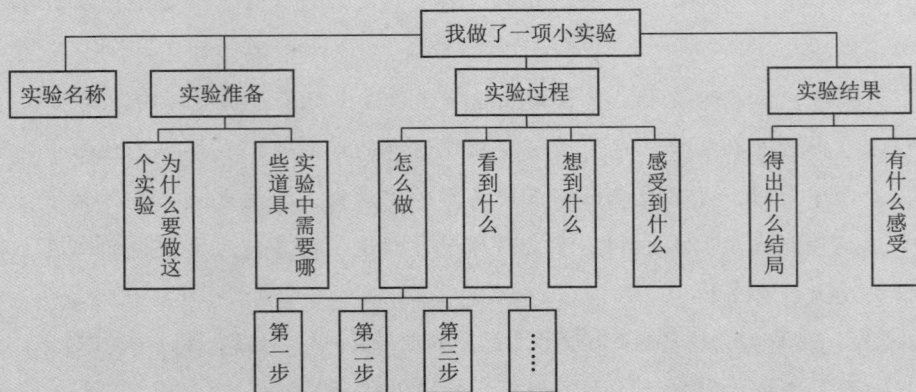

（3）牛刀小试，妙笔生花

写作能手：可以把实验过程写清楚。

写作高手：能够在写清楚实验过程的基础上，描写实验时的心情和实验的发现。

【小贴士】在"我的实验我发布"这一学习活动的驱动下，学生会用上写作小妙招，完成从实验清单到习作的转化，完成习作从有条理到写清楚的转变。教师通过多学科知识联动，巧借支架，步步为营，降低学生习作难度，为学生解决了"怎么写""写什么"的难题。

学习活动 3：晋升高级我来评

（1）按要求评价

习作完成后，对照写作能手评价表进行自评、互评和师评。

写作能手评价表				
评价类型及要求		自评	互评	师评
书写	书写端正			
	无错别字			
	语句通顺			
格式	开头空两格			
内容	实验过程按一定顺序进行描写			
	有标题、开头和结尾			
修改意见				

（2）修改习作

学生根据写作能手评价表，运用修改符号优化习作。

改正　　　增补　　　删除　　　对调符号　　　移动符号

将修改好的内容誊写好，向老师、同学、家长展示，让大家也试着做有趣的小实验吧！

【小贴士】本活动落实语文要素"观察事物的变化，把实验过程写清楚"，旨在有意识、有目的、系统性地培养学生善于观察和发现的能力，让学生掌握借助连接词表达实验顺序，写出观察中的变化，体悟观察乐趣。同时，学生须按要求互评，并尝试运用"对调"和"移动"两种修改符号，再结合以前学过的"改正""增补""删除"三种修改符号修改习作。

五、活动点评

"一次有趣的实验"跨学科主题学习活动充分遵循习作的学习特点和规律，以真实的任务情景驱动，鼓励学生进行自主探索。在学习活动中有机融入科学实验、观察记录，通过多学科协作架起凸显综合性、实践性的学习场域，实现以语文学习为核心的多学科学习，实现教与学的融合，让学生学有所得，学有所乐，学有所增。

（一）把握大单元整体

本活动从主题特点出发，通过创设情境，立足课内联系课外，紧扣人文主题"观察与发现"与语文要素"观察事物的变化，把实验过程写清楚"。勾连语文教材内容，打破传统学科教学导致的学科间割裂、缺少有机联系的现状，引导学生将课内习得的技能进行迁移运用。

（二）搭建多样习作支架

习作支架是整合嵌入写作知识和技巧的显性学习支持系统，是在学生现有水平与潜在发展水平之间搭建脚手架，帮助学生完成自己无法独立完成的习作任务。本活动通过六大活动设计，借助课文引导学生进行习作框架的学习，利用图表梳理实验步骤和情景，提供可视化的思维导图，协助学生进行习作构思。此外，提供的佳句锦囊，降低了习作的难度，并将课外资源转化为学生的写作素材，有助于学生提高习作的流畅度。

（三）创设科学活动情境

本次活动以真实的科学实验为基础，通过子任务创设活动情境，激发学生学习的主动性。为了体现语文的语文味、生活味、趣味性和挑战性，增强体验感，活动中还引入了学习伙伴小博，引导学生迁移运用习作方法，提升习作素养。

（四）采用多元评价方式

鼓励学生不断进步，以提高习作的素养。为强化跨学科主题学习活动的诊断、反馈功能，设计了多主体、多侧面的评价量表。因材施教，激发学生的学习兴趣，让学生持续输出。

案 例 三

童言童戏

实施年级:六年级

主学科:语文

辅助学科:科学、美术、信息科技

实施周期:9课时

设计者:余盈盈

执笔者:余盈盈

一、主题背景分析

(一)主题来源

本次跨学科主题学习立足学校童玩节,从学生最感兴趣的游戏出发。根据语文新课标,第三学段的跨学科主题学习内容要求学生积极参与校园、社区等,理解和传承中华优秀传统文化,在简单的调查、访谈等活动中记录真实生活。

(二)主题概况

结合语文新课标对高段的教学目标和内容表述,对统编版语文教材五、六年级部分课文进行单元重组,将《风向袋的制作》《稚子弄冰》《走进他们的童年岁月》《竹节人》等课文进行整合,形成以"多角度介绍、点面结合、有序写作"为主题的项目学习单元,以帮助学生完成"有序组织材料,有重点、有条理地向他人介绍童年游戏或玩具"的项目任务。

二、学习目标

能根据写作目的,借鉴课文范例,选择并确立写作内容,条理清晰,表达通畅。经历项目式学习的过程,记录、思考、总结,撰写研究小报告、说明小品文、游戏活动记叙文等。

能用数字图书馆、互联网等搜集需要的信息和资料,运用现代统计工具了解、搜集、整理传统游戏种类。学习运用形、色、肌理和空间结构等美术语言,选择合适的工具材料来呈现,培养鉴赏力、造型表现力。

能用文字、图片、PPT、创客等多种方式展示学习成果，提高学生语言交际、资源分享的能力，增强跨学科综合项目学习的兴趣。

三、学习规划

课时	学习内容	学习活动	学习评价
第一、二课时	1. 确定小组，明确任务，成果展示 2. 设计项目成果的评价量规	1. 成果导向型分组 2. 借助 KWL 工具，跟踪学习需求 3. 借助学习支架，初步完成项目成果评价量表设计	能主动融入学习情境，产生探究的欲望，成立小组，以始为终设计成果性评价
第三至七课时	1. 设计调查，采访记录，整理相关资料 2. 阅读文章，完成主题学习	1. 寻访发现他们的童年游戏 2. 游戏的名片制作——童年游戏的收集整理与分类 3. 名篇佳作说"童玩" 4. 学习《竹节人》，玩转游戏 5. 聚焦乐趣，挑战玩法 6. 交流策略，联读辨析 7. 多学科融合，趣玩竹节人	能在阅读《风向袋的制作》《稚子弄冰》《走进他们的童年岁月》《竹节人》等课文后完成以"多角度介绍、点面结合、有序写作"为主题的跨学科主题学习，能有序组织材料，有重点、有条理地向他人介绍童年游戏或玩具
第八、九课时	1. "童玩"STEAM"游戏王"主推一款游戏或玩具参赛 2. 确定展示框架，完成作品展示	1. 学科整合，共同创意我的"童玩" 2. 工程设计，创想未来	小组合作设计和制作一款游戏，用游戏指南进行图鉴设计和解说

四、学习过程

第一、二课时：入项第一阶段

■ **学习活动 1**：成果导向型分组

学生自主选择，形成学习小组，确定展示形式。

组名	成果展示方式
第一组	作文展示：撰写介绍一种游戏的作文，在学校公众号上推送
第二组	PPT 展示：一份玩具制作和玩法说明指南
第三组	微视频：创意工程设计一款游戏玩具，解说制作玩法的微视频

跨学科主题学习是以终为始的学习，需要我们在活动设计时明确项目的最后呈现形式、最终结果。因此，项目伊始，教师就请学生以小组讨论的方式，自主确定成果展示方式。

■ **学习活动 2**：借助 KWL 工具，跟踪学习需求

运用项目工具开展调查，了解学习需求，确定学习走向。教师提供 KWL 工具，帮助学生有意识地思考与活动主题相关的信息。在激活学生相关的背景知识的前提下，更好地了解学生的学习需求和学习起点，避免随意性教学。

K（What I know）	W（What I want to know）	L（What I learned）

在 KWL 工具表中，我们发现学生在写作时存在难点：不懂如何通过抓住人物、动作、神态、语言和心理活动使文章更加生动传神。我们基于已有的语文教材叙事单元，用"寓情于事"这一关键概念，以"介绍一种事物"的本质问题重构课文，用"作为小玩家，如何有序、有条理、多角度介绍一款游戏或玩具"这一驱动性问题，激发学生的创造性，引导他们参与社会实践。

■ **学习活动 3：借助学习支架，初步完成项目成果评价量表设计**

学生明确展示方式后，还要明确评价项目成果的方式。我们在活动前确立了评价标准，以减少学习的随意性，也能帮助和指导学生更有针对性地开展后续学习。我们在美国西北教育实验室（NWREL）开发的作文"6+1 要素"评价模式基础上设计了本活动的成果评价量表。

第三至七课时：单元重组创情境，学细节写作、有序表达

■ **学习活动 1：寻访发现他们的童年游戏**

（1）了解祖辈的童年

温暖的灯光下，听外婆讲她小时候的故事——村口放映的老电影、晚上点的煤油灯、学校旁的小人书摊……一个个温情的童年故事，向我们诉说着那些遥远的童年味道。让我们一起走进大人们的童年岁月。（板书课题：走进他们的童年岁月）

出示成人的童年生活的照片，激发学生提问的兴趣。

（2）我为采访做准备

① 确定采访对象

想一想，可以了解谁的童年？

【点拨】祖父母、外祖父母、父母、邻居等。

② 设计问题清单

组织学生以小组为单位，小组成员共同设计问题清单。

展示源于教材的问题清单，引导学生学习提问。（板书：问题列清单）

问题清单一	问题清单二
1. 还记得小时候学过的哪几篇课文？	1. 小时候玩过哪些玩具？
2. 做过的最勇敢的事是什么？	2. 最喜欢哪个玩具？为什么最喜欢它？
3. 课后最喜欢玩什么游戏？	3. 这个玩具是怎么玩的？

引导学生比较两个问题清单，思考两个问题清单中的问题有什么不同。

展示学生课前设计的问题清单中不合适的问题。如：您最喜欢的网络游戏是什

么？您小时候上过哪些才艺培训班？

提问：你觉得这样的问题适合对生活在农村的爷爷提吗？

预设：不合适。因为在爷爷的小时候，农村还没有网络。爷爷小时候可能连上学的机会都不一定有，更不用说上课外辅导班了。

小结提问方法：可以从不同的方面提问，也可以围绕一个话题提出多个问题，有序提问；根据采访对象设计适合的问题。

展示不同的列问题清单的方式（表格、思维导图），供学生选择，并引导学生选择提问对象、提问方式，拟定问题清单。

"走进妈妈的童年岁月"问题清单

1. 小时候有哪些娱乐活动？	
2. 最喜欢玩什么游戏？	
3. 游戏是怎么玩的？	
……	

③明确采访要求

有礼貌。要认真、耐心地听别人讲话，不随意打断别人。提问时可用上礼貌用语，如"您""请"等。（板书：礼貌要注意）

认真倾听，边听边记录。展示两份学生课前的问题清单（一份记录得很详细，一份只记关键词）。

【点拨】学生在交流时要边听边记录，不需要记录整句话，只需记录关键词，这样既能筛选重点，又能节省时间。除了记录关键信息，还可以把自己感兴趣的、不明白的地方记录下来。（板书：边听边记录　记要点　记兴趣点　记疑问点）

（3）嘉宾有约面对面

采访主题：采访长辈，走进他们的童年。

采访要求：小组成员团结合作，提问、记录须分工明确。（分工：采访者2人，记录者2人，活动总监1人）

阅读采访评量表。（说明：优秀的用"★"表示，良好的用"○"表示，合格的用"√"表示）

分工	评量要素	自评	组员评价
采访者	有开场白和结束语		
	有礼貌，语速适当，声音清晰		
	能认真倾听对方发言，并及时进行提炼		
记录者	认真倾听双方发言，关注双方的言行		
	善于捕捉话语中的关键信息，能及时记录		
活动总监	倾听每个人的发言，观察每个人的言行		
	对采访者和记录员给予评价，提出建议		
所有人	采访礼仪到位，站姿自然大方，眼神平和有力，尊重采访者，不插嘴		

学习活动 2：游戏的名片制作——童年游戏的收集整理与分类

（1）根据问题清单，进行采访活动

各组打开设计好的问题清单，采访被邀请的长辈嘉宾，记录并整理。

问题清单

探访员：		探访对象：	
记录员：		探访方法：	
游戏名称（至少6种）	游戏道具	游戏人数	游戏现状

我的发现：

（2）童年故事展示会，体验别样童年

① 童年故事讲解员：讲一讲他们的童年故事

以小组为单位，在同学面前分享所采访的长辈的童年故事。

② 童年故事小演员:演一演他们的童年故事

小组成员可以采用小品或其他形式展示长辈的童年故事。

③ 童年故事评论员:评一评他们的童年故事

小组成员当一回小小评论员,评一评长辈的童年故事。

小结:今天的口语交际课,学生学习了如何从不同的角度清楚、具体地讲述长辈的童年故事,在交流中感受到了童年生活的美好、纯真。

【小贴士】口语交际课将教材和生活联结,学生带着真实的活动情境采访、调查,搜集信息并进行整理,融合多学科实践,将活动素材自然地引向生活,实现关键能力的迁移运用。

学习活动3:名篇佳作说"童玩"

(1)学习课文《竹节人》,制作好玩的竹节人,模仿课文的写法,运用动静结合、点面结合的方法描写一项游戏活动。

学习内容	学生任务
《走进他们的童年岁月》 注重给学生创设实践的环境,通过让学生了解长辈的童年生活,帮助学生学会提问的方法、与人交流的礼仪、整理信息并进行有条理地表达的交际技能,让学生在实际交流中切实得到提升	1. 列问题清单,从不同角度学提问 2. 学会边倾听边做简单记录 3. 学习整理,根据提问内容,及时有条理地整理自己的记录,并适当加入自己的感受,做好汇报交流的准备
《稚子弄冰》 在体验的基础上,凭借问题和板书导图,结合古诗内容创写古诗,引导学生读诗解诗,体会童年生活的情趣和欢乐	1. 对比阅读、发现主题 2. 整体感知、了解诗意 3. 联系体验、想象创写 4. 问题联想、创写古诗。结合课文注释和板书,联想画面,把孩子玩冰的情景描写出来,写出游戏的快乐
《竹节人》 理清文章介绍制作竹节人和玩竹节人的顺序	1. 梳理课文结构,有序介绍,突出重点 2. 品味人物细节,描写体会玩竹节人的"快乐",剖析寓情于事的写作方法 3. 辨析:为什么写老师玩竹节人? 4. 补充说明:学习创作《竹节人制作指南》
补充资源 工具支架:问题清单、调查表、思维导图 学习资料:微课视频、问卷星调查表	

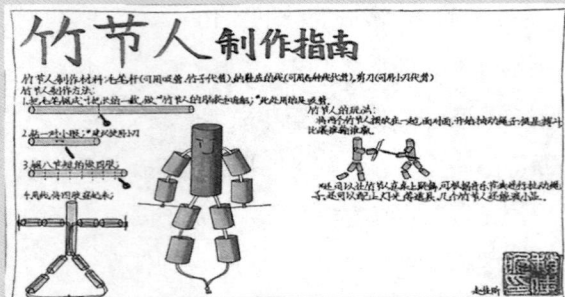

（2）学习《稚子弄冰》，感受童年快乐

① 想象情境、提炼方法

学生自由说：读着诗，你仿佛看到了什么，听到了什么？

学生自由想：如果你是一位电影导演，你最想把他们玩的哪个镜头拍摄下来？为什么？

引导学生交流想象的画面，联读乐器、颜色的诗句，分享想要的"特写镜头"。

② 整合方法、创写短文

展示改写小贴士，引导学生结合课文注释和改写小贴士想象画面，将这些"特写镜头"整合起来，把这首诗改写成一篇短文。

改写小贴士

时间：冬天的早晨

人物：孩子们

事件：孩子们把冰从铜盆里取出来，用彩丝穿起来当银钲敲，结果冰碎了。

特写镜头：冬日的清晨，地面铺着厚厚的霜……

---

③ 课堂总结，拓展积累

作业：搜集有乐器的诗句、有色彩的诗句、好玩的古诗，选择一个主题玩一玩飞花令。

【小贴士】这里的学习活动和启思性的学习支架，帮助学生梳理文本内容、领悟作品内涵，体会不同题材作品的异同，帮助学生通过比较分析文本，对文本进行提炼、归纳、思考。叶圣陶先生曾强调："多年来我一直认为，语文课的主要任务是训练思维，训练语言。"从这一角度来看，语文跨学科主题学习也指向学生思维能力培养的学习。

学习活动 4：学习《竹节人》，玩转游戏

（1）任务解析，明确阅读目的

① 展示课文导语，明确任务

同一篇文章，阅读的目的不同，关注的内容、采用的阅读方法也会有所不同。如果给你以下任务，你会怎么读《竹节人》这篇文章？

你可以写玩具制作指南，并教别人玩这种玩具，体会传统玩具给人带来的乐趣。

② 回顾学过的阅读方法

学生分享。教师带领学生阅读单元导读页，了解单元主题和语文要素，然后展示本单元任务构架，了解本单元主题任务及学习目标。

【小贴士】语文新课标要求围绕特定的学习主题设计学习任务，确定具有内在逻辑关联的语文实践活动。语文跨学科主题学习任务群由相互关联的系列学习活动组成，指向学生的核心素养发展，具有情境性、实践性、综合性。

（2）任务驱动，展开阅读实践

① 自由读课文

寻找完成第一个任务需要关注的内容。揭示这个单元要掌握的阅读策略——根据阅读目的，选用恰当的阅读方法。（展示单元导读页）

② 聚焦制作指南

结合生活中常见的不同形式的指南，理解指南的内涵。

交流讨论，明确一份指南必须包含的内容。

聚焦制作，化身手艺人，选择喜欢的阅读方法提取信息，并制作指南。

竹节人制作指南

材料		
工具		
制作步骤	第一步	
	第二步	
	第三步	
	第四步	
注意事项		

（3）聚焦玩法，学做竹节人玩法指南

① 出示实物道具竹节人，并引导学生思考：如果你是听众，你还想了解什么？

② 小组合作，对照竹节人制作指南制作竹节人玩法指南。

③ 请小组代表介绍玩法，其他小组根据星级评价表进行评价。

④ 小组总结，梳理运用制作竹节人玩法指南的阅读方法。

【小贴士】新颖独特的版面设计，别出心裁的思维导图，图片、文字、表格的综合运用……一张张图文并茂的学习报出炉啦！在这一过程中，学生进一步熟悉了竹节人的制作方法与步骤，并通过个性化的方式输出。

学习活动5：聚焦乐趣，挑战玩法

通过活动落实对《竹节人》中玩法和做法的学习。关注文本语言，聚焦语言文字的品鉴，落实阅读要素，习得语言表达的奥妙。

（1）阅读交流，信息整合

展示学生作品，请其他学生根据课文提供的信息进行评价。在互动评价中，组内优化竹节人玩法指南。在阅读中能提取关键信息，提示学生注意图文关联。

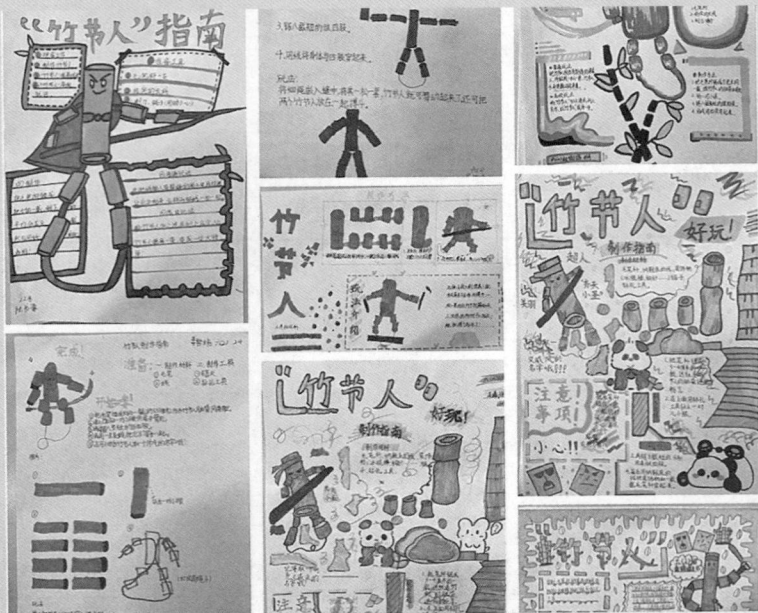

播放制作竹节人和玩竹节人视频，借助资料进一步了解做法和玩法。

（2）复盘反思，复述过程

师：传统玩具给人们带来乐趣，借助思维导图形式梳理乐趣，讲给同学听。

① 学生运用策略细读玩玩具的相关段落，圈画关键词，制作思维导图。

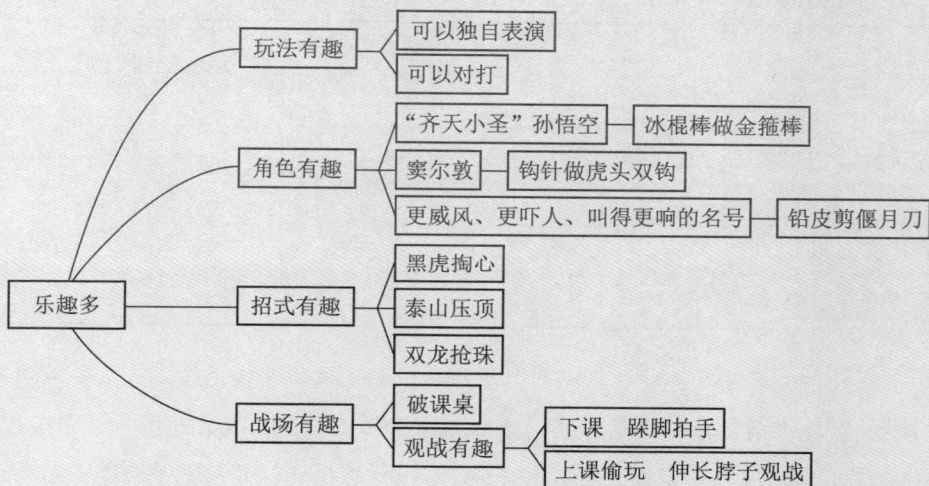

② 请几个学生分享传统玩具给人们带来的乐趣，补充思维导图，把碎片化的信息整理全。

③ 请学生看着思维导图分享传统玩具竹节人给人们带来的乐趣。讲完后展示课文8—18段，请学生想象玩竹节人的画面，绘声绘色地朗读，再次体会玩竹节人的乐趣。

④ 总结：自制玩具，乐在其中，倡议不玩网络游戏，做手工玩具来玩也是一种乐趣。

（3）交流方法，讲好故事

① 根据《竹节人》课后习题阅读策略，引导学生关注文中老师没收玩具、玩玩具的内容，梳理故事的起因、经过和结果。

起因：我们在课上偷玩竹节人。

经过：老师看出了破绽，没收了竹节人，我们去老师窗外寻找老师扔掉的竹节人。

结果：老师独自投入地玩起了竹节人。

② 讲述老师玩竹节人的故事。

③ 交流讲故事的有趣方法

可以提醒学生用学过的有创造性的讲故事方法——讲故事时可以加上人物的动作、表情、语言等，还可以发挥想象，创造性地加入有趣的情节。

④ 对照评价表，创造性地讲好老师的故事，做到了"教学评"一致。

讲故事评价表

评价要素	自评	他评
讲清故事的起因、经过、结果		
加上人物的动作、表情、语言，更有感染力		
发挥想象，故事更吸引人		

【小贴士】本学习活动通过一系列子活动，立足语文课堂，落实核心要素"有目的阅读"，准确提取关键信息完成做法指南和玩法指南，聚焦文本从篇章结构、语言特色、详略重点等方面进行品读赏析，以"复盘反思""讲好故事"等多元鲜活的方式进行语言建构和创意表达，成为撬动教材、驱动课堂自主学习的关键活动。

学习活动 6：交流策略，联读辨析

展示交流平台，学生齐读，教师分享阅读策略。

阅读策略：阅读前要思考阅读的目的，要有针对性地选择适合的阅读方法，与阅读目的关联不强的内容速读，而关联性强的需要细读。

学生学以致用，联读《竹蜻蜓》，开展小组交流，思考作家高洪波笔下的竹蜻蜓与课文中的竹节人有什么不同，并完成下面学习单。

学习单

	竹节人	竹蜻蜓
篇章结构		
语言风格		
详略安排		
……		

学习活动 7：多学科融合，趣玩竹节人

本活动涵盖语文、美术、劳动等学科内容，学生在学习语文学科知识的同时，运用美术技能绘制竹节人制作指南；创新思维，动手操作，运用劳动技能制作竹节人；自制传统玩具，迁移运用知识，写出竹节人玩法指南。本次跨学科活动丰富了学生的学习视角，从教材文本延伸至生活，激发了学生学习的积极性，推动了学生核心素养的提高。

竹节人	语文学科	1. 根据阅读任务，提取关键信息 2. 按步骤写出竹节人制作指南 3. 写出其他玩具制作指南或使用说明书
	美术学科	1. 绘制竹节人制作步骤直观图 2. 绘制其他自制玩具制作步骤直观图
	劳动学科	1. 制作竹节人 2. 制作其他自制玩具

（1）做竹节人——各显神通

根据竹节人制作指南，学生准备材料和工具，在劳动教师的指导下，迫不及待地动手设计一个个独一无二的竹节人，它们承载着学生的智慧：有的学生在竹节人手上系上一根"钉耙"，竹节人就成了手握"钉耙"的猪八戒，号称"猪小圣"，神气！有的学生别出心裁，给竹节人穿上纸盔甲和战靴，戴上纸斗笠，配上纸武器，再取一个响亮的名字——"绿箭侠"，好不威风！

在制作竹节人的过程中，学生能充分感受到自己动手做玩具的乐趣。

（2）斗竹节人——烽烟四起

竹节人做好了！怎样才能控制好竹节人，在大战中战胜对手呢？

学生请来科学教师为大家讲解关于力的知识。想要"玩转"竹节人，就要掌握施力的方向和大小，只有这样，才能做到一击必胜！

（3）竹节人——妙笔生花

"竹节人武林大战"在学生意犹未尽、不舍中落下帷幕。学生纷纷拿起手中的笔，迫不及待地写下自己心中最惊心动魄的精彩瞬间！吾笔写吾心，童言述真情！

【小贴士】本学习活动围绕教材课文开展，设计了有趣味且富有挑战性的学习任务：调查采访，积累素材（口语交流），提炼素材（名篇引路），习得写法。活动

紧扣习作核心知识步步展开，于无形中化解习作难点。同时，鼓励学生运用启思性的学习支架，帮助学生梳理文本内容、领悟作品内涵，体会同题材不同体裁作品的异同。在完成活动的过程中，融入信息科技学科知识，制作调查问卷，统计分析信息、绘制图表。

第八、九课时："童玩"STEAM，我的游戏我做主

学习活动 1：学科整合，共同创意我的"童玩"

跨学科主题学习在落地过程中容易变成一个个叠加的碎片化活动，失去综合性和整体性，须结合学科知识，设计学习活动的目标与内容。如结合美术学科知识，请各学生小组设计或改良一种喜欢的游戏，并制作图鉴，配上简洁、凝练的文字加以说明；结合信息科技学科知识，设计工程模型；结合自然科学知识，研究力的因素，从多个角度展开"童玩"研究。

学习活动 2：工程设计，创想未来

学校图书馆课程按照"设计方案—动手制作—调试优化"三步骤制作竹蜻蜓。

（1）设计方案

在使用材料之前，先画出竹蜻蜓设计草图，明确设计规格，完成简单的操作说明。尝试用自己所了解的各学科知识解释自己的设计方案，并形成初步的实验论证方法。

（2）制作优化对比

对比翅膀重量对省力和飞得高的影响。通过实验对比手柄粗细、长短对竹蜻蜓操作的影响。

序号	手柄长度	操作感觉	飞的高度
1	_____厘米		
2	_____厘米		
3	_____厘米		
4	_____厘米		

（3）展示评价

组织竹蜻蜓放飞活动，组建大众点评评委团，激发学生参与兴趣，提高学生参与度。总结方法，反思建构经验。

【小贴士】这一阶段的学习活动联结课堂内外，拓宽语文学习和运用领域，围绕"设计或改良一款游戏"活动综合运用多学科知识，发现问题、分析问题、解决问题的过程，适时融入信息科技学科知识，设计工程模型，结合自然科学知识，研究力的因素，从多个角度展开"童玩"研究，撰写研究报告，满足学生个性化学习的需求，真正实现语文学习的多场域融通、多学科融合和多媒介融入。

五、活动点评

本跨学科主题学习活动聚焦真实生活，挑选与学生生活经历高度契合的内容作为跨学科主题学习主题，以实现阅读材料与生活的融会。以"如何制作一款童年游戏"为驱动性问题，有序开展读写任务。

（一）有效挖掘教材资源，促进学习需求的真正落实

语文新课标强调要让学生在真实的语文实践中激发学习的愿望，并主动调派各种学习资源以完成学习任务，因此，创设真实性问题情境，设计真实的学习任务，让学生经历真实的学习活动就成了教师运作跨学科主题学习课程的关键。基于此，学习活动成为撬动教材单元，使其转化为学习单元的关键，在一系列学习活动的驱动下，学生在"N+X"的学习材料中自主提炼写作方法。在制作竹节人的过程中，通过阅读、梳理、探究、交流等活动形成了一种互动交流的学习氛围，学生在综合运用语文、科学、美术等学科知识中发现问题、分析问题、解决问题，提高语言文字运用能力。

（二）立足儿童视角，多学科融合促跨学科主题学习推进

教师在充分了解学生已有的学习基础和能力水平的基础上，梳理现有的学习需求和学习期待，这是学习活动有效开展和推进的前提。教师需要思考：如何把学生已有的知识作为学习新知识的向导或着力点，使新知与旧知关联，激发学生由原认知走向元认知。创设情境，围绕主题，设计具有内在逻辑关联的语文实践活动，及时了解学生的学习动态，推动学生学习需求的真正落实。以学生为主体，以自主学习为特征，让学生的学习过程有生成性。根据学生的实际状况，及时调整教学内容

和教学走向，促使跨学科主题学习有序开展、有效推进，使学习活动的学习过程更有意义。

（三）立足语文本位，拓宽学习空间

本次的跨学科主题学习，将阅读与实践活动相结合，通过"整合教材篇目—项目引领—游戏体验—游戏反馈"，结合教材重组单元开展学习活动，设计有趣味而富有挑战性的读写任务。学习活动紧扣习作核心知识展开，于无形中化解习作难点。同时，鼓励学生用启思性的前置作业、课中学习支架、课后实践作业，完成学习活动。这种整合资源，将教材学习与课外实践任务结合起来的方式，丰富了学生的情感体验，重构了学生的认知。读写，从封闭的课堂走向多元多能的实践空间。

二、数学跨学科主题学习

（一）小学数学跨学科主题学习的要求

《课程方案》提出，加强课程内容的内在联系，突出课程内容结构化，探索主题、项目、任务等内容的组织方式。原则上，各门课程用不少于 10% 的课时设计跨学科主题学习。

在《课程方案》的总体要求下，《义务教育数学课程标准（2022 年版）》（以下简称"数学新课标"）也做了相应调整，更关注实践能力、应用意识和创新意识等核心素养的培养，强调跨学科知识的有机结合，以及跨学科知识和传统文化的深度融合，进一步加强数学与现实生活、科学技术等方面的联系，更重视综合与实践活动的教学。

一方面，学习内容发生变化。一是增加了跨学科主题学习的综合与实践内容，即通过综合运用数学与其他学科知识解决问题，突破了以往仅关注数学知识综合运用的局限。二是链接学科内容与具体的问题情境，重视学生应用数学知识和其他学科知识解决实际问题的能力，让学生在跨学科主题学习中学习新的知识，应用知识和方法，这一过程更直接地促进了学生核心素养的培养。

另一方面，学习方式也发生变化。数学新课标将部分数学新知识移至"综合与实践"领域，如将常见的量、方向与位置、负数等内容安排在综合与实践领域学习，数学新课标中对综合与实践领域的总体表述是："重在解决实际问题，以跨学科主题学习为主，主要包括主题活动和项目学习等。第一、第二、第三学段主要采

用主题式学习，将知识内容融入主题活动中；第四学段可采用项目式学习。"由此可以看出，数学新课标中"综合与实践"领域的要求更加明确具体，在教学实践中容易把握和落实，进而使核心素养目标的实现有了具体载体。

之所以在综合与实践领域融入数学新知识，一方面是因为，这些知识更适宜使用实践的、探究的、操作的方式展开学习；另一方面是因为，相对于其他数学知识而言，这些知识有一个共同的特征——从生活中来，到生活中去。无论是货币单位、质量单位、时间单位，还是辨别方向，小学生在正式学习这些知识之前就已具备一定的生活经验。例如，有的儿童能区分时间段，能将具体的实践和事情对应起来，周一到周五要去幼儿园、周末要休息、几点钟要吃饭、几点钟要睡觉等，还有的儿童掌握钟表的读取技巧。这些经验虽然具有普遍性，但个体间差异较大且稳定性较差，因此还需要通过正式的数学学习巩固经验、系统学习并灵活应用，加深数学与生活的联系。

（二）小学数学跨学科主题学习的核心价值

跨学科主题学习是《课程方案》中的课程基本原则内容之一，《课程方案》指出要"加强课程内容与学生经验、社会生活的联系，强化学科内知识整合，统筹设计综合课程和跨学科主题学习"。在综合与实践领域设置主题活动和项目式学习内容，并以主题式学习或项目式学习方式组织，都是跨学科主题学习的体现，是数学新课标对国家课程修订原则的回应。

跨学科是综合与实践领域最重要的变化之一。小学的综合与实践领域包括主题活动和项目学习，要求无论是否涉及数学知识都应是跨学科的。现如今，无论是世界范围内的人口、能源、粮食、环境等大问题，还是个人生活中遇到的健康、工作等具体问题，都需要综合运用多学科知识解决，这是问题背景的跨学科。学生所学习的学科之间从来没有不可逾越的界限。综合与实践领域的主题内容，大部分都要求学生基于现实背景，解决现实问题，强调与现实世界、学生生活的密切联系。学生解决问题时，调动的不仅是数学的知识、思维和方法，还要根据问题解决的需要，灵活运用多学科的知识、思维和方法，这是在学习过程中的跨学科。因此将跨学科主题学习融入综合与实践领域，是顺理成章的，也是必要的。

不管是主题式学习活动，还是项目式学习活动，突出的特点是跨学科。跨学科就意味着要综合运用各学科的知识解决问题。如数学综合与实践活动的设计要基于数学学科，但又不能仅限于数学学科，要站在育人的角度设计活动，因此跨学科主题学习具备以下特征。

其一，学科整合是跨学科主题学习的核心理论基础之一。它要求整合不同学科之间的知识与技能，使学生在解决实际问题时能综合运用各学科的知识和技能。在小学数学跨学科主题学习中，数学不再孤立，而是与语文、科学、艺术、体育等多门学科相互渗透、相互融合。这种整合不仅有助于加深学生对数学知识的理解，还能拓宽他们的视野，培养他们的综合素养。

教育创新是跨学科主题学习的另一重要理论基础。它要求教师通过新的教育理念、方法和技术，使教育教学更加符合现代社会的要求和学生的需要。在小学数学跨学科主题学习中，教师应以学生为中心，关注他们的兴趣和需求，采用多样化的教学手段和方法，激发学生的学习兴趣和积极性。同时，教师还应注重培养学生的自主学习能力和创新精神，使他们勇于探索、敢于创新。

核心素养是指学生应具备的、能够适应终身发展和社会发展需要的必备品格和关键能力。在小学数学跨学科主题学习中，培养学生的核心素养是重要目标之一。通过跨学科主题学习，学生可以更加全面地理解和掌握数学知识，还可以提升逻辑思维、问题解决能力、创新思维等核心素养。这些素养将为学生未来的学习和生活奠定坚实的基础。跨学科主题学习还关注学生的情感和价值观的培养。它重视学生在学习过程中的情感体验和价值认同，通过跨学科主题学习，学生可以感受到不同学科之间的和谐共生和相互促进，增强对多元文化的理解和尊重。同时，跨学科主题学习也注重培养学生的团队合作精神、社会责任感和环保意识等。

小学数学跨学科主题学习强调知识的整合与综合。数学教学不再是孤立地教授数学概念和技能，而是将数学置于更广阔的学科背景中，与其他学科相互关联、相互渗透。如在学习几何图形时，可以与艺术学科知识相融合，通过绘画和手工制作来加深学生对图形的认识；在学习统计与概率时，可以引入社会调查的内容，让学生在实践中理解数据的收集、整理和分析过程。

其二，注重实践和应用。跨学科主题学习鼓励学生将所学的数学知识应用于实际生活，解决实际问题并加深对知识的理解和掌握。通过跨学科主题学习，学生可以在真实的情境中感受数学的魅力，感受数学与生活的紧密联系。在解决环保问题时，可以引导学生运用数学知识计算资源的消耗量、评估环境影响等；在策划学校活动时,可以让学生运用统计知识来调查参与人数、安排活动场地等。

其三,突出探究性与创新性,即跨学科主题学习鼓励学生进行探究和创新。它提供了更广阔的空间和更丰富的资源,让学生在探索未知的过程中发现新的问题、提出新的假设、寻找新的解决方案。通过跨学科主题学习,学生可以培养批判性思维、创新思维和解决问题的能力。例如,在研究植物生长的过程中,可以引导学生运用数学知识测量植物的高度、计算生长速度,并鼓励他们探索影响植物生长的各种因素。

(三)数学跨学科主题学习的实施

新课程方案和新课标中对跨学科主题学习有明确的规定和要求,对教师备课提出挑战。那小学数学跨学科主题学习该如何实施呢?

1. 明确跨学科主题学习的目标

跨学科主题学习的首要任务是明确学习目标。这些目标应涵盖数学知识的学习、跨学科知识的整合以及学生综合素养的提升。例如,在学习测量单位时,教师可以将学习目标设定为:通过科学实验,学生了解不同测量单位的应用,并结合数学计算,提高测量和计算能力。

2. 选择合适的跨学科主题

跨学科主题学习的关键在于选择合适的主题。主题的选择应紧密结合学生的实际生活和学习需求,具有一定的探究价值和现实意义。在小学数学跨学科主题学习中,教师可以根据数学教材的内容和学生的兴趣点,选择与之相关的跨学科主题。例如,以"年、月、日"为主题,整合语文、科学等学科的知识,引导学生探究时间立法的原理和本质;也可以"我们的校园"为主题,通过测量校园内各种设施的尺寸、计算面积和体积等数学活动,在学习活动中融入地理、科学和艺术等多学科知识。

3. 设计综合性的教学活动

跨学科主题学习需要设计综合性的学习活动。这些活动能够引导学生综合运用多学科知识,通过实际操作和探究,深入理解主题内容。在小学数学跨学科主题学习中,教师可以设计多种类型的教学活动,如实验操作、小组讨论、角色扮演等。例如,在探究"年、月、日"的主题时,教师可以组织学生进行科学实验,观察物体影长的变化与节气的关系,还可以引导学生通过小组讨论和角色扮演等方式,深入理解时间立法的原理和实际应用。另外,教师还可以将体育活动与数学计算相结合,如通过测量跑道长度来理解和应用长度单位,利用体育比赛中的计分、排名等,进行数学统计和分析。

4. 实施跨学科教学

选择或设计与学生生活紧密相关的真实情境，让学生在情境中学习数学知识，并将其应用到解决实际问题中。引导学生主动探究，鼓励学生提出问题、假设和猜想，通过自主探究和合作学习的方式解决问题。教师在教学过程中应起到引导作用，提供必要的指导和支持；还需要注重过程性评价，关注学生在跨学科主题学习过程中的表现和发展，采用多元化的评价方式，如观察记录、口头报告、作品展示等；同时，需要强调评价的诊断性和发展性，帮助学生发现问题并改进学习方法和策略。

5. 总结与反思

跨学科主题学习结束后，教师应组织学生进行总结和反思，回顾学习过程中的收获和不足，提出改进意见。同时，教师也应进行自我反思，总结跨学科教学的经验和教训，为今后的教学提供借鉴和参考。

案 例

可能性

实施年级：五年级

主学科：数学

辅助学科：语文、科学、信息科技、道德与法治

实施周期：3 课时

设计者：金晓和

执笔人：金晓和

一、主题背景分析

（一）主题来源

概率论和统计学在现实生活中的应用非常广泛，如天气预报、抽奖活动等，与学生的生活密切相关。可能性是小学阶段统计与概率领域的重要内容，通过具体的生活情境和游戏活动引导学生观察、分析生活中的随机现象，体验事件发生的可能性，符合小学生的认知需求。学习可能性这一数学概念时，所涉及的生活情境往往超越数学学科本身，广泛地融合了语文、科学、信息科技、社会科学等多门学科的知识和思维方式，完全符合《课程方案》提倡的跨学科主题学习理念。

（二）主题概况

在对可能性的学习中，数学是核心和基础，学生需要掌握的数学知识为其提供了量化和分析可能性的能力。在科学领域，学生可以通过实验观察、数据分析等方法验证和探讨各种现象发生的可能性；在信息科技领域，学生可以利用计算机程序和软件进行随机数的生成、模拟实验和数据可视化等操作，从而更直观地理解概率和随机性的概念；在社会科学领域，学生可以将概率论和统计学的知识应用于经济学、心理学等学科的研究中，分析人类行为、市场趋势等复杂现象。可能性的学习还与日常生活紧密相连，从日常生活中的决策制定、风险评估，到更广泛的社会现象，如气候变化、疫情传播等，都离不开对可能性的理解和分析。因此，可能性的学习不仅具有学术价值，更具有现实意义和社会意义。

二、学习目标

通过现实生活中的有关实例，感受简单的随机现象，准确理解"可能""不可能""一定"的含义，并运用这些词汇描述生活中事件发生的可能性。

通过试验、游戏等活动，列出试验中所有可能发生的结果，感受随机现象发生的可能性大小，能定性描述随机现象结果发生的可能性大小，并能和同伴进行交流。

通过跨学科的教学活动，培养观察生活、分析问题的习惯，以及跨学科思考和解决问题的能力。

三、学习规划

课时	学习内容	学习活动	学习评价
第一课时	1. 在熟悉的生活情境中体验事件发生的确定性和不确定性 2. 能运用"一定""不可能"和"可能"来描述生活中事件发生的可能性，感受数学与生活的联系	1. 美食文化链接（了解温州美食的制作方法和文化背景） 2. 美食抽签（设计校园温州美食节情境，开展美食抽签活动） 3. 小小配餐员（化身美食节配餐员，按要求选择相应美食并配好订单）	1. 通过课前了解，能说出几个常见的温州美食相关信息 2. 能运用"一定""不可能"和"可能"描述抽签结果 3. 能按要求搭配出不同的美食订单

（续表）

课时	学习内容	学习活动	学习评价
第二课时	1. 通过实践探索，知道事件发生的可能性是有大有小的 2. 会列出事件发生的所有结果；能在多种结果中，比较得出各种结果发生的可能性的大小	1. 抽卡尝美食（在卡片数量不相等的情况下，开展小组抽卡尝美食活动） 2. 体会可能性相等（在卡片数量相等的情况下，开展小组抽卡尝美食活动） 3. 可能性大小的应用（应用可能性大小的规律，设计"幸运大转盘"活动）	1. 能感受到事件发生的可能性与数量有关，并用语言描述出来 2. 能体会可能性相等并不意味着抽卡的结果一定相等这种简单的随机现象 3. 能应用可能性大小的规律设计符合生活实际的大转盘，并通过课后小组合作制作出实物
第三课时	1. 通过掷骰子游戏，比较掷出两颗骰子点数之和出现的可能性大小 2. 应用可能性和数的组合等已学知识去揭秘其中的道理	1. 探秘骰子的"进化史" 2. 组内玩掷骰子游戏 3. 探究游戏背后的道理	1. 通过课前了解，能说出几个与骰子相关的历史和典故 2. 能用语言描述游戏的结果，并对游戏结果产生合理质疑 3. 能有序罗列点数之和的所有组合，结合可能性知识揭秘游戏中的道理

四、学习过程

第一课时：事件的可能性

　　本课时创设了"温州美食"这一富有地域特色且贴近学生生活的主题情境，激发学生爱国爱家的情怀。通过一系列学习活动，引导学生体会生活中的确定事件和不确定事件，并将课堂所学应用于生活实际。

　　师：同学们，今天老师要带你们一起走进温州的美食世界。你们知道温州

有哪些著名的美食吗?(展示图片:温州美食地图)

生:……(自由发言)

师:看来大家都很了解温州的美食。今天,我们就化身美食探险家,踏上寻找特色美食的旅程吧!在这趟美食之旅中,我们将学习一个新的数学概念——可能性。

【小贴士】通过地图和探险情境,激发学生对课程内容的兴趣,同时引入可能性这一数学概念的探索背景,为后续学习做铺垫。

学习活动1: 美食文化链接

师:首先,来读一读我们熟悉的这些美食的制作方法和它们背后的故事吧!

阅读材料:舌尖上的温州美味

活动单1

我们的家乡温州,一个位于浙江东南沿海的城市,这里不仅有风光秀丽的旅游景点,还有数不尽的特色美食……

温州糯米饭:温州的特色早点,由蒸熟的糯米上面撒上油条碎末和肉碎汤组合而成。有些人也喜欢吃甜的,就是把肉碎汤换成白糖	猪油粉:粗米粉事先用温水泡过,下锅三十秒左右出锅,再放上鹅血、鸭血、大肠或小肠,然后放上大蒜叶,还可以根据个人喜好,放点豆瓣酱或者辣椒酱	灯盏糕:外皮用新黄豆和米粉浆拌和,内馅用猪腿肉和萝卜丝,最后用鲜猪油炸制。外皮松脆,圆边酥软,内馅爽口,独具风味
温州猪油糕:由糯米和白糖制成薄薄的糯米团,放在猪油里煎到外皮稍脆,吃时撒上些白糖,然后用粽子叶包着,入口油而不腻	鸭舌:新鲜鸭舌添加调料经过卤、腌等工序精制而成。温州方言中"舌"与做生意折本的"折"谐音,所以温州人一般在方言中把"鸭舌"叫作"鸭赚"	麦饼:和面,内里搭配酸香的咸菜或菜干,加上五花肉为馅,慢火烤制。刚出炉的麦饼松脆喷香,一口下去,唇齿间是一股子麦香

小组讨论:你还知道哪些温州美食背后的故事或者制作方法?你觉得这些美食与温州的地理环境、人文历史有何关联?

【小贴士】通过链接不同学科的知识,拓宽学生的文化视野,培养他们的跨学科思维能力,激发他们爱国、爱家乡的情感。

学习活动2：美食抽签

（1）初步感知

师：同学们，我们班要举办一个温州美食节，有糯米饭、猪脏粉、灯盏糕三种美食供大家选择。老师要用抽签的方式来决定每个小组要准备的美食。如果让你来抽，你会抽到哪种美食？

生：可能是糯米饭，也可能是猪脏粉，还可能是灯盏糕。

师：这就是我们今天要学习的"可能"。那么，有没有同学认为他一定能抽到某种美食，或者一定抽不到某种美食呢？

（2）深化理解

师：现在，老师已经抽出了两张卡片，分别是"猪脏粉"和"灯盏糕"。请大家再思考，现在如果你来抽，会抽到什么？

生：一定是"糯米饭"。

师：为什么？

生：因为只剩下"糯米饭"这一张卡片了。

师：非常好！这就是"一定"。那么，现在还有没有可能抽到"猪脏粉"或"灯盏糕"呢？

生：不可能了。

师：对，这就是"不可能"。

活动单2

我们班要举办一个温州美食节，以下三种美食供大家选择，抽签决定每个小组要准备的美食。

糯米饭　猪脏粉　灯盏糕

请用上"可能""一定""不可能"完整回答如下问题：

1. 你会抽到哪种美食？_____

2. 如果已经抽出了两张卡片，分别是"猪脏粉"和"灯盏糕"。现在让你来抽，会抽到什么？_____

还有没有可能抽到"猪脏粉"或"灯盏糕"呢？_____

【小贴士】通过实际操作，引导学生初步体会生活中的确定事件和不确定事件，并采用"可能""一定"和"不可能"描述事件发生的结果，让学生直观感知和理解"可能""一定"和"不可能"的含义，初步理解概率的随机性，为下面研究简单的随机现象做铺垫。

学习活动3：小小配餐员

师：同学们，在美食节上我们接到了三个配餐订单。

订单一：需要六份小吃，任意选一份一定是猪油糕。

订单二：需要六份小吃，任意选一份可能是猪油糕。

订单三：需要五份小吃，任意选一份不可能是猪油糕。

活动要求：

（1）每个小组长到教师处抽取一份订单。

（2）先小组讨论，再按照要求配置订单，并记录在配货单上。

（3）每组选派一个代表上台汇报。

活动单3

根据小组抽到的配餐任务完成以下相应的配餐订单，小小配餐员们，赶紧行动起来吧！

订单名称	订单要求	美食名称	美食份数
订单一	需要六份小吃，任意选一份一定是猪油糕		

订单名称	订单要求	美食名称	美食份数
订单二	需要六份小吃，任意选一份可能是猪油糕		

订单名称	订单要求	美食名称	美食份数
订单三	需要五份小吃，任意选一份不可能是猪油糕		

【小贴士】以实际生活为背景，沟通"可能""一定""不可能"三者之间的关系。活动中，学生还会发现，同样的订单也对应很多种不同的配餐方案，让学生在研究现实问题中学习数学、理解数学、发展数学，构建鲜活的数学课堂，深化学生

的认知，最大限度地发挥学生的主观能动性。

第二课时：可能性的大小

本课时延续上节课的"温州美食"主题，围绕主题设计游戏，让学生在游戏的过程中感悟事件发生的可能性的规律，并探究和总结出规律。

师：同学们，今天继续我们的美食之旅。美食节上有一个"抽卡尝美食"的活动，我们去试试吧？

演示抽奖、统计的过程。

引导学生思考：为什么有些美食被抽中的次数多，有些少。

【小贴士】通过模拟抽奖活动，让学生初步感知可能性的大小。

学习活动 1：抽卡尝美食

教师为每个小组都准备了一个抽奖箱，每个箱子里有十张"灯盏糕"美食卡，五张"猪油糕"美食卡和一张"糯米饭"美食卡。如果现在从中任意抽一张卡，会抽中哪种美食卡呢？现在研究的是什么事件？在不确定事件中，又存在着什么规律呢？接下来我们分小组活动。

活动要求：

- 四人一组，按顺序抽卡，每人连续抽十次。
- 在抽之前，要把箱子摇一摇。
- 抽好后，把卡重新放回箱子。
- 组长统计抽到的卡片数量，完成表格。

活动单 1

请在表格中记录抽卡的结果。

抽到的美食卡片	次数	合计
"灯盏糕"美食卡		
"猪油糕"美食卡		
"糯米饭"美食卡		

发现：_____美食卡被抽到的次数最多，_____美食卡被抽到的次数最少

思考：为什么会出现上述情况？你有什么想法？

_____

师:科学家做了成千上万次的试验来验证上面的结论,今天可以请计算机来帮我们试验。

美食卡名称	抽中的美食卡	
"灯盏糕"美食卡		
"灯盏糕"美食卡	"猪油糕"美食卡	
"灯盏糕"美食卡		
"灯盏糕"美食卡		
"灯盏糕"美食卡		
"灯盏糕"美食卡	请按 F9 进行抽卡!	
"灯盏糕"美食卡		
"灯盏糕"美食卡		

抽卡结果统计表

美食卡名称	抽中打"√"
"灯盏糕"美食卡	√ √　 √　 √√ 　√ 　√ √ 　√
"猪油糕"美食卡	√　 √　 　√ √　 √　 　√
"糯米饭"美食卡	√ 　√　 　　 √　 √

(左侧继续:"灯盏糕"美食卡 / "猪油糕"美食卡 ×6 / "糯米饭"美食卡)

师:怎么跟我们的猜测不一样?为什么抽到"猪油糕"美食卡的次数和抽到"灯盏糕"美食卡的次数差不多?

生:增加抽卡的次数,"灯盏糕"美食卡被抽到的次数应该会超过"猪油糕"美食卡。

师:好的,那我们继续借助计算机模拟抽卡……

【小贴士】通过小组合作抽卡活动,让学生经历数据收集和统计的全过程;通过小组数据和大数据的呈现,让学生感悟到每一次抽卡的结果都是不确定的,但随着抽卡次数的增多,学生就能逐步发现其中的规律。学生既能从中体会到随机性,又能感受到数据中蕴含的信息。

学习活动 2:体会可能性相等

师:通过刚才的活动,我们发现可能性是有大小的。数量越多,被抽到的可能性就越大；数量越小，被抽到的可能性就越小。

如果希望抽到每种美食的可能性都一样，我们该怎么放卡片呢？

生：让每种卡片的数量都相等。

师：把刚才箱子里的美食卡换成五张"灯盏糕"美食卡和五张"猪油糕"美食卡。现在从中任意抽一张卡，还是四人按顺序抽卡，每人连续抽十次。会是什么结果呢？接下来，让我们再次分小组活动吧！

活动单 2

请在表格中记录抽卡的结果。

抽到的美食卡片	次数	合计
"灯盏糕"美食卡		
"猪油糕"美食卡		

问题："灯盏糕"美食卡和"猪油糕"美食卡被抽到的次数一样吗？为什么？

师：虽然实验结果中抽到两种卡片的次数不相等，但随着实验数据的增加，抽到两种卡片的次数会越来越接近。当箱子里两种卡片的数量相同时，被抽到的可能性就相等。（用计算机演示更多次数的抽卡过程）

【小贴士】学生基于生活经验和数学思考可以判断，当两种卡片的数量相等时，抽到"灯盏糕"美食卡和"猪油糕"美食卡的可能性是相等的。结合实际抽卡的结果，体会可能性相等但抽卡的结果不一定相等的现象，加深对简单随机现象的理解。通过呈现计算机抽卡模拟实验，可以让学生感受大数据下事件出现的频数与可能性之间的关系，进一步加深对简单随机现象的认识和体验。

学习活动 3：可能性大小的应用

师：同学们，为了吸引更多的人来参加我们的美食节活动，我们准备在活动现场设置"幸运大转盘"活动。现在需要你们来设计这个大转盘，你们能完成这个任务吗？

活动单 3

作为活动组织者，要怎么设计"幸运大转盘"呢？

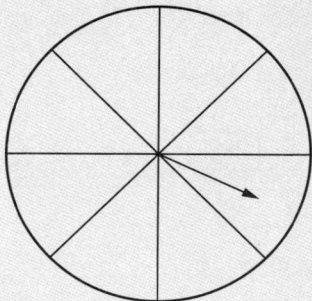

一等奖：＿＿＿＿＿＿＿＿

二等奖：＿＿＿＿＿＿＿＿

三等奖：＿＿＿＿＿＿＿＿

生：……（各组展示自己的作品）

师：现在我们完成了大转盘的设计稿，接下来请每组同学在课后继续合作制作"幸运大转盘"，可以是实物转盘，也可以是数字转盘，要求是能让参与者进行现场抽奖。

【小贴士】通过设计"幸运大转盘"活动，将可能性的概念应用于现实生活，激励学生主动分析，参与可能性大小的再创造，提高解决实际问题的能力。布置作业，要求学生在课后运用艺术、信息科技等学科知识制作大转盘，将数学知识和其他学科相结合，促进了学科间的交叉融合，增强学生的跨学科运用能力，培养了学生的团队合作精神和沟通能力。

第三课时：掷一掷

本课时将运用前两个课时所学的可能性知识进行掷骰子游戏，并探究游戏中蕴含的数学本质。

师：同学们，前面两节课，我们边游戏边学习，知道了事件发生的可能性大小与数量有关，数量越多，事件发生的可能性就越大。今天我们继续从游戏中领悟数学道理。老师带来了游戏道具。看，这是什么？（出示骰子图片）

生：骰子。

师：对于骰子，同学们了解多少呢？（出示有关骰子的历史和典故）

学习活动1：探秘骰子的"进化史"

活动单1

你不知道的中国骰子"进化史"，一起来读一读吧！

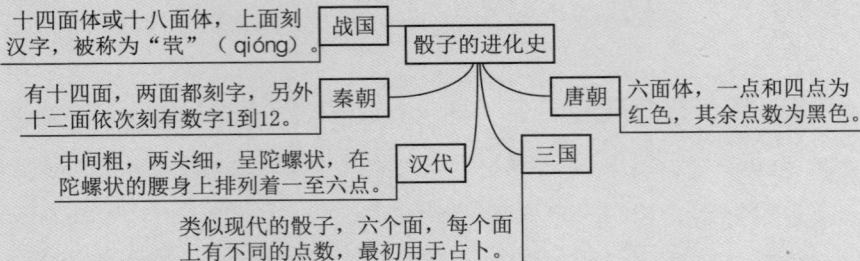

十四面体或十八面体，上面刻汉字，被称为"茕"（qióng）。 —— 战国

骰子的进化史

秦朝 —— 有十四面，两面都刻字，另外十二面依次刻有数字1到12。

唐朝 —— 六面体，一点和四点为红色，其余点数为黑色。

汉代 —— 中间粗，两头细，呈陀螺状，在陀螺状的腰身上排列着一至六点。

三国 —— 类似现代的骰子，六个面上有不同的点数，最初用于占卜。

骰子的典故：

唐玄宗与杨贵妃也喜欢用骰子娱乐。一次掷骰子游戏中，唐玄宗为了反超杨贵妃，他大喊："四、四、四……"结果三个骰子都停在了四点上。唐玄宗非常高兴，认为这是吉兆，于是下令将所有骰子上点数为四的那一面都涂成红色。这一传统一直延续至今，现代骰子中四点通常为红色。

【小贴士】展示骰子的历史和典故，让学生更加深入地理解这一古老博戏工具的文化内涵和娱乐价值，丰富课堂内容，增加学习兴趣，同时有助于学生更好地理解概率等数学概念。

学习活动2：组内玩掷骰子游戏

师：我们也来玩一玩掷骰子的游戏吧！先请一个同学和老师一起示范一下游戏过程，游戏规则如下。

掷两个骰子十次，并将情况用正字记录在表格上，如果两个骰子的数字之和是5、6、7、8、9，算老师赢；如果两个骰子的数字之和是2、3、4、10、11、12，算学生赢。

猜猜看，谁赢的可能性大？

生：学生赢的可能性大，因为和的数量更多。

师生玩游戏，结果教师赢了，引导学生猜测原因。可能性小的事件也不是一定不发生，所以教师获胜是偶然吗？再玩一次是不是就是学生赢了呢？带着疑问，学生进行组内玩掷骰子游戏活动。

活动单2

活动要求：

（1）掷一掷：小组4人中，1号和2号各拿两个骰子，轮流掷。

（2）写一写：3号报掷出的点数之和，4号记录。和是几，就在表格中对应的数字上面涂1格，涂满其中任意一列，游戏结束。

（3）说一说：观察表格，组内交流写下自己的发现。

A组数据：2，3，4，10，11，12

B组数据：5，6，7，8，9

结论：我们组掷得的和中，（　　　）组的数据更多，（　　　）组赢的可能性更大。

师：我们也可以借助计算机Excel表格设计掷骰子的过程。从尝试结果来看，还是B组赢。

模拟掷骰子区		统计结果区											
1	**3**	和	2	3	4	5	6	7	8	9	10	11	12
2个骰子点数之和	4	投中次数											
投掷骰子，请按F9！			1	1	1	1	1	1	1	1	1	1	1
每次投出的"和"，都在右边的统计表相应数字的下方输入"1"进行计数。				1	1	1	1	1	1	1	1	1	1
					1	1	1	1	1	1	1		1
					1	1	1	1	1	1	1		
						1	1	1	1	1	1		
						1	1	1	1	1			
						1	1	1	1	1			
						1	1	1	1				
							1	1	1				
							1	1					
								1					

【小贴士】实践出真知，在掷骰子游戏中，出现的结果与学生已有的认知出现了偏差，激发学生的好奇心，引导他们去质疑和提问。再通过全班交流，从个别到整体，学生通过试验数据验证之前的感知，既保持了探究热情，也为后续思考奠定了基础。

▌学习活动 3：探究游戏背后的道理

师：如果点数之和是 2，那么 1 号骰子上是 1，2 号骰子上是几？

生：也是 1。

师：如果点数之和是 3，1 号骰子上是 1，2 号骰子上是几？还有其他点数之和是 3 的情况吗？一共有几种情况呢？点数之和是 4 的呢？

接下来请学生进行小组合作，研究点数之和是 5、6、7、8、9、10、11、12 的骰子点数分别有哪几种情况，并记录在活动单中。

活动单 3

和	2	3	4	5	6	7	8	9	10	11	12
组成方式	1 + 1	1 + 2	1 + 3								
		2 + 1	2 + 2								
			3 + 1								

（1）和一共有（　　　）个。

（2）和是 5、6、7、8、9 的占其中的（　　　）个，因此可能性大。

（3）和是 2、3、4、10、11、12 的占其中的（　　　）个，因此可能性小。

【小贴士】让学生有序地拆分每个点数和对应的两个骰子可能的点数，使学生理解偶然现象背后的必然性。通过小组交流，全班汇报，展示学生的探究成果，激发学生的数学思考，培养学生的逻辑思维能力和语言表达能力。

五、活动点评

（一）在真实的情境中理解和运用可能性的知识

可能性作为小学数学课程中的重要内容，其跨学科主题学习活动的设计紧紧围绕教材内容要求展开。通过具体的情境和活动，如抽卡、设计"幸运大转盘"、掷骰子等，引导学生观察、分析生活中的随机现象，体验事件发生的可能性，从而培养学生的随机观念和数据分析能力。这种设计不仅符合数学新课标的要求，也体现跨学科整合的教学理念。

（二）在丰富的活动中运用多学科知识与方法

可能性的跨学科主题学习活动自然地融合了其他学科的内容。融入美术元素，让学生设计和制作个性化的幸运大转盘或概率图表；利用信息技术工具，如 Excel 电子表格、编程软件等，直观展示随机现象和概率分布；学习过程中配合情境主题，了解人文历史知识。在后续的练习中，教师还可结合生活实际，如天气预报、抽奖活动等，引导学生关注概率论和统计学在现实生活中的应用。这种跨学科融合活动不仅丰富了教学内容，也提高了学生的学习兴趣和积极性。

（三）在亲身的参与中获得发展

在可能性的跨学科主题学习活动中，学生始终被置于主体地位，学生在活动中自主合作学习，在合作中独立思考，在思考中品尝学习的乐趣。同时，教师布置了开放性任务，如要求学生在课后小组合作完成幸运大转盘的制作，转盘可以是实物，也可以是电脑小程序；要求学生学习运用 Excel 制作简单的抽签小程序等。学生可根据自己的知识基础决定学习进度和学习成果，学生的创新思维和实践能力得到培养。

综上所述，可能性的跨学科主题学习活动具有较高的教育价值和实际意义。它不仅能够帮助学生掌握概率论的基础知识，还能培养他们的随机观念、数据分析能力、创新思维和实践能力。未来，我们可以进一步探索和优化该主题活动的教学模式和策略，以更好地满足学生的学习需求和发展目标。同时，我们还应关注跨学科融合的发展，努力构建更加开放、多元、融合的教育体系。

三、英语跨学科主题学习

（一）英语跨学科主题学习的要求

2022 年 4 月，教育部颁布和印发了新课标，其中，《义务教育英语课程标准（2022 年版）》（以下简称"英语新课标"）首次引入了英语学科跨学科主题学习的概念，要求教师引导学生结合个人生活经验和社会生活需要，围绕特定主题，由真实问题或任务驱动，运用其他相关课程的知识开展英语综合实践活动，以促进学生核心素养的全面发展。

通过剖析新课程方案和新课标对英语跨学科教育理念的阐述，我们不难发现，核心素养的统领作用决定了英语学科开展跨学科主题学习活动的本质属性。小学英语跨学科主题学习活动以培养学生的全面发展为核心目标，通过开展旨在体现英语课程育人精神的跨学科主题学习，实现对学生核心素养的有效培育。

在英语教学领域，核心素养的培养涵盖了语言运用能力、跨文化理解力、批判性思维能力和自主学习能力等多方面。通过系统性学习，学生不仅能掌握语言知识和技能，还能深刻理解不同文化背景下的社会现象，具备独立思考与解决问题的能力，并形成持续自我提升的学习习惯。王蔷主编的《新版课程标准解析与教学指导 初中英语》中，也详细探讨了跨学科主题学习在提升学生核心素养方面的重要作用：在义务教育阶段的英语课程中，跨学科主题学习活动具体体现为英语综合实践活动。英语综合实践活动的开展与实施有利于学科间的相互关联，有助于带动课程综合化实施，能促进学生核心素养的发展。显然，在传统的教学模式中，各学科间存在着明显的界限，导致学生在面对实际问题时难以实现跨领域的知识整合，无法形成全面而高效的综合思考能力。因此，实施跨学科主题学习活动成了一种有效策略，可以显著提升教育质量与效果。在素养导向、"育人为本"核心理念的背景下，小学英语课程不仅需要深化对原有单元整体教学的研究，更应积极创新，精心设计融合不同学科知识的跨学科主题学习活动。通过这种跨学科的整合，不仅能提升学生的英语应用能力，还能促进其综合素养的发展，使教育过程更加丰富多元、贴近实际生活，从而更好地服务于学生全面成长的需求。

实施小学英语跨学科主题学习活动遵循英语课程标准的指引。相较于 2011 年版的课程标准，英语新课标在内容结构中新增了"主题"与"语篇"两个核心要素。这两项要素并存于课程体系中，彼此交织、相互支撑，共同构成了课程内容的核心架构。通过整合主题与语篇，英语新课标旨在深化学生对语言知识的理解与运用，提升其语言综合能力，并促进学生的全面发展。这一创新不仅丰富了教学内容的维度，还强化了语言学习的实际应用性与文化内涵，为英语教育提供了更为全面、深入的指导框架。实施小学英语跨学科主题学习活动或综合实践活动，旨在为学生提供一个在真实情境下解决问题的平台。通过这一过程，学生能够以主题为中心，巧妙融合语言技能与其他学科的知识，全面调动思维能力，同时深化文化理解与认知。此类活动不仅强化了语言的实际应用，还提高了学生整合跨学科知识的能力,有效提升了他们的综合素养,对他们开阔视野、提升核心素养展现出积极的影响。

实施小学英语跨学科主题学习活动,也符合小学英语教材内容的规划。在人教版小学英语教材中,单元的内容设计明显体现了跨学科的整合导向。人教版小学英语教材设计广泛,融合了多门学科元素,内容丰富且形式多样,旨在为学生提供全面的英语学习体验。例如,人教版英语教材(三年级起点)六年级下册第一单元"How tall are you?"的教学中融合数学学科知识。该单元的设计不仅让学生运用了所学的英语知识,还巧妙地融合了数学概念,通过对身高与长度单位的探讨,加深了学生对英语词汇的理解,更在实际应用中深化了对数学概念的认知,实现了跨学科领域的学习与不同学科的知识整合。通过对该单元的学习,学生不仅掌握了运用英语描述人物身高与物体长度的基本技能,还能深入理解并熟练操作各种数学单位之间的转换,从而在学习过程中显著提升了跨学科综合应用能力。

小学英语教材的学习主题广泛,内容扎实,形式多样,不仅能够极大地激发学生对英语学习的热情,还能拓宽他们的知识领域,丰富他们的认知体验,开阔他们的思维视野。此外,它还有助于促进不同学科的相互渗透与整合,显著提升了英语教学的多元性与综合性。

综上所述,开展小学英语跨学科主题学习活动,不仅能有效促进学生的语言能力发展,还能培养学生的文化意识,激发其思维潜力,能显著提升学生的学习效率与综合素质。此外,它强调以学生为中心,注重培养核心素养,与新课标中对教学内容与方法的指导原则高度契合。

(二)英语跨学科主题学习的核心价值

英语跨学科主题学习是以探究为核心的学习实践活动。在教学过程中,我们不仅采用了主题式学习方法,还巧妙地融入了多元学科的知识体系,旨在全面提高学生的英语综合应用能力,并深入激发他们对跨学科主题探究与理解的热情。此外,英语跨学科主题学习活动还能有效助力教师攻克英语教学中的难关,从而高效实现既定的教学目标。

随着教育教学改革的不断深化与推进,跨学科主题学习的实践应用日益广泛。这一教育理念的引入不仅强化了英语学科的人文内涵,更有效地提升了英语教学的质量。通过将英语教材与其他学科内容进行有机融合，提高了学生对英语语言的理解和应用能力，培养了学生解决实际问题的能力，在整体上提升了英语教学的效果。

所以小学英语教师应深刻理解并重视英语作为工具性和人文性学科的独特价值，不仅应充分挖掘英语的实践应用功能，还应深入探索其丰富的人文内涵，积极寻找英语与其他学科之间的内在联系，勇于打破传统学科界限，培养学生的综合能力，促进学生全面发展。

那我们该如何理解英语跨学科实践活动？

1. 小学英语跨学科主题学习活动具有学科交叉性

小学英语跨学科主题学习活动巧妙地将英语教育与多学科内容进行融合，不仅丰富了英语教学的内涵，还为学生提供了一个全面发展的平台，让学生在掌握语言技能的同时，拓宽知识视野，培养综合素养。在英语阅读教学中融入历史、科学等学科内容，不仅能显著提升学生的阅读理解能力，还能有效地丰富其知识体系，拓宽其视野。这种教学策略在实践中不仅能够打破传统学科之间的壁垒，促进各学科间的相互渗透与整合，还能激发学生的学习兴趣，培养他们综合运用知识的能力，使学生在掌握英语的同时，形成更为全面、深刻的理解和认识，从而能全面提升他们的综合素质。

2. 小学英语跨学科主题学习活动具有学生主体性

英语跨学科主题学习活动特别强调以学生为中心，全力激发并利用学生的主动性和创造力。在教育实践中，教师须激发学生主动探索的精神，鼓励他们独立发现问题并解决问题，以此强化其自主学习的能力。此外，英语跨学科主题学习活动不仅能促使学生将所学知识与实际生活相结合，实现理论与实践的有效对接，还能有效激发学生的学习热情，增强其主动参与学习的积极性，让英语学习成为一种既有趣又充满成就感的体验。通过营造轻松愉悦的学习环境，这种教学方式能显著提升学生的学习效率，提高学生的综合语言运用能力。

3. 小学英语跨学科主题学习活动具有教学实践性

英语跨学科主题学习活动注重通过实践促进学生英语能力的发展。教师不仅可以组织学生参与英语戏剧、英语演讲比赛等丰富多彩的活动，还能利用英语角、角色扮演、小组讨论等多种形式，让学生在实际情境中锻炼和提升英语口语表达能力与沟通技巧，从而达到寓教于乐、高效学习的目的。此外，教师还可以进一步丰富教学活动，除了课堂学习，还可以积极引导学生参与各类与英语相关的社会实践活动，如志愿者服务、国际文化交流项目等。这些实践经历不仅能让学生在真实情境中感受英语的魅力，还能有效提升他们的英语应用能力，增强跨文化沟通技巧。通过实践，学生能够将所学知识转化为实际技能，培养解决实际问题的能力，从而实现英语学习的全面深化和应用。

4. 小学英语跨学科主题学习活动具有教学创新性

英语跨学科主题学习活动不仅激励教师投身教学创新，更推动他们积极探索并实施符合学生需求的教学策略与模式。在教学实践中，教师应依据学生的个性兴趣、认知能力等多样化因素，灵活调整教学内容与方法，以此点燃学生的学习热情，激活他们的创造力。同时，教师还需要积极汲取国内外先进的教育理论与实践经验，持续优化自身的教学体系，以提升教学效果及教学质量。通过这样的方式，有效地培育学生的创新思维与实践能力，为他们的长远发展打下稳固的基础。

语言学习不仅是一个获取知识的过程，更是丰富生活体验、构建世界观的过程。通过语言学习，人们能够更好地感知世界，理解多元文化的魅力，从而在交流与合作中实现共赢。小学英语跨学科主题学习活动不仅展现了现代语言教育的核心思想，还深入地揭示了学习活动背后的认知发展规律，促使教育工作者深刻理解英语教学的本质及其价值。

（三）英语跨学科主题学习的实施

英语是一门具备融合性和高度统筹性的学科。英语教学的核心特征在于通过多元的方式、广泛的平台以及多样的渠道，引导学生深入学习和理解英语知识。这种教学方法旨在使学生亲身体验英语语言的构建过程，熟练运用英语进行有效沟通。在教学实践中，英语学科不仅能与语文、数学和科学等传统主科进行有效整合，还能深入探索与艺术、信息科技、劳动、体育与健康等小学阶段开设的各类辅助课程融合的路径。通过持续优化教学策略和丰富教学资源，教师可以拓宽学生获取英语知识的渠道，增强学习过程的灵活性、趣味性和开放性。这一系列创新举措不仅能够显著提升英语学习效率，还为英语教学改革注入了强大的动力，推动教育模式向着更加多元化、个性化和实用化的方向发展。

英语跨学科主题学习活动的设计与执行框架如下图所示。基于学情，教师先选定学习主题，随后整合可能涉及的学科内容，确立教育目标，接着规划并实施评估项目，引导学生投身实践操作，最后进行学习反思，评估目标达成度、主题价值形成与问题解决情况等。

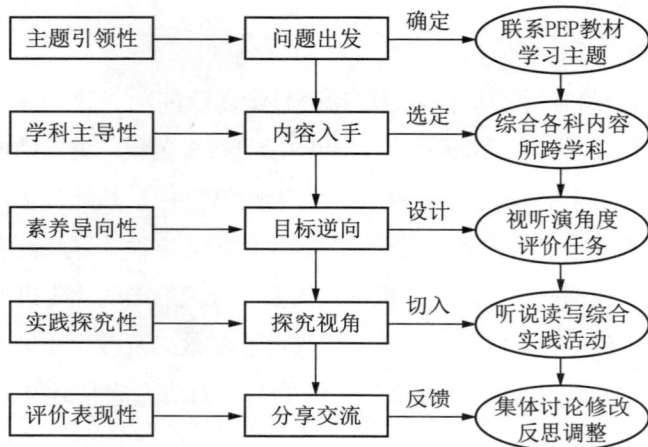

确定了英语跨学科主题学习活动设计和实施的基本框架流程，我们还要关注其具体实施路径。

第一，英语跨学科主题学习活动的实施需要联结学科内容，发展学生语言能力。英语跨学科教育关注现实世界的应用，生活活动是构建课程价值的核心动力，倡导学生成为真实情境下课程的主导者。在学科知识的选择上，从纵向知识深挖走向横向知识联结；在知识教学实践上，从掌握学科知识走向获取知识结构化；在知识教学取向上，从重视学科知识价值走向重视学科育人价值。学生在日常生活的实际场景中获取语言信息，识别并解决真实存在的问题，进而将所学知识应用于实践，熟练掌握沟通技巧和交流策略，有效增强了语言运用能力。

第二，英语跨学科主题学习活动的实施需要连接学习资源，提升学生思维品质。王蔷在《指向课程协同育人功能的英语跨学科主题学习——定位、内涵、理念、目标、要求及价值》一文中指出，英语跨学科主题学习应借助网络信息科技和人工智能，充分利用和开发不同资源，满足教师的教学需求和学生的学习需求。一方面，学科内部的固有逻辑与一致性大于不同学科间的融合。因此，我们应高度关注学科内部发展的一贯性与合理性，并深入探索教材蕴含的人文内涵及其教育价值。另一方面，跨学科主题学习鼓励不同学术领域知识的融合与交叠。通过深入探索教材蕴含的价值，我们能积极跨领域融合，从而实现教学内容的创新与扩展。以人教版英语教材四年级下册"Weather"单元的教学为例，教师可以引导学生运用天气预报应用，探索全球各地同一时间的气温与气象条件，并在活动手册中详细记载这些信息，随后以英语的形式向全班汇报全球各城的天气状况。在这一环节基础上，教师可以进一步引导学生进行思考与讨论，探究各城市间温度差异的成因，并基于他们现有的知识与生活经验，提出可能的解释。此时，教师可以展示与天气差异原因有关的科普影片，以此为学生构建知识库，促进跨学科探索，并助其理解世界。

第三，英语跨学科主题学习活动的实施需要联系主题意义，培养学生的文化意识。英语跨学科主题学习旨在激励学生将个人经历与社会情境融入特定主题的学习中，通过设计实际生活问题情境，引导学生运用不同学科的知识，开展深入的英语实践操作，以此推动学生全面核心能力的发展。同时，文化意识教育旨在增强学生对多元文化的理解与尊重，培养全球视野，进而培养其对本国文化的自信心和自豪感。再次以"Weather"这一单元举例，在学习了各城市的天气情况后，可以从天气延伸到不同国家、不同城市的人们的生活习惯和人文文化，拓展学生对世界城市的认知。例如英国天气多变，常常下雨，因此人们在出门时常备雨伞，并且由于伦敦潮湿多雾，因此有"雾都"这一别名。而中国幅员辽阔，经纬度跨度大，冬季南北温差大。学生可以跟随视频"乘坐"Z384次列车，从冬天气温在零下10摄氏度左右的吉林长春出发一路南下，奔向冬天气温也稳定在20摄氏度左右的海南三亚，从北方的冰雕世界到南方的阳光沙滩，感受中国多样的自然环境和千姿百态的人文现象，激发学生的爱国之情。这样的教学方法不仅能增强学生对地理环境与人类社会相互作用的理解，还能激发他们对多元文化的兴趣和尊重，培养其全球视野和跨文化交流的能力。

综上，小学英语跨学科主题学习活动旨在引导学生在解决一系列贴近生活的实际问题时，融合不同学科的知识与思维方式。这一过程不仅能连接理论知识与现实生活，促进学生将所学知识灵活应用于实践，还能有效地消除学科间的壁垒，将学科知识与日常生活经验相融合，从而实现教育目标。通过此类活动，学生的核心素养，包括批判性思维、创新能力和解决问题的能力等，将得到全面的发展和提升。

案　例

Make a Brochure of Wenzhou

实施年级：四年级

主学科：英语

辅助学科：语文、劳动、地理、道德与法治、美术

实施周期：3 课时

设计者：夏佳楠

执笔人：夏佳楠

一、主题背景分析

（一）主题来源

本学习活动面向小学四年级学生展开，该学段的学生已经储备了"地图""居民与文化"等相关的知识，具备一定的信息检索、叙述表达、交流合作能力。温州历史悠久，旅游资源丰富，传统文化深厚，各个区县都有独特的景观、美食和人文历史。四年级学生对自己生活的城市有一定的认知，也充满探索欲。人教版英语教材（三年级起点）四年级下册中正好涉及 weather、clothes、food、activities 的相关英语知识，与探索温州的相关信息所对应词汇不谋而合，因此设计了本英语跨学科主题学习活动，以更自由和多元的表达方式激发学生的英语学习兴趣。

（二）主题概况

"Make a Brochure of Wenzhou"跨学科主题学习活动以人教版英语教材（三年级起点）四年级下册中的"Weather"和"My clothes"单元为延伸点，以探索温州的真实任务为出发点，融合语文、劳动、美术、道德与法治等学科的相关知识点，在制作城市宣传册这一真实任务中，串联"Map and weather of Wenzhou""Feature spots and food of Wenzhou""Make a brochure of Wenzhou"三个层层递进的任务，促使学生的英语学习跳出课本，引导学生立足真实情境和驱动性问题，个性化、创造性地解决问题，呈现学习成果。

二、学习目标

通过制作温州的城市图鉴，能够听、说、读、写与天气、食物、衣物相关的英

语词汇。

通过设计和询问城市相关的调查问卷,能够熟练运用"What/Where 句型"交流相关信息。

通过制作温州小册子,能够了解温州 12 个县(市、区)名称,并运用语篇进行书写和介绍喜爱的温州城市,激发学生对家乡文化的自豪感,加深对中华优秀传统文化的认识和热爱。

三、学习规划

课时	学习内容	学习活动	学习评价
第一课时	1. 能正确指出温州各县(市、区)的地理位置,并用英语书写城市名称 2. 能根据温州的天气情况书写对应的英语单词及该天气下应穿着衣物的英语单词	1. Make a map of Wenzhou 2. Make a weather card of Wenzhou	能在真实情境中梳理所学词汇,并用整体语篇进行表达
第二课时	1. 能了解温州著名风景景点所在区域,并掌握英语书写景点名称的规律 2. 了解温州特色小吃的原料及制作方法,并学习相关的英语词句	1. Make a bookmark of famous feature spots in Wenzhou 2. Make Dengzhan Cake	能用英文记录相关信息,并进行实践
第三课时	1. 能根据相关内容设计调查问卷,采访同学,并做记录 2. 能根据英语短文完成永嘉宣传册 3. 能搜索温州各县(市、区)相关资料,并设计温州城市宣传册	1. Make a questionnaire of feature spot in Wenzhou 2. Read and finish the brochure of Wenzhou	能运用所学策略阅读文本、解读文本,并进行模仿设计

四、学习过程

第一课时: Map and weather of Wenzhou

本课时设计了两个学习活动,引导学生了解温州各县(市、区)的地理位置,完成英语版温州地图；关注温州的四季和日常天气变化，了解、谈论天气，能对气候特点和天气情况进行描述，并能够根据天气变化更换衣物、合理安排活动；运用所获取的信息，为游客制作温州旅游的建议贴士。

师：同学们，我们现在所处的城市是温州，有些同学从小就生活在温州，有些同学上学后生活在温州。我们在这个城市生活、学习、成长，那么请问你对温州了解多少呢？

生：……

师：同学们对温州有一些了解。温州是一个正在发展的城市，也是一个有着悠久历史文化底蕴的城市。作为新一代少年，对外输出温州文化亦是同学们现在和将来义不容辞的责任。让我们一起用英语去探索温州这座城市吧！

【小贴士】在学习之初，教师从学生的实际认知出发，引导学生对自己现在所处的城市温州产生探索的兴趣，确定英语学习实践活动的对象，以温州城市为主线贯穿整个实践活动。

学习活动 1: Make a map of Wenzhou

师：Which city of Wenzhou do we live now?

（板书句型：We are in ＿＿＿＿＿, Wenzhou.）

生：瓯海。

师：Ouhai is a city. How to write the name of city in English? This is Beijing. This is Hangzhou. So how to write "瓯海" in English correctly?

生：首字母大写，中间不空格。

师：Yes. So what other cities of Wenzhou do you know? And how many cities in Wenzhou? Now let's look at the map of Wenzhou.

师：How many cities are there in Wenzhou?

生：Twelve.

师：Yes! Now let's search on the internet and complete the English map of Wenzhou.

教师提供电脑，学生以小组为单位，派代表上台查阅温州地理位置资料，完成活动单 1 中的英语版温州地图。

活动单 1

温州有多少县（市、区）？地理位置如何？请你查阅资料，完成温州地图吧！

【小贴士】学生所处城市为温州，温州地图关联学生的学习经验与社会生活，从学生的日常生活中挖掘情境资源，营造真实情境，激发学生产生解决问题的强烈愿望。

学习活动 2: Make a weather card of Wenzhou

（1）温州四季

通过师生对话，引导学生用英语介绍温州四季的天气、衣物选择和活动选择。

师：There are four seasons in Wenzhou. They are spring, summer, autumn and winter. What's the weather like in different seasons?

学生先以小组为单位讨论，再进行发言。

师：In Wenzhou, different seasons have different weather. So we can wear different clothes and do different activities.

生：We can wear shirt and pants in spring. We can fly a kite.

学生发言完后完成温州的四季天气英语卡片。

（2）温州旅游建议

学生依照已完成的温州四季卡片，根据温州现在的天气情况，给现在来温州旅行的游客一些建议，完成英语小短文的书写。

活动单 2

温州的气候四季分明，气候宜人，请你记录温州的四季天气，并给出你的穿衣指南和活动建议吧！

1. Make a weather card of Wenzhou

Weather in Wenzhou

spring
Weather: _warm_
Clothes:
shirt
Activity:
go on a picnic

summer
Weather: _____
Clothes:
Activity:

autumn
Weather: _____
Clothes:
Activity:

winter
Weather: _____
Clothes:
Activity:

2. Give advice to travellers

请你根据温州现在的天气情况，给来温州旅行的人一些建议吧!

> Welcome to Wenzhou!
>
> The weather is ＿＿＿＿ and ＿＿＿＿
> now. It's ＿＿＿ degrees in the morning, and ＿＿＿
> degrees in the afternoon. So please wear
> ＿＿＿＿ and ＿＿＿＿.
> You can □ go camping 🏕 / □ go
> swimming 🏊/□climb🧗/□fly a kite ...
>
> Have a good time! ☺

【小贴士】在 "Weather" 这一单元的学习中，学生通过对城市名称的观察和总结，确定了城市名称的英语书写规律，学会用温度单词和天气单词描述天气情况，并通过结合 "Clothes" 这一单元的内容，学会根据不同的天气情况选择合适的衣物，学会根据实际情况选择不同天气下合适的休闲活动。

第二课时: Feature spots and food of Wenzhou

本课时设计了两个学习活动，通过制作温州景点英语书签增加学生对温州著名景点的了解，并让学生能正确使用英语书写景点名称。通过阅读温州传统小吃灯盏糕的制作短文，完成灯盏糕的中英文双语菜单。

学习活动 1: Make a bookmark of famous feature spots in Wenzhou

学生了解温州各大著名景点，全班学生共同欣赏温州景点照片，如有学生去过其中的景点旅游，可以分享自己的旅游心得。

书写景点名称的英语专有名词，并记录该景点所在城市，制作英语版温州景点书签。

师：So many beautiful feature spots. Let's write them down on the bookmarks. After finishing, you can send them to your friends.

活动单 3

1. Make a bookmark of famous feature spots in Wenzhou.

（1）**Choose and write.** 将以下景点名称写在书签上方。

◎Nanji Island　　◎Yandang Mountain　　◎Baizhangji Waterfall　　◎Nanxi River　　◎Jiangxin Islet

（2）**Where is the feature spot? Please search and write the city.** 查找资料，这些景点在温州的哪些县（市、区）？请写下来。

【小贴士】本活动让学生了解并总结了风景区名称作为专有名词的书写规律，还了解了相关景点在温州的地理位置，为最后的活动——制作城市宣传手册打下了信息基础。

学习活动 2：Make Dengzhan Cake

制作温州传统小吃灯盏糕的中英文双语菜单，在制作过程中巩固在"At the farm"单元中学到的蔬菜和食物单词，同时认识更多食物相关单词，拓展词汇量。

师：具有当地特色的各色糕点是无数温州人的儿时回忆。灯盏糕是著名的温州糕点之一，拥有超过两百年的历史。

阅读一篇语文阅读材料，了解灯盏糕的制作方法。

　　灯盏糕是乐清市民日常生活中不可缺少的小吃，制作材料主要有精良大米与黄豆、优质水源、萝卜、猪腿肉、鸡蛋、鲜猪油、细盐、味精、葱花等。制作时先将大米、黄豆浸泡两个小时，然后磨成米浆，调入细盐、味精、葱花，搅拌调匀。舀一勺米浆到炸灯盏糕特制的扁平的勺子内，摇晃至平铺在扁平勺子底后，放入内馅，内馅多以白萝卜丝为主，还有肉馅、咸蛋黄、白虾等。放好内馅后再盖上一层面浆。再把汤勺伸到沸油底下。漫溢成状的米浆在沸油中迅速发酵，充气成圆顶形，渐离勺子浮出油面，这时候光闻香味就可以让人直流口水了。灯盏糕在油里炸到一定程度之后，就需要翻过来了再炸另一面。通常现做现卖，保持灯盏糕的香脆。

　　学生根据中文阅读材料中的内容，制作一份灯盏糕的中英文双语菜单，完成灯盏糕双语菜单中的填空。

活动单4

今天，让我们一起来宣传"灯盏糕"这一特色美食，完成它的中英双语菜单，方便国内外游客更好地了解温州美食。

（1）阅读材料，整理出灯盏糕制作所需食材，并选出对应的英语名称。

◎eggs　◎lard　◎beans　◎rice　◎carrots　◎meat

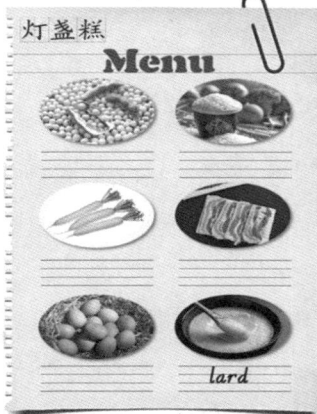

灯盏糕 Menu

lard

（2）阅读材料，在横线处补充完整灯盏糕制作工序，并根据中文步骤选择对应英语表达，序号填在括号里。

A. Mix up.　　　　B. Put rice and beans in the water.
C. Put it into a big spoon.　　D. Put it into the oil.

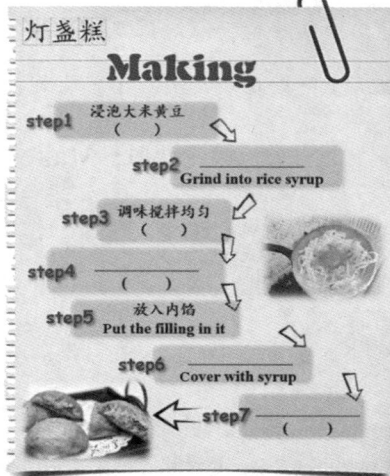

灯盏糕 Making

step1　浸泡大米黄豆（　）
step2　Grind into rice syrup
step3　调味搅拌均匀（　）
step4　（　）
step5　放入内馅 Put the filling in it
step6　Cover with syrup
step7　（　）

　　【作业设计】菜谱完成啦！快和家人一起试试制作灯盏糕吧！当然你也可以选择制作温州其他特色美食。

请把过程用图画或照片形式记录下来。

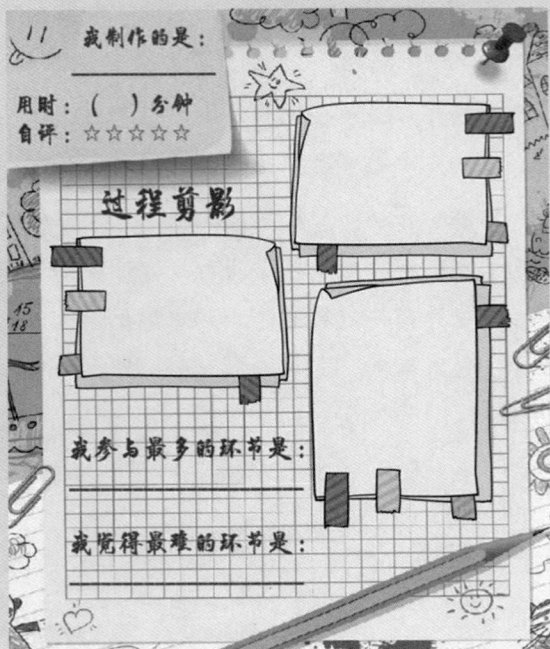

【小贴士】这一学习活动以学生熟悉的温州名小吃灯盏糕为主题，通过制作灯盏糕的双语菜单，既锻炼了学生阅读能力和英语词义理解能力，又加深了学生对温州传统小吃的认识，引发了学生的学习兴趣。

第三课时：Make a brochure of Wenzhou

基于前面两个课时的内容，学生已经积累了对温州气候、景点、食物的相关了解，在这一课时，通过设置调查问卷活动和文本阅读，引导学生制作英文版的温州宣传册。

学习活动 1： Make a questionnaire of feature spot in Wenzhou

调查学生最喜爱的温州景点。在开始调查之前，学生需要根据疑问词 What、Where、Why、How 设计问卷，提出自己感兴趣的问题。

设计好问卷后，学生需要根据自己的问卷对班级同学进行采访，并记录调查结果。

活动单 5

1. Make a questionnaire of feature spot in Wenzhou. 补充问卷中的问题。

About the feature spot you like in Wenzhou

1. - _____ feature spot do you like in Wenzhou?

    -I like …

2. - _____ is it?

    -It's in …

3. - _____ do you go there?

    -I go there by … (/ /)

4. -_____ can you see there?

    -I can see …

5. - _____ clothes do you wear?

    -I wear …

6. - _____ do you like it?

    -Because … (beautiful/cool/I can …)

> What
> Where
> Why
> How

2. Do an interview.

(1) Ask your friends. 用设计好的问卷向同学提问。

(2) Write down their answers. 根据同学回答做好表格记录。

Name	Lee			
Feature spot	Jiangxin Islet			
Where	Lucheng			
Transportation				
Scenery (可用绘画表示)	flowers			
Clothes	shirt and pants			

【小贴士】学生自行设计问卷,能够让学生对自己想了解的信息有更加深刻的思考,同时设计问卷的过程也是巩固和运用英语句型的过程。使用问卷进行采访和记录还锻炼了学生的语言表达能力和知识梳理能力。

学习活动 2: Read and finish the brochure of Wenzhou

以温州永嘉为例，学生阅读介绍永嘉的英语文章，了解永嘉的美食、风景名胜、传统文化、名人等信息。

活动单 6

Read and finish the example of Yongjia.

阅读永嘉介绍语，完成永嘉示范宣传册。

Yongjia is an old city of Wenzhou.

Yongjia Wheat Cake is the featured food of Yongjia. It's very yummy. People also like Yongjia Noodles very much.

There are many beautiful feature spots in Yongjia. We can have a picnic near the Nanxi River. We can fly a kite in Yongjia Shuyuan. We can go boating in Shizi Mountain.

In Yongjia, you can feel the traditional culture. Yongjia Opera is very famous. Ou kiln also has a long history（历史）.

In history, there are many famous people in Yongjia, such as Xie Lingyun, Ye Shi and Su Buqing. They make Yongjia more famous.

阅读文章后，根据相关信息完成永嘉的宣传册示范。

Yongjia

Food

Yongjia Wheat Cake

_____

We can eat _____ and _____ in Yongjia.

Feature spots

Nanxi River

We can _____ near _____.

Feature spots

Yongjia Shuyuan

We can _____
_____
_____.

Feature spots

We can _____
_____
_____.

Famous people

Ye Shi

Xie Lingyun

They are famous
people in Yongjia.

Traditional culture

_____
is □great/□wonderful
/□interesting ...

Traditional culture

_____
is □beautiful/□nice
/□cool ...

【作业设计】（1）挑选温州的一个县（市、区），查阅相关资料，完成该地区的城市宣传册。

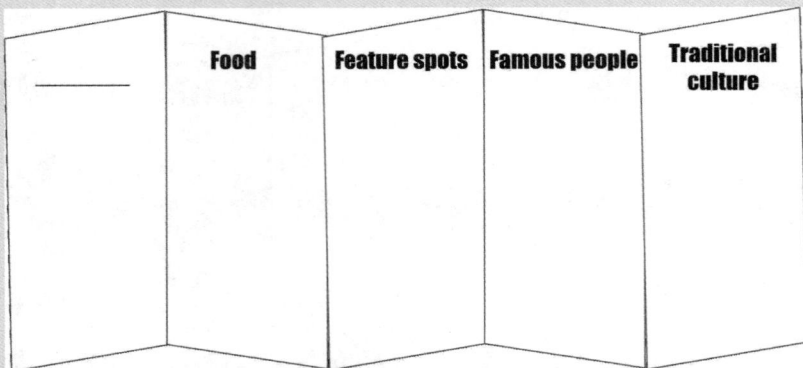

（2）为你的城市宣传册设计精美的封面和封底，丰富内容图片，并正确、整洁地书写英语单词，根据评价表标准进行自评。

Checklist for Brochure		
1. I can design a beautiful cover about city.		☆☆
2. I can write words to introduce the city.		☆☆
3. I can use finger space.	*finger space*	☆☆
4. I can write properly on the lines.	*g j k p y*	☆☆
5. I can write neatly and beautifully.	*beautiful*	☆☆

【小贴士】这一活动为本跨学科主题学习活动的最终任务。Make a brochure of Wenzhou 任务要求学生运用综合性知识解决复杂问题，通过前期各学习活动的铺垫，形成结构化任务群，最终服务于最终任务的完成，成为学生践行大观念、知行统一的载体。

五、活动点评

英语课堂作为小学阶段传播中外文化的主要途径，除了在课堂上引导学生学习、欣赏、尊重和包容西方文化外，还应该让学生接触和理解中国民俗风情和中华优秀传统文化,并学会用英语表达,培养学生对祖国家乡的热爱之情,增强学生对中华文化的理解能力、阐释能力,提升学生的跨文化交际能力。

(一)立足教材,找准探究触发点

Make a Brochure of Wenzhou 跨学科主题学习活动立足英语教材内容,将温州地理、风土人情、传统文化融入英语教学中,不仅可以丰富课堂教学内容,提高教学的多样性和趣味性,还能更好地满足学生的学习需求,促进学生树立正确的价值观,增强文化自信。

(二)依托活动,把握探究联结点

Make a Brochure of Wenzhou 跨学科主题学习活动,在丰富的课堂活动中,关联英语与语文、地理、劳动等学科,学生在多向的交流和分享中增长了见识,对温州有了更深刻的理解,提升了语言表达力和英语核心素养。

(三)学科融合,挖掘探究生长点

Make a Brochure of Wenzhou 跨学科主题学习活动强化了英语和各学科的相互关联,结合学科教学,将英语教学和不同学科的教学与中华优秀传统文化相融合,互相促进,互为依托。英语与语文学科相融合,教师可以借助语文知识为英语学习搭建学习支架,从而提升学生的文化素养;英语与劳动活动相融合,将学生带入制作灯盏糕的具体场景,学生不仅可以学到知识,还能够体验其中的乐趣,提高解决问题的能力,能更加自然地接受英语知识,同时也会提高学生的英语表达能力。

四、科学跨学科主题学习

(一)小学科学跨学科主题学习的要求

《义务教育科学课程标准(2022 年版)》(以下简称"科学新课标"),立足学生的核心素养发展,强调培养学生的问题解决能力。问题解决能力的培养是新课程改革的重要目标之一。在探究真实情境问题解决的过程中学习,使学生像行业从业者一样进行有意义、有目的的活动,让学生能够把获得的知识和经验有效迁移应用到解决社会生活问题中去。为解决学科割裂的问题,《课程方案》在过去课程活动、综合实践活动的基础上进一步提出要"加强课程内容与学生经验、社会生活的联系，强化学科内知识整合，统筹设计综合课程和跨学科主题学习"，明确要求小学阶段的科学教学需要设立不少于 10% 的跨学科主题学习活动，加强学科联系和课程综合性与实践性。与其他学科相比，科学课程的学习本就具有跨学科主题学习的特点，在实践之前，需要学生从素养、知识和价值等维度对科学知识进行解读以增强理解。

科学新课标明确提出在科学教学中需要设立跨学科主题学习活动，加强课程的综合性和实践性，进而促进跨学科主题学习。科学新课标在明确十三个学科核心概念的同时，还提出了物质与能量、结构与功能、系统与模型、稳定与变化四个跨学科概念，要求围绕学科核心概念和跨学科主题学习概念开展教学设计，创设真实的情境，关注知识间的关联，改变知识的碎片化教学，引导学生通过探究和实践学习，开展跨学科的综合性学习。科学跨学科主题学习能有效促进知识的整合与结构化，提升学生科学课程核心素养。

（二）科学跨学科主题学习的内涵

1. 小学科学跨学科特点

小学科学教育作为义务教育阶段的重要组成部分，其内在特质鲜明地体现在其跨学科的综合性上。小学科学学科涉及物理、化学、生物、工程技术等多门学科的知识。通过"合而为一，分而治之"的教学策略，我们在小学阶段精心构建了包括生命科学、物质科学、地球与宇宙科学、技术与工程在内的多元化课程体系。这一课程设计本身即蕴含了跨学科主题学习的深刻内涵，旨在打破学科壁垒，促进知识的融合与贯通。

然而，面对知识内容在传统教学中可能存在的割裂现象，我国小学科学教育积极探索跨学科教学的有效落地形式，其中以 STEM（科学、技术、工程、数学）或STEAM（科学、技术、工程、艺术、数学）模式最为典型。这些模式不仅顺应了国际教育潮流，更与"做中学、学中思"的教学理念高度契合，强调在动手实践中激发学生的创新思维与问题解决能力，推动了小学科学教育的创新发展。

2. 小学科学跨学科主题学习现状

（1）教学方式单一，跨学科活动应用少

在小学科学课堂中，教学方式单一、缺乏创新，跨学科活动的应用也较少，这些现象在很多地区都普遍存在。这可能是因为小学教师在教学方法和教学设计方面缺乏足够的培训和支持。同时，小学科学课程本身也存在一些问题，例如过于注重科学知识的灌输，忽视了科学思维能力和跨学科学习能力的培养。

（2）学生缺乏综合运用跨学科知识解决问题的能力

在日常学习中，教师忽视了引导学生整合不同知识的重要性，导致学生无法建构多学科知识的框架，缺乏解决复杂性问题的思路和方法。

（3）科学综合能力较差，学生的问题解决能力需要提高

目前，一些小学科学课堂注重科学知识的传授，而缺少对学生问题解决能力的培养。学生对科学知识的综合运用能力较弱，难以将所学知识灵活应用于解决实际问题中。同时，学生的问题解决能力也较为薄弱，面对复杂情境时，他们往往难以迅速分析、判断并找到有效的解决方法。

（4）学生对跨学科活动感兴趣

小学生处于好奇、求知和探索的阶段，他们往往对科学和跨学科主题学习活动充满兴趣，希望能够了解更多的知识和技能，尝试自己动手操作和实验，发挥自己的创造力和想象力。

3. 小学科学跨学科主题学习的显著优势

小学科学跨学科主题学习，作为科学课程改革的核心组成部分，不仅是推动学生核心素养全面提升的必然要求，也是深刻理解和把握科学知识多维度、多层次特性的关键所在，更是科学课程实现其育人价值的重要体现。

在新课标的指引下，小学科学课程的核心素养被精准提炼为科学观念、科学思维、探究实践、态度责任四大维度。在此四维目标的统领下，跨学科主题学习成为促进学生核心素养综合性发展的关键路径。它通过创设跨学科、跨内容领域的情境，使学生在面对复杂问题时能够综合运用多学科知识，实现知识的迁移应用与深度理解。在此教学模式下，科学课堂教学超越了传统教学中对知识符号的简单记忆，强调引导学生深入理解知识背后的思维逻辑与生成机制，激发他们内在的学习动力，促进自主学习与终身学习能力的发展。

跨学科主题学习并非削弱或忽视知识体系，而是以学生全面、深入掌握各学科基础知识与核心概念为基础。它鼓励学生跨越学科界限，将不同领域的知识有机融合，形成更为综合、系统的科学认知体系，实现对科学知识更深层次的理解与探索。

跨学科主题学习的核心目标在于帮助学生有效应对单一学科框架内难以解决的

复杂自然现象与现实问题。通过跨学科主题学习，学生不仅能激发对科学的浓厚兴趣与探索热情，还能提高自己在特定领域的理解能力，促进复杂知识观的形成与发展，提升科学探究与实践技能，培养创新思维与批判性思维。

此外，跨学科教学还为学生提供了应对现实社会挑战的有效工具。在知识迁移与应用的过程中，学生能深刻理解科学文明的发展脉络、技术革新的深远影响以及道德伦理的多元议题，从而更加全面、客观地认识科学在现代社会中的角色与功能，形成更加成熟、理性的世界观与价值观，为未来的成长与发展奠定坚实的基础。

（三）科学跨学科主题学习的实施

科学跨学科主题学习属于单学科主导的跨学科主题学习模式，以科学教学单元作为主题进行拓展开发，将触角伸至和主题相关的其他学科内容，形成以科学主题为中心的拓展式学习。学习内容聚焦科学的主题单元，注重涉及的相关学科与科学所学主题内容之间的内在联系。所以科学跨学科主题学习主要是以科学教学内容为基础进行局部拓展。这样以某门学科主题为中心，相关学科配合主题进行教学渗透的方式，有利于帮助学生拓宽眼界。

1. 培养问题解决能力，提升核心素养

在教育心理学上，问题被界定为有明确的目标，但却处于不知道如何达到这个目标的情境状态，或被界定为在目标确定的情况下却不明确达到目标的途径或手段的状态。而问题解决是把问题的给定状态转化为目标状态的过程，也可理解为由一定情境激发，按照一定的目标，运用认知活动和技能，经过一系列思维操作，使问题得以解决的过程。问题解决是主动的认知操作过程，是一种高级思维能力，加涅把问题解决视为人类学习的最高形式。而对于问题解决能力的概念，目前不同领域的研究者从自身研究出发，给出了不同角度的界定。心理学领域认为问题解决能力是智能的重要内容，学科教学把问题解决能力界定为"解题的能力"。对于学生的问题解决能力，国际学生评价项目（PISA）给出了界定：个体在跨学科的真实情境中应用认知过程处理、解决问题的能力。但问题解决过程中的方法不是显而易见的，所应用的知识也不是局限于某种单一学科的。

问题解决能力是一种综合能力，也是真实情境问题的落脚点。问题解决能力是应对真实情境问题的关键。在现实生活中，学生需要面对各种复杂多变的问题和挑

战。只有具备较强的问题解决能力，才能迅速准确地识别问题、分析问题并找到有效的解决方案。因此，培养学生的问题解决能力对于帮助他们更好地应对真实情境问题具有重要意义。

问题解决能力也是跨学科主题学习的重要支撑。在跨学科主题学习过程中，学生需要不断面对和解决各种复杂问题，这要求他们具备较强的问题解决能力。通过不断实践和锻炼，学生的问题解决能力得到提升，进而提升科学核心素养。

2. 创设真实情境问题

真实情境问题是从现实世界中捕获的，源自人们的生产生活实践或科学研究活动。因其与学生的生活有着天然的关联性，学生往往会被真实情境问题吸引。而真实情境问题的复杂性则决定了简单的思考、碎片化的知识难以应对，需要运用多学科知识、调用综合能力，并投入情感、意志、持续努力才能解决。在探究真实情境问题解决的过程中学习，能使学习者像从业者一样进行有意义、有目的的活动，并能够把获得的知识和经验有效迁移应用到解决社会生活问题中去。科学新课标也提出，学习者可以在跨学科情境的驱动下，沉浸于真实情境中。跨学科主题学习不以"跨"为目的，各学科间不是简单的叠加关系，而是因问题解决的需要而联系在一起，这就避免了跨学科主题学习的浅表化和学科联系牵强的问题，促进多门学科自然有机融合。

可以说，真实情境问题为跨学科主题学习提供了强大的驱动力。在现实生活中，许多问题往往涉及多门学科领域的知识和技能，单靠某一学科的知识难以有效解决。因此，跨学科主题学习成为应对复杂问题的必然选择。通过跨学科主题学习，学生可以整合不同学科的知识和方法，形成更加全面和深入的理解，从而更有效地解决真实情境问题。

创设真实情境的问题，能为学生提供锻炼解决问题能力的宝贵机会。在解决真实情境问题的过程中，学生需要运用所学知识进行思考、分析和判断，提出解决方案并付诸实践。这个过程不仅考验了学生的知识储备和思维能力，还培养了他们的创新精神和实践能力。通过不断解决真实情境问题，学生的问题解决能力得到显著提升。建构真实情境问题策略探索可以从以下几个方面入手。

（1）结合生活现象，联系实际

从学生日常生活的常见现象入手，如：拖地后地面上的水到哪去了？为什么开关能控制电灯？这些现象看似简单，却蕴含着深刻的物理原理。引导学生观察并思考这些现象背后的原因，将他们的好奇心转化为探索问题的动力。

（2）利用实验活动

设计一些简单、有趣且富有启发性的实验，让学生在动手实践中体验科学的魅力。

（3）引入自然现象

自然现象是科学教学中宝贵的资源。可以利用雷电的产生、回声的形成等自然现象创设物理问题，引导学生探究其背后的科学原理；也可以利用多媒体技术生动再现自然现象，使学生更加直观地感受和理解科学现象。

（4）引入物理学史料与科学家轶事

物理学史料和科学家轶事是激发学生兴趣的好素材。通过讲述故事的方式情景再现，将物理问题置于特定的历史背景中，使学生更加深入地理解科学问题的来龙去脉。

（5）利用信息科技

利用信息科技将抽象的科学概念转化为直观、生动的图像和动画，帮助学生更好地理解和掌握知识。例如，利用虚拟实验平台让学生进行模拟实验，他们可以体验在真实实验中难以实现的情境和条件。这不仅可以提高学生的实验技能，还可以培养他们的创新意识和实践能力。

此外，应注重情境的真实性和可操作性，创设的情境应尽量贴近学生的生活实际和认知水平，使他们能够产生共鸣并积极参与其中。情境问题应具有可操作性，即学生能够通过观察、实验、调查等方式来探究和解决问题。科学创设真实情境问题的方法多种多样，教师应根据教学内容和学生特点灵活选择并综合运用这些方法，以激发学生的学习兴趣和探究欲望，培养他们的问题解决能力和综合素养。

3. 分析学科之间的融合点

跨学科主题学习的第一步是识别并分析不同学科之间的融合点。科学学科本就与物理、化学、生物、地理等学科存在紧密的联系。例如，在环境保护的研究中，生物学关注生态系统的平衡与物种多样性，化学则研究污染物的性质与转化，地理学则关注环境变化的地理分布与影响。此外，科学还与数学、信息科技、社会科学等学科相互交叉。通过深入分析这些融合点，我们可以明确跨学科主题学习的目标和方向。

4. 设计任务链和学习支架

基于学科之间的融合点，设计合理的任务链和学习支架是跨学科主题学习的关键。任务链应围绕一个或多个核心问题展开，逐步引导学生深入探究。每个任务都应具有明确的目标、清晰的步骤和适当的难度梯度，以确保学生能够逐步构建知识体系并提升问题解决能力。

学习支架则是为了帮助学生更好地完成任务而提供的支持性资源或工具。它可以是问题情境的设定、学习材料的提供、思维导图的构建、实验器材的准备等。通过搭建学习支架，我们可以降低学习难度，提高学习效率，激发学生的学习兴趣和探索欲望。

5. 开展探究活动后收集数据

跨学科主题学习强调学生的主动探究和实践操作。在教师的指导下，学生可以围绕核心问题开展各种形式的探究活动，如实验观察、社会调查、文献研究等。这些活动不仅能够帮助学生深化对科学知识的理解，还能够培养他们的观察力、分析力、创新力和团队协作能力。

在探究活动结束后，及时收集并分析相关数据是评估学习效果的重要依据。数据可以源于实验记录、问卷调查、访谈记录等多个方面。通过对数据的整理和分析，教师可以了解学生的学习进展和学生在学习过程中存在的问题，为后续的教学调整提供依据。

6. 评估对学生核心素养的影响

跨学科主题学习旨在培养学生的核心素养，包括批判性思维、创新思维、信息素养、团队协作等。因此，在跨学科主题学习过程中，教师需要关注这些核心素养的发展情况，并定期进行评估。

评估方法可以多样化，包括观察记录、作品展示、口头报告、同伴评价等。通过这些方法，教师可以全面了解学生在跨学科主题学习中的表现和发展情况，并据此调整教学策略和方法。

案 例

观察土壤

实施年级：四年级

主学科：科学

辅助学科：劳动、数学、美术

实施周期：2 课时

设计者：卢红

执笔人：卢红

一、主题背景分析

（一）主题来源

在种植凤仙花的过程中，有的学生发现它在种植杯中长势欠佳，但转移到土壤中后就明显好转。这到底是怎么一回事？学生提出了"土壤中到底有什么"的真实问题。四年级的劳动课正好有种植果蔬的课程，于是我们将学生问题与课程内容进行了整合，对农场中的土壤进行了"户外＋室内"的一系列观察探索。

（二）主题概况

观察土壤的跨学科主题学习活动以教材内容"种植凤仙花""岩石、沙和黏土"为延伸点，以探索土壤成分这一真实任务为触发点，融合科学、劳动、数学、美术等学科知识。在"制作种植不同果蔬最适合生长的土壤指导指南"这一真实任务中，分步骤进阶式对土壤进行深入观察，劳动课上的"初步观察"、科学课堂上的"干燥土壤"和"采样土壤加水沉积观察"三个进阶任务，推动学生的科学学习突破课本局限，引导学生立足真实情境和驱动性问题，个性化、创造性地解决问题，呈现有效的学习成果。

二、学习目标

1. 参与学校农场劳作，对学校农场中的土壤成分进行粗略观察，了解土壤的基本组成成分。

2. 通过对土壤的不同观察方法，更全面地了解土壤成分和对植物的作用。

三、学习规划

课时	学习内容	学习活动	学习评价
第一课时	在劳动课的种植果蔬中，观察并记录土壤以及土壤表面的物质，并取样一部分土壤装袋，贴上各小组标签	1. 调查适合种植果蔬的土壤环境 2. 种植果蔬	能在真实情境中观察土壤并用所学的科学工具来辅助记录
第二课时	将校园农场中的土壤样本带回实验室进行小组合作式探索，挖掘土壤的重要组成部分，并科学分析对植物生长的有利因素	1. 观察土壤颗粒 2. 土壤沉积实验	能根据相关实验指导进行科学观察与记录

四、学习过程

真实问题导入：
土壤对凤仙花的生长为什么有这么大的影响？

在劳动课上对农场土壤进行初步观察 —— 活动1

活动2 —— 课内进行干燥土壤颗粒大小观察

对农场采样土壤进行加水沉积观察 —— 活动3

研讨 —— 视频播放认识腐殖质

提出新问题：不同果蔬最适合生长的土壤有什么不同呢？

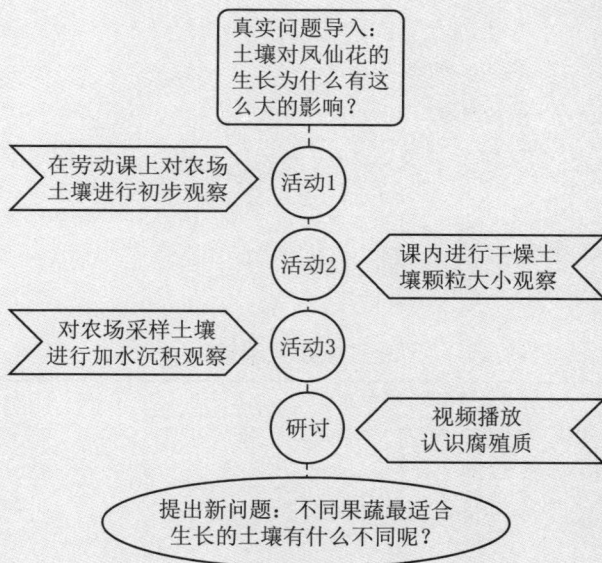

第一课时：劳动课（种植果蔬）

本课时设置了两个学习活动，主要任务是分小组进行种植活动，利用感觉器官与简易工具对小组所在区域土壤进行初步的观察记录，并采样装袋进行下一步研究。

师：同学们，在科学课上种植凤仙花的过程中，大家发现不同的土壤对凤仙花的生长是有影响的。那么你们对自己所要种植的植物喜好的土壤环境了解多少呢?

各小组分享果蔬适合种植的土壤环境。

师:为了我们的果蔬种植更顺利,请同学们观察农场的土壤并采样进行深入研究,确定农场的土壤是否适合你们小组的果蔬生长。

【小贴士】学习之初,教师从学生种植凤仙花的实际经验出发,引导学生对农场土壤是否适合自己所种植的果蔬产生探索的兴趣,并对取样土壤如何进行深入研究产生思考。

学习活动 1:调查适合种植果蔬的土壤环境

师:(黄瓜)适合怎样的土壤环境呢?

生1:(黄瓜)适合种植在肥沃的土壤中。

生2:需要透气性好的土壤。

生3:需要保水性与排水性适中的土壤。

师:看来大家对(黄瓜)适宜生长的土壤进行了细致的调查。那么学校农场的土壤是否适合(黄瓜)的种植呢?

生:需要现场勘查和观察。

师:老师给大家准备了记录单和放大镜、牙签、密封袋、铲子等工具。开始行动!

教师提供工具和记录单,学生以小组为单位在农场中观察土壤并采样装袋,完成记录单中的第一个问题"土壤里有什么?"。

观察土壤记录单

班级:_____	小组:_____	姓名:_____	日期:_____
我知道的	1. 土壤里有什么? (用黑笔记录在气泡图中)		
我的探究	2. 新观察到土壤里的物质 (用红笔记录在气泡图中)		
我的思考	3. 我的问题或我的发现 (用红笔记录在空白处)		

【小贴士】学生来到农场进行土壤观察与采样，在开阔的农场中感受自然之美。在视觉、听觉、触觉、嗅觉多感觉器官共同刺激下，激发学生的探索发现欲。

学习活动2：种植果蔬

师：接下来我们开始种植黄瓜。种植需要准备什么呢？

生1：幼苗、铲子、浇水器。

生2：每一株隔开种植，大约间隔0.5米。

生3：将幼苗的根部全部埋在土中。

生4：……

师：看来通过种植凤仙花大家获得了一定的经验，那么接下来请大家确认自己的种植区域后开始活动。

学生分组到自己的种植区域内进行种植活动。

【小贴士】将劳动课中的种植活动安排在科学课的凤仙花种植活动之后，学生在有了一定的种植经验后，面对农场种植时会更得心应手。

第二课时：观察土壤

本课时设置了两个学习活动，引导学生对土壤进行观察。

学习活动1：观察土壤颗粒

学生在农场中对新鲜的土壤里有什么展开初步观察，了解土壤的成分。但学生不能准确地区分土壤颗粒，本活动对土壤进行干燥处理后，对颗粒大小进行观察。

师：在农场的观察中，你们发现土壤中最多的是什么？

生1：沙子。

生2：土。

生3：……

师：原来土壤中有这么多的颗粒物，这些颗粒物具体有什么不同？我们再来观察一下干燥的土壤。

学生根据图片指导，分步骤对干燥的土壤颗粒进行观察记录。

实验步骤:

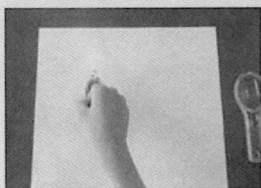
铺平颗粒

手捻颗粒

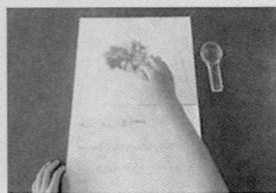
粘贴颗粒

土壤微粒分类单

班级:_____   小组:_____   日期:_____

颗粒从大到小排序:

直径大小:

你给它取的名字:

师:你们发现这些颗粒物大小有何不同?

教师出示地质学家的分类标准,让学生将自己的观察结果与地质学家给出的土壤颗粒的大小定义进行直观对比。

土壤微粒的分类标准

根据颗粒大小,可以对土壤的微粒进行分类。最大的土壤颗粒是沙砾(小石子),其次是沙,接着是比沙还小的粉沙,最小的土壤微粒是黏土。以上这些统称为岩石的微粒。沙砾直径大于2毫米,黏土的微粒很小,甚至用肉眼都没有办法看清楚。

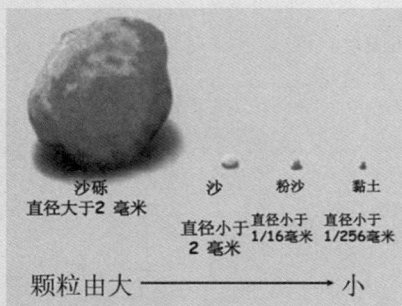

沙砾 > 沙 > 粉沙 > 黏土

【小贴士】本活动聚焦对土壤中颗粒大小的观察,将学生自身的观察结果与地质学家的观察结果进行对比,肯定学生的观察力,也为后续了解土壤的渗水性、保水性、透气性等不同的因素提供观察基础和来源。

学习活动2：土壤沉积实验

通过土壤沉积实验，知道土壤中还有空气和腐殖质。土壤静置后出现了分层的现象，通过画示意图，引导学生思考为什么土壤会分层，让学生感知土壤沉积的顺序，挖掘更多的土壤内容物，为后续讨论土壤中哪些成分有助于植物生长提供依据。

师：土壤中还有什么呢？如果把水倒入盛有土壤的玻璃杯中会怎样？

学生根据分步骤指示图对土壤进行沉积实验，观察三个观察点的现象并进行记录。学生用红笔完成记录单。

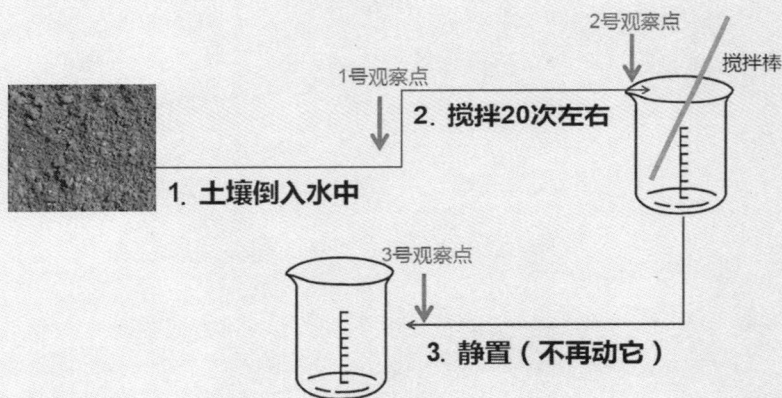

温馨提示：边观察边完成气泡图。

观察土壤记录单

| 班级：＿＿＿ | 小组：＿＿＿ | 姓名：＿＿＿ | 日期：＿＿＿ |

我知道的	1. 土壤里有什么？（用黑笔记录在气泡图中）	
我的探究	2. 新观察到土壤里的物质（用红笔记录在气泡图中）	
我的思考	3. 我的问题或我的发现（用红笔记录在空白处）	

师：把水倒入土壤的整个实验过程中，有什么现象发生？这些现象说明了什么？

生1：刚把土壤倒入水中，水里就出现了气泡，说明土壤中有空气。

生2：搅拌后水变浑浊，水中有非常细小的颗粒，说明土壤中有黏土。

生3：静置后的水杯中上层杯壁上有很多黑色物质，水面上还有一些白色物质，不知道是什么。

教师出示教学视频，让学生通过视频认识黑色物质——腐殖质，并提供一套实验器材，让学生了解通过加热蒸发的方式可以探索白色物质——盐。

【作业设计】（1）对农场土壤进行相应调整，并持续观察农场中种植的黄瓜幼苗，展示农场中的黄瓜生长情况。

日期	茎的生长情况	叶的生长情况	开花情况	结果情况

（2）制作一份精美且主题突出的调查报告，调查调整后的土壤是否适合黄瓜的健康生长，以图文结合的形式展示成果，根据评价表标准进行自评。

调查报告评价表		
1. 我能设计精美且主题突出的调查报告封面		☆☆☆

（续表）

调查报告评价表		
2. 我能用准确的图文表达观察结果		☆ ☆ ☆
3. 我能持续观察		☆ ☆ ☆
4. 我能把文字书写美观		☆ ☆ ☆

【小贴士】这一活动为本跨学科主题学习活动的最终任务，学生通过前期各个学习活动的设计，形成结构化任务群，最终服务于最终任务的完成，成为学生践行大观念、知行统一的载体。

五、活动点评

（一）课程设置的取舍

如果将所有内容压缩在一堂课中呈现，会出现课时不够、内容太多以至于重点无法突出、难点难以克服的情况，于是我们对课程进行了优化和取舍，将科学课中对土壤初步的观察调整到劳动课种植果蔬环节，极大提高了课堂效率。

（二）记录单的支架作用

记录单从限制到精简留白，从给定义到不给定义，以红笔与黑笔的区别记录呈现前后不同，给予学生更多的观察与思考空间，从而体现记录单作为学习支架的作用。

（三）作业设置的延伸性

课堂的结束并不是学习的结束，学以致用，"用"的环节至关重要。"用"不仅可以检测学习掌握的情况，更是学习的延伸。农场与科学探索始终并肩同行，黄瓜生长情况的记录可以反映土壤的作用，这一环节也是体现学生核心素养发展的关键一步。

多学科融合：
课程融合式跨学科主题学习

多学科融合型跨学科主题学习根据主题对两门或以上学科进行融合，学科之间没有主次之分，每门学科都很重要。这类跨学科主题学习是学科课程形态过渡到综合课程形态的一条稳妥的路径，也是跨学科主题学习的高级形态。学生碰到复杂的问题时，通常需要两门及以上学科来说明现象、解决问题，在多门学科知识的运用中促进跨学科理解，这往往是单一学科无法做到的。在这种模式下，几门学科围绕一个共同的主题或问题同时展开探究，每门学科都在这个主题中发挥着不可或缺的作用，没有主要学科和次要学科之分。

多学科融合型跨学科主题学习实施周期相对较长，需要开展多次跨学科教研，变革原有传统的学科教研方式，需要学校或者年级组来推动全学科教师深度参与。设计核心任务，将核心任务分解成子任务，指导学生通过项目式学习、问题式学习、研究性学习等多种学习方式完成复杂任务。

以一年级新生为例，如何使刚进入小学的儿童顺利适应小学生活是所有教师共同面临的课题，且《义务教育课程方案（2022 年版）》提出："注重幼小衔接，基于对学生在健康、语言、社会、科学、艺术领域发展水平的评估，合理设计小学一至二年级课程，注重活动化、游戏化、生活化的学习设计。"学生需要认识校园、认识教师，适应小学课堂规则，结识新的同伴，以"校园探秘"为主题开展多学科融合型跨学科主题学习。

通过这样的学习方式，学生不仅能学习到各门学科的独立知识，还能学会如何综合运用这些知识以解决实际问题，培养批判性思维、合作能力和创新意识。这种学习方式强调的是学习的过程和方法，而不仅是学科知识的累加。因此，理解多学科融合型跨学科主题学习的核心在于，认识到所有参与的学科都是平等的、相互支撑的，它们共同服务一个中心目标——促进学生全面发展。

杏园探植

实施年级： 二年级

所跨学科： 科学、劳动、语文、道德与法治、美术

实施周期： 15 课时

设计者： 王蓉、潘海兰、郑娟、林宇佳、管方方、陈鑫淼、陈安涵、李嬉嬉

执笔人： 潘海兰

一、主题背景分析

（一）主题来源

温州高铁新城实验学校的校园被誉为"杏园"，环境幽雅，植物种类繁多。利用这一独特的校园环境资源，引导学生关注和热爱大自然，我们特别开发了"杏园探植"跨学科课程。

本课程旨在通过实地考察、观察研究和动手实践的方式，激发学生对自然科学的兴趣，培养他们爱护环境、保护生态的意识。学生将在校园内寻找并认识各种植物，了解它们的生长环境和特点，学习如何照顾和培育植物，习得方法，并成为守护校园绿色环境的小卫士。

（二）主题概况

"杏园探植"是高实以探索植物为主题的跨学科主题学习课程。这个课程旨在通过真实的任务——"高实特快列车"游植物园，引导学生依托语文、科学、劳动、美术等学科知识，完成一系列关于植物的学习任务。学生在课程中完成植物名片、植物成长记、护植手册、校园植物分布图等任务并介绍，不仅可以展示学生的学习成果，还能锻炼他们的实践能力和创新能力。学生以讲解员的身份，向一年级学生和家长介绍自己的学习成果，这一活动不仅可以锻炼他们的表达能力，也让他们更加深入地了解植物，培养对植物的热爱。这个课程可以培养学生的观察力、思考力、创新能力、实践能力、表达能力等多种核心素养，培养他们对自然生命的尊重和热爱。

二、学习目标

（一）活动目标

通过实地考察和记录，寻找和认识校园内银杏树、向日葵、白菜等 12 种常见的植物，并画出校园植物分布图，培养对校园植物的热爱与关怀。

通过观看故事、视频，参与讨论，了解植物的作用、植物与其他生物的合作关系、植物对人类的帮助，了解植物在生态系统中的重要作用，初步形成合作能力和批判性思维。

参与种植和照料植物的实践活动，观察和记录植物的生长过程，通过绘画或视频展示植物的生命周期，培养探索的精神和动手实践能力。

通过讨论、小组活动，了解保护植物的方法和措施，如定期浇水、除草、注意环境卫生等。介绍展示植物名片，树立环境保护意识和责任感。

（二）跨学科目标

任务	学科	目标
寻找植物"大本营"	语文	1. 学习文本，认识部分树木和花草的名称及基本特点（如形态、生长周期、环境等） 2. 观察校园中常见的树木和花草，了解它们的名称及特点。培养观察、分析和解决问题的能力
	劳动	1. 实地考察菜园，在教师的指导下认识并了解一些常见蔬菜的名称和特点 2. 观察蔬菜的生长情况，进一步了解蔬菜的生长习性
	美术	1. 学习不同的材料和工具的使用方法，了解校园内植物的种类、形态和分布情况 2. 画出校园植物分布图
探秘植物"超能力"	科学	1. 通过阅读故事、观看视频、小组讨论等方式了解动植物与人类的关系 2. 观察校园中的生态环境并结合生活经验，认识植物与其他生物、人类的关系
	语文	1. 阅读文本，了解部分植物的生长习性 2. 通过探究和讨论，激发对校园内其他植物生长习性和规律的兴趣和好奇心
	道德与法治	1. 了解家乡物产的种类和特点，以及它们如何养育和影响人们的生活 2. 了解植物与人的生活息息相关

（续表）

任务	学科	目标
培育植物"魔法师"	科学	1. 了解土壤、水分、阳光和天气等因素在植物生长过程中的作用和重要性 2. 观察和实验，运用科学知识分析和解决与植物生长相关的问题 3. 通过探究和讨论，培养对科学的兴趣和好奇心，提高观察、思考和解决问题的能力
	劳动	1. 观察并记录植物的生长过程，了解植物生长的习性和特点，懂得处理植物生长过程中遇到的问题 2. 通过实践操作，培养动手能力和耐心，增强对生命的敬畏和爱护之心，理解植物对人类生活的重要性
	美术	1. 创作手抄报或视频，展示绿植的生命周期 2. 通过绘画或贴图等艺术表达形式，培养对生命的敬畏和爱护之心
守护植物"小卫士"	劳动	1. 通过小组讨论，掌握科学地养护植物的技能 2. 通过实践操作，增强动手能力和耐心，培养对生命的敬畏和爱护之心
	语文	1. 写养护心得或倡议书，表达对植物的关爱和保护意识 2. 创作植物名片，了解养护植物的基本原理和方法，提高创新思维和实践能力

三、主题设计

（一）任务设计（GRASPS 工具）

任务设计元素	案例描述
目标（G）	通过探究和观察，能够认识学校的植物，面向一年级学生介绍高实的"植物朋友"
角色（R）	讲解员
受众（A）	一年级学生
处境（S）	一年级学生入学后知道校园里有很多植物，学生都非常喜爱校园里植物。他们好奇：校园里有哪些神秘的"朋友"？这些"朋友"为什么让大家这么喜欢？作为一名二年级学生，请你以植物讲解员的身份，和你的好朋友一起向一年级弟弟妹妹们介绍校园的植物吧！
成果（P）	1. 一份校园植物分布图 2. 植物名片 3. 准备一段介绍植物的讲解词

（续表）

任务设计元素	案例描述
标准（S）	1. 植物分布图须清晰标注植物位置 2. 植物名片包含植物名称和特征等 3. 讲解词符合一年级学生水平，讲解时注重互动性和趣味性

（二）跨学科理解

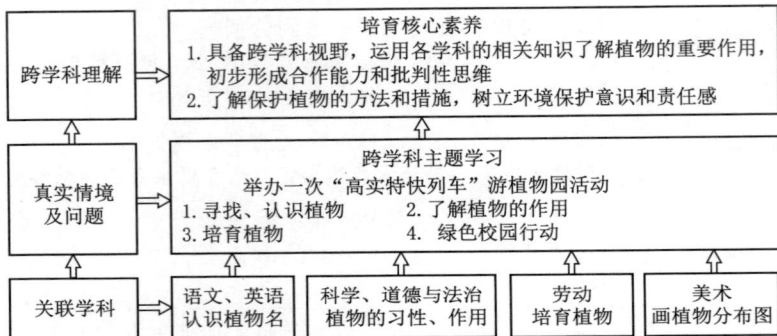

（三）子任务分解

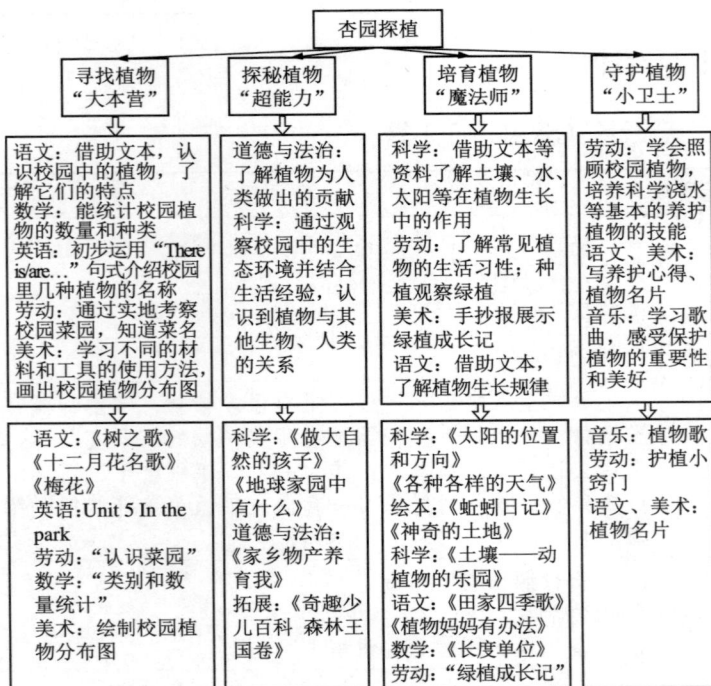

四、学习过程

发布核心任务："高实特快列车"游植物园

运用 GRASPS 工具，教师向学生介绍学习核心任务——"高实特快列车"游植物园。设计真实性问题情境：作为一名高实二年级学生，请你以校园讲解员的身份，跟一年级弟弟妹妹一起游植物园，揭开植物的面纱吧！

子任务一：寻找植物"大本营"

制作植物名片，须先在校园这个大本营中寻找并识别植物。通过阅读语文教材《树之歌》《十二月花名歌》《梅花》，学生认识了一些树和花的名称及其基本特点，结合劳动课《认识菜园》，引导学生在课后继续进行实地考察、识别校园内的植物，实现了课内到课外的延伸，由学方法到用方法，实现了知识的迁移运用。最后学生合作完成校园植物分布图。

1. 植物宝宝集结（2 课时）

环节一：回顾课文，学法迁移

① 给小树挂牌

学习要求

读一读：读儿歌。

说一说：对照课本上的图，说每种树木的名称及特点。

挂一挂：给对应的树挂牌。

② 句子填空

通过课件 PPT 展示句子，请学生填空。

杨树_____，榕树_____，梧桐树叶_____。

枫树_____，松柏_____。

木棉_____，桦树_____。

银杏水杉_____，金桂_____。

③ 小结

师：我们不仅认识了树木的名称，给小树挂了名牌，还知道了很多关于树木的知识。其实，这首儿歌读起来还很有味道呢！你听……

（请学生跟着节奏一起读）

师：除了《树之歌》，本单元还有《十二月花名歌》，让我们一起来读一读。

让学生懂得不同的花会在不同的季节盛开的知识。

环节二：游览校园，确定观察对象

① 活动一：学会观察植物

教师通过课件展示校园中银杏树的图片。

师：你认识这种植物吗？它叫什么？你在哪些地方见过？

教师通过多角度图片展示植物的特征，包括树冠、茎、叶等结构。

师：仔细观察，你发现这个植物有哪些特点？

师：除了银杏树，校园中还有很多其他植物。让我们一起走进校园，观察更多的植物吧！（板书：植物宝宝集结会）

② 活动二：观察校园里的植物

学习指南

学习任务：观察校园中的植物。

学习流程：观察植物的样子、习性等特点。填写植物记录卡，可用简单的词语或图形进行记录。

温馨提示：不要大声喊叫，要爱护校园里的植物和小动物！

春天的Plog 植物记录卡

植物写真（可画画，可贴照片）	观察者	
	植物名称	
	植物样子	
	颜色	
	气味	
	其他	

③ 活动三：观察的植物

材料准备：图片、学生的植物记录卡。

观察活动结束后，教师组织学生有序回到教室，并组织学生进行交流。

师：你们观察到了什么植物？它长在哪个地方？它有什么特征？

汇报参考格式：我观察的植物叫……，它生活在……，它的特征是……

预设：学生上台展示自己画的植物，介绍植物的名称并描述其特点及生存环境；在学生汇报时，教师展示该植物的照片，辅助学生交流。

小结：校园中不同的地点长着不同的植物，它们有着各自的特点和名称，植物是有生命的，我们要爱护植物。

④ 活动四：改写《树之歌》

请学生根据校园里植物的名称和特点，新编《树之歌》。

学生分享自己创作的《树之歌》，并进行自评和他评。

【过程性评价】

"植物宝宝集结会"过程评价表		
具体表现	小组评价	教师评价
区别常见植物的不同特征		
知道植物的名称		
编写一首《树之歌》		
观察时，能爱护植物，不随意采摘		

总计：

2. **手绘校园植物分布图（1课时）**

环节一：回顾与分享

每个学生回顾自己的植物记录卡，从中挑选出 2—3 种印象最深刻的植物，简短描述其特征及地理位置。

集体交流：每个小组推选一个代表，向全班分享小组的讨论结果，教师记录并适时引导，为后续活动提供素材。

教师技巧示范：学生观看教师如何在校园平面图上标注植物位置，引导学生注意图标的简化与美化技巧。

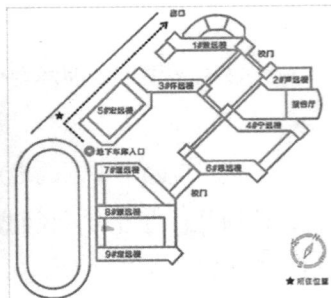

环节二：手绘校园植物分布图

学习要求

分一分：组内各自分工。

画一画：根据校园平面图，画位置。

环节三：展示与评价

自评：每组成员对自己团队的作品进行简要评价，指出优点和不足。

互评：其他组根据展示内容，从创意性、准确性、美观度等方面进行评价，提出建设性意见。

子任务二：探秘植物"超能力"

学生在了解校园植物的基础上，通过阅读科学文本《地球家园中有什么》《做大自然的孩子》和道德与法治《家乡物产养育我》，了解植物自身的作用、植物与其他生物的合作关系、植物对人类的帮助，理解植物在生态系统中的重要作用。

1. 植物小小侠（2课时）

环节一：家乡特产交流会

① 汇报课前"家乡特产调查表"

学习要求

说一说：组内成员分享调查结果。

选出优秀代表上台汇报。

② 教师补充家乡物产

③ 小结：我们家乡不仅风景优美，还是个物产丰富的地方。

家乡特产调查表

调查地点	发现的家乡特产

环节二：出售会，寻特产

① 扮演特产店老板，出售手中特产

② 对各种特产进行"考察"

③ 选幸运顾客

扮演老板的要求	扮演顾客的要求
1. 说出特产的特点及习性特征 2. 说出购买价格	1. 认真倾听 2. 选择感兴趣的产品，填好无门槛购物券

④ 教师扮演小记者，采访特产店老板，了解老板选幸运顾客的标准。

⑤ 过渡

师：刚才同学们介绍了很多产品，其中家乡的水果最受大家欢迎，看，小朋友都吃起来了。水果是植物，植物为我们提供产品，植物还有哪些用处呢？放眼校园，这些植物为我们带来哪些好处呢？

环节三：小小侠，大力量

① 头脑风暴：植物力量有多大

结合前期阅读的《奇趣少儿百科 森林王国卷》以及自己的知识储备，说说植物的力量有多大。

教师补充总结：净化空气，保护水土，做食物、药材、木材，观赏……

② 小组讨论

植物作用知多少

我们组选择的校园植物是：_____。

我们找到的植物贡献有：_____。

案例一：_____。（作用）

案例二：_____。（作用）

③ 小组分享，教师小结。

环节四：感恩之心

① 思考：作为高实的一员，我们该怎样感谢并保护这些为我们默默付出的植物？

② 拓展：画一张画表达对家乡植物的感激之情。

2. 绿色宝库（2课时）

（融合科学课《地球家园中有什么》和《做大自然的孩子》）

环节一：引发关注，聚焦问题

① 头脑风暴

（出示一幅在浩渺宇宙中的地球图片）关于地球你知道多少？

② 画地球家园图

想一想：地球家园里有哪些东西。

贴画：把地球家园里的物品贴上去。

展示介绍地球家园图。

师：地球上有那么多事物，有植物，有动物，有看得见的，还有看不见的……形形色色的物体组成了我们可爱的地球家园。它们之间是相互联系，缺一不可的。地球家园中的植物就是我们的同伴。让我们做大自然的孩子，了解绿色宝库的奥秘。（板书绿色宝库）

环节二：植物与我们

① 观看视频《马铃薯的故事》，展示马铃薯在爱尔兰大饥荒中的作用。引出问题：植物和我们之间有什么联系呢？

② 展示校园里常见的植物杜鹃、瓯柑、银杏树等的图片，说一说这种植物和我们的生活有什么关系。

例如，衣（棉衣、棉袜）：棉花

食（面条、包子）：水稻

食（烹饪食材）：果蔬

住（桌椅）：树木

行（木船）：树木

③ 提问：你还能举出这样的例子吗？它们与我们的衣、食、住、行有着怎样的联系？

④ 观看视频《植物与人类的关系》，从视频中你了解到什么？

⑤ 学生小组讨论并填写记录表。

植物朋友的贡献记录表

衣	
食	
住	
行	

备注：小组讨论并填写记录表

⑥ 学生展示记录表

投影展示学生的记录表，每组派代表说明填写情况。建议用"……可以用来……"的句式进行交流，小组其他同学进行补充，教师在班级记录单中及时记录。

⑦ 小结：植物与我们人类生活密不可分。

环节三：人类活动对植物的影响

① 引导：人类的活动会对植物产生哪些影响？

② 读资料，完成学习单。

砍伐森林　　　环境污染　　　开垦放牧　　　……

③ 小结：动植物与我们的生活紧密相连，因此我们要爱护植物、保护濒危植物，为它们营造和谐美好的家园，保护它们就是保护我们自己。

【过程性评价】

评价内容	自我评价		
	☆☆☆	☆☆	☆
知道植物对人类有很大的帮助，人类的衣食住行离不开植物			
通过观察、调查、归纳、分类等方法了解常见植物和这些植物与我们的关系			
有关爱植物的意识			

子任务三：培育植物"魔法师"

学生借助科学文本《太阳的位置和方向》《各种各样的天气》《土壤——动植物的乐园》和绘本《蚯蚓日记》《神奇的土地》，明白植物生长过程中所具备的条件；结合语文教材《田家四季歌》《植物妈妈有办法》，了解植物的生长规律；参与劳动课种子发芽、种植和照料植物等实践活动，观察和记录植物的生长过程；通过绘画或视频展示植物的生命周期，培养探索的精神和动手实践能力。

1. 植物生长需要什么（2课时）

环节一：比较分析植物生长的条件

① 教师提前摆出枯萎的和生病的凤仙花和铜钱草各一盆，请学生观察。

② 分析植物生长需要的条件。学生小组讨论植物枯萎和死亡的原因，并汇报交流。

③ 搜集植物生长和阳光、水有关系的证据。

④ 课件展示凤仙花、铜钱草的相关资料卡。

聚焦：阅读资料卡，了解凤仙花、铜钱草的浇水频率。

环节二：制订植物需要光的研究方案

① 明确问题：太阳对植物的影响。

学生小组讨论，并从正反两面举例阐述太阳对植物的影响。

② 过渡

师：如果大家认为植物生长离不开阳光和水，怎样做才能证明植物的生长需要阳光和水呢？

学生进行讨论、汇报，提出实验需求。

师：资料显示凤仙花喜光，我们先来做一个实验，证明凤仙花喜欢阳光。实验需要几盆凤仙花？为什么需要两盆凤仙花？然后怎么做？为什么一盆凤仙花要被完全遮住不能见光？用什么方法遮住凤仙花？

师：这两盆凤仙花还需不需要浇水？怎么浇水？为什么？为什么除了阳光之外，其他的种植条件要一样？

引导学生将方案描述完，再用课件展示完整的实验方案。

实验探究活动一：探究阳光对植物的影响。将一盆凤仙花放在窗台上，另一盆用黑色纸盒遮住后也放窗台上，两盆浇水量一样，连续观察并记录。

环节三：制订植物需要水的研究方案

师：资料上提到铜钱草喜欢湿润的环境，怎样证明水对植物有影响？

请学生讨论实验方法。

师：铜钱草除了一盆浇水、一盆不浇水，还有什么需要注意的地方吗？

引导学生将方案描述完，再用课件展示完整的实验方案。

实验探究活动二：探究水对植物的影响。将两盆铜钱草放到班级的书柜上，一盆浇水、一盆不浇水，阳光一样，学生以小组为单位连续观察并记录。

环节四：植物的生长规律

① 课件展示《田家四季歌》的四幅图片

师：四幅图片分别展示了哪个季节？哪些景物悄悄发生了改变？你还知道四季里的哪些景物？

② 仿照句子说一说

春天里，＿＿＿＿＿＿＿＿＿＿＿＿＿＿＿＿；

夏天里，＿＿＿＿＿＿＿＿＿＿＿＿＿＿＿＿；

秋天里，＿＿＿＿＿＿＿＿＿＿＿＿＿＿＿＿；

冬天里，＿＿＿＿＿＿＿＿＿＿＿＿＿＿＿＿。

③ 果实成熟后，植物妈妈还有自己的办法使下一代得到延续。

你知道植物还有哪些传播种子的方法吗？

椰树妈妈有个好办法，她给孩子（　　　　　　　）。

只要（　　　　　　　），就能（　　　　　　　）。

樱桃妈妈更有办法，她给孩子（　　　　　　　）。

只要（　　　　　　　），就能（　　　　　　　）。

④ 小结：原来每个季节植物的生长不一样，植物有自己的生长规律。

环节五：植物生长交流会

师：之前我们开展了探究水和阳光对植物的影响的实验，今天我们来进行一次"植物生长交流会"（板书）。

师：植物生长需要水和阳光。哪个研究小组跟大家说一说你们的实验的记录和结论？

学生通过交流和汇报，用证据说明植物生长需要水和阳光。

师：大家种植植物也有一段时间了，植物生长还需要什么条件？读绘本《蚯蚓日记》《神奇的土地》。

带着问题"除了土壤栽培植物外，还有别的办法种植植物吗？"进行拓展阅读。（宋代无土栽培用现代栽培技术）

学生在课后继续养殖植物，观察植物的生长过程，记录植物生长过程中的变化。

2. 绿植成长记（2课时）

环节一：回顾

　　师：同学们，大家选择了自己喜欢的绿植种植，有的同学种了豆类，有的同学种了碗莲……它们生长得怎么样了呢？经过大家的悉心照料，我们的植物从一粒种子开始，发芽并渐渐长大。到后来，还会开花，有的甚至已经长出了果实。随着我们种植的植物一天天长大，我们的观察和记录做得怎样了？有哪些发现和收获？

　　小组整理观察记录，填在自己事先设计的记录表里，自由发言。

＿＿＿＿＿＿＿成长记				
记录人			班级	
培养方式			培养地点	
时间	生长条件	生长情况	茎叶长度	图片

环节二：探讨植物的一生

　　师：我们种植的植物在从种子到果实的生长过程中经历了哪些主要时期？从自己的记录表中找一找。

① 分析记录表

　　师：同学们都找到了自己的记录表中关于植物生长的变化，可见做记录对于我们观察自然、研究自然的重要性。

② 学生汇报记录，分享自己的植物在不同时期的样子。

③ 引导学生与其他同学交流植物在不同生长时期的变化。

④ 学生分组交流种植经验。

⑤ 教师利用多媒体课件展示植物一生的生长变化。

　　植物生长的基本过程包括种子萌发、幼芽生长、根茎叶发育、花蕾形成、开花结果，最终产生新种子。每个时期都有不同的变化特点。

环节三：怎样使植物生长得更好

① 谈谈自己的种植经验。

② 小结：怎样才能使植物生长得更好？

③ 讨论：哪些是植物生长的必要条件？

④ 小组交流讨论并记录。

⑤ 把大家的意见总结下来，完成教材上的记录。

⑥ 查阅资料，验证我们的总结。

⑦ 结合自己的种植经验和体会，谈一谈对"谁知盘中餐，粒粒皆辛苦"的理解。

环节四：制作"植物的一生"剪贴报、手抄报或视频

① 设计要点

讲解手抄报和剪贴报的基本要素（标题、内容、配图、色彩搭配等）和制作技巧。

② 实践操作

分组讨论：学生根据之前的植物观察日记或新学习的知识，以小组为单位讨论确定手抄报的主题、内容和布局。

动手制作：先在草稿纸上规划整体布局，确定各部分内容。

素材收集与创作：利用提供的材料，发挥个人或小组的创意进行制作。使用真实植物标本、照片或亲手绘制的插画。

编辑与完善：检查文字内容的准确性和逻辑性，调整版面，使整体美观。

成果展示与交流：每组上台展示自己的作品，介绍设计理念和创作过程。

互评与师评：采用同伴评价和教师点评的方式，评价作品的创意、内容丰富度、视觉效果等方面。

环节五：绿化校园，美化生活

① 课件展示：美丽的校园。

② 说说校园门口、操场等地种了什么树。

③ 分组交流校园中适合种植哪些植物。

④ 分组讨论校园种植计划。

⑤ 自学"科学在线"，交流自学成果。

【过程性评价】

评价内容	自评	同伴评	教师评
使用一种方式记录植物的生长过程			
得出植物生长的条件			
小组合作完成任务			

子任务四：守护植物"小卫士"

结合劳动课护植小窍门的知识，学生通过讨论、小组活动，了解保护植物的方法和措施，如定期浇水、除草、注意环境卫生等。通过完成语文习作《养护心得》、运用美术知识制作植物名片，树立环境保护意识和责任。

1. 护植小窍门（2课时）

环节一：问题小侦探

师：开学初，老师对各个教室的植物角展开了调查，这些都是老师拍摄的照片，这些班级里的植物怎么了？

① 观图片，找原因

没有及时浇水。没有适当晒太阳。

② 齐思考，畅言语

师：同学们，如果地球上的植物都枯萎了，我们人类会怎么样？

生：……

师：大家说得都非常正确。那么科学家又是怎样预测的呢？

③ 看视频，谈感受

观看关于人与自然的资料片，引导学生思考。

引导：人类生活离不开植物，它们是我们重要的"朋友"，有必要好好保护植物。

环节二：拯救植物有哪些方法

师：同学们，老师带了班级中的绿萝宝宝过来。（板贴）让绿萝宝宝给大家打声招呼吧。

（音频）绿萝宝宝：小朋友们好！我是绿萝宝宝，非常高兴跟大家见面。但是我可能生病了，最近我的叶子变得黄黄的，身上没有力气。这到底是怎么回事？你们谁能帮帮我？

① 活动：齐助力，解问题

小组讨论：有哪些好方法可以帮助绿萝宝宝？

小结：剪枯枝、浇水、晒太阳、施肥（板贴）。

（音频）绿萝宝宝：小朋友们好厉害！想到了这么多好主意。那么快来帮帮我吧！先给我剪剪枯枝。

② 情景体验：剪枯枝

请一个学生上台剪枯枝。其他学生仔细观察该学生的做法，发现他做得好的地方和需要改进的地方。

说一说：他哪些做得好或哪些需要改进。

小结：动作轻，剪根部。

（音频）绿萝宝宝：谢谢小朋友们，我现在看起来有精神多了。可是我还有一些烦恼，不知道下面这些小朋友的照顾行为对不对。请小朋友们帮我判断一下，对的用手势打钩，错的用手势打叉。

③ 养护红绿灯：判一判

• 把绿萝放在太阳底下晒一整天。

• 今天给绿萝浇了十次水。

• 每天给绿萝浇一次水。

• 早上把绿萝放走廊上晒两个小时，中午前就收回来。

• 听说施肥对植物有帮助，天天给绿萝施肥。

• 明天就是元旦放假了，要在放学前把四天的量都浇上。

（音频）绿萝宝宝：大家说得都很有道理，那请专家说说看吧。

④ 看视频，得方法

小结：养护绿萝的学问。

浇水	每天浇水，微微湿透
光照	每天适当光照 2—3 小时
施肥	自制（教师提供帮助，科学学具袋中有营养液，方便又安全。每周一滴）

环节三：拯救植物大比拼

（音频）绿萝宝宝：我好开心呀，我终于明白了。谢谢小朋友们的帮助。我还有一个小小的请求。瞧！这是我的植物伙伴小番茄，他上面有一个美丽的标签，他的主人每次一看到标签就能得到提示，把他照顾得很好。你们能帮我也制作一个吗？

> 植物名称：小番茄
> 每两天浇水一次，每次浇得土壤微微湿润。
> 每天晒太阳 5—6 个小时。

① 活动：制作标签
② 展示标签：点评优点或需要改进的地方。
③ 拯救植物大比拼
　　师：请各小组组长上台选心仪的绿萝宝宝并贴标签，这株绿萝宝宝将由你们照顾，下个月我们再来评比，选出"养护小达人"，并由"养护小达人"分享他的养护小妙招。

环节四：保护植物我践行

（音频）绿萝宝宝：谢谢小朋友们的热心帮助，校园里的植物小伙伴们羡慕极了，纷纷向我求助，小朋友们你们愿意帮帮他们吗？
① 集智慧，齐设计
　　教师展示校园植物的照片：被折断的树枝、采摘的花朵、踩踏的绿化。
　　引导：可以设计标语挂在植物旁边提醒大家注意爱护植物。

（音频）绿萝宝宝：小朋友们的口号都很棒！我的植物伙伴们得到了大家的帮助，变得生机勃勃。他们特地寄来了一些感谢信。

② 你行动，我褒奖

×× 班的小朋友们，大家好！

我是多肉宝宝，非常感谢你们的标语。自从有了你们的口号，校园中的植物伙伴都得到了帮助。为了感谢大家，我们特地准备了一些奖状。只要点亮 15 个及以上爱心或记录 3 次绿色行动，就可以得到一张"养护小园丁"的奖状。

保护植物我践行

践行一次保护植物的行为就点亮一颗爱心。

绿色行动我能行

把自己进行的绿色活动记录下来。

1.＿＿＿＿＿＿＿＿＿＿＿＿＿＿＿＿＿＿＿＿＿＿

2.＿＿＿＿＿＿＿＿＿＿＿＿＿＿＿＿＿＿＿＿＿＿

3.＿＿＿＿＿＿＿＿＿＿＿＿＿＿＿＿＿＿＿＿＿＿

（音频）党的二十大报告指出，推动绿色发展，促进人与自然和谐共生。大自然是人类赖以生存发展的基本条件。尊重自然、顺应自然、保护自然，是全面建设社会主义现代化国家的内在要求。必须牢固树立和践行绿水青山就是金山银山的理念，站在人与自然和谐共生的高度谋划发展。

出示保护植物的志愿者的照片：小孩、老人、大人……大家都在行动。

结束语：让我们一起加入绿色行动中，让身边的植物能够生机勃勃，茁壮成长。我们的世界一定会变得更加美好。

2. 我为校园做名片（1课时）

环节一：观察各种各样的名片

教师出示各种各样的名片，如旅游景点名片、职业名片、食品名片、宠物名片、植物名片等，引导学生了解名片的图文、配色、形式、材质。

环节二：制作名片

学生根据自己的兴趣对名片进行插图、配色、字体等方面的设计，并填写内容。教师相机进行指导。

3. "高实特快列车"游植物园活动（1课时）

此次核心任务的展示结合期末乐考，进行非纸笔测试。除了介绍植物名片，还将跨学科知识融入场景中，让学生完成分层推进的任务。以下是实施方案。

"高实特快列车"游植物园

——跨学科课程"杏娃探植"成果展

一、活动时间

2022年2月27日 13:15

二、主题

"高实特快列车"游植物园

三、活动流程

1. 当小评委（听一年级学生介绍课程成果）

2. 当小小解说员（展示课程成果，受众为一年级学生）

四、准备工作

1. 布置展区

（1）校园植物分布图

（2）植物手册

（3）养护心得（日记）及植物

2. 邀请函、各班海报、解说词

3. 通讯：安涵

　　4.摄影：黄乐及各班教师、各班家长

五、评价单

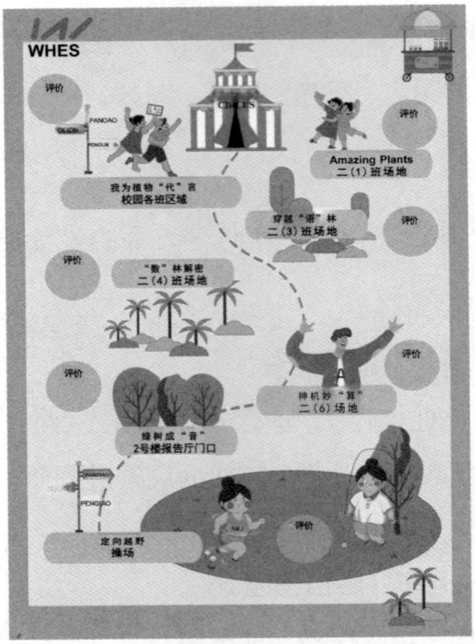

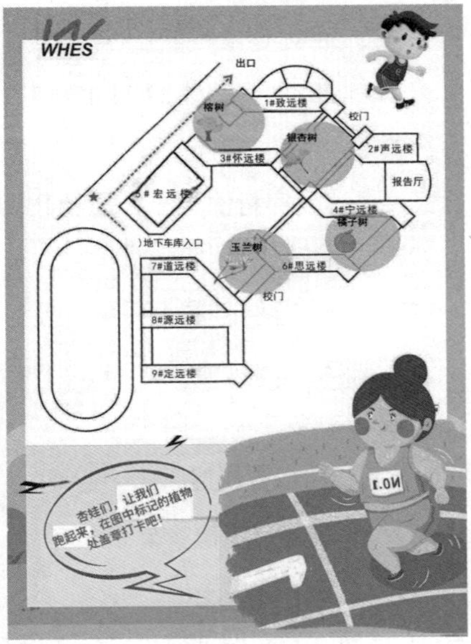

五、考查评价

本课程评价分为课堂评价、阶段性评价、期末评价。

```
                                        ┌─────────────┐
                            ┌──────────┤  学习习惯   │
                  ┌─────────┤ 课堂评价 │└─────────────┘
                  │         └──────────┤┌─────────────┐
                  │                     └┤  学习能力   │
                  │                      └─────────────┘
                  │                      ┌─────────────┐
                  │                   ┌──┤ 植物小画家  │
                  │                   │  └─────────────┘
                  │                   │  ┌─────────────┐
                  │         ┌─────────┼──┤ 植物研究员  │
  ┌─────────────┐ │         │阶段性评价│  └─────────────┘
  │             ├─┼─────────┤         ├──┤ 植物种植员  │
  │ 学生评价体系 │ │         └─────────┤  └─────────────┘
  └─────────────┘ │                   │  ┌─────────────┐
                  │                    └─┤ 杏园小园丁  │
                  │                      └─────────────┘
                  │                      ┌─────────────┐
                  │                   ┌──┤金牌植物学家 │
                  │                   │  └─────────────┘
                  │         ┌─────────┤  ┌─────────────┐
                   └────────┤ 期末评价 ├──┤银牌植物学家 │
                            └─────────┤  └─────────────┘
                                      │  ┌─────────────┐
                                       └─┤铜牌植物学家 │
                                         └─────────────┘
```

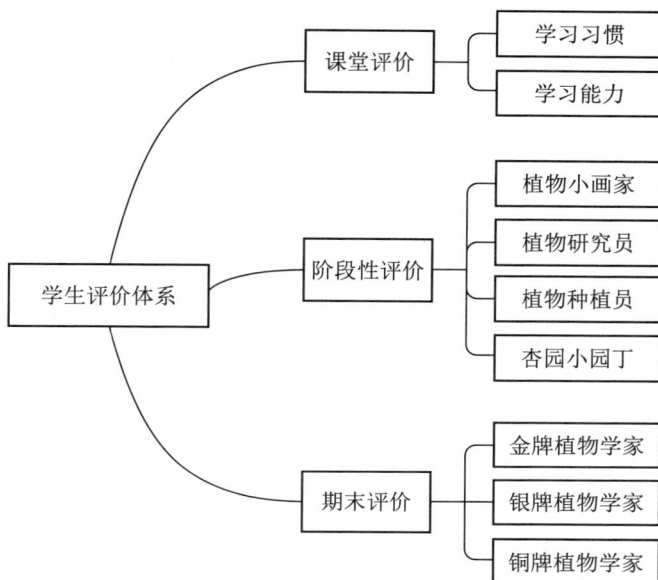

"杏园探植"课堂评价表

姓名：　　　　　　　　课程内容：　　　　　　　　时间：

评价项目		评价标准	评价者			总评
			自我评价	小组评价	他人评价	
学习习惯	学习兴趣	兴趣浓厚，积极实践，探寻杏园植物的奥秘				
	合作意识	尊重他人意见，赏识他人长处，乐于与他人交流分享				
	探究品质	乐于实践，勇于试错，主动发现植物生长的秘密				
学习能力	方案制订	制订种植植物的合理方案，按照方案执行种植计划				
	种植记录	记录绿植的生长过程和变化，完成养护手册				
	总结反思	善于总结反思，学习收获丰厚，感悟深刻				

"杏园探植"阶段性评价表		
单元主题	评价项目	评价标准
寻找植物"大本营"	植物小画家	能根据自己在校园中了解到的植物名称、位置等,画出校园植物分布图
探秘植物"超能力"	植物研究员	通过故事、图片或视频介绍植物的作用、植物与其他生物之间的合作关系以及植物对人类的帮助
培育植物"魔法师"	植物种植员	能种植绿植并记录绿植的生长过程和变化,能总结反思种植经验和感想
守护植物"小卫士"	杏园小园丁	能通过口头宣传、环保海报设计、植物养护标签和口号绘制等方式保护校园植物

"杏园探植"期末评价表		
称号	合作评价标准	展示评价标准
金牌植物学家	主动配合同学,乐于帮助同学;认真倾听同学的观点和意见,对小组的活动做出很大的贡献	能按照主题目标完成创意作品,并进行有新意的作品展示,然后用个性化语言,在同学面前大方、自然地介绍
银牌植物学家	会在教师和组长的提醒下帮助组员,通常会听取组员的意见,对小组的活动有一些贡献	完成与主题相关度较高、较有新意的作品,能用较流畅的语言为同学介绍
铜牌植物学家	偶尔听从组长的安排配合同学、帮助同学,对小组的活动有一点贡献	能完成作品,并进行作品展示和介绍

六、活动点评

(一)跨学科整合,促进全面发展特色

本课程巧妙地融合了语文、美术、科学、道德与法治、劳动等学科的内容,通过"'高实特快列车'游植物园"这一核心任务,为二年级学生构建了生动的学习情境,实现了知识与技能的多元化整合。在"寻找植物'大本营'"任务中,学

生不仅要在校园内进行实地考察（科学探索），绘制校园植物分布图（美术实践），还需要用准确的语言文字描述植物特征和位置（语文应用）。在"探秘植物'超能力'"环节，通过研究植物的作用、植物与人类的关系（科学教育），学生能深刻理解生命科学的奥秘。另外，创作植物名片（跨学科创意作品），锻炼了学生的艺术表现力与信息整理能力。这样的教学设计让学生在实际操作中综合运用多学科知识，促进综合素质的提升。

（二）情境化学习，增强参与感与责任感

课程围绕"'高实特快列车'游植物园"这一任务，创造了一个富有想象力的情境，使学生扮演"讲解员"，承担起向一年级新生介绍校园植物的职责，从而增强了学生学习的参与感和责任感。通过角色扮演，学生不仅可以学习知识，还可以模拟现实社会中的交流与分享。在"培育植物'魔法师'"和"守护植物'小卫士'"任务中，学生需要参与植物的种植与养护（劳动教育），制作植物成长记录表和养护手册（科学研究与写作技能），并在最终的策展活动中，以展览的形式展示自己的学习成果，向一年级的弟弟妹妹传递保护自然的理念（道德与法治教育）。这种情境化的教学方式，极大地提高了学生的学习积极性和团队协作能力，同时也培养了他们的社会责任感。

（三）项目制学习，鼓励创新与实践

"杏娃探植"课程采用项目制学习方法，鼓励学生通过完成一系列具体任务来实现学习目标，如制作校园植物分布图、植物名片、成长记录表等，这些成果不仅是知识掌握的证明，更是创新能力与实践能力的展现。每个子任务都是一个小型项目，要求学生全程参与规划、执行和展示。这不仅要求他们灵活运用所学知识，还激发了他们的创造力，提高了他们的解决问题能力。例如，在剪贴报的制作过程中，学生需要筛选信息、设计版面、美化作品，这不仅培养了审美能力，也提高了信息科技能力。最后的策展活动更是对项目管理、公众演讲及团队合作能力的综合考验，让学生在实践中收获成就感，为未来的终身学习奠定坚实基础。

杏娃探高实

实施年级： 一年级

所跨学科： 语文、数学、道德与法治、美术

实施周期： 30 课时

设计者： 一年级团队

执笔人： 王蓉、黄雅丹、张美凤、潘海兰

一、主题背景分析

（一）主题来源

2021 年 3 月，教育部印发《关于大力推进幼儿园与小学科学衔接的指导意见》，幼小衔接教育至关重要。为了让一年级新生更好地融入小学生活，我们从"我们与社会"的角度建构真实话题，精心设计了以"杏娃探高实"为主题的一年级新生入学适应性课程，以活动化、游戏化、生活化的课程，帮助小杏娃消除新入学的陌生感与不适感，形成良好的校园向往、学习向往。

此课程与中年级"宁远"成长课程、小升初"宏远"进阶课程、初升高"志远"毕业课程合并为学校"九年一贯"衔接课程，前后有序推进，实现九年一贯制课程衔接，是学校"梦恒"课程体系的重要组成部分。

（二）主题概况

"杏娃"是学校对小学生的昵称，"高实"是温州高铁新城实验学校的简称，"杏娃探高实"意为一年级小学生对学校的探索。"杏娃探高实"跨学科主题学习从新生亲历的学习现场出发，以"办一场校园开放日活动"，向家长介绍自己小学生活的真实任务为出发点，设计"探"校园、"美"教室、"交"朋友、"游"高实四大任务，融语文、数学、道德与法治、美术等学科，开展跨学科主题学习，为学生构建真实的小学生活场景，解决幼儿初入小学的适应性问题。

二、学习目标

（一）活动目标

为了帮助一年级新生更好地融入小学生活，以"办一场校园开放日活动"为核

心任务，设计"探"校园、"美"教室、"交"朋友、"游"高实四个子任务，引导学生开展跨学科主题学习，熟悉学校区域，了解校园文化，学会理解并遵守规则，懂得如何交友及与好朋友相处，同时养成良好的学习与生活习惯，培养学生的观察探究、动手创造、表达分享、团队协作等能力，为引导学生在新的集体中充分展示自我、发展潜能，为未来的小学学习生活打下良好基础。

（二）跨学科目标

任务	学科	目标
「探」校园	语文	能有感情地朗读《我是小学生》等儿歌，为自己成为小学生感到骄傲
	数学	认识数字1—5，了解上、下、前、后、左、右等方位，并说出自己对前、后、上、下的理解
	美术	初步了解银杏叶的特点，并能学习运用不同的材料和工具画银杏叶
	道德与法治	初步认识学校重点场所，获得校园归属感
	科学	认识校园中的植物，初步了解银杏叶的形状、色彩、纹理
	音乐	能够初步学会演唱校歌《千里之行》
	德育	会读、会背、能理解《高实文明礼仪三字口诀》，学做文明守纪的高实学生
「美」教室	语文	结合生活经验和图书馆借阅公约，主动发表自己的意见，制作班级图书角借阅公约
	数学	认识数字6—10，初步学习按物体的特征进行分类，培养秩序感
	英语	能初步运用相应句式向他人打招呼和介绍自己
	道德与法治	初步了解上下课规则，能听懂指令并做出相应动作
	德育	参与班级中队的建立，感受班级文化，并愿意共同创建班级文化
「交」朋友	语文	通过故事、游戏，学习如何做自我介绍，能写一份介绍词
	音乐	会唱《找朋友》，能根据旋律和儿歌内容加上动作，表达自己的情绪
	美术	会画好朋友的肖像画，能介绍自己的好朋友
	道德与法治	学会交朋友，敢于向新朋友展现真实的自己
「游」高实	语文	通过小组合作、模拟，学习如何介绍校园，能写一份游园会讲解词
	美术	1. 能画一张校园游览路线图 2. 能制作一张邀请函

三、主题设计

（一）任务设计（GRASPS 工具）

任务设计元素	案例描述
目标（G）	在校园开放日活动中，向家长介绍自己的学校，帮助家长了解学校的区域、教室功能、基本的规则等，并向家长介绍自己结识的好朋友
角色（R）	高实校园讲解员
受众（A）	一年级新生家长
情境（S）	在校园开放日活动中，家长需要参观校园和教室，你要画一张校园图供家长参考，要准备一份简单介绍学校、教室和自己好朋友的讲解词，并当众表达和介绍
成果（P）	你需要了解学校的区域布局，布置自己的教室，交到 1—2 个好朋友，设计家长参观路线图，准备好一份手绘校园图，制作一张邀请函，准备一段场所的讲解词，举办一场校园游园会
标准（S）	介绍词中包含学校有哪些场所，这些场所的功能及规则，介绍词要清晰、完整，并能做到大方、有礼地表达

（二）跨学科理解

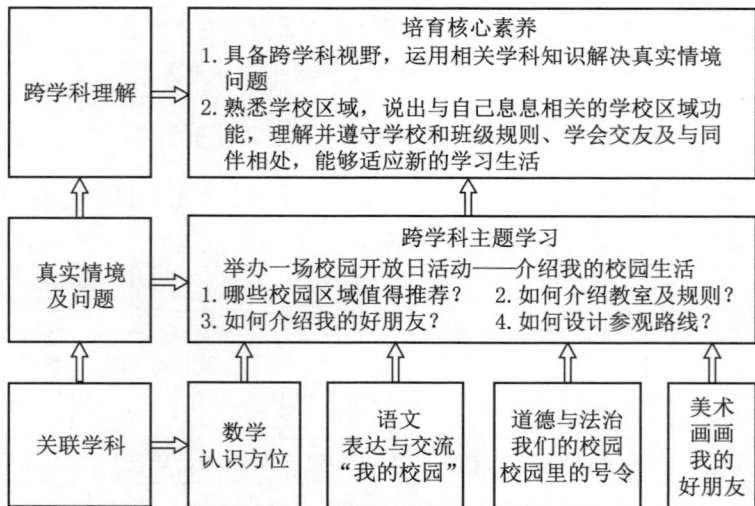

（三）子任务分解

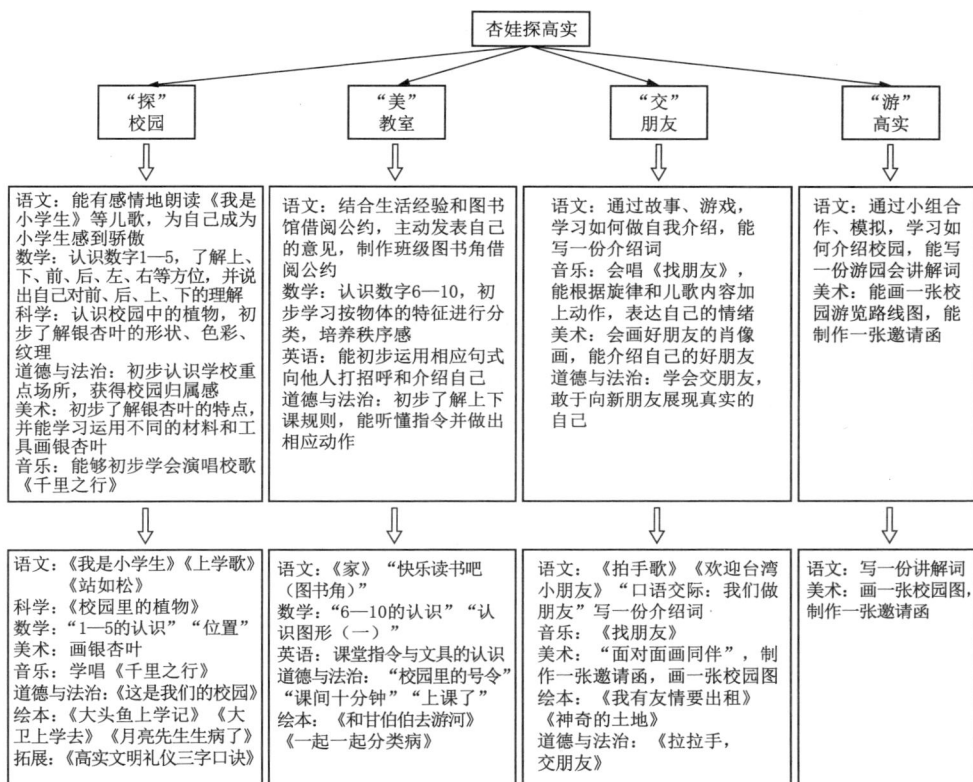

```
                              杏娃探高实
        ┌───────────────┬───────────────┼───────────────┐
      "探"            "美"            "交"            "游"
      校园            教室            朋友            高实
```

语文：能有感情地朗读《我是小学生》等儿歌，为自己成为小学生感到骄傲 数学：认识数字1—5，了解上、下、前、后、左、右等方位，并说出自己对前、后、上、下的理解 科学：认识校园中的植物，初步了解银杏叶的形状、色彩、纹理 道德与法治：初步认识学校重点场所，获得校园归属感 美术：初步了解银杏叶的特点，并能学习运用不同的材料和工具画银杏叶 音乐：能够初步学会演唱校歌《千里之行》	语文：结合生活经验和图书馆借阅公约，主动发表自己的意见，制作班级图书角借阅公约 数学：认识数字6—10，初步学习按物体的特征进行分类，培养秩序感 英语：能初步运用相应句式向他人打招呼和介绍自己 道德与法治：初步了解上下课规则，能听懂指令并做出相应动作	语文：通过故事、游戏，学习如何做自我介绍，能写一份介绍词 音乐：会唱《找朋友》，能根据旋律和儿歌内容加上动作，表达自己的情绪 美术：会画好朋友的肖像画，能介绍自己的好朋友 道德与法治：学会交朋友，敢于向新朋友展现真实的自己	语文：通过小组合作、模拟，学习如何介绍校园，能写一份游园会讲解词 美术：能画一张校园游览路线图，能制作一张邀请函

语文：《我是小学生》《上学歌》《站如松》 科学：《校园里的植物》 数学："1—5的认识""位置" 美术：画银杏叶 音乐：学唱《千里之行》 道德与法治：《这是我们的校园》 绘本：《大头鱼上学记》《大卫上学去》《月亮先生生病了》 拓展：《高实文明礼仪三字口诀》	语文：《家》"快乐读书吧（图书角）" 数学："6—10的认识""认识图形（一）" 英语：课堂指令与文具的认识 道德与法治："校园里的号令""课间十分钟""上课了" 绘本：《和甘伯伯去游河》《一起一起分类病》	语文：《拍手歌》《欢迎台湾小朋友》"口语交际：我们做朋友"写一份介绍词 音乐：《找朋友》 美术："面对面画同伴"，制作一张邀请函，画一张校园图 绘本：《我有友情要出租》《神奇的土地》 道德与法治：《拉拉手，交朋友》	语文：写一份讲解词 美术：画一张校园图，制作一张邀请函

四、学习过程

子任务一："探"校园

1. 学习活动一：小学是怎样的呢？

环节一："杏娃探高实"开学趣打卡

教师活动：年级组制订"杏娃探高实"开学活动方案，开学前教师会将校园地图卡发放给家长，并在开学活动当天向家长和学生讲解活动规则。在活动过程中，教师随时观察学生参与活动的情况，并协助学生完成任务。

学生活动：向父母提前了解新学校，并领取校园地图卡。开学活动当天，根据教师的介绍，仔细了解"杏娃探高实"活动规则，并借助校园地图卡去学校各个场馆盖章，完成游戏任务从而大致认识学校。在活动过程中，如果遇到困难能尝试向在场的教师求助。

环节二：学唱《上学歌》，我来亮个相

教师出示《上学歌》插图，请学生观察插图，引导学生说图中的小学生是怎样上学的。引导学生发现图中的小学生背着书包和好朋友手拉手，发现上学路上有阳光、小鸟、鲜花，感受上小学的开心与期待。

教师范读《上学歌》，介绍课文由哪些部分组成，应该如何读课文、听课文。学生跟着教师指读课文，读到哪儿指到哪儿。接下来学生通过多种形式朗读课文，感受儿歌的朗朗上口和开心的氛围。

教师简单介绍班级情况，包括校名、班名、男女生人数等，引导学生用句式"我叫……，我是……小学一年级……班的小学生"介绍自己。

教师引导学生说出上小学和上幼儿园的不同，在交流中出示学校相关图片，引导学生认识学校标志性地点，并说说喜欢校园里的什么地方，为什么。在讨论和分享中，感受新学校的美丽，激发学生对学校和学习的期待。最后，出示音乐，加上动作，师生一起唱一唱《上学歌》。

环节三：绘本共读，规则记心中

教师出示《大卫上学去》的封面，引导学生观察绘本封面，并思考封面上的人是谁，在干什么。鼓励学生大胆猜想，积极交流自己的发现，激发学生的阅读兴趣。

教师介绍绘本封面内容，并在介绍时简单渗透阅读方法。师生阅读绘本，边阅读边描述图片内容，并讨论大卫的做法：大卫给大家带去了哪些麻烦？大卫应该怎么做？如何做一名合格的小学生？

通过交流，引导学生明白：要成为一名合格的小学生，需要学会遵守规则，学会和他人相处。

学生尝试用刚学的方法阅读绘本《大头鱼上学记》，并分享大头鱼都遇到了哪些困难，后来是否得到了解决。引导学生明白遇到困难是难免的，不要害怕，有教师和小伙伴的陪伴，一定能做好的。

学生以四人为一组进行小组讨论：上小学了，你担心、害怕什么？组内伙伴一起想办法来解决困难。

2.　学习活动二：我要怎么做呢？

环节一：学三字口诀，高实文明礼仪心中记

教师用多种方式领读《高实文明礼仪三字口诀》，学生用手指读、跟读，初步读熟三字口诀。

教师逐句讲解三字口诀的内涵，并用师生共演的形式演绎问好礼仪、课前准备、课后整理三做到，加深学生对三字口诀的理解。

通过"大家来找茬"游戏，让学生找示例图片中不符合高实文明礼仪的地方，并表演正确的做法。

【资料袋】

高实文明礼仪三字口诀

入校文明三做到：守交规、准时进、书声琅

问好礼仪三做到：能鞠躬、会问好、带微笑

课前准备三做到：物品齐、要安静、坐姿正

课间文明三做到：喝喝水、上厕所、不打闹

课后整理三做到：拉桌子、推椅子、捡渣子

活动礼仪三做到：着装齐、腰背直、竖耳听

就餐文明三做到：手脸净、餐盘净、声音轻

个人卫生三做到：书包净、校服洁、抽屉清

放学文明三做到：记作业、收物品、排路队

排队文明三做到：快静齐、微距离、右侧行

环节二：语文——《站如松》

教师展示京剧人物，并提问：你们在哪里见过这样装扮的人物呢？学生交流后，教师简单介绍中华优秀传统文化的瑰宝——京剧。

教师通过范读、拍手读、表演读等方式带领学生读熟课文，认识"站、坐"等生字，并尝试背诵课文。

教师展示图例，让学生指出每幅图对应的话，学生尝试用自己的话说每句话的意思。

联系生活实际，学生讨论在生活中哪些时候需要"站如松"。在讨论中，教师分别展示以下场景：升国旗时，学生们站如松，望着国旗；解放军叔叔站岗时，双手握枪昂首挺胸，站如松。用以上方法，引导学生仿说"坐、行、卧"的场景。

师生讨论：我们在站立和坐下的时候应该保持什么样的姿势才是健康文明的呢？赏析《中国功夫》歌曲片段，学生边做动作边背诵课文。

3. 学习活动三：高实探险家

环节一：数学——认识方向与位置

教师展示《月亮先生生病了》的封面，引导学生猜测故事人物、情节。带着疑问，师生阅读绘本，并讨论豆豆和朋友们对月亮先生做了什么，从而感悟朋友之间应该互相帮助。

在讨论中，反复观察和关注小动物排队时的前、后、上、下关系，进而理解"前、后、上、下"的含义。学生观察自己座位的前、后、上、下，分别说前、后是谁，并和他握手；简单说明上、下是什么。

课后拓展：在课间主动观察教室和学校，并和小伙伴分享自己看到了"……的前、后、上、下是……"。

环节二：科学——观察学校标志植物

师：（展示杏娃图片）小朋友们，今天老师带来了一个小精灵，这个小精灵的脑袋上有一片树叶，有谁在生活中见过这种树叶吗？

生：……

师：这是杏娃，是根据我们的校树银杏树的叶子设计的。大树是我们的好朋友，虽然它不会说话，但是它却帮了我们很多忙，今天我们一起去观察它吧。

教师带领学生观察校园银杏树，并传授观察方法，让学生明白在观察时可以用眼看、用手摸、用鼻闻等，用多种感官体验。

教师引导学生从整体到局部来观察银杏树，并对植物外形进行观察和描述，描述时能用上"根""茎""叶"等科学的语言。在探索中，穿插开展集中讨论、小组研讨，让学生对银杏的特征有更全面、深入的认识。

观察后，学生用画图的方法来描述和记录植物，提高观察能力。学生上台展示自己的图画，分享观察到的茎和叶的形态，教师鼓励学生用科学的语言来描述植物特征和发现。

课后拓展：学生用先整体再局部的方式来观察花卉，如花有多高（和谁去比一比）、茎有多粗（摸一摸）、叶是什么样的（和不同形状的比一比）、花卉附近可能有的小动物……

【资料袋】

课题：观察银杏树

班级：_____　　姓名：_____　　日期：_____

任务一：学会多感官观察。

阅读 P4 思考，完成下面的连线。

树的高大

花的清香

叶的光滑

鸟的鸣叫

果子的甜味

任务二：整体认识银杏。

阅读 P5，结合校园中的银杏树，利用科学词汇对它进行整体描述。

任务三：局部认识银杏。

仔细观察银杏，回答以下问题。

1. 摸一摸银杏树皮，说一说你的感受。

_____。

2. 观察银杏叶，说一说它的形状、大小、边缘是否光滑。

_____。

环节三：美术——画银杏叶

美术教师根据银杏叶的特点，引导学生发挥想象。通过出示生活中各类事物的图片，关联想象，引导学生发挥创造力，把银杏叶变成各种有趣的样子。

在讨论交流之后，学生尝试用不同的材料和工具画一画银杏，并用银杏设计各种有趣的图画或故事，最后将作品运用到班级布置中。

环节四：高实校园空间探索

① 学生分享自己入学以来对学校、班级的认识，再说说自己还想了解的内容。教师引导学生进行问题讨论：我们如何了解自己的学校？从哪几部分开始调查了解？

学生进行讨论并表达自己的想法。

② 根据讨论，师生合作设计调查表格，教师对学生进行分组。学生在组内明确自己的调查内容，并化身"小小调查员"，在遵守规则的前提下，在校园里有礼貌地进行调查。在调查过程中，学生能够在校园中找到认识的数字和汉字，并记录下来。

③ 音乐教师教学生唱校歌《千里之行》。

【资料袋】

产品或表现	成功的标准	形成性评估/评估点	面向所有学习者的指导策略
"高实探险家"班级作品展	能够选择自己感兴趣的空间展开探险与调查，并能利用学习单形成成果作品	1. 携带学习单，积极主动参与调查 2. 调查过程中能主动咨询问题 3. 能流畅地演唱校歌	1. 校歌视频 2. 优秀写绘作品

【过程性评价】从幼儿园跨入小学，学生所面临的不单单是身份角色的转换、学习内容的变更，更是学习场域的变化和学习方式的转变。因此，"'探'校园"的活动设计涵盖了校园环境、学科学习、习惯养成、人际交往等各方面，着眼全局，打破界限，让学生从场域、学科、团体等方面深入地认识与了解校园，进而融入其中，实现良好的幼小过渡。

子任务二："美"教室

1.　学习活动一：认识教室

环节一：语文——儿歌《家》

教师出示"家"的象形字，以讲故事的方式介绍汉字"家"的含义。教师通过范读、对读、拍手读等方式，引导学生带着对"家"的好奇熟读儿歌《家》，并尝试背诵课文。

教师用生字卡片带读"草""是"两个生字，并引导学生用图片、抓关键部分、想象故事等方法认识生字。

教师课前将课文插图制作成一幅大挂图，把"白云、小鸟、鱼儿、种子"制作成小贴图，让学生用"贴一贴"的方式来玩"找家"游戏，再配上音乐，引导学生深情朗读儿歌、背诵儿歌。

拓展延伸：在校园里，都有谁的家呢？学生用上句式"……是……的家"介绍学校里的各种事物，感受家更广、更深的意义。

环节二：数学——寻找教室里的数字

学生观察教室，提出数学问题，如："教室有几盏灯？有几盆花？"在问题的引导下，观察插图，同桌间互相数一数图画中各种事物的数量，认识并读出数字6—10。

学生以小组的形式在教室里看一看、数一数，正确数出6—10的物体个数，学习用操作、画图等方法表示这些数量。

教师带领学生读、写数字6—10，用具体的事物给数字6—10排队，引导学生知道数字6—10的顺序。

同桌讨论教室里有什么，用数字1—10介绍教室里各类事物的数量，然后选择自己喜欢的教室区域画一幅画，以简单的文字介绍该区域的特点或规则。

【资料袋】

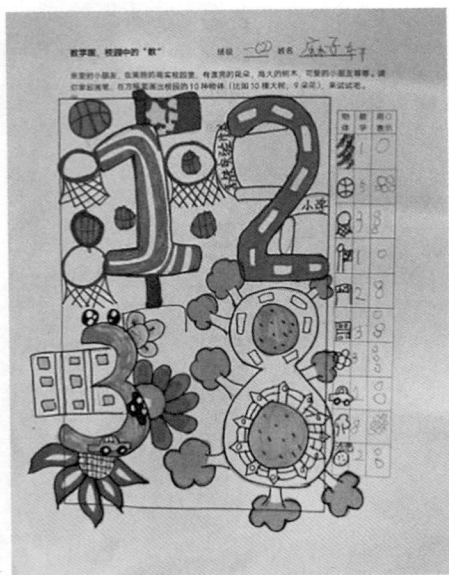

环节三：语文——"快乐读书吧（图书角）"

教师带领学生参观学校图书馆知书苑。学生观看知书苑的介绍视频，阅读图书馆公约栏。

师生讨论：你喜欢图书馆吗？你有什么发现？和班级图书角比，哪里一样，哪里不一样？

在讨论过程中，教师鼓励学生积极发言并清晰表达。

教师组织学生讨论班级借阅公约，引导学生说清楚规则并总结简洁好记的公约。课后，师生合作一起制作班级图书角借阅公约，并张贴在图书角，营造良好的阅读氛围。

2. 学习活动二：学校里的"小家庭"

环节一：绘本共读——《和甘伯伯去游河》

教师展示《和甘伯伯去游河》的封面，引导学生观察封面，感知人物，大胆猜测故事情节。猜测完毕，教师讲述绘本内容，随着故事情节师生合作表演绘本中的动物一起划船，感受绘本的趣味。

师生交流讨论，引导学生在绘本中找到答案：

谁和甘伯伯去游河了？甘伯伯的要求是什么？

如果甘伯伯的船还有空位，还会有谁想和甘伯伯去游河？他会怎么向甘伯伯请求？甘伯伯又会怎么说？

船为什么会翻？船翻了会有什么后果？

……

师生戴上头饰。学生扮演各种小动物，与扮演甘伯伯的教师一起划船，教师边表演边引导学生复述故事内容。

环节二：数学——《一起一起分类病》

教师出示绘本，引导学生猜测故事。

师：有一个叫马克的孩子，他得了一种病，这是一种什么病呢？得了这种病会怎样呢？

师生共读绘本《一起一起分类病》，积累分类经验。

衣服分类：马克在做什么？他把什么和什么放在一起？

玩具分类：马克是怎样分类玩具的呢？

学生分享自己对"一起一起分类病"的理解，教师引导小结。

师："一起一起分类病"是对周围的事物都要分类的一种病。得了这种病的人无论看到什么东西，都会把相互之间的相同点和不同点找出来，分类并起新名字。

教师创设情境，学生用任务单进行自主分类：房间里的东西、卫生间的东西、教室里的东西。学生上台展示自己的分类，其他学生点评，并分享自己的分类。

学生讨论书包分类标准，数一数书包的数量和大小，并讨论各类物品应该放进哪个口袋，学习物品整理方法，按用途分类，学习资料再分类。学生运用这些分类方法，自己整理书包。

学生思考：在生活中还有哪些地方用到了分类？分类有什么好处？

课后拓展：请学生用今天学习的方法整理教室。

【资料袋】

学会将书包中的文具、图书角的书本根据大小、用途进行分类整理。

① ② ③ ④ ⑤ ⑥

bǐ dài | xué xí yòng shū | shuǐ bēi | kǒu zhào 、 miǎn xǐ xǐ shǒu yè | tiào shéng | měi shù zhǐ
笔袋 | 学习用书 | 水杯 | 口罩、免洗洗手液 | 跳绳 | 美术纸

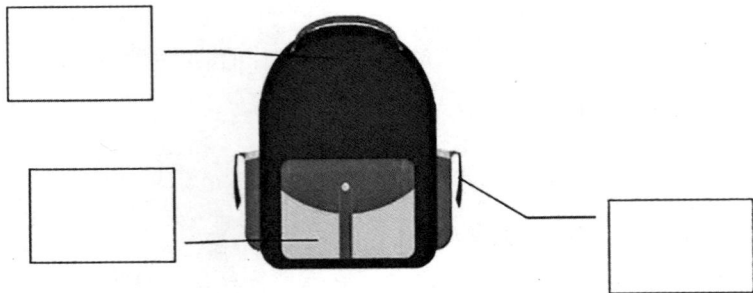

环节三：英语——课堂指令与文具认识

教师讲解课堂指令的意思，带领朗读，用游戏的方式进行反复训练。

听到"Class begins!"时起立并说"Stand up!"。

听到"Sit down!"时能坐端正并回应"Thank you!"。

听到"Show me your ..."时能迅速做出相应的反应。

听到"One，two，three."时能回应 ABC 并安静坐好。

听到"Yes or no? Are you ready? Follow me!"等常用语时能迅速做出反应。

教师创设情境，引出各类文具的英文单词，引导学生认识和理解各种文具的英文表达，并尝试用"I have a ..."的句式简单介绍自己的文具。

播放歌曲 *I have a pencil*，教师用多种形式带领学生学唱歌谣。

环节四：道德与法治——"校园里的号令""课间十分钟""上课了"

教师通过谜语，引出校园里的铃声。学生通过猜一猜的活动，了解学校里各种铃声的不同意思，并懂得铃声是校园的"指挥"，教师和学生都在铃声的指挥下工作和学习。

现场模拟不同的铃声，学生分小组按照铃声的指令做出相应的行为，教师为表现好的学生贴小红花。通过游戏和比赛的方式，让学生初步懂得遵守校园生活的规

则与纪律。

师生玩"活动我来猜"的游戏。学生根据图片快速猜出各种游戏、活动的名称，从而引出"课间十分钟"。学生分享课间十分钟的有趣瞬间。

学生拿出课前准备的"上厕所""喝水""准备文具""做游戏"等卡片，和同桌互相问一问：下课后先做什么，然后做什么，最后做什么？为什么要先做这些事？这样做有什么好处？

在讨论中，引导学生明白课间休息时间不长，要先解决上厕所、喝水等生理需求，再准备下节课的学习用具，最后玩游戏，这样做才是文明的小学生。

播放有关不文明的游戏的视频，让学生明白游戏时要注意安全，辨别哪一些是文明安全活动，哪一些是不文明不安全的活动，从而下课后做一些安全文明的游戏活动。

环节五：教室里的规则与安全

师：同学们，教室是我们的新家，你觉得这是一个怎样的教室呢？

学生进行分享、交流，教师实时关注学生的发言并给予评价。教师介绍班级中队名和中队名的含义，师生共同讨论教室的布置方案，探讨师生共同认可的教室文化，使教室布置与教室名称相呼应，并参考学校的"最美教室"过关方案，进行适当调整。

教师出示学校里的各个生活场景图片，包括教室、餐厅、卫生间等，学生分小组选择一个场景，与组内同伴共同讨论校园生活的规则与安全，引导学生遵守学校各场景的礼仪、规则与安全。

3. 学习活动三：打造最美教室

环节一：一年级常规过关

根据学生这一个月对各方面常规、《高实文明礼仪三字口诀》的学习情况，年级组制订一年级常规过关的方案，并统一组织活动进行班级常规过关。

年级组长邀请其他年级组教师担任评委，根据常规过关评价量表进行量化打分，确定过关班级与未过关班级。对于过关的班级，学校颁发奖状予以奖励，并在公众号发布专题文章进行风采展示；对于未过关的班级，督促学生加强练习，直到过关为止。

【资料袋】

产品或表现	成功的标准	形成性评估/评估点	面向所有学习者的指导策略
一年级常规过关	1. 能根据各项常规要求规范展示，获得过关卡 2. 能熟练运用《高实文明礼仪三字口诀》	1. 根据口诀能够正确地展示常规动作 2. 各项常规日常化	1. 年段常规过关 2. 熟背《高实文明礼仪三字口诀》

环节二：美好教室过关

学校统一制订"美好教室"过关方案，各个班级根据班级特色和"美好教室"过关评分标准进行教室布置，打造班级文化。

学校组织评委组对所有班级进行"美好教室"过关量化打分，评选出过关班级与未过关班级。对于过关的班级，学校颁发奖状予以奖励，并在公众号发布专题文章进行风采展示；对于未过关的班级，重新布置再过关，直到过关为止。

【过程性评价】为完成子任务二的学习，学生开展了丰富多样的实践活动。借助任务单，逐步了解校园里的设备、设施、场馆等；通过采访，深入了解各科室的功能与作用；结合学科，充分发挥特长装扮美丽教室；利用文明礼仪口诀，将学校规则与习惯要求内化于心……在整个实践活动开展的过程中，学生主动参与、主动探究、主动学习，进而逐步融入新环境，适应新角色，培养新能力，真正成为一个快乐且充实的小学生。

子任务三："交"朋友

1. 学习活动一：如何交朋友

环节一：音乐——《找朋友》

教师播放《找朋友》，师生合作玩"找朋友"的游戏，教师引导学生跟随音乐节奏进行即兴表演，提示学生按节奏做动作，如拍手、踏脚等。引出神秘小客人，示范找到朋友的快乐动作。

学生思考：和好朋友在一起，除了拉手，还有什么动作可以让自己感到快乐。请学生尝试做一做创编的动作，并尝试把不同动作编入歌曲中，如：拍拍肩、拉拉手、笑一笑、握握手等。教师组织学生围成一个圈，教唱歌曲《找朋友》，并加入手势动作，然后组织学生成对依次到圈中间做自我介绍。

学生听音乐自由创编歌词动作进行表演，完成"找朋友"游戏。同时教师观察学生结伴情况，引导学生按节拍做动作，增加节奏感受能力，激发学生体验与同伴游戏的快乐。

环节二：语文——《欢迎台湾小朋友》

教师出示课本插图，请学生仔细观察并分享观察到的内容。引导学生将话说完整。教师根据学生的回答，出示词语卡片（小桥、流水、垂柳、桃花），请学生借助拼音读准。

师：多美的一幅图啊！在我们的祖国，有许多这样美丽的地方。其中有个美丽的宝岛，叫台湾。

教师展示中国地图，请学生找台湾岛的位置，再结合图片介绍台湾情况。播放儿歌《欢迎台湾小朋友》，教师通过对读、拍手读等方式带领学生读熟、背诵儿歌。

教师用生字卡片带学生朗读"小""桥""台"三个生字，并引导学生用图片、想象故事等方法认识这些生字。师生拍手背诵儿歌《欢迎台湾小朋友》，并简单介绍中国其他各省的名称和在地图上的位置。

环节三：道德与法治——"拉拉手，交朋友"

① 认识老师和同学

教师进行自我介绍，边说边和学生拉手，并告诉他们，这叫自我介绍。教师邀请四个学生，让他们戴着头饰上场进行自我介绍。其他学生模仿他们的样子，向班级里还不认识自己或自己不认识的同学进行自我介绍。

教师带领学生学习儿歌。学生边学习边做动作。教师播放《找朋友》，学生随机走动，找到新朋友后和他一起念儿歌做动作，成为好朋友。

② 做游戏，开心交朋友

师：大家认识了许多新朋友并成了好朋友。好朋友在一起喜欢做什么游戏呢？

教师组织学生玩"找朋友""网小鱼"等游戏，让学生互相熟悉，并在快乐的游戏中增进学生之间的友谊。

③ 红黄蓝绿大行动

学生依次上台介绍自己的兴趣爱好，教师根据学生的兴趣爱好进行分组，让相同兴趣的学生围在一起，加深对新朋友的认识。

环节四：美术——"面对面画同伴"

美术教师展示人物画，引导学生观察画作细节、分享人物特征。引导学生思考：如果要画自己的好朋友，可以怎么画，需要画哪些部分。学生互相讨论，交流自己的想法。

请学生拿出纸笔，用学过的方法画一画朋友的肖像画。完成后，学生分享画作，介绍画中的朋友，并聊一聊自己是怎么交到好朋友的。其他学生点评展示的画，教师记录并整合学生的观点。

课后，学生可以与新朋友合作，一人画出半张对方的人物肖像，共同形成一张完整的人物肖像画，并将作品展示在教室当中。

【资料袋】

2. 学习活动二：如何和朋友相处

环节一：绘本共读——《我有友情要出租》

师生阅读绘本《我有友情要出租》，教师引导学生提问：大猩猩为什么要出租友情？为什么他没有朋友？……

根据学生提问，师生展开讨论，帮助学生理解故事。

师： 你想跟大猩猩做朋友吗？为什么？帮一帮大猩猩，告诉他如何能交到朋友。

请学生当故事中的一个角色，去告诉大猩猩应该怎样交朋友。

根据学生的回答，师生戴上动物头饰，合作续编绘本故事。

环节二：语文——"口语交际：我们做朋友"

师生玩"影子"游戏，引出课题"口语交际：我们做朋友"。接着教师带领学生了解游戏的规则，明确游戏的做法：发指令的人只有一个，做动作的人可以有一个或多个。

教师先示范游戏玩法，再组织学生练习。在发游戏指令时，教师的音量逐渐增强，直至全班学生都听见，让学生直观感受用多大的音量才是合适的。在第一轮游戏之后，引导学生明白玩游戏要大声说、大胆说，游戏指令要说清楚，这样才能和朋友快乐地玩耍。

通过邀请学生上台发指令、开火车轮流发指令等形式玩游戏，培养学生敢说的勇气，增强说话的自信心。课间学生可以玩"我说你做"的游戏，学生回家后也可以和家人或朋友玩"我说你做"的游戏。

环节三：好朋友介绍会

学生准备好朋友介绍词并提前练习。班级开展"好朋友介绍会"，学生带上好朋友的肖像画，轮流上台，有条理地介绍自己的好朋友，其他学生猜测他的好朋友是谁，直到猜到为止。

猜到后，好朋友上台，两人互相握手、拥抱，教师为他们拍照留念，并将肖像画张贴在教室"好朋友"展示区。

【资料袋】

"好朋友介绍会"评价量表		
维度	介绍新星	介绍小能手	介绍大王
语言	发音标准	发音标准，声音响亮	发音标准，声音响亮，语言流畅
姿势	仪态自然，与听众有眼神交流	仪态自然，与听众有眼神交流，并能加上适当的动作	仪态自然，与听众有眼神交流，能在介绍中加上适当的动作、表情
内容	大致能介绍清楚内容	按一定顺序有条理地介绍清楚	按一定顺序有条理地介绍清楚，并能抓住人物特点

【过程性评价】随着三个子任务的开展与实施，学生学会了观察与分析，在探索校园中融入了新环境；学会了协商与合作，在常规学习中融入了学科生活；学会

了沟通与表达，在与同伴的交往中融入了新角色……聚焦核心问题，培养核心能力，既追求了学习的真实性，又实现了学习的有效性。

子任务四："游"高实

环节一：画一张校园图

学生以四人为一组，分为十组，每组派一个代表到班主任处抽取游览路线。班主任分别带领各小组走一遍路线，并引导他们记录下路线中值得画下来的内容和要点。学生以小组为单位画一张校园图，班主任与美术教师参与指导。

【资料袋】

班级	起点	终点	中间的路线
1	1号门	自己班教室	刻着校名的大石头—高实号列车—时间隧道—四号楼（大楼名字）
2	2号门		四号楼—四号楼和六号楼中的花坛—经过六号楼—柏油马路—六号楼前的广场—2号门
3	图书馆		知书院—楼梯（各个社团）—五号楼二楼小平台—三号楼长廊—三号楼和四号楼连廊
4	食堂		食堂入口—微舞台—学生作品展示墙—三号楼小书吧—四号楼
5	游乐场		游乐场—阅读书屋—五彩风车—二号楼和四号楼间的小花园—医务室和心理室—四号楼
6	操场		操场—八号楼和九号楼下的乒乓球区和羽毛球场—大榕树—银杏林—四号楼
7	二号楼演播厅		二号楼演播厅—学生和教师长廊—STM展厅—二号楼和四号楼文化连廊—四号楼
8	数字大脑		数字大脑—八号楼下阅读空间—小广场—四号楼和六号楼文化长廊—四号楼
9	足球场		足球场—农耕园—操场—五号楼前（介绍五号楼和校训）—银杏林—四号楼
10	垃圾屋		垃圾屋—柏油马路—路旁的植物和围墙外的小河—五号楼前的绿化走廊和校园理念展示区—银杏林—四号楼

环节二：制作一张邀请函

美术教师展示各类邀请函，引导学生了解邀请函的内容，如封面、标题、时间、地点、邀请词和图案设计。了解了邀请函之后，学生发挥想象和创造力，自由选择纸张、材料、颜色等进行邀请函封面与装饰的个性化创作。

创作过程中，美术教师要及时关注学生，给予适当帮助。语文教师负责引导学生完成邀请函中关于标题、时间、地点、邀请词等部分内容的书写。完成后，学生将邀请函送给爸爸妈妈，要求家长参加校园开放日活动。

环节三：写一份讲解词

学生根据小组制作的校园图和自己对校园的认识与了解，在小组内分享自己最喜欢的部分、最想向爸爸妈妈介绍的地方。通过交流，小组内成员确定自己要介绍的内容。

教师出示讲解词范本，化身讲解员，示范讲解。学生模仿教师的样子进行讲解，组内伙伴可以提供帮助或提出建议。教师实时关注学生，有问题及时进行引导帮扶。最后，由小组合作完成一份讲解词，学生再进行个性化讲解。教师一一把关，保证每个学生都完成讲解词的撰写。

范例：大家好！我是一（5）班的某某某。我们的校园可大了，有好多既美丽又好玩的地方。我特别喜欢游乐园，那里有攀爬架、有平衡桥、有五颜六色的轮胎走道和钻隧道，可好玩了！……沿着楼梯走到三楼，就可以回到我的教室一（5）班了。现在，你会走了吗？

环节四：举办一场校园开放日活动

年级组长带领年级组制订举办一场校园开放日的活动方案，班主任带领学生进行学习成果布置。活动当天，学生统一穿学校校服，和好朋友一起带爸爸妈妈游览学校，并请家长在评价单上对自己的介绍进行评价。教师及时用照片记录学生和家长游览的过程。

【资料袋】

产品或表现	成功的标准	形成性评估/评估点	面向所有学习者的指导策略
高实游园会	1. 能带着爸爸妈妈介绍高实校园5—10个不同的场所，重点介绍校园十景之一 2. 能准确说出场所的名字和功能，大方得体、有礼貌地介绍校园十景之一 3. 在游览学校的过程中遵守规则，安静、有序	家长填写的参观卡： 今天我参观了____个场所，校园十景是____ 在参观过程中，孩子值得称赞的地方有： 自信大方☆☆☆☆☆ 表达清晰☆☆☆☆☆ 遵守秩序☆☆☆☆☆	1. 进行拍摄，教师反馈 2. 小组合作完成参观路线的设计 3. 组织参观活动

【过程性评价】该课程的核心任务"办一场校园开放日活动"基于真实且融于生活的学习情境，使学生的学习与实践都是从解决真实问题出发，不再是单一的学习任务或孤立的学习活动，每个学生都在为举办一场校园开放日活动而努力。真实情境给予真实体验，真实体验解决真实问题，真正关注学生需求，解决入学适应性问题。

五、活动点评

（一）打破学科界限，提升学生核心素养

"杏娃探高实"幼小衔接跨学科主题学习区别于以往只针对学科学习或习惯培

养的幼小衔接课程，充分运用 GRASPS 工具创设真实情境和核心任务，以任务为驱动，实现全学科、全场域、全员的共同参与，冲破传统的学科边界，不再满足于书本知识的教授和单纯的知识传递，着力于挖掘可能的学习资源，拓展学生学习的广度与深度，提升了学生的核心素养。

（二）遵循整体主义课程观，有效落实幼小衔接

"杏娃探高实"幼小衔接跨学科主题学习让学生直面学习的真实情境，与幼儿园教学中的探究学习结合并巧妙衔接。遵循整体思维，强调学科基础上的整合，并融综合性和探究性为一体，弥合幼小课程间的差异，使学科知识与儿童经验相互联结。在主题活动中熟悉新环境、学习新规则、结交新朋友，这三大任务让学生自觉将学科学习与校园生活建立起紧密而生动的联系，解决了小学一年级新生的入学适应问题，真正有效落实好幼小衔接。

（三）转变教师观念，提升教师专业成长

跨学科教研完全打破了以往单科独立教研的模式，实行全学科共同教研。教师立足于学生发展，从育人的角度，以本学科为基地，主动跨界，利用、吸收其他学科的内容和方法设计跨学科主题学习，推进学科教学的整体改进，拓宽教学视野，促进了教师的专业成长。

叶子的奇妙世界

实施年级： 一年级

所跨学科： 语文、数学、英语、科学、音乐、美术

实施周期： 15 课时

设计者： 卢晓春、陈佳音、蔡慧君、邵晶晶、林丽诗、董舒月、黄仔钤

执笔人： 卢晓春

一、主题背景分析

（一）主题来源

本课例基于教科版科学教材一年级上册第一单元《周围的植物》中的《观察植物》和《给植物画张"像"》两课，构建了主题为"叶子的奇妙世界"的跨学科主

题学习，以四个子主题活动：叶之遇（搜集树叶）、叶之秘（认识树叶）、叶之变（制作树叶）和叶之趣（展示树叶）为主线，串联整个跨学科主题学习。在学习过程中，激发学生对自然世界的好奇心，丰富学生对叶子的多元认识，使学生感受叶子的形态美、变化美，不断发展学生的观察能力、动手操作能力、创新能力、想象能力、合作能力等，持续提升他们的综合能力和跨学科主题学习能力。

（二）主题概况

跨学科项目式学习"叶子的奇妙世界"与学生生活密切相关。基于新课标要求和学生实际情况，本课例将"开学了，秋天来了，如何留住秋天的美呢？"作为本项目真实驱动问题，课内外联动，融合语文、数学、科学、英语、美术、音乐等多学科相关内容，引导学生进行深入学习，多角度、多层次探讨叶子的奇妙世界。从不同角度探究叶子的不同特征和内涵，学生通过深入理解树叶的形态美，学会用树叶画展示温州人文特色，留住秋天的美。

二、学习目标

（一）活动目标

"叶子的奇妙世界"包含叶之遇、叶之秘、叶之变和叶之趣四大子任务，通过子任务的层层推进，让学生经历完整的跨学科主题学习过程，提高跨学科主题学习能力，解决并完成初始阶段的驱动性问题。

通过跨学科主题学习，有机融合各学科的知识和技能，让学生形成对叶子的综合性认识和理解。

在收集树叶、制作树叶、分享交流等活动中，学会合理地评价活动过程和作品，发展自我反思能力；能在小组合作和交流中，提高动手能力和表达能力，提升合作意识。

（二）跨学科目标

任务	学科	目标
叶之遇	科学	1. 调查一年级学生对叶子的兴趣和了解现状 2. 指导学生完成关于叶子的 KWL 工具表 3. 布置任务，按要求搜集不同种类和颜色的树叶

（续表）

任务	学科	目标
叶之秘	科学	1. 利用感官观察叶的外部形态特征，并用简单的语言进行描述 2. 通过观察，比较不同的叶，如柳叶、芭蕉叶、银杏叶等，认识到植物的叶具有相同之处（都由叶片、叶柄、叶脉组成）和不同之处
	语文	1. 通过课文《秋天》随文识字，认识"秋""气""了"等词，会写"叶""子"等字及横撇、弯钩两个笔画。会说常见树叶（银杏叶、枫叶、柳叶、芭蕉叶、桑叶、雪松叶）的名称，能书写简单的树叶名字（拼音或汉字） 2. 阅读绘本《小叶子的旅行》，引导学生感受叶子的文化美 3. 制作好书推荐卡，乐于与他人分享关于叶子的绘本
	英语	1. 学习叶子不同颜色（red，yellow，black，blue，green）的英语表达，能够在情境中使用句型"It's + 颜色. I like it."表达对叶子的喜爱 2. 能在情境中正确使用"What colour is it？ It's..."对叶子的颜色进行提问与回答
	数学	叶子的数量与分类学习，在叶子主题的情境中，引导学生对《5以内数的认识和加、减法》单元内容进行系统的学习和复习，明确各部分内容之间的联系
	音乐	学习歌曲《小树叶》，了解秋季树叶的特征，学生能创编不同动作以表现树叶飞舞的景象，深入体会树叶的文化美
叶之变	科学	认识到植物的叶由叶片、叶柄、叶脉组成，制作精美的树叶标签，展示其结构特点，乐于与他人分享
	美术	学习粘贴画的方法与步骤，引导学生选择不同形状和颜色的树叶，创作表现温州人文特色的树叶拼贴画，培养学生的思维能力和创新能力
叶之趣	语文	在树叶展上能用合适的声音和语气清楚完整地介绍树叶作品（树叶标签或者树叶画）

三、主题设计

（一）任务设计（GRASPS 工具）

任务设计元素	案例描述
目标（G）	完成《叶子的奇妙世界》手册，举办一场树叶展，展示自己的作品
角色（R）	树叶展讲解员
受众（A）	参展师生
情境（S）	秋天来了，校园里有许多落叶，你认识哪些树叶？如何留住秋天落叶的美呢？如何用落叶展示温州的人文特色呢？
成果（P）	《叶子的奇妙世界》手册，包括按要求收集的不同树叶、树叶相关绘本推荐卡、树叶标签、树叶拼贴画等
标准（S）	制作一份美观、有特色的《叶子的奇妙世界》手册。展出时，能参照手册，介绍树叶的相关信息

（二）跨学科理解

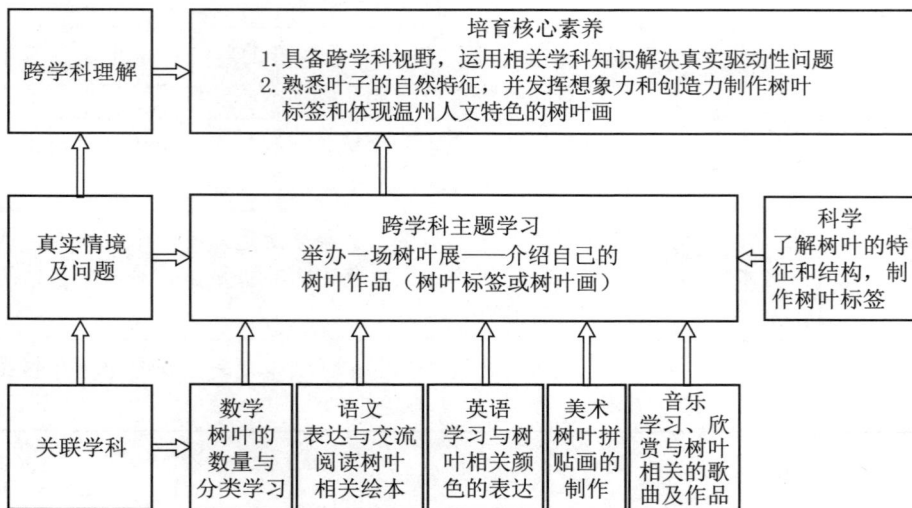

（三）子任务分解

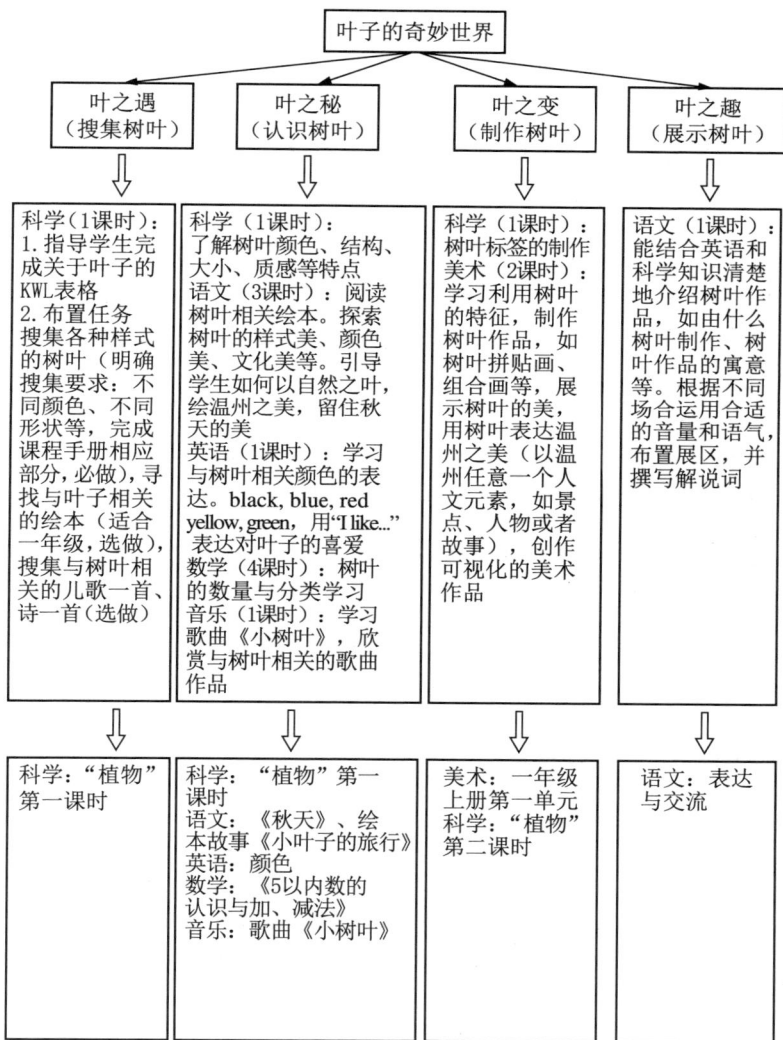

```
                        叶子的奇妙世界
        ┌──────────┬───────────┴──────────┬──────────┐
        ↓          ↓                      ↓          ↓
    叶之遇       叶之秘                 叶之变       叶之趣
  （搜集树叶）  （认识树叶）           （制作树叶） （展示树叶）
        ⇓          ⇓                      ⇓          ⇓
```

科学（1课时）： 1.指导学生完成关于叶子的KWL表格 2.布置任务搜集各种样式的树叶（明确搜集要求：不同颜色、不同形状等，完成课程手册相应部分，必做），寻找与叶子相关的绘本（适合一年级，选做），搜集与树叶相关的儿歌一首、诗一首（选做）	科学（1课时）：了解树叶颜色、结构、大小、质感等特点 语文（3课时）：阅读树叶相关绘本。探索树叶的样式美、颜色美、文化美等。引导学生如何以自然之叶，绘温州之美，留住秋天的美 英语（1课时）：学习与树叶相关颜色的表达。black, blue, red yellow, green，用"I like..."表达对叶子的喜爱 数学（4课时）：树叶的数量与分类学习 音乐（1课时）：学习歌曲《小树叶》，欣赏与树叶相关的歌曲作品	科学（1课时）：树叶标签的制作美术（2课时）：学习利用树叶的特征，制作树叶作品，如树叶拼贴画、组合画等，展示树叶的美，用树叶表达温州之美（以温州任意一个人文元素，如景点、人物或者故事），创作可视化的美术作品	语文（1课时）：能结合英语和科学知识清楚地介绍树叶作品，如由什么树叶制作、树叶作品的寓意等。根据不同场合运用合适的音量和语气，布置展区，并撰写解说词
⇓	⇓	⇓	⇓
科学："植物"第一课时	科学："植物"第一课时 语文：《秋天》、绘本故事《小叶子的旅行》 英语：颜色 数学：《5以内数的认识与加、减法》 音乐：歌曲《小树叶》	美术：一年级上册第一单元 科学："植物"第二课时	语文：表达与交流

四、学习过程

子任务一：叶之遇（搜集树叶）

本任务是"叶子的奇妙世界"的前期准备，旨在调动学生积极性，让他们主动参与跨学科活动。通过调查一年级学生对叶子的兴趣和知识储备，根据学生实际情况完善本活动的设计和实施。布置收集树叶的任务，为后续的跨学科活动奠定基础。

⬤ 学习活动："叶子的奇妙世界"跨学科课程总动员

环节一：完成 KWL 工具表

指导学生完成关于叶子的 KWL 工具表。

K（What I know）	W（What I want to know）	L（What I learned）

环节二：布置任务——收集树叶

师：你能根据叶子的图片，去收集相应的树叶吗？下面是老师提供的一些线索（线索见课程手册），我们一起来读一读吧。

师：寻找叶子的时候，我们可以通过眼睛看一看、小手摸一摸、鼻子闻一闻的方法来观察叶子。根据下面的表格，找一找、贴一贴对应的叶子。再准备一个小袋子收集叶子，每种叶子至少收集五片，如果发现其他叶子，也请一并收集，多多益善。

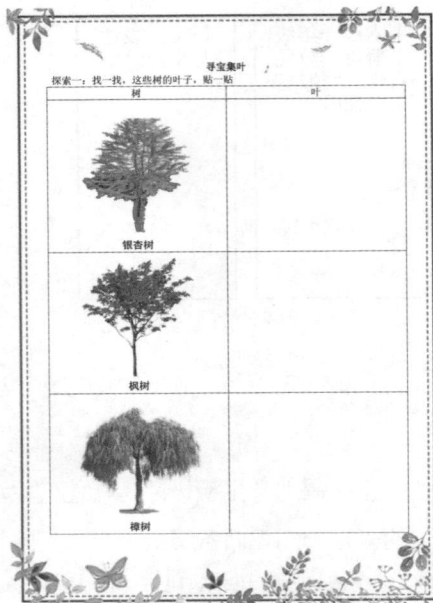

寻宝集叶

探索一：找一找，这些树的叶子，贴一贴。

树	叶
银杏树	
枫树	
榕树	

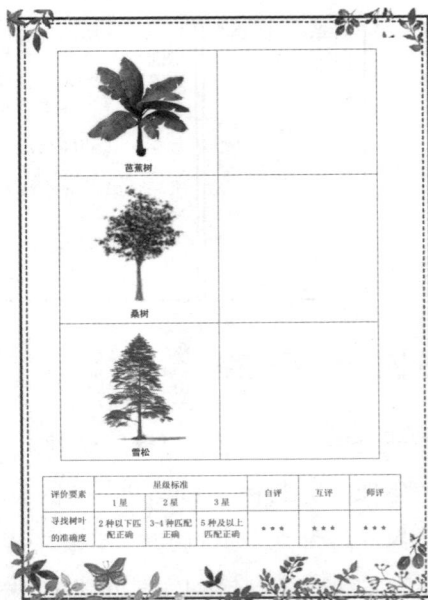

芭蕉树
桑树
雪松

评价要素	星级标准			自评	互评	师评
	1星	2星	3星			
寻找树叶的准确度	2种以下匹配正确	3~4种匹配正确	5种及以上匹配正确	☆☆☆	☆☆☆	☆☆☆

【过程性评价】该任务初步掌握了学生对叶子的了解情况，为后续开展活动提供学情基础。将学生收集的各种叶子作为后续的教学资源，为开展相应的教学活动提供可视化的教具。指向性明确、针对性强的收集要求，能引导学生有目标地观察、分析、寻找符合特征的叶子，有效激发学生参与教学活动的兴趣，形成最初的创作意识。

子任务二：叶之秘（认识树叶）

本任务通过不同学科的知识引导学生多角度、多层次探讨叶子的奇妙世界，探究叶子的不同特征和内涵。学生通过不断深入跨学科主题学习，理解叶子的形态美、文化美，形成对叶子的综合性认识和理解。

1. 学习活动一：科探寻叶

本任务旨在在教师指导下，让学生能利用感官观察叶的外部形态特征，并用简单的语言进行描述。通过观察、比较各种各样的叶，认识到植物的叶的不同之处。

师：瞧瞧谁是最博学的小小植物学家。这是什么叶?

师：看来我们班的小朋友还是很会观察的，大部分叶子的名字都知道，让我们一起来认识这些叶子。

展示常见的叶子，引导学生读一读它们的名称。

师：请拿出收集的树叶，看一看、摸一摸、闻一闻，四人一组找一找它们的不同之处。（集中指导实物观察，动手实践）

生1：它们有的大，有的小。

生2：它们的颜色不一样，有的红，有的黄……

生3：它们有的硬，有的软。

师：嗯，我们可以从颜色、形状、大小、软硬、厚薄等方面去描述这些叶子的特点。

探索二：分一分 找到的不同的叶子
观察叶的不同角度：

👁：大小、形状、颜色……

✋：软硬、薄厚、粗糙、光滑……

👃：气味……

杏蛙们，快来按照不同的分类标准把树叶粘贴起来吧！

1. 按大小分一分、贴一贴：

较大的

标准叶

较小的

2. 按颜色分一分、贴一贴：

树叶调色盘

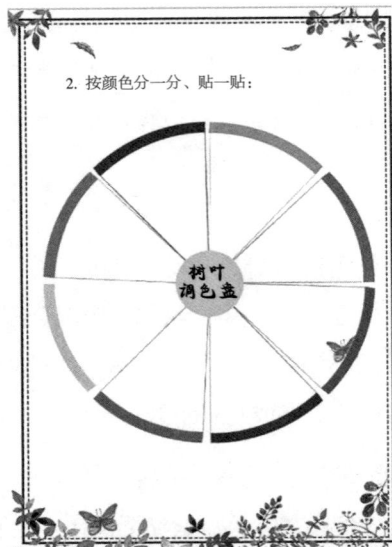

师：请拿出收集的树叶，并按要求完成下列学习单。

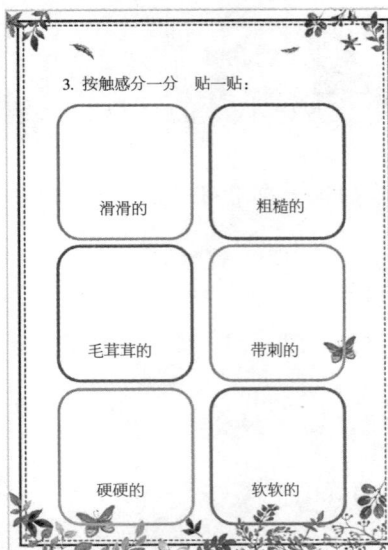

3. 按触感分一分 贴一贴：

滑滑的

粗糙的

毛茸茸的

带刺的

硬硬的

软软的

评价要素		星级标准			自评	互评	师评
		1星	2星	3星			
准确度	按大小分	未按标准匹配正确	部分匹配正确	全部匹配正确	***	***	***
	按颜色分	2种以下匹配正确	3-4种匹配正确	5种及以上匹配正确	***	***	***
	按触感分	2种以下匹配正确	3-4种匹配正确	5种及以上匹配正确	***	***	***
美观度	按大小分	作品粘贴粗糙、书面整洁有脏污	作品粘贴较整洁、干净	作品粘贴卡富、富有艺术感	***	***	***
	按颜色分	作品粘贴粗糙、书面整洁有脏污	作品粘贴较整洁、干净	作品粘贴卡富、富有艺术感	***	***	***
	按触感分	作品粘贴粗糙、书面整洁有脏污	作品粘贴较整洁、干净	作品粘贴卡富、富有艺术感	***	***	***
完整度	按大小分	作品残缺严重、有大量遗漏	作品有部分残缺、有少量遗漏	作品完整、无遗漏	***	***	***
	按颜色分	作品残缺严重、有大量遗漏	作品有部分残缺、有少量遗漏	作品完整、无遗漏	***	***	***
	按触感分	作品残缺严重、有大量遗漏	作品有部分残缺、有少量遗漏	作品完整、无遗漏	***	***	***

师：现在对照你的学习单，我们来玩一个游戏，同桌两人一组，你说我猜。一个小朋友来描述叶子的特点，另一个小朋友猜一猜是什么叶子。

【过程性评价】该任务从科学角度引导学生利用感官观察叶的外部形态特征，并用简单的语言进行描述。学生通过观察，比较各种各样的叶，认识到植物的叶的不同之处。

2. 学习活动二：秋日私"语"

环节一：回顾课文《秋天》，感知落叶

师：听，秋风起来啦！小树叶离开了妈妈，地上有许多不同颜色、形状的叶子呢！怎么留住秋天的美呢？叶子王国里藏着许多生字宝宝，你发现它们了吗？

师：聪明的小朋友们，这些生字肯定难不倒你们！请你们大声地读出来吧！运用多种形式朗读，如小组合作、同桌互读、开小火车读、男女赛读等形式。读完了生字，我们一起来写一写叶子王国里的生字吧！

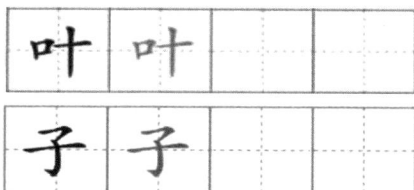

环节二：观察树叶，辨读书写

复习树叶名，学写树叶名字的拼音。

师：（展示落叶图鉴）小朋友们，你们都和哪些落叶宝宝交了朋友？给老师介绍一下你手中落叶宝宝的名字吧！

学生通过搜集到的落叶向大家介绍落叶的名称。

环节三：听叶子故事绘本，赏叶之歌谣

师：请你坐上通往叶子王国的绘本列车，一起来听听叶子王国里的故事吧！（展示绘本《小叶子的旅行》）

教师读绘本时，咬字清晰，速度慢，可以配乐朗读，让学生感受到大自然和语言的美好。

师：小叶子在旅行过程中都遇见了谁呢？请你按照顺序给下列图片标上序号吧！

○ 一群鸟

○ 稻草人

○ 鸟妈妈

○ 小鱼儿

师：叶子王国里还有许多有趣的故事，请你和爸爸妈妈一起去找一找，读一读吧！

《勇敢的叶子》　　　　　《一片幸运的叶子》　　　　　《叶子的猜想》

【过程性评价】该活动从语文的角度引导学生探索树叶的文化美。通过叶子相关字词的认读和书写，提高学生的汉字和拼音书写能力。利用叶子相关的绘本阅读，拓宽学生的眼界，引导他们深入理解叶子的内涵与意义。从形态美到文化美，不断升华，进一步加深学生对叶子的认识和探索，加强人与自然的联结，激发他们对大自然的热爱。

3. 学习活动三：Yeah, I like leaves！

环节一：情景对话，畅谈颜色

师：五颜六色的叶子真漂亮，你知道叶子的颜色用英语怎么表达吗？你喜欢什么颜色的叶子？

Let's talk

What colour is it?

It's red. I like red.

学生在上述对话情境中学习颜色（red，yellow，black，blue，green）的英语表达，能够在情境中使用句型"It's+ 颜色 . I like it."表达对叶子的喜爱。

环节二：情景故事，畅玩颜色

教师创设彩色叶子大家玩的游戏情境，组织学生以五人为一组玩游戏。主要角色有 Blue leaf、Red leaf、Green leaf、Black leaf、Yellow leaf，任一角色指向另一角色后，被指的角色需回答自己的名字。

环节三：畅涂颜色

教师给每个学生准备一张未涂色的树叶图，学生自备蜡笔或水彩笔，根据树叶图中的单词，涂上相应的颜色。教师首先出示自己的蜡笔，并说"Look，it's red. I like it."，边说边涂色，然后对学生发出指令"Show me your red leaf."。学生听到指令后，涂好色，然后展示自己的图画。

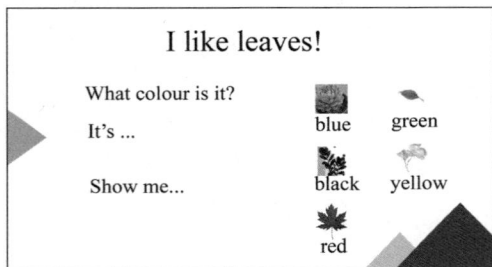

I like leaves!

What colour is it?

It's ...

Show me...

blue green

black yellow

red

【过程性评价】学生通过创编富有童趣的叶子人物对话，了解不同颜色的英语表达，表达自己对不同颜色叶子的喜爱。通过给不同颜色叶子涂色，感受玩转叶子的乐趣。活动符合一年级学生的认知水平和生活经验。

4. 学习活动四："数"叶王国

师：小朋友们，拿出你们收集的树叶，数一数你一共收集了几种树叶，每种树叶有几片。跟同桌一起把树叶分分类，比一比，说一说（如下图，供参考）。

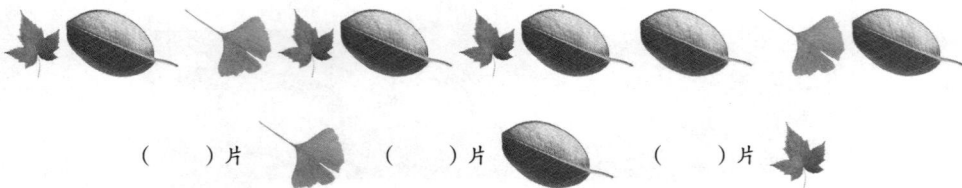

（　　）片　　　（　　）片　　　（　　）片

师：小朋友们，请看一看，填一填，用一一对应的方法，利用手上的树叶找一找加法和减法的变化规律。

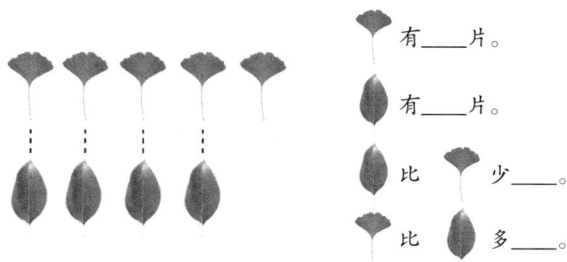

有____片。

有____片。

比　　　少____。

比　　　多____。

师：按顺序数一数，在比较的过程中理解谁比谁多或少。

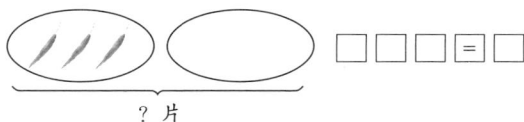

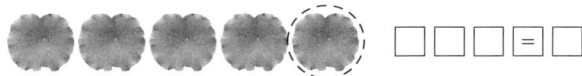

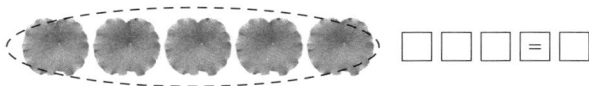

? 片

□□□□=□

? 片

□□□□=□

□□□□=□

□□□□=□

引导学生理解大括号和圈一圈的意思，以此推算计算方式。更多的叶子思维之旅，请看下方学习单。

【过程性评价】通过叶子与数学的结合，发展学生的形象思维和抽象思维。学生可以利用叶子说一说相关的数学知识，也可以利用数学工具探讨叶子中隐藏的数学思维小秘密。小小的叶子为"数学说题家"提供可视化的直观工具。

5. 学习活动五："叶"莺悠扬

【过程性评价】学生通过学习歌曲《小树叶》，了解秋季树叶的特征，通过创编不同动作表现树叶飞舞的景象，深入体会树叶的文化美、韵律美。

子任务三：叶之变（制作树叶）

本任务在认识叶子的基础上，让学生动手制作树叶标签和树叶拼贴画，培养学生的思维能力、创新能力和合作能力。制作体现温州人文特色的树叶拼贴画，培养学生浓厚的学习兴趣和高雅的审美情趣，增加对温州本土风景的了解，学会创造生活、美化生活。

1. 学习活动一：巧制树叶标签

师：仔细观察叶子，它们有什么相同的地方吗？

生：它们都有叶片。（此处学生无法说出具体名称，适当引导即可）

师：它们都有叶片、叶脉、叶柄。

教师示范画法：先勾勒叶片的形状，再画叶柄、叶脉。

师：请参考评价标准，制作一张精美的树叶标签吧！

【过程性评价】学生通过动手制作精美的树叶标签，复习巩固叶子的共同特点，提升动手操作能力。

2. 学习活动二：创作树叶拼贴画

环节一：制作作品

师：（展示叶子的图片）这些图片中都有什么呀？

生：树和树叶。

师：是呀！大树妈妈抖抖手臂，唰唰！树叶宝宝纷纷落下来，有的像蝴蝶，有的像蜻蜓，有的像小精灵，他们非常漂亮，你们知道吗？这些漂亮的树叶还会变魔术呢！你们想知道他们会变成什么吗？

师：老师看见这些这么美丽的图片也忍不住动手做了几张画。大家请看！（展示树叶拼贴画）

师：（选择其中一张范图《江心屿》）你们看到了什么？

生：古塔。

教师将古塔拆成几部分，引导学生发现树叶的形状可以拼成塔顶，加工后的形状可以做塔身。这样由几片树叶拼成的图画就是树叶拼贴画。

教师拿出一组温州人文风景图片，要求学生看看、想想树叶能摆出什么风景。学生先自由讨论，可以在白纸上画一画设想图，然后再动手制作树叶拼贴画。

第一步看树叶，观察各种形状的树叶。

第二步概括形状，想想这些树叶可以作为图画的哪些部分，如：塔的顶部、群山山峦、湖水中的小船等。

第三步摆贴平整，指导学生摆一摆，部分形状用小剪刀修剪一下。贴是粘贴画的重要一步。学生摆好后开始贴画，教师巡回辅导。

师：拼好一个建筑后，还可以想一想，周围可以添加什么场景（水、人物、天气）。

第四步添画。根据教师提供的照片进行创想，通过添画周围环境使画面更加精彩。

环节二：展示作品

学生完成作品，教师组织学生进行展示，个别学生对作品进行讲解，分享作品的内容，其他学生指出画作的优点与不足。

【过程性评价】在动手制作的过程中，学生实践了吗？做成了吗？做得怎么样？让学生的成果亮相，在师生分享、生生分享的过程中，学生会有成就感，他们会再次沉浸在叶子的奇妙世界里，感受多变的叶子带来的形态美和文化美。在学生展示自己的树叶拼贴画时，跨学科主题学习中获得的各种知识与技能融合为学生的素养，为发散思维和创造思维打下坚实的基础。

子任务四：叶之趣（展示树叶）

本任务的流程是：先在班级内讲解树叶拼贴画，再收集所有学生的作品（树叶标签和树叶拼贴画），最后确定展出方案，通过公屏展播、公众号宣传、布置现场展位等方式展出优秀作品，用时 1—2 周。

1. 学习活动一：介绍我的树叶标签和树叶拼贴画

环节一：介绍树叶标签

师：你做的是什么树叶标签呀？快来让大家看看你的树叶标签，听听你的介绍。

生：我做的是银杏叶标签，它主要由叶片、叶脉、叶柄组成。它的叶面像扇子，叶柄比较细长，秋天的时候，它会变成可爱的黄色。你看，我还用银杏叶做了树叶画呢……

环节二：介绍树叶拼贴画

师：小朋友们制作了精美的树叶作品。同学们已经等不及想要听你介绍介绍自己的树叶拼贴画啦！

教师提供学习支架，引导学生从颜色、形状、制作方法等方面介绍树叶拼贴画。

师：小朋友们，请你们以两人为一组，互相介绍树叶拼贴画吧！

师：哪位小朋友想上来介绍自己的树叶拼贴画？

句式参考：这是我的树叶拼贴画！它代表的是温州的……表示……。它由……片叶子组成，其中有……叶。你看，这是它的叶片，这是它的叶柄，这是它的叶脉……

【过程性评价】教师为学生提供介绍叶子的句式学习支架，引导学生勇敢表达和交流，进一步加深学生对叶子的认识和探索，加强人与自然的联结，激发学生对大自然的热爱。

2. 学习活动二：布展

环节一：收集作品

课程结束后，班主任收集学生作品：树叶标签和树叶拼贴画。

环节二：选出优秀学生作品

教师先在班级内展示作品并下发优秀作品量化评价表。学生以小组为单位对作品进行自评和互评，上交评价表后教师完成对作品的评价。教师根据优秀作品量化评价表的结果，在班级内选出五份树叶标签和五份树叶拼贴画作为优秀作品，参加校级展示活动。

环节三：确定展出方案

展示一：为激励学生，学校为班级选出的十份优秀作品的作者颁发校级证书，将班级优秀作品作为班级公众号文章的推送内容，展示宣传。

展示二：以班级为单位，布置树叶展，每个班级负责一棵树的布置，展示班级优秀作品。十份优秀作品的作者代表班级担任校级树叶拼贴画讲解员，现场向观众讲解自己的作品。树叶展作为学校公众号文章的推送主题，展示宣传。

展示三：将优秀作品通过拍照、扫描、视频等方式，在学校大屏幕上进行循环播放。

展示四：为进一步展示推广每班的优秀作品，经集体研究讨论后，将十个班共一百份作品拍照、扫描编辑成册，收录在《温州高铁新城实验学校 2021 级跨学科主题学习优秀树叶作品集》中。

教师将优秀作品标注清楚班级、姓名、作品名称，整理排列好后，对接广告公司排版、校对、印刷。作品集完成后，每班两本，供学生日常翻阅，在学校图书馆放十本，供全校师生借阅。

【过程性评价】通过树叶展，学生有机会自信大胆地将树叶作品介绍清楚，并能根据场合的不同，使用不同的音量和语气，既能锻炼表达能力，也能锻炼思维的条理性、发展性和独创性。从最终作品看，略显粗糙的作品和寥寥数语的解说，展示的不仅是学生对叶子的认识和理解，还包含他们对作品的思考。从评价方式看，多元、多学科、多维度的评价体系，力图正确诠释学生的设计意图和作品的内涵，充分发展学生的个体性和自主性。

五、活动点评

（一）跨学科融合，促进全面发展

本活动以跨学科主题学习为核心，基于真实问题情境："秋天来了，树叶落了，如何留住秋天的美呢？"以叶子为载体，融合语文、数学、英语、科学、美术、音乐六门学科知识，通过案例解析、实地搜集、小组讨论、自主学习、动手操作和互动交流等活动，学生学会用树叶展示温州人文特色，留住秋天的美。在整个学习过程中，学生能够综合运用所学知识和技能，促进自身全面发展。

（二）实践操作，增强体验感

活动注重学生的实践操作，学生通过亲身体验来加深对知识的理解和记忆。例如，学生亲手采集叶子、制作树叶标签、制作树叶拼贴画等过程，不仅让他们直观地感受到叶子的结构和形态美，还培养了他们的动手能力和解决问题的能力。这种"做中学"的方式，极大地提高了学生的学习兴趣和参与度。小小叶子，大大舞台，学生在本活动中，从认识树叶到实践体验再到应用创作，对叶子的观察从无意识学习到带着问题有序思考。教育在真实的情境中促进学生身心成长，从"五育"并举走向"五育"融合。

慧收纳，巧整理

实施年级： 一年级

所跨学科： 语文、数学、美术、科学、劳动

实施周期： 20 课时

设计者： 王蓉、董舒月、卢晓春、陈佳音、蔡慧君

执笔人： 董舒月

一、主题背景分析

（一）主题来源

低年级正是培养习惯的关键时期，结合学生日常表现、家长反馈，我们发现大多数学生缺少主动整理的意识，未培养好收纳整理的习惯。因此，我们以低段学生有收纳整理的需求为契机，从学生生活出发，从学生的真实需求出发，开展"慧收纳，巧整理"跨学科主题学习活动。良好的生活习惯和自我管理能力贯穿学生终身，是他们必备的素质。本次活动旨在培养学生整理意识，养成良好的自理习惯，帮助学生习得有效的收纳整理方法和技巧，提供机会让学生进行自主整理，提高动手能力，让学生在真实情境中获得综合发展，落实学生的核心素养。

（二）主题概况

"慧收纳，巧整理"跨学科主题学习活动以学生真实需求为出发点，旨在培养学生的实际动手能力和收纳整理习惯。本次活动通过"收纳标准我知道""收纳方法我会学""收纳整理我会做""收纳妙招我会说"四个任务，层层递进，环环相扣，梳理各学科的要求和课程标准，结合语文、数学、科学、劳动、美术等多学科知识，以举办一场收纳整理展为核心任务，引导学生参与调查、探索、实践、设计、制作、展示等活动，从参与者成为主导者。我们还根据每个学生的收纳整理需求，有针对性地提升学生的自主收纳整理的能力，通过团队合作培养学生的责任与担当。

二、学习目标

（一）活动目标

源于小学低段学生在生活中所产生的真实问题，围绕"慧收纳，巧整理"这一

活动，通过"收纳标准我知道""收纳方法我会学""收纳整理我会做""收纳妙招我会说"四个任务，结合多学科知识及实际操作和练习，激发学生对整理的兴趣和热情，培养他们的责任感和自律性，帮助学生形成正确的劳动观念和价值观以及实际动手能力，使学生能在收纳整理展会上展示并讲解自己的收纳整理技巧，帮助有此需求的学生学会相应技巧。

（二）跨学科目标

任务	学科	目标
收纳标准我知道	数学	能根据给定的标准或者自定标准进行分类，亲身体验在不同标准下物品分类的多样性
	美术	能根据简单的数据整理过程，运用美术知识，运用色彩搭配和相关工具绘制调查表
收纳方法我会学	数学	1. 能根据给定的标准或者自定标准进行分类，亲身体验在不同标准下物品分类的多样性 2. 能根据简单的数据整理过程，用自己喜欢的方式（文字、图示、表格等）呈现分类的结果，认识事物的相同点和不同点
	语文	1. 能通过阅读文本，归纳总结收纳整理的方法和技巧，发展学生语言文字书写能力 2. 能联系生活实际，体会收纳整理的益处，树立培养良好习惯的意识和责任心
	劳动	能在真实情境中通过劳动学习和实践，形成正确的劳动观念、良好的劳动习惯，提高劳动能力
	科学	1. 能将生活中常见物品整理分类 2. 知道物品可以按照不同标准进行分类，如用途、大小、颜色等
收纳整理我会做	劳动	1. 能学习相关收纳整理的知识并能自己收纳整理物品 2. 能在真实情境中通过劳动学习和实践，形成正确的劳动观念和良好的劳动习惯，提高劳动能力
	美术	1. 能运用学到的美术知识进行创作，使贴纸更加美观 2. 能制作美化设计贴纸，提高艺术表现能力，在参与制作、改进、展示等艺术实践活动中提升美术创意水平
收纳妙招我会说	语文	能用清晰流畅的语言在公共场合向大家介绍自己的收纳整理过程以及讲解制作的收纳整理贴士，锻炼语言组织能力和讲解能力
	美术	绘制收纳整理展的海报

三、主题设计

（一）任务设计（GRASPS 工具）

任务设计元素	案例描述
目标（G）	举办一场高实收纳整理展
角色（R）	展示者
受众（A）	有收纳需求的学生
情境（S）	高实劳动月到了，你会整理自己的书包、铅笔盒、抽屉吗？请你展示自己的收纳整理方法，必要时可制作收纳整理小贴士辅助展示
成果（P）	收纳整理贴士，包含收纳整理调查表、分类成果展示、书包减重大作战、"家"、家务小帮手、收纳整理感受和收获、我的整理计划
标准（S）	1. 作品标准：贴纸设计清晰美观，能提供有效的收纳整理技巧或流程图 2. 团队合作：小组成员合作和谐，有分工、有合作 3. 展示标准：有收纳整理贴士，有现场展示者，有现场解说员，能帮助有需求的同学学会所展示的收纳整理技巧

（二）跨学科理解

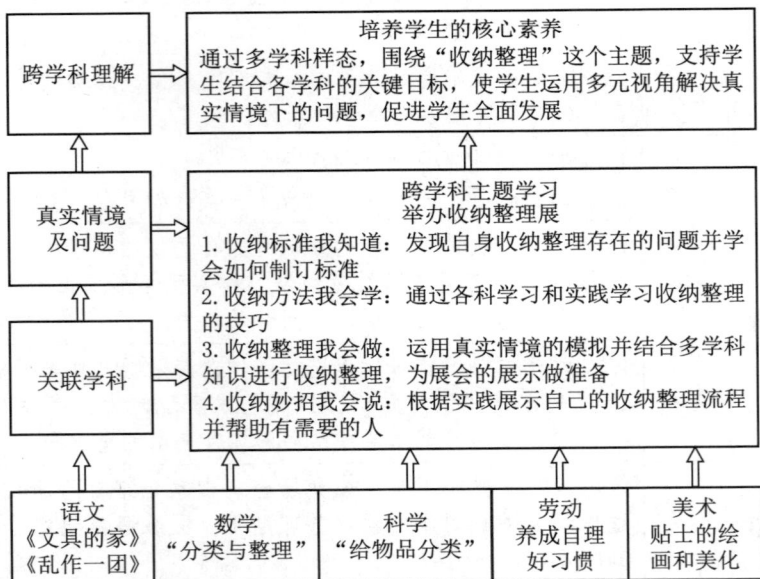

```
┌──────────┐   ┌────────────────────────────────────────┐
│ 跨学科理解 │→│        培养学生的核心素养                │
└──────────┘   │ 通过多学科样态，围绕"收纳整理"这个主题，支持学 │
      ↑        │ 生结合各学科的关键目标，使学生运用多元视角解决真 │
               │ 实情境下的问题，促进学生全面发展            │
               └────────────────────────────────────────┘
                                    ↑
┌──────────┐   ┌────────────────────────────────────────┐
│ 真实情境  │→│            跨学科主题学习                │
│ 及问题   │   │            举办收纳整理展                │
└──────────┘   │ 1.收纳标准我知道：发现自身收纳整理存在的问题并学 │
      ↑        │   会如何制订标准                        │
               │ 2.收纳方法我会学：通过各科学习和实践学习收纳整理 │
┌──────────┐   │   的技巧                              │
│ 关联学科  │→│ 3.收纳整理我会做：运用真实情境的模拟并结合多学科 │
└──────────┘   │   知识进行收纳整理，为展会的展示做准备       │
      ↑        │ 4.收纳妙招我会说：根据实践展示自己的收纳整理流程 │
               │   并帮助有需要的人                      │
               └────────────────────────────────────────┘
```

语文 《文具的家》 《乱作一团》	数学 "分类与整理"	科学 "给物品分类"	劳动 养成自理 好习惯	美术 贴士的绘 画和美化

（三）子任务分解

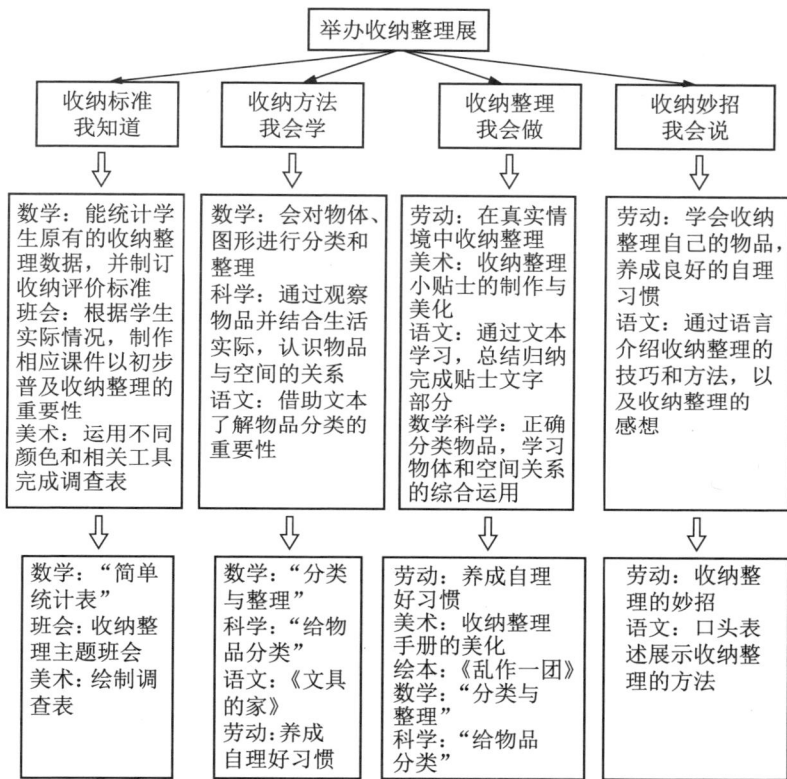

```
                        举办收纳整理展
        ┌──────────┬──────────┼──────────┬──────────┐
   收纳标准          收纳方法         收纳整理          收纳妙招
   我知道            我会学           我会做            我会说
      ↓                ↓                ↓                ↓
```

收纳标准 我知道	收纳方法 我会学	收纳整理 我会做	收纳妙招 我会说
数学：能统计学生原有的收纳整理数据，并制订收纳评价标准 班会：根据学生实际情况，制作相应课件以初步普及收纳整理的重要性 美术：运用不同颜色和相关工具完成调查表	数学：会对物体、图形进行分类和整理 科学：通过观察物品并结合生活实际，认识物品与空间的关系 语文：借助文本了解物品分类的重要性	劳动：在真实情境中收纳整理 美术：收纳整理小贴士的制作与美化 语文：通过文本学习，总结归纳完成贴士文字部分 数学科学：正确分类物品，学习物体和空间关系的综合运用	劳动：学会收纳整理自己的物品，养成良好的自理习惯 语文：通过语言介绍收纳整理的技巧和方法，以及收纳整理的感想

（↓ ↓ ↓ ↓）

数学："简单统计表" 班会：收纳整理主题班会 美术：绘制调查表	数学："分类与整理" 科学："给物品分类" 语文：《文具的家》 劳动：养成自理好习惯	劳动：养成自理好习惯 美术：收纳整理手册的美化 绘本：《乱作一团》 数学："分类与整理" 科学："给物品分类"	劳动：收纳整理的妙招 语文：口头表述展示收纳整理的方法

四、学习过程

子任务一：收纳标准我知道

本环节从学生的真实问题出发，让学生对目前收纳整理的情况进行分析和反思，为后续举办收纳整理展做准备。明确本次学习主题，学生通过对调查问卷的整理和分类，提高对数据的分类和处理的能力，引导学生初步认识收纳整理的目的。

● 学习活动：收纳整理知多少

环节一：课前调查并统计数据

教师布置前置任务，让学生观察自己物品的收纳整理情况，并填写调查问卷。学生根据之前学过的"简单的统计表"学科知识，通过小组分工合作的形式，统计处理调查问卷的数据。

实践活动一：收纳整理知多少

1. 我会整理自己的物品（书包、文具盒等）吗？（会，请你画出你的整理方法；不会，请你画出不会整理的原因）	2. 我最想知道哪种物品或区域的收纳整理方法？
	3. 有哪些可以帮助我收纳的工具呢？
	4. 请爸爸妈妈根据我平时的收纳整理情况给我评价一下吧！ ☆ ☆ ☆
	评价的原因：

环节二：明确学生需求，召开主题班会

教师通过调查问卷发现学生在收纳整理方面主要存在以下问题：太过依赖家长和教师，不会分类收纳和整理，没有掌握收纳整理的方法。针对这些问题，教师发现收纳整理需求较多区域为生活区和学习区，集中在书包、文具盒、抽屉、衣柜等区域。教师搜索相关资料，制作课件，召开主题班会，使学生初步了解收纳整理的重要性和迫切性。

环节三：小组合作，制订收纳标准

师：同学们，为了让大家对本次任务有明确的目标和方向，我们全班一起讨论制订收纳整理的标准表，包括收纳整理的区域，收纳标准和评价等。

学生通过小组交流，教师在旁协助共同制订收纳整理标准表。

项目	收纳整理标准	星级评价
书包	1. 书包外观干净清爽 2. 书包内的物品可借助工具（学科文具袋、笔袋、试卷收纳袋）分区分类分存 3. 合理利用书包内袋、外层、两侧空间	☆ ☆ ☆

（续表）

项目	收纳整理标准	星级评价
抽屉	1. 及时清理杂物，包括试卷、学生作品、水果等 2. 书本根据从小到大的顺序摆放于左侧 3. 零碎的东西放置在收纳盒中集中收纳	☆ ☆ ☆
文具盒	将铅笔、橡皮、尺子以及其他物品，根据大小正确分类并合理收纳	☆ ☆ ☆
衣物折叠	能按照正确顺序和方法折叠衣服，并妥善放置	☆ ☆ ☆

【过程性评价】此任务以学生填写的调查问卷作为教师施教的主要教学资源。引导学生对收纳整理的需求和存在的问题进行思考，并提出解决方案，再由师生一起制订相应标准，使学生在此过程中获得参与感和成就感，培养学生发现问题、解决问题的能力。

子任务二：收纳方法我会学

本环节通过具体的收纳整理学习，学生能够从多学科视角出发综合运用知识，将各学科知识迁移内化，使收纳整理的方法更高效。

1. 学习活动一：按要求分类收纳

环节一：观察物品，归纳分类方法

① 选一选

师：展示将书包整理整齐的图片，再展示一张书包里东西随意摆放的图片，将两者进行对比。请学生说一说希望哪张图片是自己的书包。

生：我选择整理整齐的书包，因为看上去整齐美观。

教师通过图片对比，使学生对整理的益处有直观感受。

② 分一分

通过课件展示的图片，激发学生的整理兴趣。教师组织学生进行小组合作，组内推选一个学生，让他将书包里的书本拿出来，放到桌面。组内交流合作，将书本按照大小分类整齐。经过讨论，并在教师的帮助下，学生将书包里的书根据大小分为 A5 和 A4 两类。

师：谁来说一说 A5 和 A4 的不同？

生：A5 和 A4 大小不同，A5 比 A4 小一些。比如我们常用的语文书、数学书是 A4 大小，而拼音本、听写本是 A5 大小。

师：是的，我们在分类时可以根据大小来分，以达到高效整理收纳的目的。

③ 想一想

教师引导学生思考：分类除了按大小分，还有什么方法。引导学生将学到的方法不断迁移内化，举一反三。

学生经过交流和讨论，加上之前的案例和平时生活经验总结出：分类可根据内容分，比如语文类、数学类和其他；还可根据颜色分，如红色、黄色、绿色等。

师：通过上述案例，我们可以知道分类的标准不同，分类的结果也不同。

④ 看一看

观看相应视频，加深印象。

环节二：运用分类的方法练习

师：无论大小、颜色还是内容，只要我们明确分类的要求，就会降低分类错误率。请你任选一种分类标准，把分类过程记录下来。

实践活动二：分类成果展示（按照分类标准）

你选择的分类标准：大小颜色同类（打√）	整理书包
你的整理过程（画一画或拍一拍）	
你还会用这种分类方法收纳整理哪些物品呢？（简要说明或者画一画）	

【过程性评价】本环节要求学生将所学知识应用到收纳整理的行动中，将书本知识和实践相结合。

2. 学习活动二：书包减重大作战

环节一：创设情境，发现问题

师：在上学的前一天晚上，小红写完作业后将书本都分类整理放入书包。可是第二天到了学校，小红却发现自己的听写本没带，她焦急地在书包里找，可是却怎么也找不到。

师：同学们，你们在生活中有没有遇到过类似的事情呢？

小组内相互交流讨论，小组成员依次回答。

环节二：科学编号，省时高效

教师播放视频：科学家在研究动植物时，会根据动植物的特征将它们分类编号，以便研究。引导学生认识到科学收纳整理的重要性。

师：同学们，科学家可以使用编号给大自然的动植物分类，我们也可以用这样的方法给自己的物品编号，这样更易于分类也不容易遗忘。

环节三：巧用课表，省力便捷

教师选取轻重不同的书包，让两个学生各背一个书包并在教室里转一圈。让其他学生当小记者采访他们的感受。

学 1：这个书包很重，被压得直不起腰来。
学 2：书包很轻，背着它走路一点都不累。

师：同学们除了可以给物品编号，还可以利用课程表安排每天要带的物品以防漏带物品。请同学们动手尝试，一起让我们的书包"瘦身"吧！请完成下面的活动记录单。

实践活动三：书包减重大作战

一、我的物品编号（画一画，拍一拍）

二、书包减重的前后对比图（拍一拍）。

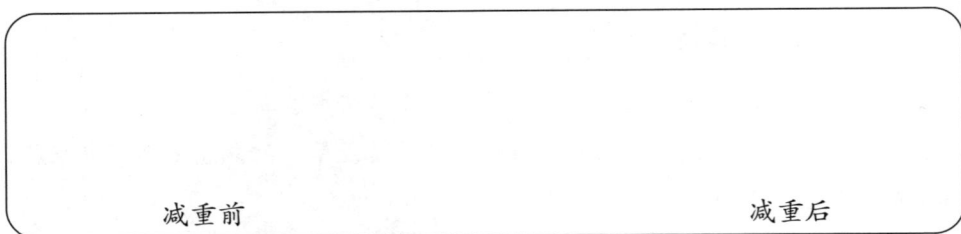

减重前　　　　　　　　　　　　　　　　减重后

三、说一说利用课程表带书以及给物品编号使书包科学减重的感受。

【过程性评价】此次实践活动使学生学会利用知识将物品编号，学会巧用课程表让书包减重，让学生减负，更利于学生科学成长。

3. 学习活动三：小工具，"慧"收纳

环节一：物品的"家"

师：我们每个人都有家，天空是小鸟的家，池塘是青蛙的家。同学们手中的铅笔的家在哪？阅读《文具的家》，一起去文中找找答案吧。

生：从文中得知，我们手中的铅笔，包括转笔刀、尺子等都是学习用品，文具的家就是铅笔盒。

通过阅读语文教材，使学生对"文具的家"产生初步概念，从而引导学生对其他物品也产生"家"的概念，培养学生利用工具收纳整理的意识。

环节二：送物品回"家"

教师播放学生利用工具收纳整理的视频，让学生通过小组讨论自主归纳其中蕴含的收纳整理要点。

师：文具的家是铅笔盒，通过视频你们可以得知，语文书本类的"家"是学科文件袋，试卷的"家"是试卷收纳袋。我们可以利用这些工具袋将物品进行分类整理并收纳。

教师将物品打乱，小组经过交流讨论将物品正确放到工具袋中才可过关。

环节三：爱护物品我能行

通读《文具的家》，引导学生发现贝贝的变化，培养学生珍惜爱护文具的意识，并教授学生爱护文具的方法。联系生活实际，将其迁移运用到其他物品管理和爱护中。

实践活动四："家"

一、找一找物品的"家"（连线）。

文具　　　　　　　　　　试卷收纳袋

学科类书本　　　　　　　学科收纳袋

试卷　　　　　　　　　　文具盒

二、你平时是怎样爱护物品的？仿照句式说一说。

我一用完铅笔，就把铅笔放回文具盒。

我一用完彩笔，就＿＿＿＿＿＿＿＿＿。

我一用完书本，就＿＿＿＿＿＿＿＿＿。

我一＿＿＿＿＿，就＿＿＿＿＿＿＿＿＿。

三、读一读，记一记。

小文具，要爱惜。

小工具，要会用。

爱物品，爱"家"园。

好孩子，你能行。

【过程性评价】此活动利用语文教材文本《文具的家》，让学生知道每个物品都有"家"。活动核心是教会学生巧用工具收纳物品，并培养学生爱护物品的习惯，唤起学生珍惜物品的意识。

4. 学习活动四：小绘本，大智慧

环节一：阅读《乱作一团》，感悟劳动不易

教师通过分享绘本，使学生明白劳动的辛苦，拓展学生收纳整理的区域，激发学生分担家务的积极性。

学生讨论交流阅读绘本的感受。

环节二：分担家务，提升自理能力

师：如果你是绘本中的人物，你会如何整理自己的房间呢？

教师提供叠衣服支架：伸伸手—左抱抱—右抱抱—弯弯腰—变一变。为加强学

生印象，教师布置叠衣服劳动任务，引导学生记录劳动过程并留下照片，分享主要步骤和感受。

实践活动五：家务小帮手（我会叠衣服）

劳动照片	
主要步骤（画一画，或写一写）	
我的感受	

子任务三：收纳整理我会做

在前面两个任务的基础上，检验学生对收纳整理方法的运用，通过真实情境的设立，使学生不断重复强化收纳知识，综合检验学生的掌握情况。

1. 学习活动一：争做整理小达人

环节一：创设情境

教师创设"整理书包谁最棒"情境，激发学生兴趣。

环节二：动员参赛

巧用比赛激励法鼓励学生自主参与整理书包活动。此活动将评选出优秀"整理小达人"，并颁发奖状，在班级和家长群中展示。

环节三：整理比赛

教师通过播放视频再现整理书包的要点和方法，亲身示范重要步骤，重点讲解学生易忽略部分。

比赛中明确分工，锻炼学生的团队合作能力，加强学生发现问题并解决问题的能力。根据评价表的总得星数判断获胜人数。

评价内容	自我评价	同学互评	教师评价
了解整理书包的方法	☆ ☆ ☆	☆ ☆ ☆	☆ ☆ ☆
会独立整理书包	☆ ☆ ☆	☆ ☆ ☆	☆ ☆ ☆
养成每天整理书包的习惯	☆ ☆ ☆	☆ ☆ ☆	☆ ☆ ☆

【过程性评价】此活动让学生将所学技巧和实践相结合，教师通过创设情境、现场示范、提炼方法，引导学生进行团队合作，将整理书包步骤细化，易于学生操作。

2. 学习活动二：利用美术知识美化贴士

环节一：展示各类贴士

教师展示各种各样的贴士，如安全贴士、行程安排贴士等。引导学生观察贴士中的图案、布局、颜色搭配等。

环节二：动手美化贴士

学生根据自己的兴趣爱好将贴士中的内容、颜色搭配等做修改和细化。

【过程性评价】制作贴士需要综合运用学科知识，还需学生自行设计插图并进行色彩搭配，这有利于提高学生的审美和实践创新能力。更重要的是，制作贴士可以将收纳整理的方法通过多种形式展现，利于学生内化知识。

子任务四：收纳妙招我会说

本任务的主要内容是对学生收纳整理行为的展示。学生将利用展会，综合展现所学收纳整理的技巧和方法，教师可以通过本任务检验学生的掌握程度。

1. 学习活动一：为展会做准备

环节一：总结收纳整理小妙招

每个人的收纳整理习惯不同，把物品收纳整齐即可。收纳整理的必备要素有：明确的分类意识、给物品编号的能力、使用工具袋的技能、积极的劳动态度、较强的动手能力等。

环节二：提供语言支架

本活动由学生合作完成，教师提供物品收纳整理流程的语言支架。

亲爱的老师和同学们：大家好！

我要分享的是（书包、文具盒、抽屉、折叠衣物）的收纳整理流程和妙招分享。

我将从以下几个方面介绍：

分类归纳；工具袋的使用；根据物品大小合理摆放。

只要你掌握了这些方法并持续运用，相信你也一定能行！

【过程性评价】此活动为收纳整理的流程展示做准备。因考虑到个人收纳整理的习惯不同，收纳整理结果整洁有序即可。由教师提供收纳整理妙招时的语言框架，可减轻学生负担，促进自我发展。

2. 学习活动二：贴士展出

环节一：进行贴士展出

教师指引学生参观、分享、交谈、评价。

环节二：以评促教

根据评价表对收纳整理进行评价，促进教与学。

评价项目	评价标准及等级描述	自评	互评	生评	师评
贴士的完整度、美观性、创新性	完整：1 星				
	美观：2 星				
	创新：3 星				
语言表达	没有介绍收纳整理妙招：1 星				
	简单介绍，没有运用收纳整理方法：2 星				
	清晰流畅地介绍某一物品的收纳整理方法，能解答观众疑问，成功教会他人方法：3 星				

3. 学习活动三：展后的反思与改进

环节一：回顾过去，展望未来

师：展会虽然结束了，但收纳整理一直在进行。通过此次活动，相信你们一定有了不少收获，也认识到自己的不足之处。

实践活动六：我的收纳整理感受与收获

一、说一说我的收获

在收纳整理过程中，我的收获是＿＿＿＿＿＿＿＿＿＿＿＿＿＿＿＿＿＿＿＿＿＿。

二、说一说我的不足

在收纳整理的过程中，我有哪里还需要改进的？＿＿＿＿＿＿＿＿＿＿＿＿＿＿。

接下来我该如何做？＿＿＿＿＿＿＿＿＿＿＿＿＿＿＿＿＿＿＿＿＿＿＿＿＿＿。

环节二：制订 21 天打卡计划

为让学生养成收纳整理习惯，让学生制订 21 天收纳整理的计划。

实践活动七：我的收纳整理计划

五、活动点评

（一）多元评价，五育并举

"慧收纳，巧整理"利用多种评价方式，不设标准答案，给予学生充分的独立思考空间，鼓励学生犯错、试错。联合数学、科学、劳动、语文等多门学科，不仅重视学科知识的学习，也重视学生品德素养、实践能力、创新思维和社会责任感的培养。尊重学生差异，通过小组评选、生生互评、教师和家长评价、活动评奖等多元评价方式推动学生成长与发展，使其成为德智体美劳全面发展的新时代中国特色社会主义接班人。

（二）真实情境，培养习惯

一切以学生为本，一切从学生的需求出发。根据学生的实际需求，通过学生对自我收纳整理现状的分析，引导学生自行思考和观察，明确学习任务。将学生的调查表作为教学资源，统领活动的开展，激发学生的内驱力，促进持续探索。在此次活动中，学生不再是参与者，而是自身学习活动的创造者。通过活动，学生提高了个人的自理能力和收纳整理的能力，促进了良好习惯的养成。

（三）聚焦素养，知行合一

"举办收纳整理展"跨学科主题学习活动分为"收纳标准我知道""收纳方法我会学""收纳整理我会做""收纳妙招我会说"四大任务，每个任务又分别细化成不同内容，层层递进，让学生达成教学目标。将书本知识和实践相结合，学生不再是行动上的矮子，而是两条腿直立行走的巨人。在此过程中，学生的语言表达、审美创新、思维逻辑等能力都得到了充分发展。学生在积极的表现性任务中获得了有意义的实践体验，真正成为学习的主人，在实践中提升了核心素养，实现多方位成长。

追风少年

实施年级： 二年级

所跨学科： 语文、数学、英语、科学、美术、道德与法治、劳动

实施周期： 12 课时

设计者： 黄雅丹、陈素素、孟优、卢红

执笔人： 黄雅丹

一、主题背景分析

（一）主题来源

"儿童散学归来早，忙趁东风放纸鸢。"风筝，是有深厚历史底蕴的首批国家非物质文化遗产之一，以其悠久的传统，成为民族文化的瑰宝。学生读着诗，对天上飞的各种各样的风筝充满向往，也对风筝产生了浓厚的兴趣。不如我们自己动手来做一做，带上成果去野外感受大自然吧。

本项目以解决"如何放好风筝"的真实问题为切入点,从学生活泼好动的特点出发,以春天时中国江南地区放风筝的传统风俗为情境,激发学生进行自主思考和探究。项目从学生对风筝的兴趣入手,学生通过查阅资料获得与风筝有关的信息,了解风筝的知识,并通过制作风筝等实践活动,开展一场特别的"追风之旅"。

(二)主题概况

本项目帮助学生了解我国古代风筝的起源和历史,丰富学生的人文情怀,让学生了解并掌握制作风筝的知识和方法,鼓励学生动手实践。项目分别安排了"筝"奇斗艳、"筝"材实料、童"筝"世界这三大任务,每个任务下设三到五个内容。这三大任务层层递进,以二年级各学科内容的相互联系和学习过程的共同特征为依据,整合语文、数学、英语、科学、道德与法治、美术、劳动等学科内容,涵盖知识、技能、领悟各个层面,让学生在进行实践和探秘风筝的同时,提升素养。

二、学习目标

(一)活动目标

学生通过学习,了解我国古代风筝的起源、简单历史,丰富学生的人文情怀,了解并掌握制作风筝的有关知识和方法。

通过上网、查阅资料等方法了解风筝的有关知识。通过自主探究、小组合作的方式探究制作风筝的基本方法,动手动脑大胆创新,创作丰富多彩的风筝作品,让学生享受到成功的喜悦。

培养探究的兴趣、团结协作的精神、喜爱中华优秀传统文化的情感和文化自信。在风筝制作过程中提高学生的创新能力和想象能力。

(二)跨学科目标

任务	学科	目标
"筝"奇斗艳	语文	1. 能够主动诵读、记录和积累课内外学到的儿歌、古诗、故事等,形成持续学习能力和自主积累的习惯,加深对中华优秀传统文化的理解和感悟 2. 通过查阅资料、上网学习等方式,初步了解我国古代风筝的起源、发展历史及其背后的文化故事,感受中华优秀传统文化的博大精深

（续表）

任务	学科	目标
"筝"材实料	数学	1. 通过掂一掂、估一估、称一称等活动，认识质量单位克和千克，初步建立1克和1千克的概念。将质量单位运用到风筝骨架制作中 2. 通过观察、操作，学生能直观认识轴对称图形，并将其创造性地运用于风筝设计中
	美术	通过自主探究、小组合作探究，能掌握风筝制作的基本技艺，勇于尝试，利用点、线、面等元素创作出多彩多姿、独一无二的风筝作品，培养学生的创新思维和想象能力
	科学	学会制作测风袋和指南针，了解风向，能够用图标记录各种天气，分析适合放风筝的天气
童"筝"世界	英语	围绕风筝主题，设计并创作出既精美又富有趣味性的英文邀请函
	道德与法治	借助视频、采访及讨论等多元教学手段，学生了解和掌握与风筝相关的传统游戏玩法，增强对传统文化的兴趣
	语文	通过日记记录个人体验与心路历程，感受成功的喜悦，培养探究精神、团队合作精神及对中华优秀传统文化的深厚情感

三、主题设计

（一）任务设计（GRASPS 工具）

任务设计元素	案例描述
目标（G）	策划风筝展
角色（R）	风筝设计师
受众（A）	参观者
情境（S）	"儿童散学归来早，忙趁东风放纸鸢。"孩子读着诗，对天上飞的各种各样的风筝充满向往，也对风筝产生了浓厚的兴趣。不如我们自己动手做一做，带上成果去野外感受大自然吧
成果（P）	测风袋、指南针、风筝折叠书、风筝、邀请函、追风日记
标准（S）	一本图文结合的折叠书 一只能成功飞上天的风筝 一张主题鲜明的英语邀请函

（二）跨学科理解

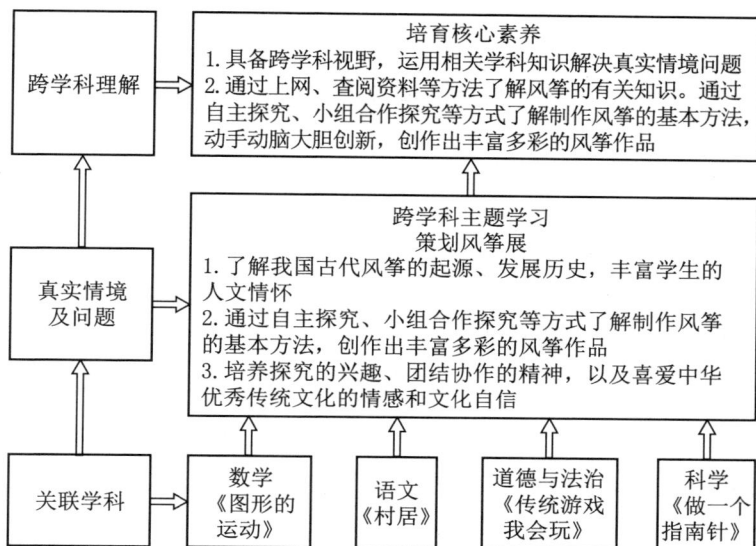

```
┌──────────┐      ┌──────────────────────────────────────────┐
│          │      │              培育核心素养                    │
│ 跨学科理解 │─────▶│ 1.具备跨学科视野，运用相关学科知识解决真实情境问题 │
│          │      │ 2.通过上网、查阅资料等方法了解风筝的有关知识。通过 │
└──────────┘      │ 自主探究、小组合作探究等方式了解制作风筝的基本方法，│
     ▲            │ 动手动脑大胆创新，创作出丰富多彩的风筝作品          │
     │            └──────────────────────────────────────────┘
     │
┌──────────┐      ┌──────────────────────────────────────────┐
│          │      │              跨学科主题学习                  │
│ 真实情境   │─────▶│              策划风筝展                      │
│ 及问题     │      │ 1.了解我国古代风筝的起源、发展历史，丰富学生的     │
│          │      │ 人文情怀                                   │
└──────────┘      │ 2.通过自主探究、小组合作探究等方式了解制作风筝     │
     ▲            │ 的基本方法，创作出丰富多彩的风筝作品             │
     │            │ 3.培养探究的兴趣、团结协作的精神，以及喜爱中华     │
     │            │ 优秀传统文化的情感和文化自信                    │
     │            └──────────────────────────────────────────┘
     │              ▲         ▲            ▲            ▲
┌──────────┐  ┌────────┐ ┌──────┐ ┌──────────┐ ┌──────────┐
│          │  │  数学   │ │ 语文  │ │道德与法治  │ │   科学    │
│ 关联学科   │─▶│《图形的  │ │《村居》│ │《传统游戏  │ │《做一个    │
│          │  │ 运动》  │ │      │ │ 我会玩》  │ │ 指南针》   │
└──────────┘  └────────┘ └──────┘ └──────────┘ └──────────┘
```

（三）子任务分解

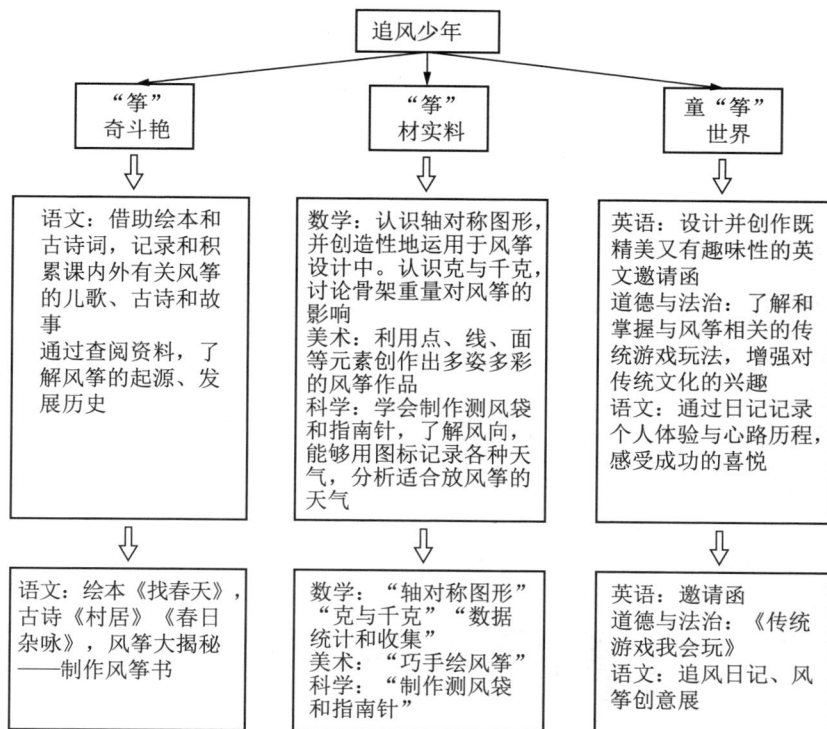

```
                        ┌──────────┐
                        │  追风少年  │
                        └──────────┘
            ┌───────────────┼───────────────┐
     ┌──────────┐     ┌──────────┐     ┌──────────┐
     │  "筝"     │     │  "筝"     │     │  童"筝"   │
     │  奇斗艳    │     │  材实料    │     │  世界     │
     └──────────┘     └──────────┘     └──────────┘
          │                │                │
```

"筝"奇斗艳	"筝"材实料	童"筝"世界
语文：借助绘本和古诗词，记录和积累课内外有关风筝的儿歌、古诗和故事 通过查阅资料，了解风筝的起源、发展历史	数学：认识轴对称图形，并创造性地运用于风筝设计中。认识克与千克，讨论骨架重量对风筝的影响 美术：利用点、线、面等元素创作出多姿多彩的风筝作品 科学：学会制作测风袋和指南针，了解风向，能够用图标记录各种天气，分析适合放风筝的天气	英语：设计并创作既精美又有趣味性的英文邀请函 道德与法治：了解和掌握与风筝相关的传统游戏玩法，增强对传统文化的兴趣 语文：通过日记记录个人体验与心路历程，感受成功的喜悦
语文：绘本《找春天》，古诗《村居》《春日杂咏》，风筝大揭秘——制作风筝书	数学："轴对称图形""克与千克""数据统计和收集" 美术："巧手绘风筝" 科学："制作测风袋和指南针"	英语：邀请函 道德与法治：《传统游戏我会玩》 语文：追风日记、风筝创意展

四、学习过程

子任务一："筝"奇斗艳

本任务主要目的是让学生初步了解我国古代风筝的起源、发展历史及其背后的文化故事，感受中华传统文化的博大精深。

1. 学习活动一：绘本遇风筝

环节一：课前导入

教师展示春天的图片和风筝的图片，激发学生兴趣。

学生分享关于春天放风筝的简短的小故事。

引起学生对春天和放风筝的兴趣；通过提问和分享，激活学生的相关背景知识。

环节二：绘本阅读

教师带领学生阅读绘本《放风筝》，指导学生观察画面细节。

教师讲解风筝的样式：沙燕风筝、龙形风筝、金鱼风筝等。

教师讲述风筝的制作过程：扎、糊、绘、放。

通过绘本阅读，让学生直观感受放风筝的乐趣；学习风筝的样式，了解风筝的文化内涵；了解风筝的制作过程，培养动手能力。

环节三：讨论分享

将学生分成小组，小组讨论绘本中提到了哪些风筝种类，各种类有何不同的特点。

引导学生讨论传统风筝的四种技艺及特点。

学生根据讨论结果，完成《绘本遇风筝》实践单。巩固学生对风筝样式和制作过程的理解，培养学生的语言表达能力和创造力。

《绘本遇风筝》实践单

绘本中提到了哪些风筝种类？

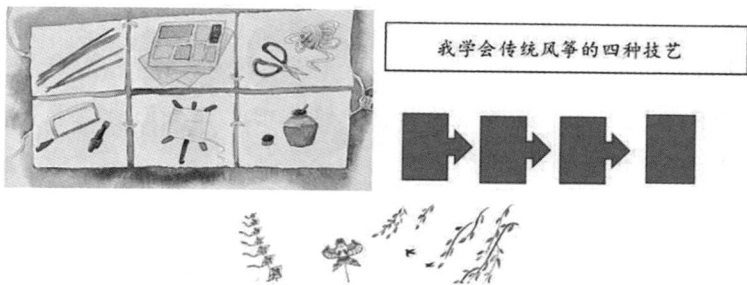

【过程性评价】二年级学生对风筝这一中华优秀传统文化的了解还不够深入，需要通过拓展学习补充。本活动通过绘本阅读，帮助学生了解风筝的种类、制作技艺等，引导学生积极参与课堂讨论和小组活动，培养其自主学习能力和合作能力。

2. 学习活动二：诗意寻风筝

环节一：激趣导入

在二三月间，公园里、学校中，到处都是春暖花开的景象。今天，老师还想带大家到古诗中去找一找春天的使者——风筝呢！

环节二：自读古诗

请大家自由读古诗《村居》《春日杂咏》，用自身的学习符号标注应重点注意的地方，如不认识的字、不懂的词、难写的字等。

师：大家瞧，这么多的风筝多美呀，你能将它们放飞得更高吗？（指名认读生字）

学生开展自学，想一想用什么方法记住字形。

环节三：品悟古诗

草长莺飞二月天，拂堤杨柳醉春烟。

师：早春二月的小山村是冰冷沉静的吗？它有怎样的美景？自由读读古诗，你会有很多的发现。

师：瞧，草儿吐出嫩绿的新芽，黄莺也飞来快乐地歌唱，河堤上的杨柳也陶醉在这迷人的春色中，在春风的吹拂下轻轻柔柔的。我们的小山村变成了一个充满生命力的世界。想配合这美丽的画面再来读读吗？

儿童散学归来早,忙趁东风放纸鸢。

师:这么好的春光,你想做些什么呢?(指名说)

师:想不想加入他们放风筝的队伍?这样吧,让我们一边放飞心爱的纸鸢,一边用诗歌表达自身的心情。

环节四:春日诗画我来绘

今天我们走进了美丽的春日,放飞了漂亮的风筝。请大家搜集有关纸鸢的诗句,体会古人笔下的诗情画意吧。

《诗意寻风筝》实践单

胸中有文墨　提笔绘春天

作业来源:部编版语文二年级下册第一单元第1课《古诗二首》(二选一)　　　完成者:二(1)班

书写	诗配画	写诗意 悟诗情
	请你画一画诗中的景吧!	读完这首古诗我仿佛看到了:

【过程性评价】纸鸢是中华传统文化的重要组成部分。学生从古人笔下的诗词中感受放飞风筝的乐趣,培养学生喜爱中华优秀传统文化的情感和文化自信。

3. 学习活动三:风筝大揭秘

环节一:激趣导入

使用多媒体展示一系列色彩斑斓、形态各异的风筝图片,配以轻柔的音乐,营造轻松愉悦的课堂氛围。

引导学生闭上眼睛，想象自己置身于广阔的田野或海边，手持风筝线，迎着风奔跑，风筝在蓝天白云间自由翱翔。

环节二：风筝揭秘

① 风筝的由来

详细介绍风筝的起源，强调其在中国古代作为军事信号、祭祀仪式和民间娱乐工具的重要性。

讲述具有代表性的风筝起源故事，如墨翟制造木鸟飞天的传说。

告知风筝在不同文化中的象征意义，如自由、梦想、希望等，引导学生思考风筝的文化内涵。

② 风筝的种类

展示更多种类的风筝图片，如软翅风筝（如蝴蝶、燕子）、硬翅风筝（如老鹰、金鱼）、串式风筝（如蜈蚣）、板式风筝（如脸谱、几何图形）等。

每种风筝都配以简短的视频或动画，展示其飞行时的风采，同时讲解其特点和用途。

③ 风筝的外形

深入解析风筝的外形结构，包括骨架的材质与构造、蒙面的材料选择、尾巴的作用等。

利用简单的物理原理，如对称性、空气动力学等，解释风筝为何能够飞翔，并引导学生思考如何通过设计改进风筝的飞行性能。

环节三：分组讨论

将学生分成小组，每组选择一种风筝进行深入探讨，讨论其历史背景、制作工艺、飞行特点等。

鼓励学生利用网络资源或图书馆资料，丰富讨论内容。

设计一系列关于风筝的趣味问题，如"风筝为什么需要尾巴？""哪种风筝最适合在海边放飞？"等，通过抢答或轮流回答的方式，让学生在互动中加深对风筝知识的理解。

风筝大揭秘任务单

班级: _____ 姓名: _____ 学号: _____

一、风筝的历史与文化（先了解，再记下来）

1. 风筝的起源与发展。（请家长帮忙查一查，建议在知乎、哔哩哔哩等平台搜索，也可以运用文心一言、通义千问、讯飞星火等 AI 工具辅助）

二、风筝的种类与外形（搜集了一堆资料，自己来总结一下吧）

1. 列举你查询到的所有风筝类型，并配图。（自己完成）

风筝类型：	风筝外形（图画）：

2. 你觉得一个风筝必须要有的结构是什么？（有哪些组成部分，这个你来自己完成，不需要家长帮忙）

3. 你觉得还有哪些问题值得研究？有哪些环节很关键？全部列出来，咱们上课再研究。

问题一：
问题二：

【过程性评价】本活动旨在通过探索风筝这一传统文化元素，丰富学生的自然科学知识，加深学生对中国及世界文明多样性的理解和尊重。通过小组讨论和互动问答等多种教学方式，培养学生的观察力、思考力、团队合作能力和文化素养。

子任务二："筝"材实料

本任务旨在引导学生通过上网、查阅资料等方法了解风筝的有关知识。学生通过自主探究、小组合作探究等方式了解制作风筝的基本方法，动手动脑大胆创新，创作出丰富多彩的风筝作品，让学生享受到成功的喜悦。

1. 学习活动一：风筝设计师

环节一：创设情境，引入新知

① 谈话引入

教师与学生谈论生活中喜欢玩的项目，如放风筝，并出示风筝的图片或实物，引导学生观察风筝的形状。

② 引出对称

师：同学们，你们发现这些风筝有什么共同的特点吗？

引导学生发现风筝的左右两边是对称的，从而引出轴对称图形的概念。

环节二：合作探究，学习新知

① 观察图形，认识对称

教师展示几幅轴对称图形，引导学生观察并感悟对称。

师：这些图形对折后，两边能完全重合吗？为什么？

学生讨论并回答，教师总结轴对称图形的特征。

② 动手操作，认识轴对称图形

猜一猜：教师出示几幅轴对称风筝图案，让学生猜这些图案是如何设计出来的。

动手操作：教师示范用彩色卡纸剪出一个轴对称风筝图案的方法（折一折、画一画、剪一剪）。

学生动手剪出自己喜欢的轴对称风筝图案，并在剪的过程中感受轴对称图形的特点。

学生交流并展示作品，教师点评并强调对称轴的重要性。

③ 认识对称轴

教师引导学生观察风筝图案中的对称轴，并解释对称轴的概念。

学生尝试在自己的风筝图案上画出对称轴，并互相交流画法。

环节三：巩固练习，拓展提升

驱动型任务单

任务一：折一折、剪一剪，创造一个轴对称图形。

任务二：小组合作，运用轴对称特征设计一款风筝。

① 基础练习

教师展示一些轴对称图形的图片，让学生判断这些图形是否是轴对称图形，并指出其对称轴。

② 拓展练习

学生尝试设计并剪出更多复杂的轴对称风筝图案，如带有图案装饰的风筝等。

③ 展示评价

学生展示自己的作品，并介绍设计思路和制作过程。教师和其他学生给予评价和建议。

【过程性评价】本活动通过观察、讨论、动手操作等多种方式，让学生充分体验轴对称图形的特点和对称轴的概念，学生能通过动手操作设计出简单的轴对称风筝图案。在教学过程中，教师注重培养学生的观察能力和动手制作能力。

2. 学习活动二：巧手绘风筝

环节一：风筝的简史

师：风筝被认为是人类最早的飞行器，它起源于中国。你们猜一猜，风筝至今已有多少年的历史了？

最早的风筝是墨子做出来的。他曾费时三年，以木头为材料制作了被称为"木鸢"的风筝。它最初并非用于娱乐，而是用来传递书信的。

环节二：设计绘制风筝

① 教师示范风筝工艺和设计

• 演示讲解，示范风筝的设计方式。

• 黑板上展示范图。

• 教师示范步骤，重点讲解风筝的外形设计。

画外形——要求构思简单巧妙。

剪轮廓——对折剪（从闭口边画后剪）。

添图案——可以用点、线、面或具有装饰美的图案。

涂色彩——要鲜艳，使之远眺清楚，近看真实。

② 学生设计风筝图案

感受风筝的美，它不仅是对生活中动植物等的模仿，更是对生活中事物的提炼、美化。每个同学设计一个简单的风筝图样并剪下来。（出示风筝外形参考图，图案资料）

注意：外形设计要左右对称；整体设计要简洁明了；图案要具有装饰性，并具有春天景色的特征；色彩要鲜艳。

学生设计时，教师可以展示风筝的图片、播放关于风筝的音乐。

环节三：春意盎然，放飞风筝——玩风筝（评价及展览）

"放风筝"，民乐响，在欢快的气氛中，学生将绘制完的风筝"放飞蓝天"。

学生互相说各自的风筝的特点，让风筝带去一个理想、一个希望、一个愿望。

学生自评，互评今天的收获。

【过程性评价】本活动引导学生绘制风筝并掌握风筝绘制的基本原理，开发学生的创意设计思维。在本活动的学习中，学生能运用对比与和谐、对称与均衡的原理绘制风筝，掌握风筝的绘制技巧。

3. 学习活动三：制作风筝骨架

环节一：故事引入

讲述一个关于风筝的故事，引导学生进入风筝的世界，激发学习兴趣。

问题提出：风筝为什么能飞上天？风筝的骨架起什么作用？

环节二：认识克与千克

直观感受：展示不同质量的物品（如硬币、小夹子、小包装食品等），让学生掂一掂实物，感受不同物品的质量。

单位介绍：介绍质量单位克和千克，以及它们之间的换算关系（1 千克 =1000 克）。

实践操作：使用秤演示如何测量物品的质量，让学生分组尝试测量一些小物品的质量。

环节三：制作风筝骨架

① 完成任务单

驱动型任务单

任务一：基础的风筝骨架需要怎样的结构？小组交流。

任务二：称一称塑料棒和小木棒，选择合适的材料制作骨架。

② 质量控制

质量估算：引导学生估算自己制作的风筝骨架的质量，并讨论如何控制质量以提高飞行性能。

质量测量：有兴趣的学生可以使用秤测量骨架的实际质量，并与估算值进行对比。

环节四：展示与评价

作品展示：各小组展示自己的风筝骨架作品，并介绍制作过程中的经验和体会。

评价反馈：教师和其他学生对作品进行评价，关注骨架的稳定性、质量控制等方面。

【过程性评价】本活动旨在带领学生认识质量单位克和千克，了解风筝骨架的制作方法；初步建立1克和1千克的质量观念，并在制作过程中准确控制风筝骨架的质量，培养学生的动手能力、创新思维和团队合作精神。

4. 学习活动四：设计制作指南针

环节一：聚焦

师：你知道我国古代的四大发明是哪些吗？

生：造纸术、印刷术、火药和指南针。

（资料：指南针是我国古代四大发明之一。早在2000年前，我国就出现了"司南"，900多年前，我国海船已使用指南针导航。）

师：通过这段文字，你能知道指南针在航海过程中的作用吗？

由此引出：指南针是利用磁铁指示方向的仪器。（回顾磁铁的性质）

师：（手拿现代的指南针）可指南针并不是一发明就长成这样，谁能看图讲一讲指南针是怎样演变到现在这个样子的？

生：……（观看图片，简单描述）

师：水浮式指南针由磁针和灯草两部分组成。今天用这些材料，和同学一起制作水浮式指南针。

环节二：探索

① 准备实验材料

学生以四人为一个小组，每个小组有一个指南针、一根未被磁化的钢针、一张大小合适的菱形的吹塑纸（或者一个泡沫块）、一个小水槽、一块条形磁铁。强调：钢针的头很尖，使用时一定要注意安全。

② 制作过程

制作磁针、检验效果、安装磁针、指示方向、标注磁针的磁极。

环节三：研讨

师：今天我们做了一个水浮式指南针，同学们有没有觉得哪里可以改进呢？

预设：可以增加一个外壳；可以让容器更大一点；可以在盒子上标上东南西北的四个方位，方便使用……

设计制作指南针

姓名：	班级：	日期：

1. 作品名称：□水浮式指南针　　□悬挂式指南针

2. 功能：指示南北方向

3. 材料：

_____

4. 设计图：

（续表）

5. 创新点：

6. 反思改进：

7. 其他说明：

师：除了今天的方法，还可以怎么做指南针？（出示课件：立式、悬挂式、其他水浮式）

【过程性评价】本活动旨在引导学生利用磁铁磁化钢针，以制成磁针，学生能借助指南针确定并标注磁针的南北极。在制作水浮式指南针及效果检测的过程中，表现出耐心、细致的科学态度。

5. 学习活动五：风筝与天气

环节一：情境导入

播放一段关于风筝在蓝天白云下自由飞翔的视频，引导学生进入风筝与天气的主题。

提出问题：什么样的天气最适合放风筝？为什么？

环节二：探究新知

① 认识天气

展示天气图标卡片，让学生识别并说出每种天气的名称。讨论不同天气对人们活动的影响，特别是放风筝。

② 数据收集

分组讨论：每组选择一个时间段（如一周内），记录每天的天气情况和放风筝的适宜性（适宜、不适宜、一般）。

使用记录本或统计表进行记录，确保数据的准确性和完整性。

③ 数据整理

引导学生将收集的数据整理成统计表或统计图（如条形图、饼图）。强调数据的分类、排序和汇总过程。

环节三：数据分析与讨论

驱动型任务单

任务一：认识交流各种天气图标。

符号	含义	符号	含义	符号	含义
	晴		多云		阴天
	小雨		中雨		大雨
	暴雨		大暴雨		特大暴雨
	雷阵雨		雷电		冰雹
	轻雾		雾		霾
	雨夹雪		小雪		中雪
	大雪		暴雪		大暴雪

任务二：制作一张 4 月份天气统计表。讨论温州 4 月份天气的特点。

观察统计结果：引导学生观察统计表或统计图，发现不同天气条件下放风筝的适宜性规律。

提出问题：根据统计结果，哪种天气最适合放风筝？为什么？

小组讨论：学生分组讨论，提出自己的见解和理由。

全班分享：各组派代表分享讨论结果，教师进行总结和点评。

【过程性评价】本活动旨在引导学生掌握数据统计的基本方法，还能将所学知识应用于实际生活中，提高解决问题的能力。同时，通过风筝与天气的结合，激发学生对自然科学的兴趣，培养探索精神。

子任务三：童"筝"世界

本任务旨在鼓励学生创新设计并放飞风筝，通过日记记录个人体验与心路历程，感受成功的喜悦，培养探究精神、团队合作精神及对中华优秀传统文化的深厚情感。

1. 学习活动一：Kite Festival Invitation

环节一：Warming-up

Greetings.

Sing a song: Fly a kite.

Pair work: Discuss the kite that you like in the screen.

Talk about the colour and the shape: I like that kite. It is triangle and red.

环节二：Lead in the background

T: Let's fly a kite, but who are you going to play with ?

Show the invitation.

Teach the outline of the invitation.

Read the invitation.

环节三：Practice

Divide students into groups and have each group design their own invitation letter.

Inviting classmates to fly kites together. Encourage students to be creative and use their own ideas in the design.

Kite Festival Invitation

Dear friends,
　　It's warm and windy today.Let's fly a kite!
Time:　At 12:00 today
Place: At the playground
　　I hope I'll see you there!

　　　　　　　　　　From your friend,

【过程性评价】本活动帮助学生理解邀请函的基本结构，引导学生用简单的英语词汇描述风筝的形状、颜色、大小等特点，培养学生的创造力和想象力，鼓励他们设计独特、有趣的邀请函，激发学生的学习兴趣并提升他们的表达能力。

2. 学习活动二：传统游戏我会玩

环节一：传统游戏知多少

师：你知道哪些传统游戏呢？一起来说说看吧！

预设：放风筝、弹弓、跳房子、拈石子、滚铁环。

① 小组讨论

这些传统游戏你玩过吗？你喜欢传统游戏吗？

童年时许多代代相传的传统游戏深受大家喜爱。你知道这些传统游戏为什么能流传至今吗？

② 总结

传统游戏能够流传至今，是因为它健康有趣，既能锻炼反应能力、体能，又能开发智力，为儿童生活带来了说不尽的乐趣，深受儿童喜爱。

环节二：传统游戏一起玩

中国的传统游戏真不少，请你体验一款传统游戏并分享心得。学生小组讨论哪种游戏最受欢迎。

环节三：我是"安全侦探员"

师：传统游戏健康有趣，之前我们制作了风筝，今天我们一起来放风筝！
播放视频《风筝的由来》。

小结：原来小小的风筝传承这么多传统文化呀！

告知户外放风筝注意事项。

师：你们喜欢放风筝吗？知道在放风筝时要注意哪些事项吗？

师：要选择什么样的场地放风筝？很窄的街道或者人群拥挤的地方可以吗？上空有很多电线的场地可以吗？坑坑洼洼的场地或者山上可以吗？

小结：放风筝要选择安全的场地，开阔平坦，没有树木、路灯和电线等障碍物的场地比较安全，比如广场或者公园的草地。

《传统游戏我会玩》活动任务单

活动一：传统游戏大搜罗

利用课余时间，我们通过询问长辈了解每种游戏的起源、玩法及规则。

1. 四人小组组内分享。

2. 请一个同学上台分享（可以结合简短的 PPT 或海报）。

活动二：传统游戏一起玩

中国的传统游戏真不少，请你选择一个游戏站点，体验一种传统游戏，体验完以后请你分享心得，和同伴讨论：哪种游戏最受欢迎？为什么？在游戏过程中你学到了什么？

1. 选一个传统游戏体验并记录成绩（体验完回到原组位置）。

2. 分享自己的心得。

活动三：我是"安全侦探员"

在户外放风筝需要注意什么安全问题呢？

请结合自己放风筝的经历和他人的经验来谈一谈。

1. 组内讨论思考。

2. 分享经验。

3. 学唱放风筝安全儿歌。

完成活动单后，请学生给自己评评星。

我了解	游戏名称	☆
	游戏玩法	
我会玩	安全文明	☆☆☆
	遵守规则	
	掌握技巧	
我愿玩	收获快乐	☆☆☆☆☆
	强身健体	
	创新玩法	

【过程性评价】本环节旨在帮助学生建立安全文明地游戏和放风筝的意识，培养他们的良好行为习惯和社会责任感。

3. 学习活动三：追风日记

环节一：快乐导入，明确学习要求

① 谈话交流

师：同学们，上次我们举办的"追风少年"活动，大家都体验了一回放风筝的乐趣，还记得当时的情景吗？

学生自由交流，分享放风筝的趣事。

② 导入课题

师：（配乐）阳春三月，正是草长莺飞、杨柳拂堤的季节，正是放风筝的好时节。你们是怎样放风筝的？放风筝时的心情如何？今天，我们就来写写有关放风筝的文章。

③ 明确学习要求

请学生自由大声朗读本次习作要求，明确要写的内容（看到的、听到的、想到的）。

环节二：初读范文，初学日记

① 初读范文，感受乐趣

呈现一篇同龄学生写的放风筝日记，引导学生阅读。

交流：风筝放成功了吗？你觉得这篇文章有趣吗？为什么？

学生发言，教师评议并小结写日记的重要性与乐趣。

② 再读范文，学写格式

• 格式教学

学生快速浏览例文，找出日记与作文的区别。

教师强调日记格式：第一行写日期、星期、天气，正文开头空两格。

教师示范并指导学生在作文纸上和条纹纸上书写日期和天气，注意美观。

• 再读体会

学生再次阅读例文，画出觉得有趣的地方，并思考为什么这样写就有趣。

• 小组交流讨论，分享体会

• 指名分享，教师点评

引导学生关注动作描写、风筝状态、心情表达等细节。

环节三：根据所学，仿写日记

① 回忆经历

引导学生闭上眼睛，回忆一天的所见所闻所感，特别是放风筝的经过。

② 提炼题材

明确本次习作主题为"放风筝"。

③ 讨论内容

同桌讨论：可以写放风筝的哪些内容?（心情、准备、过程、收获等）

提示学生多问几个问题，并逐一回答清楚，以确保内容丰富。

④ 指导写作

分段指导：放风筝前、放风筝时、放风筝后。

强调：怎么想怎么写，怎么说怎么写，怎么做怎么写。

⑤ 师生评议，提供反馈

⑥ 学生练写

学生开始撰写日记，教师巡回指导，提供词语和拼音支持。

环节四：写好草稿，指导互改

追风日记

"儿童散学归来早，忙趁东风放纸鸢。"在这放风筝的好时节里，我们享受着风筝带来的快乐！现在，快拿起笔，按一定的顺序，把你放风筝的过程和心情写下来吧！

_____

_____

_____

_____

【过程性评价】本活动为学生提供了丰富的写作素材和情感体验，通过写话训练，可以进一步培养学生的语言表达能力、想象力和创造力。

4. 学习活动四：策划风筝展

环节一：导入

通过展示学生制作的风筝，激发学生兴趣。简要介绍策划风筝展的意义和目的。

展示成功的风筝展案例，分析其设计亮点和成功要素，启发学生思考。

环节二：小组讨论与方案设计

① 确定小组目标

设计一个有特色、有吸引力的风筝展。

② 讨论内容

包括展览主题、展区布局、风筝选择与展示方式、互动环节、宣传策略等。

③ 方案设计

各组根据讨论结果，绘制风筝展设计方案草图或使用文字详细描述。

强调创意和实用性，考虑如何吸引观众、传递文化信息和提升参与感。

创意风筝展

小组名称：＿＿＿＿＿＿＿

小组成员：＿＿＿＿＿＿＿

展览主题：＿＿＿＿＿＿＿

展区布局：＿＿＿＿＿＿＿

展示方式：＿＿＿＿＿＿＿

设计草图：

设计亮点说明：＿＿＿＿＿＿＿＿＿＿＿＿＿＿＿＿＿＿＿＿

环节三：方案交流与优化

① 方案展示

每组选派代表上台展示本组的设计方案，讲解设计理念和亮点。其他小组成员认真聆听，记录亮点和待改进之处。

② 反馈交流

教师和其他小组成员对展示的方案进行点评，提出建设性意见。鼓励小组间相互学习，借鉴优秀的设计元素，同时保持自身特色。

③ 方案优化

各小组根据反馈意见，对设计方案进行调整和优化。

【过程性评价】本活动旨在通过小组合作，让学生能规划并实施风筝展的设计方案，锻炼其团队合作能力、创新思维能力和项目管理能力，引导学生欣赏和尊重他人的劳动成果，增强班级凝聚力。

五、活动点评

（一）主题驱动，促学科融合

"追风少年"成功地将语文、美术、数学、科学、道德与法治、劳动等多门学科融合在一起，形成了知识互补、相互促进的良好局面。学生在制作风筝的过程中，既需要运用美术技能绘制图案，又需要运用数学知识计算风筝的比例和稳定性。在放飞风筝时，学生还需要建立安全文明地游戏和放风筝的意识。这种跨学科的学习方式，不仅加深了学生对各学科知识的理解，还培养了他们的综合运用能力。

（二）注重体验，知行合一做中学

"追风少年"设计了丰富多彩的实践环节，如风筝制作、放飞比赛、创意风筝展等，让学生能在动手实践中学习新知、体验乐趣。这种以学生为中心的教学模式，不仅提高了学生的参与度，还让他们在实践中获得了成就感和自信心。

（三）文化传承与创新并重

风筝作为中华优秀传统文化的代表之一，"追风少年"在传承其历史文化价值的同时，也鼓励学生进行创新和设计。学生在保留传统元素的基础上，融入现代审美和创意，制作出了各具特色的风筝作品。这种文化传承与创新并重的理念，不仅让学生更加珍视中华优秀传统文化，还激发了他们的创新意识和创造力。

"源"来如此

实施年级： 三年级

所跨学科： 科学、数学、语文、美术

实施周期： 10 课时

设计者： 潘海兰、陈聪聪、管方方、林宇佳、姜维、陈安涵、李嬉嬉、陈鑫淼、林燕华、孟优、郑莺莺、谢忠如、肖扬、李逸

执笔人： 潘海兰、陈安涵、王蓉

一、主题背景分析

（一）主题来源

在当今社会，水资源的合理利用和保护已经成为全球关注的重要议题。温州高铁新城实验学校拥有三千多名师生，水资源使用量较大。因此，加强节水教育，倡导绿色校园生活显得尤为重要。在科学三年级上册第一单元的学习中，学生深入了解了水的相关知识，我们以此为契机，深入分析了学校内的用水状况和存在的浪费现象，于是我们决定设计以水为主题的跨学科课程，旨在让学生将所学的知识付诸实践，增强环保意识，同时也为改善校园节水做出贡献。学生通过实地考察、数据分析和现场宣传等活动，在实践中提升发现问题、分析问题和解决问题的能力，培养团队协作精神和创新思维。

（二）主题概况

"'源'来如此"课程以"水"为纽带，跨科学、数学、语文、美术四门学科，构建了一场别开生面的节水教育盛宴。课程分为四个板块，分别是"水宝宝奇幻岛探险""校园水宝宝的秘密基地""节水小科技魔法秀""节水小卫士的实战演练"。我们从"认识水"开始，结合科学知识引导学生探索水的重要性，并利用数学的方法调研分析校园用水情况，激发学生的节水意识。课程深入讲解水的科技发明，培养创新能力，教授制订节水计划，并运用语文、美术学科知识设计节水指南，举办节水宣传展，增强节水教育影响力。

二、学习目标

（一）活动目标

培养数据意识与应用能力。调查水资源利用情况，分析数据，激发节水意识，提升数据处理能力。

激发创新意识与实践能力。设计净水装置，绘制节水指南，鼓励创新思维，提升实践能力。

增强责任意识与团队协作能力。举办节水宣传展，培养责任感，锻炼团队协作与沟通能力。

（二）跨学科目标

项目	学科	目标
水宝宝奇幻岛探险	科学	1. 能了解"水的溶解能力"，通过学习认识"水的力量" 2. 能了解水循环的过程及其作用，感受水的奇妙之处
校园水宝宝的秘密基地	科学	1. 能测量降水量并做好统计，培养数据意识并提高应用能力 2. 能整理我们的天气日历，感受水循环的特点
	语文	能将学校的用水情况撰写成调查报告，深入洞察校园水资源管理现状
	数学	1. 能够使用统计的方法，计算学校水龙头的用水情况，发展数据收集、处理与分析能力 2. 能借助统计图，分析学校里浪费水的现象，认识到节水的重要性
节水小科技魔法秀	语文	能有条理地表达自己的想法，介绍自己设计的节水设备，提高语言表达能力
	美术	能绘制自己设计的节水设备，发挥创新思维，将节水理念转化为实际行动方案
节水小卫士的实战演练	美术	能绘制高实节水行动指南，布置"'源'来如此"节水宣传展，增强责任意识与团队协作能力
	语文	能有条理地介绍本次课程的成果，锻炼沟通协调能力与团队协作能力

三、主题设计

（一）任务设计（GRASPS工具）

任务设计元素	案例描述
目标（G）	制作高实节水行动指南
角色（R）	节水指导员
受众（A）	高实全校师生
情境（S）	水是生命之源，作为一名节水指导员，请你借助高实节能主题周活动，发动全校师生积极参与节水行动，提高水资源的认识和珍惜意识，为可持续发展做出贡献。为此，你需要与小组成员合作设计一份高实节水行动指南，内容包括节水意识、节水方法、节水计划等
成果（P）	水宝宝循环图、节水小报告、校园节水装置、高实节水行动指南
标准（S）	一场能结合学校自身状况、具有可实施性的"'源'来如此"节水宣传展

（二）跨学科理解

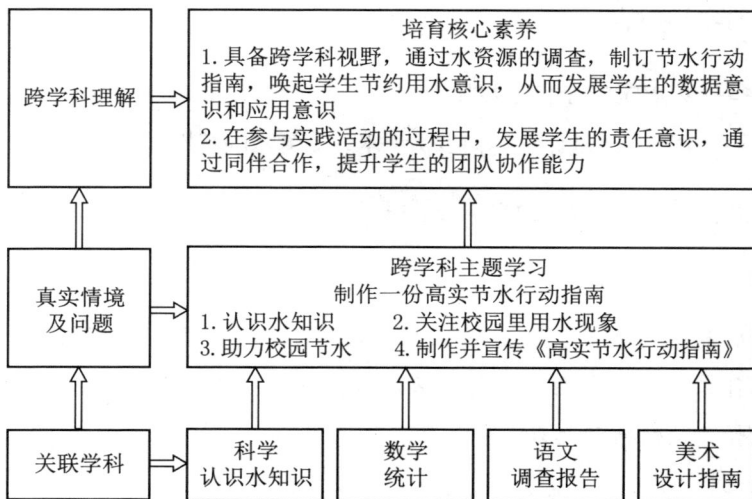

（三）子任务分解

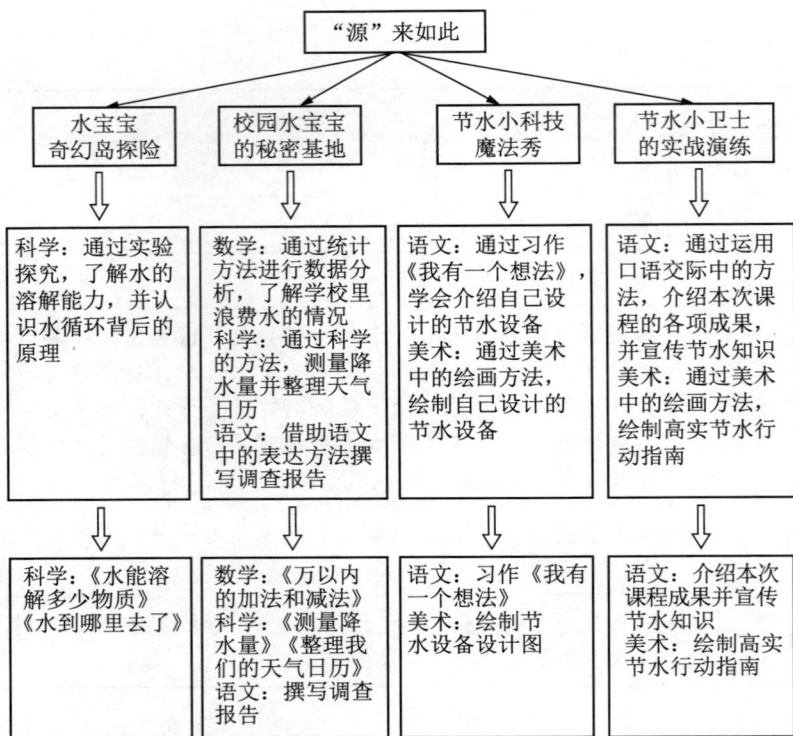

```
                        "源"来如此
        ┌──────────┬──────┴───────┬──────────────┐
        ↓          ↓              ↓              ↓
   ┌─────────┐ ┌─────────┐  ┌─────────┐   ┌─────────┐
   │ 水宝宝   │ │校园水宝宝│  │节水小科技│   │节水小卫士│
   │奇幻岛探险│ │的秘密基地│  │ 魔法秀   │   │的实战演练│
   └─────────┘ └─────────┘  └─────────┘   └─────────┘
```

| 科学：通过实验探究，了解水的溶解能力，并认识水循环背后的原理 | 数学：通过统计方法进行数据分析，了解学校里浪费水的情况
科学：通过科学的方法，测量降水量并整理天气日历
语文：借助语文中的表达方法撰写调查报告 | 语文：通过习作《我有一个想法》，学会介绍自己设计的节水设备
美术：通过美术中的绘画方法，绘制自己设计的节水设备 | 语文：通过运用口语交际中的方法，介绍本次课程的各项成果，并宣传节水知识
美术：通过美术中的绘画方法，绘制高实节水行动指南 |

| 科学：《水能溶解多少物质》《水到哪里去了》 | 数学：《万以内的加法和减法》
科学：《测量降水量》《整理我们的天气日历》
语文：撰写调查报告 | 语文：习作《我有一个想法》
美术：绘制节水设备设计图 | 语文：介绍本次课程成果并宣传节水知识
美术：绘制高实节水行动指南 |

四、学习过程

子任务一：水宝宝奇幻岛探险

本任务的主要内容是让学生初步认识水，了解水的特性以及水循环的原理。

1. 学习活动一：水宝宝的秘密花园

环节一：课前谈话

师：水是生命之源，我们的生活处处离不开水。同学们都在哪里见过水呢？水有什么作用？我们又该怎样保护水资源呢？现在就让我们从了解水宝宝的秘密开始，快快行动起来吧！

环节二：交流读《生命之水》的收获

教师随机抽取水的不同形态，让学生根据《生命之水》中所得的知识谈谈自己的认识。

环节三：交流"水宝宝调查表"的调查结果

① 组内进行交流分享，并派代表在班内进行总结发言。

② 教师汇总全班的调查结果，并进行小结。

水宝宝调查表（以图文结合的方式表现）

生活中哪些地方有水？	
水的用途	如果没有水，生活会怎样？

【过程性评价】该环节要求学生在课前阅读《生命之水》，让学生对水有一定的了解后进行课前调查，引导学生观察身边的水，让学生初步认识到水的重要性。

2.　学习活动二：水先生的超能力课堂

环节一：聚焦问题，创设情境

生活中我们经常把食盐和红糖放入水中，食盐和红糖会溶解在水中。还有很多物质也能在水中溶解。如果我们把它们不断地加入同样多的水中，它们还能继续溶解下去吗？

环节二：探索与研讨 1——溶解在水中的物质

师：你知道哪些物质能溶解在水中？

教师点拨：小苏打、食用碱、味精、墨水、醋、味精等。

环节三：探索与研讨 2——水的溶解能力

① 模拟实验

材料准备：食盐、小苏打、透明杯、小勺、搅拌棒、水。

实验操作：在 2 个透明杯中分别放入 50 毫升清水。分别取大约 20 克食盐和小苏打，再把它们平均分为 8 份。取 1 份食盐，加入 1 个盛水的杯子中，用搅拌棒充分搅拌。在食盐完全溶解后，再加入第二份食盐，继续搅拌……直到食盐不能溶解为止。按同样的方法，将小苏打一份一份地溶解，直到不能溶解为止。记录食盐和小苏打溶解在 50 毫升水中的份数。

温馨提示：可以用小勺一份一份地取食盐或小苏打。透明杯中放入的水要一样多。食盐和小苏打要一份一份加入水中。须等倒入的食盐和小苏打完全溶解后再加入新的。记录溶解份数。

② 填写食盐和小苏打溶解能力的比较记录表

物质	50 毫升水溶解物质的份数	溶解能力比较	实验结论
食盐			
小苏打			

教师点拨：食盐比小苏打溶解能力强。不同物质在水中的溶解能力可能不一样。

③ 研讨

怎么计算溶解份数？

教师点拨：等食盐和小苏打再怎么搅拌也不能溶解时就达到了"最后溶解"。这时计算最后溶解在第几份的方法是最后一份数减去一。

物质在水中的溶解能力为什么不是无限的？

教师点拨：一定量的水只能溶解一定量的物质，当物质和水已经形成饱和溶液时就不再溶解。像现在大家做好的，已经不能再溶解食盐的盐水就是饱和溶液。

环节四：探索与研讨 3——溶解的特点

师：把食盐、红糖和石子放入水中，会发生怎样的不同变化？不能溶解于水的物质还有哪些？

教师点拨：铁钉、木炭、食用油、胡萝卜、塑料、玻璃等。

小结：有些物质能溶解于水，有些物质很难溶解于水。

师：仔细观察，物质溶解于水之后有什么变化？

教师归纳溶解特点：物质变成肉眼看不见的微粒；静止后不会沉淀；过滤后物质不能被分离。

教师提示：可以用滤布（或滤纸）过滤试试。

【过程性评价】该活动让学生通过科学实验，对水的"超能力"有了一定的了解，激发了学生对水的喜爱之情，为后续的节水行动做好铺垫。

3. 学习活动三：水循环的奇妙旅行

环节一：聚焦——揭示课题

材料准备：干净的抹布、黑板，一杯清水。

师：（展示一杯清水）这是一杯清水，水是我们生活中最常见的物质，在一年级时我们就观察过一瓶水，你能说说水有哪些特点吗？

教师用抹布蘸清水板书"水"，为后续的探索阶段埋下伏笔。

学生交流有关水的知识。（根据学生的回答适时板书，把水和水蒸气的共同特点有意识地板书在中间位置）

揭题：黑板上的水消失了，提问"水到哪里去了"（顺势板书课题）。

环节二：探索——水到哪里去了

材料准备：两个完全相同的透明杯子、一片透明塑料薄膜（或保鲜膜）、一根橡皮筋、一个透明塑料盒、学生活动手册。

① 情境导入

提问：水到哪里去了？

预设：蒸发了，跑到空气中去了。

追问：你知道什么是蒸发吗？

小结：水变成水蒸气的过程就叫蒸发。

说一说我们在生活中还遇到过的类似现象。（学生举例）

当学生将煮食物（或烧开水）时上方飘着的白气理解为水蒸气时，教师展示课件（烧开水的图片或小视频），请学生观察壶嘴与白气之间的部分，帮助学生理解水与水蒸气之间的变化。

师：你有什么办法可以证明水是蒸发了（跑到空气中去了）呢？空气中的水能不能回到杯子里呢？

学生分小组讨论方法。

② 实验方法参考

要在课前完成实验并记录。

方法一：准备两个大小、形状一致的透明水杯，向两个杯子中加入相同量的水，并做好起始水位的标记。其中一个杯子用塑料薄膜盖好并用皮筋扎紧，另一个敞口。两个杯子同时放置在同一个通风、向阳的位置一段时间（不能碰，以免影响实验效果），观察并记录下实验现象。

方法二：将一个塑料盒倒扣在地面，放置一段时间，观察现象。

环节三：研讨——实验发现

材料准备：学生活动手册。

围绕以下三个问题，学生先进行小组内交流，表达自己的观点和想法。之后，小组派代表作集体交流，逐个解决问题。

问题一：怎样解释两个杯子出现了不同现象？依据是什么？

小结：没有塑料薄膜的杯子里的水都"跑"到空气中了，而盖了塑料薄膜的杯子里的水在"跑"出去的过程中被拦住了。

问题二：你在透明塑料盒中看到了什么？你认为它们是什么？

预设：小水珠、水蒸气。

小结：这是水蒸气凝结形成的小水滴。

问题三：水和水蒸气有什么相同点和不同点？水蒸气也是水吗？

根据学生回答适时板书，形成韦恩图，学生补充修改自己的活动手册。

环节四：拓展

思考：水蒸气与我们的生活有什么关系？请学生课外通过各种途径去搜集信息。

水宝宝旅行记

小朋友们，请你画一画水在自然界的循环图吧！

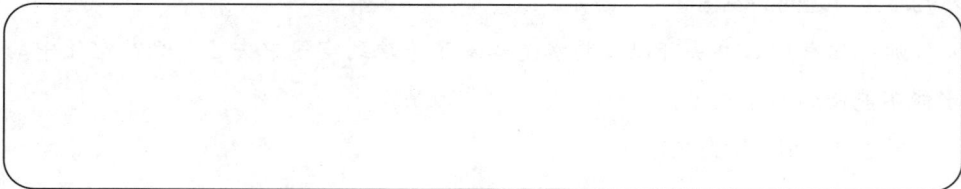

【过程性评价】该活动让学生通过实验，认识水的不同形态，了解水循环的过程，并通过画水循环图，让学生对水有更深入的了解。

子任务二：校园水宝宝的秘密基地

本任务主要是让学生通过运用数学中统计的方法，了解校园中水的分布以及浪费水的情况，激发学生的节水意识。

1. 学习活动一：校园水世界探险记

环节一：校园探险

教师组织学生按照校园地图进行探险，寻找校园内的水源并观察其状态。

环节二：记录分享

学生记录探险过程中的发现，并在小组内交流分享，最后派代表进行汇报。

校园水世界探险记

找一找，水宝宝都藏在校园的哪些地方呢？

1. _____。
2. _____。
3. _____。
4. _____。
5. _____。
6. _____。

【过程性评价】该活动让学生通过调查，了解校园中水的分布情况，认识到水对我们的重要性。

2. 学习活动二：揭秘水浪费的小侦探

环节一：导入新课

教师活动：展示一段关于水资源短缺的视频和水浪费现状的视频或图片，引导学生思考水资源的珍贵性和当前面临的问题。

学生活动：观看视频或图片，讨论自己的感受和思考。

环节二：明确任务

教师活动：介绍本次活动的主题——调查校园水浪费情况，并说明调查的目的、方法和步骤。

学生活动：分组讨论，明确各自小组的任务和分工。

环节三：实地观察与数据收集

教师活动：带领各小组在校园内进行实地观察，指导学生观察并记录水浪费现象（如滴水的水龙头、未关闭的水管等）。

学生活动：分组进行实地观察，使用测量工具记录相关数据（如滴水速度、未关闭时间等）。

环节四：数据分析与讨论

教师活动：组织各小组汇报观察结果和数据，引导学生对数据进行分析和讨论。

学生活动：汇报观察结果和数据，分析水浪费的原因和后果，讨论可能的节水措施。

揭秘水浪费的小侦探

你发现了哪些校园里浪费水资源的现象？

1. _____。
2. _____。
3. _____。
4. _____。
5. _____。
6. _____。

【过程性评价】该活动让学生通过调查，结合数学中的统计方法，了解校园中水的浪费情况，激发学生的节水意识。

3. 学习活动三：我的节水小报告

环节一：撰写节水小报告

教师活动：引导学生根据调查结果撰写节水小报告，并鼓励学生提出创新性的想法。

学生活动：小组讨论并撰写节水小报告，准备向全班展示。

环节二：展示与分享

教师活动：邀请各小组展示他们的节水小报告，并组织全班进行交流和分享。

学生活动：展示节水小报告，分享自己的想法和感受，听取其他小组的反馈和建议。

我的节水小报告

我的节水小妙招：

1. 针对＿＿＿＿＿＿＿＿＿现象，我们可以＿＿＿＿＿＿＿＿＿＿＿＿＿＿＿。

2. 针对＿＿＿＿＿＿＿＿＿现象，我们可以＿＿＿＿＿＿＿＿＿＿＿＿＿＿＿。

3. 针对＿＿＿＿＿＿＿＿＿现象，我们可以＿＿＿＿＿＿＿＿＿＿＿＿＿＿＿。

4. 针对＿＿＿＿＿＿＿＿＿现象，我们可以＿＿＿＿＿＿＿＿＿＿＿＿＿＿＿。

5. 针对＿＿＿＿＿＿＿＿＿现象，我们可以＿＿＿＿＿＿＿＿＿＿＿＿＿＿＿。

6. 针对＿＿＿＿＿＿＿＿＿现象，我们可以＿＿＿＿＿＿＿＿＿＿＿＿＿＿＿。

【过程性评价】该活动让学生结合调查结果，撰写一份具有可操作性的节水小报告，通过小组合作的方式，加强学生小组协作的能力，为节水行动提供更多好点子。

子任务三：节水小科技魔法秀

1. 学习活动一：节水科技的奇妙探索

环节一：复习旧知识

复习旧知识，了解学情。课件展示关于水的知识。

师：我们的水世界非常漂亮，哪个同学可以介绍一下水宝宝？

引导学生从水的特性、水的力量、水循环、水的重要性几个角度展开介绍。

师：看来大家和水宝宝的关系已经非常好了。在我们学校里，水宝宝在哪里出现过？它们都是什么颜色的？可以用英语来说说吗？它们有没有被我们保护好呢？每个下雨天，水宝宝的出现情况都一样吗？

请多个学生就以上问题阐述自己的想法。

师：哇，你们真的太了解水宝宝了！做得真棒！

师：老师之前布置的科技节水视频和书大家都看了吗？你们有什么感受呢？（学生分享自己的观后感、读后感）

师：同学们说得真好！大家能这么认真地了解科技节水系统，老师为你们感到骄傲！接下来，老师将带着大家一起去体验科技助力节水。你们准备好了吗？我们出发咯！

环节二：实地观察

① 观察农作物浇水的方式

学生实地观察农学基地工作人员对水稻的浇水方式，根据自己观察到的信息，分析并总结研学单第一点的第一小点。

学生实地观察农学基地工作人员对其他农作物的浇水方式，选择两种自己喜欢的浇水方式，根据自己观察到的信息，在分析、比较、总结后，填写好研学单第一点的剩余内容。

教师引导学生探究不同农作物浇水方式不同的原因，在学生想不明白时鼓励学生带着问题去询问工作人员。

② 种植植物小苗

师：同学们，你们有没有发现这些植物的种植方式的奇特之处？为什么要这样种植呀？

学生通过观察和询问工作人员，对信息进行总结阐述。学生可以对同学的发言进行补充。

师：哇，你们说得真的太有条理了！

师：同学们，这样的种植方式能不能帮助我们节约水资源呢？

教师引导学生展开讨论和总结。

师：在这个环节里，有没有存在浪费水资源的情况呢？

学生寻找问题答案，根据自己的发现进行阐述。完成研学单第二点。

师：你们太会观察了！那你们有没有好方法能帮助叔叔阿姨改进浇水方式，让浪费现象减少呢？

学生讨论，辩论，总结阐述。基地工作人员加入探究。

师：你们真的太优秀了！相信我们的节水行动会在大家的努力下更进一步！

"节水科技的奇妙探索"研学单

同学们，农民伯伯都是怎么给水稻、甘蔗、油菜花等农作物浇水的呢？请你在本次研学之旅中认真观察、仔细听讲，做好记录哦！

一、我观察——农作物的浇水方式

水稻的浇水方式：＿＿＿＿＿＿＿＿＿＿＿＿＿＿＿＿＿＿＿＿＿＿＿＿＿

＿＿＿＿＿＿＿＿＿＿＿＿＿＿＿＿＿＿＿＿＿＿＿＿＿＿＿＿＿＿＿＿＿

＿＿＿＿＿＿＿＿＿＿＿＿＿＿＿＿＿＿＿＿＿＿＿＿＿＿＿＿＿＿＿。

（　　　）的浇水方式：＿＿＿＿＿＿＿＿＿＿＿＿＿＿＿＿＿＿＿＿＿

＿＿＿＿＿＿＿＿＿＿＿＿＿＿＿＿＿＿＿＿＿＿＿＿＿＿＿＿＿＿＿＿＿

＿＿＿＿＿＿＿＿＿＿＿＿＿＿＿＿＿＿＿＿＿＿＿＿＿＿＿＿＿＿＿。

（　　　）的浇水方式：＿＿＿＿＿＿＿＿＿＿＿＿＿＿＿＿＿＿＿＿＿

＿＿＿＿＿＿＿＿＿＿＿＿＿＿＿＿＿＿＿＿＿＿＿＿＿＿＿＿＿＿＿＿＿

＿＿＿＿＿＿＿＿＿＿＿＿＿＿＿＿＿＿＿＿＿＿＿＿＿＿＿＿＿＿＿。

二、我发现——水资源浪费的现象

在给农作物浇水的过程中，哪些环节让你觉得水资源被浪费了？

＿＿＿＿＿＿＿＿＿＿＿＿＿＿＿＿＿＿＿＿＿＿＿＿＿＿＿＿＿＿＿＿＿

＿＿＿＿＿＿＿＿＿＿＿＿＿＿＿＿＿＿＿＿＿＿＿＿＿＿＿＿＿＿＿。

【过程性评价】该活动让学生进行实地考察，发现灌溉方式中浪费水的现象，并通过研讨，思考更为节水的灌溉方法，锻炼学生的创新思维。

2. 学习活动二：校园节水小发明家

环节一：观看科技节水视频

教师播放关于智能灌溉系统、高效节水农业、智慧城市水务管理的视频。

学生发表观后感，说一说哪些是值得学校借鉴的节水科技。

环节二：设计节水器

① 画一画

师：接下来我们要根据这次的收获以及之前的实地考察，画出适合我们学校的节水系统节水器设计图。你们准备好了吗?

师:设计的节水系统可以用于厕所、菜园、食堂,也可以用于科学实验室、教室。请尽情发挥你的想象力吧!

学生完成"校园节水小发明家"研学单的画一画。

② 写一写

师:同学们,你们画得真好!老师发现了好多巧妙的设计!

师:一个完整的设计稿还需要大家把自己的设计理念写出来,请大家把自己的设计理念清晰完整地表达出来。

学生完成"校园节水小发明家"研学单的写一写。

"校园节水小发明家"研学单

我设计——校园小农场节水灌溉系统

为了节约用水,请同学们查阅资料,设计一个节水灌溉系统,让我们在给校园农田浇水的过程中,不浪费水资源。请画一画你的设计图,并写一写你的设计理由。赶快行动起来吧!

画一画

写一写

学生互评:☆☆☆   学生自评:☆☆☆

环节三：介绍节水装置

请学生运用语文三年级上册第七单元习作《我有一个想法》中的交流方法，介绍自己设计的节水装置，其他学生可以对此表达自己的看法。

教师进行点评和总结。

【过程性评价】该活动让学生根据观看的视频以及实地考察发现的问题，设计适合学校使用的节水装置，以锻炼他们解决问题的能力，并激发他们的创新意识。

子任务四：节水小卫士的实战演练

1. 学习活动一：绘制高实节水行动指南

环节一：谈话导入

师：经过之前的学习，我们已经了解了关于水的知识。这节课，让我们行动起来，制作节水行动指南，向他人宣传节约水资源。

环节二：节水行动有哪些

师：俗话说"人可三日无粮，不可一日无水"。一些人习惯享受水带来的美好与纯净，却不懂得珍惜水。他们刷牙、洗脸时任由水龙头里的水流个不停，甚至水龙头开着，人就转身离去。在我们学校里，有净水机，纯净水是用来喝的，所以我们喝多少就接多少，每次接水不要接得太多，避免因为放置的时间过长而造成浪费。如果水杯里的水凉了，我们可以用来浇花，而不是直接倒掉。我们要学会节约资源。

学生小组讨论：我们在生活中如何做到力所能及地节约用水？

预设：在平时用水时，我们拧水龙头的时候不要拧太松，一根筷子的水流就足够了。用完水后及时拧紧水龙头。如果见到浪费水的现象，请及时拧紧水龙头。节约用水，我们每个人都要做到身体力行……

环节三：绘制节水行动指南

① 绘制标题
确定节水行动指南中的大小标题，以及它们在指南中的位置。

② 绘制指南内容

滴水在指尖，节水在心田。拿起画笔绘制节水行动指南，从"要我节水"转变为"我要节水"。在节水行动指南中，画出可操作性的节水建议，并配上文字，提醒家人及朋友从自身做起，时刻节约每一滴水，保护人们赖以生存的水资源！

③ 小结

我们要积极保护水源地的生态环境，用自己的实际行动劝阻、纠正身边浪费水的行为，带动身边的人共同参与节水、护水行动。"汇小流成江河"，人人都为节约每一滴水贡献自己的力量，就能让美丽的家园更美丽，绿水青山处处有！

2. 学习活动二：举办"'源'来如此"宣传展

环节一：展示水宝宝循环图

在校园中展示水宝宝循环图，向路过的学生和教师介绍水循环的过程，让更多人了解水、认识水。

环节二：阐述节水重要性

在校园内展示节水小报告，让全校师生了解校园中浪费水的情况并引起重视。

环节三：分享高实节水行动指南

分享高实节水行动指南，展示如一水多用（如洗米水浇花）、合理控制水龙头开关时间等节水小技能，并配以简洁明了的文字说明。

视频教学：播放节水小技能教学视频，通过生动形象的演示，让全校师生更容易掌握节水技巧。

环节四：节水承诺墙

邀请学生和教师在节水承诺墙上签名并写下自己的节水承诺，增强节水行动的仪式感和责任感。

【过程性评价】该活动让学生向全校师生展示本次课程的学习成果，通过宣传节水知识，锻炼了他们的表达能力，并让节水行动普及到全校，增强全校师生的节水意识。

五、活动点评

（一）跨界融智，节水行动新篇章

本次课程成功地将科学、语文、数学、美术学科有机融合，展现了跨学科教学的独特魅力。通过科学知识的引入，学生深入理解了水循环、节水装置等核心概念。语文的融入，通过介绍节水装置和撰写节水小报告锻炼了学生的语言表达和写作能力；数学的运用，体现在节水量的计算、节水效率的分析等方面，培养了学生的逻辑思维和数据分析能力；美术的参与，让节水宣传海报、节水装置的设计更加生动有趣，增强了视觉冲击力。这种跨学科融合的教学方式，不仅丰富了课程内容，也拓宽了学生的视野，促进了学生综合素质的全面提升。

（二）创意涌动，学子共绘节水梦

本课程活动设计新颖有趣，充分激发了学生的参与热情。无论是制作节水装置还是绘制节水行动指南，学生都表现出极高的积极性和创造力。他们不仅完成了规定的任务，还主动探索新的节水方法和表达方式，充分展现了跨学科主题学习的魅力。

团队合作也是本次活动的一大亮点。在制作节水装置和绘制节水行动指南的过程中，学生相互协作、共同进步，不仅增进了彼此之间的友谊和信任，还培养了他们的团队精神和合作意识。

（三）成效斐然，节水种子遍地开花

从活动成效来看，本课程取得了显著成果。学生不仅掌握了节水知识和技能，还提高了自己的综合素质和创新能力。更重要的是，他们开始关注身边的水资源问题，并愿意将节水行动融入自己的日常生活中去。

此次活动不仅影响了三年级学生，还影响了全校师生。三年级学生通过绘制节水行动指南、展示节水装置等方式，向全校师生传播了节水理念，激发了更多人的节水意识和行动。这种由点及面、由小及大的传播效应，正是本次课程所追求的目标和价值所在。

中国传统节日博览会

实施年级：三年级

所跨学科：语文、美术、数学、劳动、综合实践

实施周期：9 课时

设计者：应秀春、李丽春、余盈盈、方越、陈晨晨、陈尤尤、安冰如、林尖

执笔人：方越

一、主题背景分析

（一）主题来源

中华优秀传统文化是中华民族的瑰宝，引导学生了解、尊重和传承中华优秀传统文化，有利于增强他们的文化自信，提升民族认同感和自豪感，形成积极的价值观和世界观。同时，这也有助于学生实现德、智、美多方面发展，培养他们的综合素质。因此办一场中国传统节日博览会，有助于在小学阶段的教学过程中潜移默化地融入中国传统节日文化教育。

（二）主题概况

"中国传统节日博览会"是一项多学科实践活动，以"节日初探""设计展区""布置展区""评价展区"四项任务为主线，融合了语文、美术、数学、劳动、综合实践学科的知识和能力。在学习中，学生可以通过搜集资料、创意表演、团队合作办展等活动展现节日氛围。

这是三年级语文首次综合性学习活动，旨在帮助学生更好地理解、传承中华优秀传统文化。通过跨学科的融合，学生接触更多的知识和技能，培养创新思维和解决问题的能力，为未来的社会和职业发展奠定基础。

二、学习目标

（一）活动目标

以资源整合形成系统节日观。知道并了解中国传统节日的美食、习俗、起源等，形成系统的节日观。

以实践活动促进学科融合。在制作与赠予食品、物品的过程中，探究传统节日

里独具民族特色的内容，理解并践行中华传统美德，培养对传统节日的认同感。能够结合节日特点，争当解说员，弘扬传统节日文化。

以实践活动提升综合素养。合作办一场传统节日展会，提高思维水平、审美能力与协作能力等。

（二）跨学科目标

任务	学科	目标
节日初探	语文	能通过各种渠道搜集传统节日相关知识，知道并了解传统节日的美食、习俗、起源等，形成系统的节日观
	美术	能通过了解到的相关知识，绘制一份思维导图，整理自己所学
设计展区	数学	能通过相关知识学会测量展区，培养数学思维和解决问题的能力
	美术	能运用相应比例绘制一份展区设计图，为布展做准备
布置展区	劳动	能够通过展品的制作、摆放等，确保展区能够高效、有序且美观地呈现给参观者，培养团队协作和动手能力、创新思维，形成良好的劳动品质
	语文	通过对展区的介绍以及与观众的互动体验，提升语言表达能力
评价展区	综合实践	通过设计评价表，能更全面、客观地评估展区。同时，通过对展区的评价，能帮助组织者发现不足，及时改进

三、主题设计

（一）任务设计（GRASPS 工具）

任务设计元素	案例描述
目标（G）	办一场传统节日展会，将语文、美术、数学、劳动等学科与布展实践活动相结合，学生需要学习传统节日的相关知识，体验传统特色活动，宣传传统节日文化等，在活动中学习和运用跨学科知识
角色（R）	历史的研究者、文化的呈现者、展馆设计师、布展师
受众（A）	全校师生
情境（S）	第 19 届亚运会在杭州举行，温州将承办龙舟项目全部比赛，届时会有许多外国友人来温州参观，为了让参观者尽快了解传统节日文化，三年级学生要设计一场以"中华传统节日"为主题的博览会

（续表）

任务设计元素	案例描述
成果（P）	1. 一份展厅设计图 2. 能清晰地介绍展厅 3. 每班布置一个传统节日展厅
标准（S）	布置的展厅要有节日氛围、文化气息，能呈现学生各类作品，有解说员清楚地介绍节日展会

（二）跨学科理解

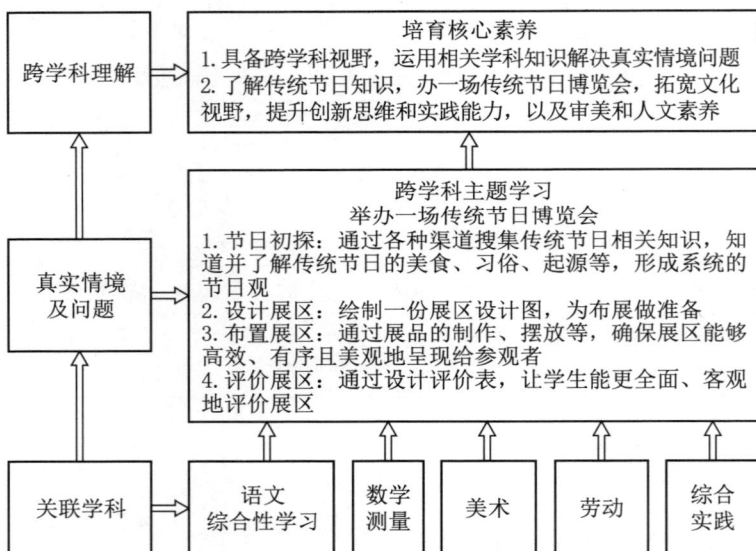

（三）子任务分解

本课程通过结合各学科内容，设计了一套跨学科的学习方案。学生通过情景化的探究，将课堂学习与实际参与课外活动相结合，深化对课内知识的理解和应用，提升解决问题的能力。

以中国传统节日为主题，每个班级负责一个传统节日，办一场传统节日展会。将各学科与布展实践活动相结合，学生需要学习传统节日的相关知识，体验传统特色活动，宣传传统节日文化等，在活动中学习和运用跨学科知识。以历史的研究者、文化的呈现者、展馆设计师和布展师为任务角色，进行节日初探、设计展区、布置展区、评价展区。

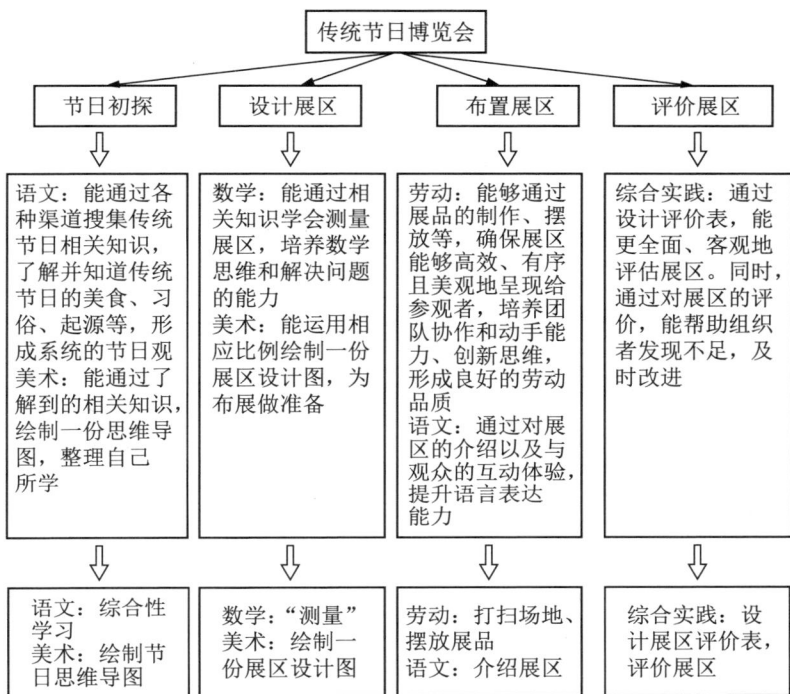

```
                    ┌─────────────────┐
                    │  传统节日博览会  │
                    └─────────────────┘
         ┌───────────┬───────────┼───────────┬───────────┐
         ▼           ▼           ▼           ▼
   ┌─────────┐ ┌─────────┐ ┌─────────┐ ┌─────────┐
   │ 节日初探 │ │ 设计展区 │ │ 布置展区 │ │ 评价展区 │
   └─────────┘ └─────────┘ └─────────┘ └─────────┘
        ▽           ▽           ▽           ▽
```

语文：能通过各种渠道搜集传统节日相关知识，了解并知道传统节日的美食、习俗、起源等，形成系统的节日观 美术：能通过了解到的相关知识，绘制一份思维导图，整理自己所学	数学：能通过相关知识学会测量展区，培养数学思维和解决问题的能力 美术：能运用相应比例绘制一份展区设计图，为布展做准备	劳动：能够通过展品的制作、摆放等，确保展区能够高效、有序且美观地呈现给参观者，培养团队协作和动手能力、创新思维，形成良好的劳动品质 语文：通过对展区的介绍以及与观众的互动体验，提升语言表达能力	综合实践：通过设计评价表，能更全面、客观地评估展区。同时，通过对展区的评价，能帮助组织者发现不足，及时改进

```
        ▽           ▽           ▽           ▽
```

语文：综合性学习 美术：绘制节日思维导图	数学："测量" 美术：绘制一份展区设计图	劳动：打扫场地、摆放展品 语文：介绍展区	综合实践：设计展区评价表，评价展区

四、学习过程

子任务一：节日初探

本任务主要从传统节日起源、习俗、节日故事等几个方面让学生了解中国传统节日。

1. 学习活动一：搜集资料，制订方案

环节一：确定主题，明确方法

① 交流传统节日及习俗

回顾《元日》《清明》《九月九日忆山东兄弟》。

玩小游戏"传统节日猜猜猜"。

提问引导：你还知道哪些传统节日以及习俗呢？

学生交流。

② 讨论与交流，方法引路

师：我国传统节日可真是丰富多彩、引人入胜呀！本单元我们将开展以

中国传统节日为主题的综合性学习活动。（板书：综合性学习活动中国传统节日）

③ 展示活动流程及本阶段任务

阶段一：收集资料。

阶段二：整理交流。

阶段三：成果展示。

本阶段任务：了解我国传统节日有关的习俗，收集记录好相关资料。

师：怎么开展活动呢？请同学们打开语文课本第36页，借助插图及泡泡中的提示了解收集资料的途径及收集资料的范围。

学生自由讨论交流。

生1：查阅相关书籍或上网查询相关资料，询问家长、教师等。

生2：列表格或思维导图记录。

小结：

收集资料的范围

节日名称	节日时间	人们如何过节
▽	▽	▽
端午节	农历五月初五	吃粽子、赛龙舟、挂艾蒿

······

我们还可以通过表格记录收集到的信息。

环节二：小组合作，制订方案

学生以小组为单位制订活动方案。教师展示小组活动要求。学生讨论并确定想了解的传统节日。小组成员分工，选择不同途径广泛收集资料。小组讨论记录资料的方法。

小组合作制订活动方案。各小组汇报活动方案，师生评议，提出意见或建议。最后教师进行活动总结。

附：中国传统节日知识调查策划书

中国传统节日知识调查策划书

组名：＿＿＿＿＿＿＿

第 19 届亚运会将于 2023 年 9 月在杭州举行，温州将承办龙舟项目全部比赛，届时会有许多外国友人来温州参观，为了让他们能尽快了解中国传统节日文化，我们三年级学生要设计一场以"中国传统节日"为主题的博览会。

亲爱的孩子们，现邀请你们为小小博览会策划师，一起来策划一场中国传统节日博览会吧！

任务一：调查分队我确定

通过前期调查，我们＿＿＿＿＿人（填人数）想调查同一个节日，是＿＿＿＿＿＿＿（填传统节日），我们组员分别是：＿＿＿＿＿＿＿＿＿＿＿＿＿＿＿（备注组长）。

任务二：调查内容我来选

为了让这场博览有更好的效果，我们打算调查节日的以下方面。（仅供参考，可在空白处填写你们的想法）

调查项目	想调查的打√
过节时间（必选）	
节日习俗（必选）	
节日美食（必选）	
节日起源	
相关诗词、歌曲	
相关传说	

任务三：收集途径我知道

我们打算通过这些途径收集节日资料。

途径	可行的方法打√	途径	可行的方法打√
询问长辈		网上查阅介绍传统节日的文章	
查阅节日相关书籍		观看相关节日的视频资料	
亲自参与节俗活动		其他	

任务四：调查成果我展示

我们想用以下方式来展示我们的活动成果，要勇于挑战三星哦！

展示方式	负责人员
讲节日故事、传说★	
分享节日相关的手工艺品★	
演唱有关节日的经典歌曲★	
美食名片★★	
有关节日的诗歌朗诵及诗集★★	
解说词★★	
制作、分享节日美食★★★	
手抄报★★★	
连环画★★★	
其他（ ）	

任务五：节日资料卡（供参考，可自行绘制）

【过程性评价】通过多种形式，学生能更深入地了解一些我国传统节日。小组内合作，对信息进行分析、整理，形成成果，通过一系列活动可以培养学生良好的信息素养、创新能力和合作能力，感受中华传统文化的魅力。

2. **学习活动二：绘制节日思维导图**

教学准备：多媒体课件、思维导图绘制纸笔、传统节日相关图片和资料。

环节一：导入新课

教师活动：展示传统节日的图片或视频，引导学生回忆并说出自己知道的传统节日。

学生活动：分享自己知道的传统节日和相关的习俗。

环节二：讲授新知

教师活动：介绍传统节日的概念和重要性。详细讲解七个传统节日的基本信息和习俗。展示思维导图的基本结构和绘制方法，包括中心主题、主干、分支和关键词等要素。

学生活动：做好笔记，理解并掌握思维导图的基本概念和绘制方法。

环节三：实践操作

教师活动：确定七个传统节日。引导学生分组讨论，确定思维导图的中心主题和主要分支。巡视指导，解答学生在绘制过程中遇到的问题。

学生活动：分组讨论，确定思维导图的中心主题和主要分支。使用纸笔绘制，注意信息的准确性和逻辑性。完成后，小组内互相交流，分享绘制经验和心得。

环节四：展示与评价

教师活动：邀请几个小组上台展示他们的思维导图作品。引导学生从信息的准确性、逻辑性和创意性等方面进行评价。给予肯定和鼓励，指出不足之处并给出改进建议。

学生活动：认真观看思维导图作品，积极参与评价。虚心接受教师和同学的建议，进一步完善自己的思维导图作品。

环节五：总结与拓展

教师活动：总结本节课的学习内容，强调传统节日的重要性和思维导图的实用性。引导学生发现七个传统节日的不同之处。思考绘制传统节日思维导图的不同形式（时间轴等）。

学生活动：回顾本节课的学习内容，加深对传统节日和思维导图的理解。

环节六：作业布置

学生选择一个自己感兴趣的传统节日，绘制一幅详细的思维导图作品，并在下节课进行展示和分享。

环节七：成果展示

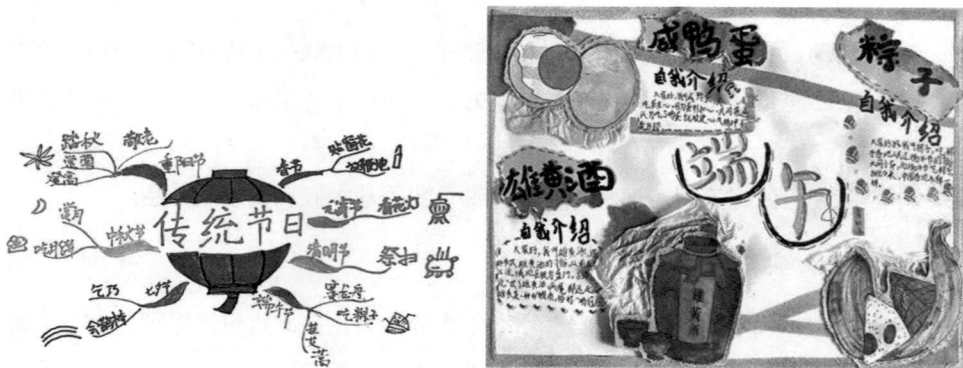

【过程性评价】本环节通过美术教学，将思维导图与中国传统节日相结合，让学生在全新的思维方式下了解更多中国传统节日的相关知识。

子任务二：设计展区

每个班级选择一个节日进行设计布展。

1. 学习活动一：测量展厅布局

环节一：导入

师：大家看，这就是我们班级的传统节日展厅位置。这节课，我们就来进行"展厅的测量"。（出示班级展厅）

环节二：准备活动

① 讨论测量方法

师：同学们，在测量这些比较大的物体或场地时可以使用哪些工具和方法呢？（板书：测量工具、测量方法、测量结果）

学生小组讨论并汇报。

预设：测量工具为皮尺、绳子。测量方法为目测、用竹竿、用自己的身高比一比……

引导学生研究步测，课件出示步测图片。学生讨论：怎样测量一步有多长？学生在图片上用编辑器勾画出一步有多长，交流。

学生回答的同时，教师展示工具实物。

② 明确分工

师：下面我们就在小组内明确一下分工，选择好感兴趣的两个测量对象，准备测量。

环节三：实地测量

学生以小组为单位，协同合作，到场地实地测量，教师给予现场指导，提供必要的工具，并指导学生记录测量过程。

环节四：汇报总结

汇报小贴士

1. 我们测量的是_____。

2. 我们选择的工具是_____。

3. 我们是这样测量的（可以说说遇到的困难）。

4. 测量结果是_____。

小结：其实，像目测、步测、用身高比这些方法都属于估测，在测量时希望大家都能养成先估后测的习惯。

【过程性评价】整个设计中，通过选择测量工具、动手操作、反馈评价等步骤，使学生体会数学在现实生活中的价值，学会用所学知识解决实际生活问题，提高学习的主动性和积极性。

2. 学习活动二：展厅草图我设计

环节一：设计任务

展示展厅位置，请学生为节日展厅设计一幅设计草图。

环节二：明确主题

明确节日主题：明确展厅所要展现的节日主题，如春节、端午节、中秋节等。每个节日都有其独特的文化内涵和象征元素，这是设计的基础。

研究节日文化：深入了解所选节日的历史背景、传统习俗、色彩搭配、象征符号等，以便在设计中准确传达节日的精神和氛围。

确定设计风格：根据节日的特点和展厅的定位，选择适合的设计风格。例如，春节展厅可以采用喜庆、热闹的设计风格，运用红色、金色等色彩和灯笼、对联等元素；端午节展厅则可以突出龙舟、艾草等元素，营造浓厚的传统文化氛围。

规划空间布局：根据展厅的实际面积和形状，合理规划空间布局。设置不同的展示区域，确保观众能够流畅地参观并充分体验节日的魅力。

环节三：关键要素说明

色彩搭配：色彩是展厅设计中不可或缺的元素。通过合理运用色彩搭配，可以营造出节日特有的氛围。例如，春节展厅可以大量使用红色和金色，以体现节日的喜庆和祥和；端午节展厅则可以使用绿色和棕色等自然色彩，以展现龙舟竞渡和艾草驱邪等传统习俗。

象征符号：每个节日都有其独特的象征符号，如春节的灯笼、对联、福字等；端午节的龙舟、粽子、艾草等。这些符号在展厅设计中应得到充分体现，以增强节日氛围的识别度和感染力。

互动体验：为提升观众的参与度和体验感，可以在展厅中设置互动体验区。例如，通过 VR 技术让观众体验龙舟竞渡的刺激，或者设置手工制作区，让观众亲手制作粽子等节日食品。

照明设计：通过合理的照明设计，突出展示内容、营造氛围并优化观众的观展体验。

环节四：案例分析

选取几个具有代表性的展厅设计案例，引导学生进行分析和讨论，加深对设计原则和方法的理解。以端午节为例，设计展厅草图。

主题展示区：以龙舟竞渡为主题，设计一艘巨大的龙舟模型作为中心展品。周围配以传统的鼓乐表演和端午节的起源介绍展板。色彩上以绿色和棕色为主调，体现龙舟竞渡的自然气息和端午节的传统韵味。

互动体验区：设置 VR 体验区，让观众身临其境地感受龙舟竞渡的刺激；同时设置手工制作区，邀请观众亲手制作粽子等传统食品，并体验艾草驱邪的习俗。

休息区：以传统茶室为原型设计休息区供观众休息和交流。室内装饰以竹子和竹叶等元素为主，营造自然清新的氛围；同时提供传统茶饮和小吃供观众品尝，以进一步感受端午节的传统魅力。

环节五：小组讨论

将学生分成小组，针对某个展厅设计任务进行讨论和策划，形成初步的设计方案。

环节六：手绘展厅草图

要求学生根据小组讨论的结果，手绘展厅的草图设计方案，并进行展示和点评。

总结反馈：对本节课的学习内容进行总结，指出学生在设计过程中存在的问题和不足，提出改进建议。

【过程性评价】通过对展厅的设计，明确学生是否清晰地了解了展厅的主题以及节日相关知识。从设计构思、草图绘制、沟通与调整以及整体评价等多个方面，提高学生的创新思维、空间规划、视觉表达、团队协作、问题解决、审美等多方面能力。

子任务三：布置展区

1. 学习活动一：传统节日博览会的创意实践

环节一：介绍

节日特色介绍：每个节日的历史由来、主要习俗、特色食品和象征物品等。

环节二：材料准备

各类节日装饰物品，如春联、灯笼、元宵、粽子、月饼、菊花等模型或实物。

手工材料，如彩纸、剪刀、胶水、画笔等，用于制作节日相关的手工艺品。展示板、展架等展示工具。

环节三：知识讲解

知识讲解分组进行，每组负责介绍一个传统节日。学生代表上台讲解该节日的历史由来、主要习俗和特色物品等，并展示相关图片或实物。教师进行补充和点评，确保信息的准确性和完整性。

环节四：布展（30分钟）

学生分组讨论并设计各自负责的节日展区，包括展区的布局、装饰物的摆放和手工艺品的制作等。学生动手布置展区，教师巡回指导，提供必要的帮助和建议。鼓励学生发挥创意，使展区既符合节日特色又具有吸引力。

环节五：成果展示与分享

各组轮流展示自己布置的展区，介绍设计思路和特色亮点，并接受其他组学生和教师的点评和提问，促进交流和互动。评选出最佳创意奖、最佳布置奖等奖项，以资鼓励。

【过程性评价】本次教学活动通过布置传统节日展区的方式，让学生在实践中学习和体验中华优秀传统文化的魅力，取得了良好的效果。

2. 学习活动二：介绍展区

环节一：导入新课

通过展示传统节日的相关图片或视频，引起学生的兴趣和关注。简要介绍本节课的教学目标和任务：争当传统节日的宣传者。

环节二：知识学习

教师讲解各传统节日的历史背景、文化内涵及庆祝方式，强调传统节日在文化传承中的重要性，以及作为宣传者的责任和使命。

环节三：策划讨论

各小组针对分配的传统节日，讨论并制订宣传策划方案。确定宣传主题、目标受众、宣传方式（以演讲为主）及实施步骤。教师巡回指导，提供必要的建议和支持。

环节四：创作实践

学生思考：从哪几个方面介绍展区？如何吸引更多的观众？

环节五：展示分享

各小组轮流展示交流，分享宣传策划的思路和亮点，并接受其他小组和教师的点评和提问，促进交流与互动。评选出传统节日宣传大使。

【过程性评价】通过争当传统节日宣传者的教学活动，学生不仅加深了对中国传统节日的理解和认识，还学会了如何运用多种途径和策略来宣传中华优秀传统文化。活动培养了学生的团队合作能力、创新思维能力和口头表达能力，同时也激发了他们对中华优秀传统文化的热爱与传承意识。

子任务四：评价展区

教学准备：多媒体课件（包含展厅设计案例、评价标准等），小组讨论材料（纸张、笔等）。

环节一：导入新课

教师活动：通过展示几个优秀的展厅设计案例，引导学生思考展厅设计的重要性及评价标准。

学生活动：观看案例，初步感受展厅设计的魅力，并思考评价展厅的维度。

环节二：讲授新知

教师活动：讲解展厅评价的基本要素，如空间布局、展品陈列、照明设计、色彩搭配、互动体验等。介绍设计展厅评价表的方法，包括确定评价维度、制订评价标准、分配权重等。

学生活动：记录关键信息，为后续的小组讨论做准备。

环节三：小组讨论

任务：小组讨论并制订一份展厅评价表，包括评价维度、评价标准和权重分配。小组内部分工明确，确保每个人都能参与到评价表的制订过程中。

教师活动：巡回指导，解答学生的疑问，鼓励学生发挥创意。

环节四：成果展示与评价

学生活动：每组选派一个代表上台展示本组的展厅评价表，并简要说明制订过程和思路。

其他小组和教师对该评价表进行点评，提出改进建议。

教师活动：总结各组的优点和不足，强调展厅评价表制订的科学性和实用性。

环节五：实践应用

任务：学生制订展厅评价表，并对给定的展厅设计案例或虚拟展厅进行评价。

教师活动：引导学生关注评价过程中的细节和关键点，提升学生的评价能力。

【过程性评价】设计评价表需要学生仔细分析展厅的各个方面，这要求他们具备批判性思维能力。评价表通常包含多个维度和细项，有助于提升学生的观察力，学生的评价往往更加直接和真实。这些建议对于展厅的改进和未来的展览设计具有重要的参考价值。

传统节日博览会展厅评价表		
三星	四星	五星
主题特色 节日氛围不够浓厚，主题不够突出	主题突出，但节日氛围有待提高	能清晰表达该节日主题，感受节日氛围，身临其境
内容完整 策展内容简单，对该节日有初步了解	策展内容较为丰富，能大致对该传统节日有深入了解	策展内容丰富，涉及节日的方方面面，能让观者对该节日有全方位的认识
形式多样 运用手抄报、美食名片、手工造型、美食模型等一种或两种形式进行布置	运用手抄报、美食名片、手工造型、美食模型等三种形式进行布置	运用手抄报、美食名片、手工造型、美食模型等四种及以上形式进行布置
造型美观 美观程度有待提高	整体较为大方美观	整体十分大方美观
展厅解说 展厅解说员的介绍不够清楚	展厅解说员能清楚地介绍展厅	展厅解说员能清楚并且生动地介绍展厅

我印象最深的是_____（填节日），因为_____，该节日一共获得____（多少颗星）

值得夸赞的地方：	主要修改建议：

五、成果剪影

六、活动点评

（一）文化传承：一场文化博览会，学生在传统浸润中寻根

"我国有很多传统节日，如春节、端午节、中秋节，这些节日有着深厚的文化内涵和独特的习俗。"结合语文教材单元篇章页中所呈现的主题"深厚的传统文化，中国人的根"，以及《古诗三首》《纸的发明》《赵州桥》《一幅名扬中外的画》等课文，可以明确本次学习对应语文新课标中"认识中华文化的丰厚博大，汲取民族文化智慧"这一目标。学生在搜集并记录中国传统节日资料、风俗等过程中探寻中华优秀传统文化的典型符号，弘扬文化自信，增强民族认同感。

（二）学习构建：一场学习博览会，学生在课程构建中扎根

本课程融合了语文、美术、数学等多门学科，学生是学习的主体，新课标积极倡导自主、合作、探究的学习方式，而这种学习方式也是跨学科主题学习中最主要的学习方式。课程打破教师单一掌控的局面，引导学生自主计划、决策和组织锤炼，在思维碰撞和团队审辨中发展了学生的互助合作能力、创新思维能力和口语表达能力等。

（三）美好体验：一场实践博览会，学生在活动体验中生根

学生在举办传统节日博览会的过程中参与、感受、经历和创造，接受熏陶和濡染。从调查、设计、布置到评价，扎实有效的实践活动，锤炼学生的品质，让中华

优秀传统文化逐渐在师生心底生根。中国传统节日博览会活动，不仅是以"展示美"为中心，更是以"人的发展"为中心，使学生在策展的过程中体验美好，进而培养和养成良好的价值观和终身发展必备的核心素养。这样的展厅策展活动，还会推动更多的思考与迭代。

我的秋游我做主

实施年级：二年级

所跨学科：语文、数学、美术、科学、道德与法治、美术、综合实践

实施周期：15 课时

设计者：黄雅丹、陈思思

执笔人：陈思思

一、主题背景分析

（一）主题来源

"我的秋游我做主"跨学科主题学习，是基于学生现实生活的需求开发设计的。秋游大多是学校组织安排的固定研学内容。让学生参与设计秋游过程，激发他们的主动性，让他们感受到自己是活动的参与者，而不是被动参与者。这种参与感促使学生学会为自己的决定负责，从而培养责任感。

（二）主题概况

"我的秋游我做主"是一项多学科实践活动。以"秋游推荐"我来选、"秋游攻略"我来做、"秋游滋味"我来品三大任务梳理各学科的要求和课程标准，融合语文、数学、英语、科学、道德与法治、美术等学科知识，以设计旅游攻略为载体，通过推荐评选、实地考察、小组讨论和合作体验，激发学生的主动意识，积极参与秋游活动的设计，培养学生的自主规划能力。

二、学习目标

（一）活动目标

通过策划和实施秋游活动，以培养学生的秋游策划能力、小组团队协作能力和

创新能力为目标，分别安排了"秋游推荐"我来选、"秋游攻略"我来做、"秋游滋味"我来品三大任务，每个任务设有三个以上的目标内容。通过任务的层层推进，让学生能够完成任务设定的目标，完成并解决初始阶段的驱动性问题。在此过程中，学生将收获温州不同地点的自然景观、历史背景和文化特色等方面的知识，加深对温州本土旅游文化的了解。学生将学会观察天气气象，结合路线规划、预算管理等多方因素制订秋游计划，确保活动的可行性和安全性。同时，在秋游规划和实施过程中，学生将分组合作，锻炼领导能力和团队协作技巧。

（二）跨学科目标

任务	学科	目标
"秋游推荐"我来选	美术	学习各种材料和工具的使用方法，画出所选景点的景致特点
	英语	学习不同景物的英语名称，能恰当运用常见的英语词汇描述景点特色
	综合实践	收集温州各景点的自然景观与人文景观特点，概括总结景点的推荐亮点
	数学	统计选择不同景点的学生数量，提高学生收集和处理数据的能力和意识
	语文	根据投票结果，分组组建旅游小分队
"秋游攻略"我来做	科学	1. 认识天气，记录景点一个月的天气变化，掌握温州当季天气变化的规律 2. 认识方向，培养辨别景点位置方向的能力
	数学	根据不同天气选择穿搭，设计一天的旅行行程规划表
	语文	1. 认识不同的外出物品，根据景点和天气选择不同的物品和穿搭 2. 了解不同的交通工具并选择合适的交通方式到达景点
	道德与法治	学会发表自己的意见，注意听取他人的意见，制作旅游公约
"秋游滋味"我来品	语文	学会记录旅游故事，分享景点风光和旅游经过
	道德与法治	学会从不同角度分享旅游中让自己印象深刻的地方，并表达对景点的喜爱

三、主题设计

（一）任务设计（GRASPS工具）

任务设计元素	案例描述
目标（G）	完成一份合理、有趣的秋游攻略
角色（R）	秋游旅行攻略设计者
受众（A）	家长、学生
情境（S）	秋天到了，孩子们可以开展一次有趣的秋游活动。去哪里呢？怎么玩呢？不如一起制作一份秋游旅行攻略吧！
成果（P）	需要选定景点并组建小队，通过根据天气选择穿搭、认识方向、了解气候、选择交通工具制订一份旅游攻略，并能够用口语、文字、图画等方式分享自己的旅游经历
标准（S）	旅游攻略中包含出行五要素、物品清单、行程路线、我的穿搭、活动感受，攻略图示要清晰、完整，并能做到大方、有礼地分享旅游经历

（二）跨学科理解

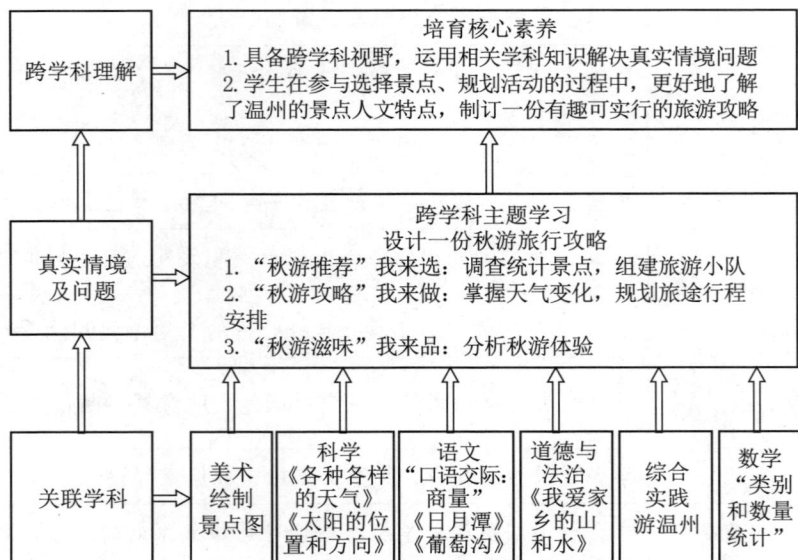

（三）子任务分解

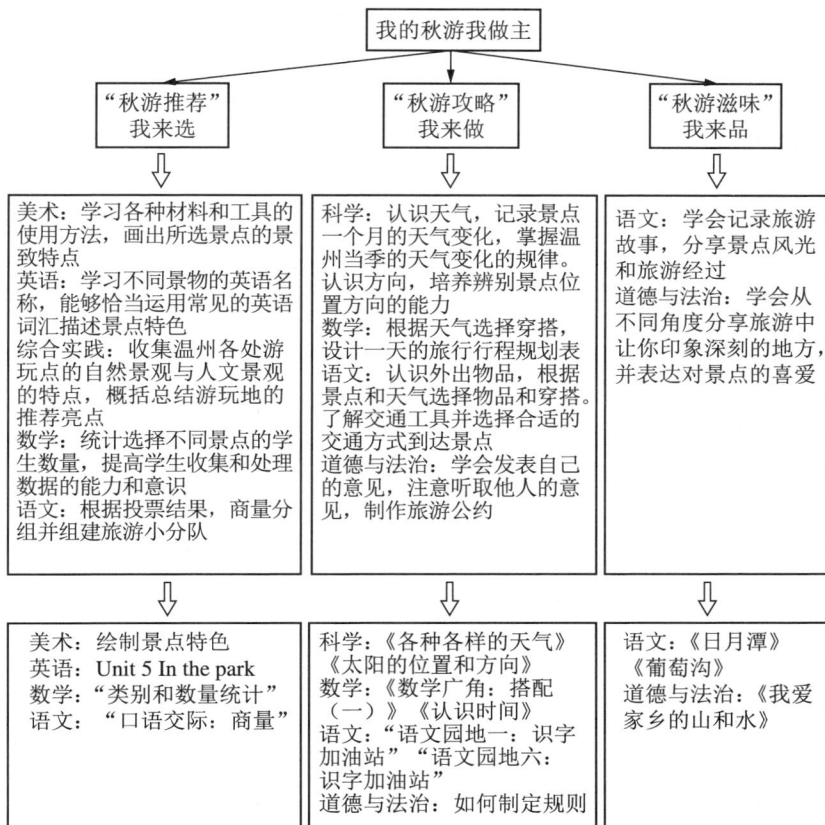

```
                        我的秋游我做主
          ┌──────────────────┼──────────────────┐
          ▼                  ▼                  ▼
    "秋游推荐"           "秋游攻略"           "秋游滋味"
     我来选               我来做               我来品
```

美术：学习各种材料和工具的使用方法，画出所选景点的景致特点 英语：学习不同景物的英语名称，能够恰当运用常见的英语词汇描述景点特色 综合实践：收集温州各处游玩点的自然景观与人文景观的特点，概括总结游玩地的推荐亮点 数学：统计选择不同景点的学生数量，提高学生收集和处理数据的能力和意识 语文：根据投票结果，商量分组并组建旅游小分队	科学：认识天气，记录景点一个月的天气变化，掌握温州当季的天气变化的规律。认识方向，培养辨别景点位置方向的能力 数学：根据天气选择穿搭，设计一天的旅行行程规划表 语文：认识外出物品，根据景点和天气选择物品和穿搭。了解交通工具并选择合适的交通方式到达景点 道德与法治：学会发表自己的意见，注意听取他人的意见，制作旅游公约	语文：学会记录旅游故事，分享景点风光和旅游经过 道德与法治：学会从不同角度分享旅游中让你印象深刻的地方，并表达对景点的喜爱

美术：绘制景点特色 英语：Unit 5 In the park 数学："类别和数量统计" 语文："口语交际：商量"	科学：《各种各样的天气》《太阳的位置和方向》 数学：《数学广角：搭配（一）》《认识时间》 语文："语文园地一：识字加油站""语文园地六：识字加油站" 道德与法治：如何制定规则	语文：《日月潭》《葡萄沟》 道德与法治：《我爱家乡的山和水》

四、实施过程

子任务一："秋游推荐"我来选

本任务让学生主动参与秋游攻略设计的前期筹备工作，了解温州当地的秋游好去处，通过开展景点调研、绘制景点、英文讲解、统计数据、组建小队等活动，提高学生策划活动的驱动力。

● 学习活动：景点调研——游温州

环节一：交流秋游地点

师：秋游，我们最值得期待的活动。往年的秋游都是学校组织安排的，不能满足每个同学的要求和想法。这次秋游让我们自己设计一份独一无二的秋游攻略吧!

教师简单介绍温州秋季的自然景观和人文景观,如雁荡山、楠溪江、永嘉书院、文成红枫古道等。

学生分小组讨论感兴趣的秋游景点并发表观点。学生能结合同学意见,阐述自己的观点。

生1:瑞安的国旗馆。在玩的过程中,学习到更多有关国家和国旗的故事,是一举两得的事情。

生2:雁荡山是国家级旅游景点,风光秀丽,不仅有奇峰怪石,还有飞泉瀑布,是秋游的好去处。

生3:……

教师引导学生从多角度思考选择这些地点作为秋游目的地的原因。

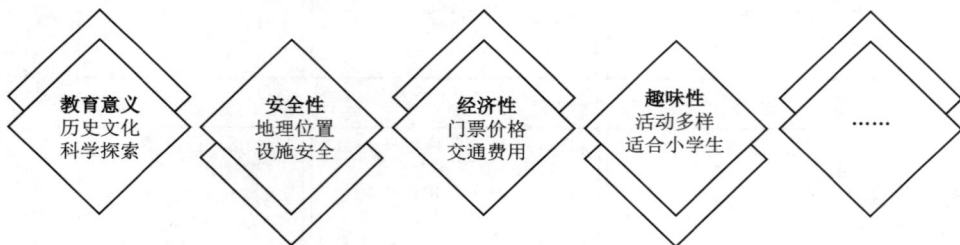

| 教育意义 历史文化 科学探索 | 安全性 地理位置 设施安全 | 经济性 门票价格 交通费用 | 趣味性 活动多样 适合小学生 | …… |

环节二:学习调查秋游目的地的方法

师:同学们,你知道怎么样才能了解我们想要去的秋游目的地呢?有哪些好的方法,可以帮助我们收集到这些地区的特点呢?

学生总结归纳调查研究的方式。

【小贴士】

口头调查:向家人、朋友或同学询问他们推荐的游玩点,并记录下这些景点的名称和推荐理由。

问卷调查:设计一份简单的问卷,包含景点名称、推荐理由、是否合适儿童等问题,然后分发给家长或同学。

网络搜索:在老师和家长指导下,学生查找相关景点的信息,如图片、介绍、评价等。

【过程性评价】学生在小组活动中,能够根据实践情境问题,学习收集数据的方法，这不仅可以培养他们的观察力、分析能力和逻辑思维能力，还为他们在日后学习更复杂的知识打下基础。

环节三：绘画秋游图景，用英语标注景物名称

师：听说同学们为了策划一次有趣的秋游活动，调查了温州很多地方，把它画下来跟同学一起分享吧！

教师引导学生思考画哪里、画什么景色、该怎么画。在教学过程中示范如何描绘秋游图景，重点讲解色彩的搭配技巧，引导学生学会运用不同的形式、素材展现作品。

环节四：制作英语景点推荐卡

学生从了解到的景点中选择一个自己喜欢的景点并记录下来。制作英语景点推荐卡，让学生更好地了解温州的人文特色。

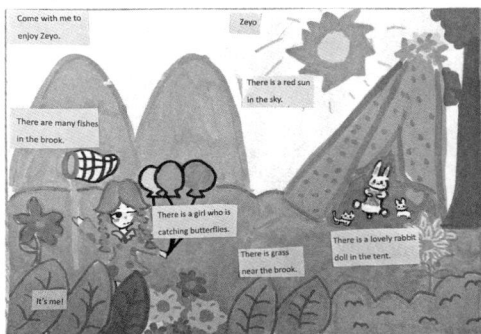

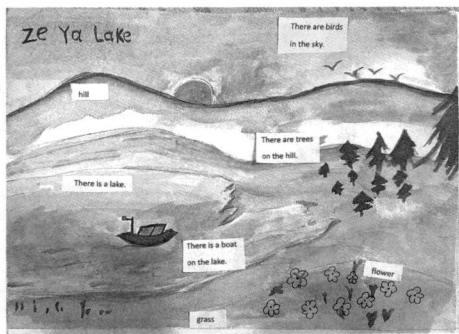

环节五：展示秋游目的地的调查成果

各小组派代表上台展示本组的调研成果，分享收集数据过程的经验和收获。其

他小组和教师进行点评，提出修改的建议。最后进行成果展示，增强学生的自信心，提高语言表达能力。

秋游推荐单元项目化作业评价量规						
等级项目	A（4分）	B（3分）	C（2分）	D（1分）	自评	师评
Task 2（Introduce the animals and plants）	能合理设计并介绍景点，景点分布准确、介绍清晰	景点设计比较合理，绘画一般，介绍单一	景点设计不合理，绘画比较粗糙	景点内容画得随意，画面粗糙		
Task 3-1（Create your own sightseeing Plan）	语言准确，语音语调流畅标准，声音响亮，表演生动，有良好的演技	表述基本准确，有一些发音和表达错误，语音语调一般，声音比较响亮，表演比较生动	表述错误较多，语音语调不够准确，声音不响亮，有因为紧张的停顿	表述错误很多，语音语调比较差，声音不响亮，表演生硬		
Task 3-2（Create your own sightseeing Plan）	每个成员都积极参与，合作高效愉快	每个成员都参与	个别成员没有参与	每个成员都不主动参与，需要教师督促		

总分：

环节六：统计各秋游景点的参与人数，组建秋游小分队

师：瞧瞧！同学们收集到的秋游去处可真多，有风光绮旎的，有趣味丰富的，还有极具教育意义的。大家最想去哪个景点呢？今天，我们将通过统计的方法，了解大家对不同景点的兴趣。

教师将各景点名称写在黑板上，通过投票的方式，统计每个景点选择的人数（学生记数）。

【过程性评价】教师引导学生理解并应用基本的统计概念，收集各个景点的选择人数。通过实践活动，增强学生在日常生活中应用数学的意识。

师：同学们现在可以选择与自己有共同秋游兴趣的同学组队啦！鼓励每个

小组为自己的小组取名，并设计一句简短的口号，以增强团队凝聚力。

【小贴士】教师在旁观察，尽量不干预学生的选择。发现有小组人数不均衡或成员存在矛盾时，可适时介入，引导学生进行调整、优化。

子任务二："秋游攻略"我来做

1. 学习活动一：天气我来记，方向我会辨

展示一段旅游视频，引导学生观察视频中的天气变化。

师：你们在旅游时有没有遇到过因为天气变化而影响行程的情况？你们是如何应对的？今天我们就来学习如何认识天气，记录目的地的天气，为我们的旅行做好准备。

天气现象的认识：利用多媒体课件展示常见的天气现象（如雨、雪、风、雾等），介绍天气符号，让学生识别。

天气记录的方法：运用天气符号记录秋游目的地的十月天气日历。

师：同学们，我们掌握了秋游目的地的天气情况。请你也试着掌握方向，让我们在秋游的过程中快速找到自己想去的地方。

展示秋游目的地平面图，让学生观察并说出其中名景点的方向。设计一条游览路线，让学生用方向词描述行走路线。

2. 学习活动二：秋游穿搭师

展示秋季美景图片，引导学生想象自己即将参加秋游活动。

师：秋游时，你会选择穿什么样的衣服？为什么？让我们用数学搭配的方法，设计一套既实用又美观的秋游穿搭。

引导学生思考秋游时需要考虑的穿搭要素，如保暖性、舒适性、美观性等，进行服装搭配。记录每种搭配方案，并尝试计算总共可以搭配出多少种不同的方案。

【小贴士】引导学生思考：如果秋游当天天气有变，应该如何调整穿搭方案。鼓励学生设计一套应对不同天气的备选方案。

【过程性评价】数学不仅仅是一门学科，更是一种工具，帮助我们更好地解决生活中的问题。学生通过运用数学知识，找到服装搭配的最优法门。

3. 学习活动三：小小时间规划师

师：旅途中常因时间规划不合理错过精彩环节，为了让此次秋游更具严谨性，我们一起来规划游玩的计划吧！

教师展示旅游计划的模板，讲解填写方法，包括目的地、出发时间、返程时间、计算各个景点的游览时长等内容，引导学生合理安排行程。

4. 学习活动四：外出物品、交通工具大集结

实物展示，如雨具、帽子、水、饼干、急救包。

交通工具，如轿车、摩托车、动车、火车。

结合"语文园地一：识字加油站""语文园地二：识字加油站"不同场景的物品和交通工具，小组讨论选择前往秋游目的地需要准备的物品和所乘坐的交通工具。

5. 学习活动五：制订秋游公约

播放一段关于秋游活动的视频，引导学生回忆自己参与秋游的经历，提出秋游过程中可能遇到的问题。

以秋游小组为单位，每组发放一张小组讨论卡片，卡片中列出几个关于秋游公约的议题，如"如何避免乱扔垃圾""遇到紧急情况怎么办"等。引导学生围绕议题展开讨论，小组汇集秋游公约的精华部分，制订最终版秋游公约，约定共同遵守公约内容。

【过程性评价】让学生参与秋游公约的制订，能够增强学生的环保意识和安全意识，培养文明旅游的行为习惯。内化于心、外化于行，成为文明旅游的小使者。

通过子任务二，让学生有方法、有目的地策划一次秋游攻略。

我的秋游我做主

秋天到了，小杏娃们想要开展一次有趣的秋游吗？去哪里呢？怎么玩呢？我们一起来制作一份秋游旅游攻略吧。

一、制订秋游攻略

请在下面的方框内设计你自己的秋游攻略，除了文字，还可以配上图片，

时间： 天气：		物品清单：
地点：		
同行人员： 出行方式：		

我的穿搭（画一画）：

行程安排（路线图）：

让你的攻略更精美哦！

子任务三："秋游滋味"我来品

1. 学习活动一：分享秋游经历

师：学习《我爱家乡的山和水》，学会从不同角度分享秋游中让你印象深刻的地方。除了美丽的风景，我们还可以从哪些角度分享秋游中印象深刻之地？

文化特色 --→ 历史故事 --→ 民俗风情 --→ 人文关怀 --→ 旅途趣事

教师总结学生的分享并进行评价，鼓励学生表达真实情感。

2. 学习活动二：我的秋游故事

师：秋天是收获的季节，也是出游的好时节。我们将跟随课文《葡萄沟》和《日月潭》的脚步，一起走进秋天的美景，并创作自己的秋游故事。

回顾两课中的美景描述，如葡萄沟的葡萄架、香甜的葡萄；日月潭的湖光山色、晨雾缭绕、日月交辉等。引导学生总结文中描绘秋景的词汇和句型，如"金黄的叶子""秋风送爽""果实累累"等，并尝试用这些词汇造句。

小组运用所学的词汇和句型，结合秋游实景，用文字和画笔记录本次秋游的美妙时光。

我的秋游故事

一、我会画：贴一张秋游时的照片或者画一画。

二、我会写：根据上面的图片写一写，记录你的秋游故事。

【过程性评价】通过分析课文、小组讨论、写作实践等方式，学生能运用所学技巧记录秋游故事。这不仅培养了学生对美的感知能力，激发了学生写作的兴趣，也为这"亲力亲为"的秋游策划活动留下了真情笔触。

五、活动点评

（一）跨学科整合与综合能力培养

"我的秋游我做主"巧妙地将语文、数学、科学、英语、美术、综合实践、道德与法治等学科的知识融入其中，形成了一个跨学科的学习平台。通过"秋游推荐"我来选，学生不仅了解了温州各地的自然景观特色，还深入挖掘了其背后的历史背景和文化内涵，促进了知识的综合运用与迁移能力的发展。"秋游攻略"我来做，要求学生运用地理空间思维进行路线规划，结合数学知识进行时间规划，利用科学气象知识预测天气变化，从而确保了活动的科学性与实用性。这一系列活动极大地提升了学生的综合素质和解决实际问题的能力。

（二）任务式学习与团队协作

通过设定具体的项目任务——秋游攻略的策划与实施，让学生在真实的情境中学习。整个过程中，学生被分成小组，协作完成从选题、调研、设计到实施的各个环节。同时，面对项目中的挑战和不确定性，学生需要共同讨论、寻找解决方案，这一过程本身就是对创新思维和问题解决能力的有效训练。

（三）实践体验与本土文化传承

课程强调学生的实践体验，通过多方调研、亲身体验的方式，让学生亲身感受温州的自然风光和人文底蕴。这种"做中学"的方式，使学生能够更加深刻地理解并认同本土文化，增强文化自信。同时，通过秋游攻略的策划与实施，学生也成了温州旅游文化的传播者，他们在分享自己成果的过程中，也促进了本土文化的传承与发扬。此外，活动还引导学生关注环境保护、安全意识等社会议题，培养了学生的社会责任感和公民意识。

我的温州游记

实施年级：四年级

所跨学科：语文、美术、数学、信息科技、综合实践

实施周期：10 课时

设计者：潘建策、吴晓洁、李佳奇、金晓和、王蓉

执笔人：潘建策

一、主题背景分析

（一）主题来源

"我的温州游记"课程源于对当前教育环境的深刻洞察和对学生全面发展需求的响应。该课程旨在通过一系列实践活动，拓宽学生的知识视野，增强他们对家乡文化的认同感和归属感。课程的构思基于以下考量：学生相对缺乏社会实践经验，课内知识与课外实践的结合不够紧密，学生在写作游记方面存在一定难度。此外，新课标强调构建全面培养的课程体系，注重课程综合和学科间知识的整合，这也为本课程的开发提供了指导。

（二）主题概况

"我的温州游记"是一门专为四年级学生设计的校本课程，属于知识拓展类，共 10 课时。课程通过教科书与自编教材的结合，引导学生探索温州的旅游景点，了解家乡的自然景观和人文历史。课程内容涵盖调查研究、实地考察、写作表达等多个方面，旨在培养学生的调查能力、写作技巧、审美情感和文化自信。

课程的核心目标是通过实践活动，让学生深入了解温州的旅游资源，掌握调查研究的基本方法，并通过写作、绘画、制作海报等多种形式表达对家乡的热爱和认识。课程内容分为三个部分，包括对温州景点的调查研究、亲身体验温州的自然与人文景观，以及通过多种方式为温州代言和推广。

二、学习目标

（一）活动目标

调查研究了解温州各大景区热门度，并整理成调查报告。

参观温州十大热门景区，探究各大景区的历史、人文等，并写成游记或介绍词。

通过课内、课外活动，培养学生热爱家乡，热爱家乡的文化。以海报、美食推荐卡、手绘游览线路、游记、推荐词等多形式感受家乡文化，推广温州，增强文化自信。

（二）跨学科目标

任务	学科	目标
温州景区排行榜	综合实践	1. 了解调查问卷的模式，学会用问卷调查法做调查研究 2. 尝试用问卷调查法设计一份科学、合理的"温州十大最受欢迎景区"调查问卷
	信息	了解发布调查问卷的步骤，学会用小程序发布调查问卷
	数学	能根据收集的数据在提供的样图上完成相应的复式条形统计图，并进行简单的类推分析
我游温州	语文	1. 了解作者写景的顺序，掌握过渡句的写法，能梳理出课文按一定顺序写景物的方法 2. 学会按一定顺序说出游览路线，并按照一定的顺序对一处景物进行介绍
	美术	认识不同姿态的线条，体会线条的美感特征，掌握直线、折线、曲线、交叉线等以及不同线形的变化，理解线的美感特征，感悟各类线条的表现力，培养学生造型能力和创造能力
	道法	通过实践了解温州风俗，感受家乡文化，关心家乡发展

（续表）

任务	学科	目标
制作温州旅行手册	语文	能清楚明白地讲述见闻，说出自己的感受和想法
	英语	
	美术	了解线条的各种形状、线形的变化及线条组合的黑白灰层次；能用各种线条、色彩描绘家乡景点，表达自己对家乡的喜爱之情
	综合	能将融合课程中的作品整理归类并制作成《温州旅行手册》

三、主题设计

（一）任务设计（GRASPS 工具）

任务设计元素	案例描述
目标（G）	为参加亚运会龙舟赛的嘉宾及来温州旅游的游客设计一本《温州旅游手册》
角色（R）	旅游手册设计师
受众（A）	参加亚运会龙舟赛的嘉宾及外来游客
情境（S）	2023 年温州市瓯海区要承办亚运会龙舟赛，你作为温州旅游大使，请为温州的旅游景点做一本美观、实用的《温州旅游手册》
成果（P）	温州各景区购票数据、温州景区排行榜、温州景区调查报告、景点游记、景点介绍词、景点推荐海报、景区美食推荐卡、手绘景点线路图、温州旅游手册
标准（S）	一本美观、实用的《温州旅游手册》

（二）跨学科理解

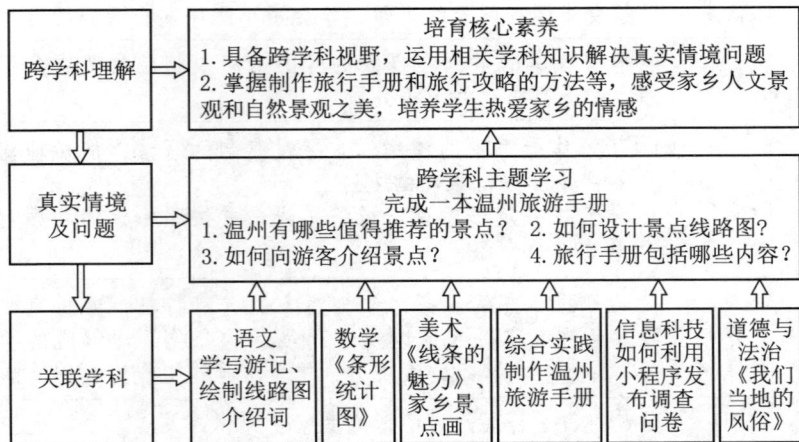

（三）子任务分解

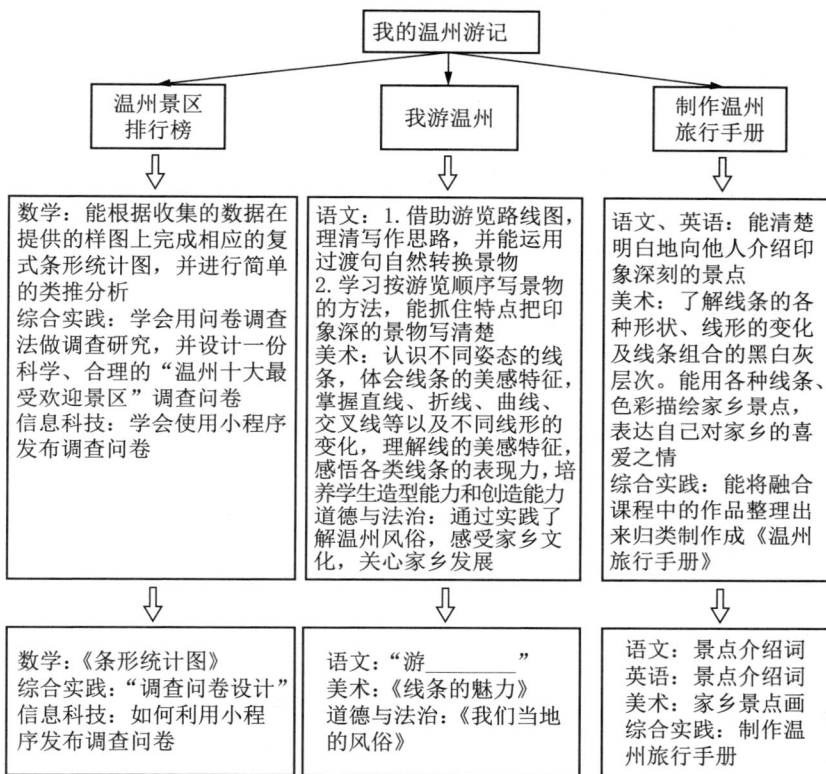

```
                        我的温州游记
            ┌───────────────┼───────────────┐
      温州景区              我游温州           制作温州
      排行榜                                  旅行手册
```

| 数学：能根据收集的数据在提供的样图上完成相应的复式条形统计图，并进行简单的类推分析
综合实践：学会用问卷调查法做调查研究，并设计一份科学、合理的"温州十大最受欢迎景区"调查问卷
信息科技：学会使用小程序发布调查问卷 | 语文：1.借助游览路线图，理清写作思路，并能运用过渡句自然转换景物
2.学习按游览顺序写景物的方法，能抓住特点把印象深的景物写清楚
美术：认识不同姿态的线条，体会线条的美感特征，掌握直线、折线、曲线、交叉线等以及不同线形的变化，理解线的美感特征，感悟各类线条的表现力，培养学生造型能力和创造能力
道德与法治：通过实践了解温州风俗，感受家乡文化，关心家乡发展 | 语文、英语：能清楚明白地向他人介绍印象深刻的景点
美术：了解线条的各种形状、线形的变化及线条组合的黑白灰层次。能用各种线条、色彩描绘家乡景点，表达自己对家乡的喜爱之情
综合实践：能将融合课程中的作品整理出来归类制作成《温州旅行手册》 |

| 数学：《条形统计图》
综合实践："调查问卷设计"
信息科技：如何利用小程序发布调查问卷 | 语文："游_____"
美术：《线条的魅力》
道德与法治：《我们当地的风俗》 | 语文：景点介绍词
英语：景点介绍词
美术：家乡景点画
综合实践：制作温州旅行手册 |

四、学习过程

子任务一：温州景区排行榜

1. 学习活动一：设计调查问卷

环节一：谈话揭题

师：同学们，校园班级大合唱比赛马上要开始了，你们都准备好了吗？

播放歌曲《让我们荡起双桨》（班级参赛歌曲），教师在课前对同学们的自学歌曲情况做了调查，在课上展示关于高铁新城实验学校五（2）班学生自学歌曲情况的调查结果。

揭题：设计调查问卷

环节二：了解调查问卷

① 什么是问卷调查法

问卷调查法：调查人员根据调查主题设计出包含一系列问题的问卷，通过让受访者回答这些问题来收集数据的一种研究方法。

优势和特点：简便易行，调查面广。

② 故事链接（案例分析）

展示某班的两个不同研究。学生仔细比较问卷 A 和问卷 B 的差别，思考和分析：

你觉得哪份设计更好？好在哪里？

问卷由哪几部分组成？

一份科学合理的调查问卷要注意哪些问题？

③ 小组讨论反馈

归纳板书：调查问卷的主要组成

归纳板书：设计问卷的遵循原则

环节三：尝试设计问卷

请学生设计一份"温州十大最受欢迎景区"调查问卷。

学生以四人为小组，围绕调查主题，合作设计一份科学合理的调查问卷。

温馨提示：

- 讨论交流，确定调查主题。
- 组内分工，分工设计问卷。
- 同伴合作，相互修改问卷。
- 整理汇总，完成问卷设计。

① 交流评价

将初步设计好的问卷在班级小范围内试行，一起分析和评价。

优点	修改建议

② 小组修改问卷

环节四：课后作业

完善调查问卷。

2.　学习活动二：如何利用小程序发布调查问卷

环节一：导入

简短地介绍小程序的便捷性和在教育中的应用，让学生通过本节课学习如何利用小程序发布调查问卷。

环节二：小程序概述

介绍小程序的定义、特点和常见用途。举例说明小程序在教育领域的应用案例。

问卷调查的重要性：讨论问卷调查在获取信息、分析问题和决策过程中的作用。

小程序发布问卷的步骤：演示如何在小程序中创建问卷、设计问题、设置选项和发布问卷。

环节三：演示操作

使用投影仪或大屏幕，现场演示以下步骤：打开小程序，注册或登录账号；创建新的调查问卷；设计问卷题目和选项；设置问卷的发布选项，如调查对象、截止日期等；发布问卷并获取问卷链接或二维码。

环节四：学生实践

学生自行操作小程序，尝试发布一份简单的调查问卷。教师巡回指导，解答学生在操作过程中遇到的问题。

环节五：分享与讨论

邀请几个学生分享他们的问卷设计和发布过程。小组讨论小程序发布问卷的优势和可能存在的局限性。

环节六：总结与作业

总结本节课的主要内容和学习要点。

布置作业：利用小程序发布一份关于"温州十大最受欢迎景区"调查问卷，并收集至少十份反馈。

3. 学习活动三：条形统计图

环节一：真实情境，激发兴趣

① 创设情境

师：同学们，前段时间我们一起合作完成了面向我们高实学子的"温州十大最受欢迎景区"的调查工作。这是我们收集到的一部分数据，通过这张统计表，我们可以知道哪些信息？

四（1）班男、女生最喜欢的景区统计表

	五马街	楠溪江	温州乐园	雁荡山	江心屿
男生	17	12	15	14	9
女生	19	12	20	10	7

② 引出条形统计图

师：如果要一眼看出哪个景区最受欢迎，可以怎么做？（板书：条形统计图）

环节二：自主探究，构建新知

① 引出复式条形统计图

画一画：把"四（1）班男、女生最喜欢的景区"条形统计图补充完整。

比一比：看谁画得既正确又美观，让大家一看就明白。

学生在任务单上画图，教师巡视并加以指导。教师展示学生的成果，引导学生在对比完整和不完整的统计图中学会规范制作条形统计图，强调制图的步骤和注意点。

问题：喜欢五马街的男生和女生人数相差多少？只看其中一张图行吗？

通过对单式条形统计图的补充与讨论，在对比中引出新内容——复式条形统计图，使学生初步感受复式条形统计图的优势。

② 动手实践，尝试绘制复式条形统计图

画一画：把两幅统计图合并成一幅统计图。

读一读：在合并完成后的新统计图中，你读出了什么信息？

说一说：对于合并后的统计图，还有哪些需要改进的地方？

学生小组讨论后尝试动手绘制，教师巡视。

学生完成后进行汇报展示。

针对作品讨论改进方案：不同组的数据用不同的颜色（条纹）区分（图例）；不同数据之间有一定的间隔；写统计图名称……

小结：像这样，将两个统计图中的内容合并成一个统计图，这种新的统计图就是我们今天学习的内容——复式条形统计图。（完善课题，补充板书：复式）

提出要求：完善自己的复式条形统计图。

③ 根据图中的信息提出简单的问题并进行分析和判断，发展数据分析观念

观察画好的复式条形统计图，回答以下问题：

• 这5个景点里，女生最喜欢哪个？男生呢？

• 哪个景点最受欢迎？

• 哪个景区男生和女生喜欢的人数相差最大？

• 你还能得到哪些信息？

④ 认识复式条形统计图的不同呈现形式

展示横向复式条形统计图和纵向复式条形统计图。

小结：像这样统计两项或者两项以上项目的条形统计图叫作复式条形统计图，简称复式条形图。各种复式条形统计图只是形式上的不同，在其他方面是相同的。不论哪种呈现形式，都直观地反映了所统计的数据，方便我们更好地获取有用信息，进行分析和判断。

环节三：及时练习，巩固提高

用今天的所学，完成两个复式条形统计图。

师：同学们，通过你们的共同努力，高实学生心目中的"温州十大最受欢迎景区"已有结果。现在，请为你们的调查结果绘制复式条形统计图吧！

	雁荡山	楠溪江	江心屿	五马街	泽雅风景区	文成百丈漈	温州乐园	三垟湿地	大罗山	洞头风景区
小学	109	117	112	127	94	64	134	103	76	73
中学	69	79	59	78	47	54	84	56	44	42

师：这是按照性别整理的调查结果，请你也根据数据绘制复式条形统计图吧！

	雁荡山	楠溪江	江心屿	五马街	泽雅风景区	文成百丈漈	温州乐园	三垟湿地	大罗山	洞头风景区
男生	93	98	84	102	68	62	94	75	60	59
女生	85	98	87	103	73	56	124	84	60	56

环节四：课堂小结，拓展提升

师：这节课，我们学习了什么？有什么收获呢？

子任务二：我游温州

1. 学习活动一：游＿＿＿＿＿＿＿＿

环节一：选择印象深刻的一两处景点重点写，怎样把它的特点写出来？

师：这次习作，你印象最深刻的景物是什么？有什么特点？
同桌讨论交流后全班交流。

生1：我印象最深刻的是江心屿的匠心寺，它庄重森严。

生2：我印象最深刻的是中山公园湖中的荷叶。一到夏天，一大片荷叶碧绿碧绿的，很美。

环节二：指导写片段

师：赶紧拿起你手中的笔，将印象最深刻的景点记录下来吧！
学生写片段，教师巡视指导。

环节三：通过朗读片段，明确怎样突出重点

教师指名学生朗读自己的写作片段，及时点评指导。教师用课件展示习作精选片段。学生自由朗读精选习作。教师用课件展示点评要点，指名点评。

评价标准：是否突出了这个景点的特点；描述是否生动，能否激起读者的游览兴趣；描写是否有条理。

2. 学习活动二：线条的魅力

环节一：情境导入

师：同学们，今天老师带来了一段舞蹈视频，想不想看看？（播放《红绸舞》片段）

师：这个舞蹈美吗？在这个舞蹈中红绸有哪些变化？（板书：有曲有直）

师：老师还为大家准备了一些礼物，请大家从抽屉里拿出来，再和你的小组成员比一比，看一看有什么不一样。

学生通过观察，回答线条有粗有细、有长有短。（板书：有粗有细，有长有短）

小结：一根普通的线条居然可以有这么多的变化。看来线条还真是很神奇呢！今天，就让我们一起走近线条，感受线条的魅力吧。（板书课题）

环节二：感受线的美感

① 回忆身边的线

师：线条在我们的生活中无处不在，你能说说看吗？

预设：窗帘、斑马、水纹……

② 欣赏美丽的线条

师：老师也找到了一些图片，我们一起来看一看。

图片内容	引导语
梯田	这是哪里呢？
贝壳上的花纹	你能用手画出来吗？
斑马	它们是谁？仔细看，它们身上的线条有变化吗？
鸟巢	这是哪里？从外面看，鸟巢也是由一根根的线条构成的

师：这些图美吗？当你看到这些由不同的线条组成的不同图案时，有什么不一样的感受呢？和你的同桌交流一下。（组织学生交流讨论）

小结：生活中的线条是千变万化的，我们大致可以把它们分为直线、曲线、折线。不同的线条有着不同的趣味，直线给人平缓简单的感觉，曲线很温柔、很飘逸，折线却是紧张急促的。（多媒体展示：直线——平缓、简单；曲线——飘逸、温柔；折线——紧张、急促）

③ 感受线条的组合规律

师：刚才我们发现线的形态不同，给我们的感受也不一样。其实大自然中还有一些很有意思的线条，我们来看一看。

师：这些图有什么共同之处？

生：都是由很多线组成的。

师：这些线的组合有什么规律吗？

学生找到线条的疏密浓淡变化。（教师板书）

师：不同的线条有规律地组合在一起，又带给你怎样的感受呢？

学生说感受。

小结：大自然是位魔术师，在他的妙笔生花下，线条组成了一幅幅动人的画卷。在艺术界，也有一些大师利用简单的线条来画画，我们赶紧来看看吧！

环节三：欣赏大师作品，探究分析

作品	引导语
毕加索的作品	这位画家将线条进行了怎样的组合？
吴冠中的《梯田》	这位画家又是怎样将线条进行组合的？

小结：线条是绘画最基本的元素，将线条有规律地进行组合，画面会产生丰富的变化。

环节四：教师示范

师：看了大师们的作品，老师发现线条的本领真是太大了！今天，我也来试一试。大家看这是什么？（展示一个纸做的花瓶）这个瓶子身体上空空的什么也没有，不太好看，所以老师请一些线条来帮忙，看看能不能把它装饰得美一些。

教师示范，先把温州景区分成几部分，然后添上富有变化的线条。（画的时候可以让学生也出出主意）

教师用粗粗的黑笔完成后，提问：你觉得可以了吗？还可以用什么线装饰？

学生指出在粗线的空隙处还可以装饰一些细线。

小结：在大家的帮助下，老师顺利地用线条装饰了温州景区。大家觉得老师完成得怎么样？如果让你来装饰，你有信心吗？为了让大家更有信心，我们再来欣赏一些同龄人的作品。

环节五：布置作业

用线条绘制温州景区。用线条表现花纹时，应注意疏密、粗细、曲直的搭配以及点、线、面的组合。

环节六：总结拓展

师：今天我们用变化的线条绘画了我们美丽的温州，大家做得都不错。请大家把赞美的掌声送给自己。最后，老师还要告诉大家，我们的人生就像一根线条，人生的每一段经历就像是线条上的每一点、每一段，希望同学们都能描绘出自己的精彩画面。

3. 学习活动三：我们当地的风俗

环节一：浓浓乡音，悠悠乡情

请学生利用温州话进行简单的自我介绍，并用温州话说一说自己游览了温州的哪些景区。让学生在自我介绍的基础上深入说一说自己游览景点的一天。

环节二：诗画山水，传奇温州

① 任务一
学生小组合作介绍温州名屿名江（江心屿、楠溪江、雁荡山泽雅、三垟湿地等）等景点历史。

② 任务二
小组交流预习作业。小组开展合作学习，借助思维导图完成介绍提纲。小组进行汇报，小组代表投屏介绍景点，通过视频、照片、文字、画报等形式分享景点特有的历史文化。

小结：通过你们的介绍，我们知道了许许多多的风俗与深厚的文化底蕴有关，还有对生活的美好祝愿和保佑。

环节三：走进纸山，走近纸农

教师通过视频，让学生学习泽雅纸山非物质文化遗产的起源与发展。利用课件展示泽雅传统造纸专题展示馆，让学生深入了解温州造纸的文化内涵。

师：了解完我们温州传统的风俗技艺，你有什么想说的？

生1：因为我们独特的地理位置和资源优势，所以我们可以造纸。

生2：古代的人非常有智慧，手很巧，可以造出纸张。

生3：传统文化技艺要传承下去，不能丢。

师：你还知道温州有哪些传统技艺吗？

子任务三：制作温州旅行手册

1. 学习活动一：景点介绍词

环节一：导入课题

播放楠溪江风光片的片头曲。学生分享听完歌曲后的感受。教师揭示课题。

环节二：景点介绍汇报

① 激发学生汇报热情

师：三百里秀水楠溪江是浙南大地的天然氧吧，温州大都市的休闲后花园，国家级风景名胜区，中国山水诗的摇篮。如此优美的景色激起了我们去了解楠溪江的热情。带着这份热情，我们分成五个小组，对楠溪江的水秀、岩奇、瀑多、村古、滩林美五个特色进行了一系列的探访活动，收获多多。这堂课，我想请同学们当导游，把你们本次活动的成果展示出来。让我们一起畅游三百里秀水楠溪江。

② 学生汇报

师：楠溪江是世界地质公园、国家4A级旅游区，主流长139.8千米，有36湾72滩。水流柔静舒缓，浅滩清澈见底。让我们一起坐上竹筏畅游楠溪江吧。

第一组展示

各位游客，大家好！

我是高实旅行社的导游，欢迎你们到楠溪江来旅游，我代表旅行社向你们致以最诚挚的问候！本次旅游将由我来为大家提供优质的服务，预祝你们旅途愉快！现在我们已经坐上了竹筏。江水清清，竹筏悠悠。这条楠溪江发源于括苍山，三百里秀水逶迤在永嘉县境内，从北向南流入瓯江。看！它水体清澈没有污染，水样分析表明完全符合国家一级水的标准，是当今世界难能可贵的旅游资源。远眺楠溪江，它就像一条飘逸的绸带，盘绕群山。

师：楠溪江的水被专家们誉为"天下第一水"，果然名不虚传。接下去我们来请第二组来展示。

第二组展示

小导游：这是我们组收集到的有关岩奇的资料，大家一起来欣赏。（视频展示）下面由我们组两个同学向大家介绍。（三个成员介绍，视频展示景点）

介绍一：石桅岩在鹤盛乡下岙村北约500米处的峡谷中，有一巨峰，擎天拔地，因形似船桅，故名石桅岩，其相对高度306米，通体皆石，呈浅红色，岩顶如并蒂莲黄，比肩而耸。此岩有"浙南天柱"之誉。石桅岩四围山势险峻，云雾如潮，淹没群山，唯石桅岩峰顶在云雾之上，如航船上的桅杆。大若岩的十二峰，十二峰姿态各异，参差笔立，大有破天争空之势，观此景，会使人心神为之一振。

介绍二：崖下库，两侧陡壁高耸，深入山腹，人在谷中，见天一线，谷底跌水三级，构成三潭，上潭四面绝壁，观天如井，飞檐凌空而泻，声如雷轰。

师：楠溪江的石岩，真是气势峥嵘，蔚为壮观。都说楠溪江的绝妙处在于瀑多，瀑多组将给大家带来更多的惊喜。

第三组展示

小导游：前几个星期，爸爸妈妈带我们去楠溪江看了几条瀑布。（视频展示）在我们楠溪江，具有一定规模、观赏价值较高的瀑布达50多处。其中非常有名的有百丈漈、七级瀑、莲花瀑、击鼓瀑、含羞瀑、九漈瀑等。下面我们来玩抢答游戏，看谁能从我们的口述中知道是哪一条瀑布，答对有奖。

1. 此瀑高124米，为浙江第二大瀑布。
2. 此瀑一级一级如梯子，有七级。
3. 水流冲击岩石后，散开形如莲花一般的瀑布。
4. 此瀑不入其内就不见它的全貌。
5. 溪水从不到两公里的溪谷中变幻出形态各异的九叠飞流。

环节三：写介绍词

师：各位同学，刚刚大家都知道了楠溪江的美丽和神奇，并对它进行了一番介绍，接下来开始小组合作。说一说你了解的温州景点。如果你是景区设计师，你会如何写景区的介绍词？我们将在成果汇报会上进行展示。

2. 学习活动二：家乡景点画

环节一：导入课题

教师展示家乡景点的图片或视频，激发学生的兴趣。教师简单介绍家乡的地理位置和文化背景。

环节二：观察与讨论

学生分组讨论家乡景点的特点，如建筑、自然景观等。每组分享讨论结果，教师点评并补充。

环节三：技巧讲解

教师讲解绘画的基本技巧，如线条、色彩、透视等。教师展示不同绘画风格的作品，让学生了解多样化的表现手法。

环节四：示范与练习

教师现场示范如何绘制家乡景点，强调观察和表现技巧。学生尝试绘制简单的家乡景点草图。

环节五：课堂小结

教师总结本课时的学习要点，通过提问的方式考查学生对家乡景点画的理解。

环节六：深入创作

学生根据上一课时的草图，进行深入创作。教师巡回指导，帮助学生解决绘画中遇到的问题。

环节七：作品展示与评价

学生展示自己的作品，进行自我评价和互评。教师点评，表扬优秀作品，提出改进建议。

环节八：情感延伸，作业布置

学生讨论家乡景点画对个人情感的影响。教师鼓励学生在日常生活中多观察、多思考、多创作。学生完成一幅家乡景点的完整画作，要求体现个人风格和创意。

3. 学习活动三：制作《温州旅行手册》

环节一：导入与分组

教师播放温州十大热门景区风光视频，激发学生兴趣。教师简要介绍温州的基本情况。

环节二：分组与任务分配

学生分成小组，每组分配不同的任务（如美食、名胜古迹等）。

环节三：讨论与计划

各小组讨论并计划手册的大纲和内容。

环节四：资料整理

教师指导学生如何筛选和整理小组内的资料。

环节五：手册制作

学生讨论手册的版面设计和布局，并根据讨论结果制作手册。各小组互相评价其他小组的手册。

环节六：成果展示与评价

各小组展示自己的旅行手册。全班学生对每个小组的手册进行评价。教师对各小组的手册进行总结性点评。

五、活动点评

（一）主题时尚——融乡土资源，亮主题特色

2023年亚运会龙舟比赛在温州瓯海娄桥隆重举行，而"我的温州游记"正是

一项创新性校本课程，它突破了传统课堂的界限，将学习与实践紧密结合，引领学生走出教室，深入探索家乡温州的自然风光和文化特色。课程设计巧妙地融合了语文、数学、信息科技、美术等学科知识，体现了跨学科主题学习的理念。

（二）效果显著

通过本课程，学生不仅学会了设计调查问卷、收集和分析数据，还学会了撰写游记、介绍词，甚至可以用艺术的形式表达对家乡的热爱。这些活动极大地提升了学生的研究能力、写作能力、审美能力和创造力。

课程的实施效果显著，学生在实践活动中展现出了极高的热情和参与度。他们对温州的景点有了更深刻的认识，对家乡的文化有了更深厚的感情。通过实地走访、调查研究和创作表达，学生的主体性得到了充分发挥，他们的潜能得到了有效挖掘。

（三）影响深远

本课程不仅丰富了学生的学习生活，也为温州文化的传承和推广做出了积极的贡献。学生的游记、介绍词和艺术作品，不仅记录了他们对家乡的观察和感悟，也成了宣传温州、推广温州的重要载体。

汽车总动员——高实首届杏娃车展

实施年级： 四年级

所跨学科： 科学、语文、数学、英语、道德与法治、美术、劳动

实施周期： 20 课时

设计者： 陈铱涵、应秀春、李丽春、陈晨晨、黄琦琦、陈尤尤、安冰如、郑晓旭

执笔人： 陈铱涵

一、主题背景分析

（一）主题来源

在小学课堂中，当教师在讲授涉及汽车、火车等关于真实世界的相关知识时，学生往往感到枯燥。这是因为在传统课堂中，教师主要以讲授法、谈论法和演示法等教学方式开展课堂教学，布置的课后作业以传统的纸笔练习为主。这种教学和评价方式相对僵化，难以通过生动体验加深学生的学习理解，也不利于培养学生的创

新思维和创新意识。鉴于上述现实难题，学校根据科教版科学教材四年级下册第三单元的教学安排，组织学生学习动力小车的相关知识，提炼"高实首届杏娃车展"主题，创新融合语文、数学、美术等学科知识，通过鼓励学生主动策展、创新设计，帮助学生在现实情境中学习汽车知识，积极思考和解决涉及汽车的相关问题。

（二）主题概况

"高实首届杏娃车展"主题以汽车知识为内核，融合了教科版科学四年级下册第三单元《动力小车》、语文四年级上册第一单元口语交际、数学四年级上册第七单元《条形统计图》等教材中的内容，将学生喜爱的主题活动与知识学习、思考有机结合起来。学校从学生角度设计驱动性问题——"作为'高实首届杏娃车展'的小策展人，我们要如何设计车展活动"，并通过车展策划等具体的系列活动，培养学生主动学习、解决问题的能力，激发其创新思维。本次跨学科主题学习活动以学生为中心，教师全程兼任指导员、管理员、授课者、观察员、协调员等角色，以促进学习活动的有序推进和教学目标的有效达成。

二、学习目标

（一）活动目标

本次课程学习，以"高实首届杏娃车展"为载体开展跨学科项目式学习实践，引导学生运用科学、语文、数学、美术、劳动等学科知识进行策划展示。同时，我们将核心知识通过问题的方式表现，形成"让学生理解展览策划基本流程"的本质问题，开展跨学科项目式学习，并在项目的最后进行成果布展与展品解说，并实施学习成果评价。

（二）跨学科目标

任务	学科	目标
前期准备	语文	通过网络、图书等收集资料，了解汽车与环境的问题，小组合作讨论形成班级环保小建议并粘贴在班级公告栏
	数学	从生活入手，每个小组调查组内各成员家庭汽车情况，绘制条形统计图。汇总全班学生家庭车辆的情况，根据数据分析现阶段汽车使用情况，并结合阅读资料分析汽车的尾气给环境带来的不利影响，锻炼学生的数据分析思维

（续表）

任务	学科	目标
前期 准备	道德与 法治	学习环境保护的基本常识，让学生意识到保护环境的重要性和迫切性
启动阶 段和分 组阶段	科学	了解汽车动力学和汽车基本制造流程，能够通过小组合作的方式梳理出小车说明书的基本框架
	语文	借助"未来汽车"的话题提示，构思一篇思路清晰、想象合理、对未来汽车有辩证思考的想象作文
	数学	通过对汽车历史的了解，制作出汽车演变的时间轴
	美术	1. 从主题表达、呈现形式、材质选择及整体展陈效果等维度进行专业引导，助力学生达成自主布展的目标 2. 认识不同年代汽车的不同外观造型和色彩特点，并形成自己对色彩搭配的审美观，具备一定的鉴赏能力 3. 结合语文想象作文，设计、绘制未来汽车并制作海报，想象表现未来汽车
	科学	1. 走进海洋极地世界，观察海洋生物并进行研学活动，了解汽车的动力学和制造流程 2. 设计制作橡皮筋和气球动力小车，结合对比实验，选择适合的动力来源 3. 从团队分工、小车结构图、性能测试等方面梳理出小车说明书
设计 阶段	道德 与法 治	能够通过小组协商讨论的形式，协商决定现场解说员和操控员的标准，选举产生解说员和操控员
	语文	能条理清晰，落落大方地描述所在场馆的展品特点，根据不同场合运用合适的音量和语气
展示 阶段	综合 实践	利用展区评价表，改进展区

三、主题设计

（一）任务设计（GRASPS 工具）

任务设计元素	案例描述
目标（G）	策划一场车展
角色（R）	车展策划师
受众（A）	高实全体师生
情境（S）	思维创新月——"杏娃车展"
成果（P）	1. 汽车演变时间轴 2. 车展海报 3. 自制小汽车 4. 汽车使用说明书
标准（S）	1. 作品标准：外观设计美观，汽车能开起来 2. 小组合作：小组合作和谐，有分工也有合作 3. 展示标准：有参展海报，有汽车使用说明书，有现场解说员，有现场操控员

（二）跨学科理解

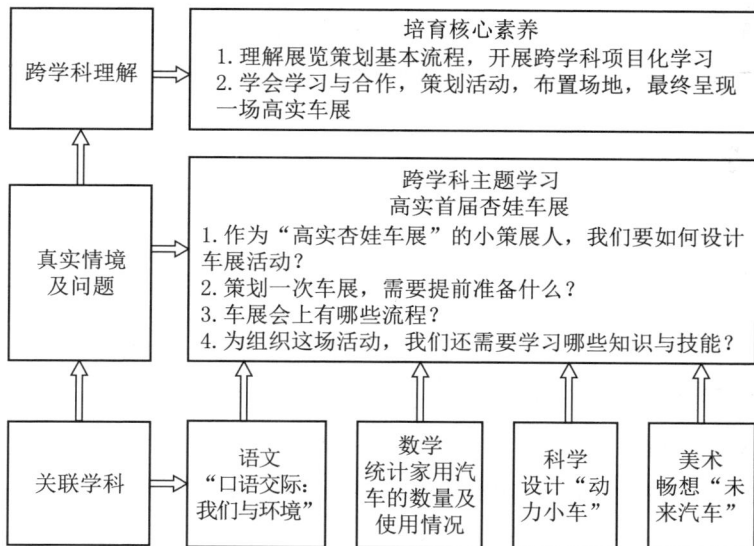

（三）子任务分解

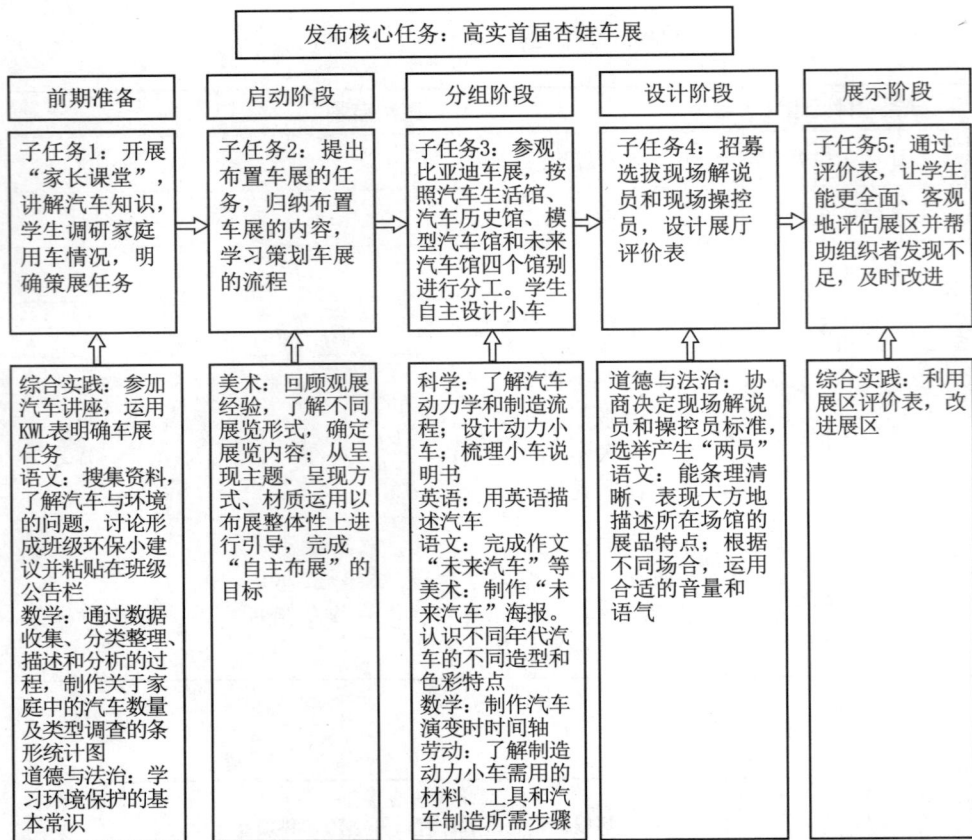

发布核心任务：高实首届杏娃车展

前期准备	启动阶段	分组阶段	设计阶段	展示阶段
子任务1：开展"家长课堂"，讲解汽车知识，学生调研家庭用车情况，明确策展任务	子任务2：提出布置车展的任务，归纳布置车展的内容，学习策划车展的流程	子任务3：参观比亚迪车展，按照汽车生活馆、汽车历史馆、模型汽车馆和未来汽车馆四个馆别进行分工。学生自主设计小车	子任务4：招募选拔现场解说员和现场操控员，设计展厅评价表	子任务5：通过评价表，让学生能更全面、客观地评估展区并帮助组织者发现不足，及时改进
综合实践：参加汽车讲座，运用KWL表明确车展任务 语文：搜集资料，了解汽车与环境的问题，讨论形成班级环保小建议并粘贴在班级公告栏 数学：通过数据收集、分类整理、描述和分析的过程，制作关于家庭中的汽车数量及类型调查的条形统计图 道德与法治：学习环境保护的基本常识	美术：回顾观展经验，了解不同展览形式，确定展览内容；从呈现主题、呈现方式、材质运用以布展整体性上进行引导，完成"自主布展"的目标	科学：了解汽车动力学和制造流程；设计动力小车；梳理小车说明书 英语：用英语描述汽车 语文：完成作文"未来汽车"等 美术：制作"未来汽车"海报。认识不同年代汽车的不同造型和色彩特点 数学：制作汽车演变时时间轴 劳动：了解制造动力小车需用的材料、工具和汽车制造所需步骤	道德与法治：协商决定现场解说员和操控员标准，选举产生"两员" 语文：能条理清晰、表现大方地描述所在场馆的展品特点；根据不同场合，运用合适的音量和语气	综合实践：利用展区评价表，改进展区

四、学习过程

子任务一：前期准备

本任务通过汽车讲座，让学生初步了解汽车；通过发布车展任务，让学生学习环保小知识，制作条形统计图并写出环保小建议。

1. 学习活动一：汽车知识知多少

参加完汽车讲座后，教师进一步提出问题：可以通过哪种方式来传播汽车文化？综合学生的答案，教师提出学习任务——策划一场"杏娃车展"，帮助校园里的学生了解汽车知识、走进汽车的世界。

K（What I know）	W（What I want to know）	L（What I learned）

2. 学习活动二：家里汽车我知道

教师活动：教师组织学生对调查情况进行汇报和交流，教师引导学生观察、比较数据，并指导学生以家庭为单位，计算出学校、温州市及全国的大致汽车使用情况。

学生活动：以图表的形式展示家庭汽车使用情况，并在教师的引导下感受汽车带来的环保问题，为后续开展讨论做好准备。

3. 学习活动三：汽车环保小知识

教师活动：介绍常见的汽车污染物，以及这些污染物所带来的常见的大气污染现象，播放汽车尾气对环境影响的视频。

学生活动：学生通过记录问题并探索解决方法，逐步掌握研究方法，进而深入理解汽车环保的相关知识。

4. 学习活动四：汽车环保小建议

教师活动：引导各小组围绕环境问题，提出各自的建议。选出十项简单易行的保护环境的做法，印成《保护环境小建议十条》。引导学生讨论什么样的建议才能入选。

学生活动：在教师的提问引导下，思考小组成员的建议能否解决实际的环境问题，是否简单易行。并将谈论结果粘贴至班级公告栏。

【过程性评价】教师巧妙地启发学生，并非简单地给出既定的答案，而是引导学生记录疑问并思考讨论寻找答案的途径。

子任务二：启动阶段

1. 学习活动一：回顾观展经验

教师活动：通过引导学生回忆和分享自己与展览的故事，帮助学生梳理展览的概念，即展览是将想展示的内容展现出来供人观看，旨在实现信息的广泛传播。

学生活动：回忆并分享自己曾经看过的展览，描述印象最深刻的展览，以及展览上最吸引自己的部分。

2. 学习活动二：了解不同展览形式

教师活动：展示展览照片，引导学生观察和思考，鼓励学生发表自己的观点和看法。

学生活动：观察教师展示的三场不同展览的照片，思考并讨论这三场展览的展示形式的不同之处，以及它们的展示方法。

3. 学习活动三：商讨展览内容

教师活动：通过引导学生思考展览内容和展示方式，综合整理学生回答，将其归纳为具体的展览主题和形式。

学生活动：结合前期学习记录单，思考并讨论如何把自己知道的知识可视化呈现，如制作汽车演变时间轴、汽车模型、未来汽车海报、汽车使用说明书等。

教师活动：以班级为单位，统一收集学生的作品。从中筛选出优秀作品，并在班级内进行展示。教师引导每组学生完成自评和互评，随后教师完成专业评价。根据综合评价结果，每班从各类作品中选出3—5份优秀作品为代表，准备参展。为了激励学生，每班选出3—5份优秀作品，并为这些优秀作品的创作者颁发校级证书和奖品。

【过程性评价】通过引导学生回顾已有知识和经验，激发学生的学习兴趣，促进学生深度参与、深入思考、有效表达和积极合作。

4. 学习活动四：确定布展设计方案

教师活动：明确"高实首届杏娃车展"的主题，引导学生围绕五大主题设计展位。讲解展览布局原则，强调整体与创意的有机统一。分展区指导，协助学生选择各个展区的布展材料，鼓励环保，鼓励创新。

学生活动：小组讨论，细化主题构思，设计展位草图。调研环保材料，制订采购清单。动手制作装饰材料，注重细节与主题呼应。布置时考虑参观动线，确保视觉流畅。增设互动环节，增强观众参与感，共同实现"自主布展车展"目标。

【过程性评价】车展收录的作品虽不以精致工艺取胜，但其略显粗糙的制作和稚嫩的表达，不仅展现了学生对汽车知识的掌握，还深刻体现了他们对汽车全方位的个性化理解。

子任务三：分组阶段

1. 学习活动一：汽车生活馆

根据前期调查收集到的汽车资料和数据，学生在美术教师的指导下，运用美术语言，将组内的家庭汽车使用情况条形统计图和汽车环保使用小建议进行加工，对产品进行优化设计。

2. 学习活动二：汽车历史馆

本活动的主要任务是探究汽车的历史演变。运用时间轴梳理汽车发展史中的大事件和汽车外观的进化过程。

环节一：汽车发展时间轴

学生通过查阅资料，梳理汽车的历史演变过程，并在小组内部进行交流讨论，为后期自主设计汽车产品做铺垫。

教师活动：引导学生通过查阅资料等方式了解汽车的历史演变过程。

学生活动：学生通过各种途径整理汽车演变的大事年表。

【过程性评价】在本环节的互动中，学生能够在"梳理汽车演变史"的问题驱动下，积极主动地通过各种方式查阅汽车发展的关键事件，为后面的设计汽车产品做好理论知识的铺垫。

环节二：汽车制造我来学

结合学校周边社区资源，参观比亚迪汽车制造展示厅，引导学生观察真实汽车的结构，将学科知识与真实世界相联系，细化学习内容。

"高实首届杏娃车展"
——融合课程之学情前测
温州高铁新城实验学校四年级段
2023 年 9 月

班级：＿＿＿＿＿＿＿＿
姓名：＿＿＿＿＿＿＿＿

教师活动：设计参观导学案，在参观汽车制造厂前，引导学生明确自己的参观任务并记录要求。

学生活动：带着问题参观汽车制造厂，特别关注汽车的结构和造型特征，记录制造汽车所需要的材料、工具，以及汽车制造的步骤。与小组成员进行讨论，如何将所了解到的汽车知识迁移运用到自己制造小车的过程中。

【过程性评价】教师有效利用周边资源，引导学生在真实世界中进行探究学习，激发了学生的学习兴趣，深化了实践学习主题，为之后可能产生的生成性问题和自主探究提供了有力的保障。

环节三：汽车造型和外观

学生在教师指导下，结合美术课上关于色彩搭配、材料选择、线条运用等知识，数学课上学过的图形的平移、旋转和轴对称相关的知识，综合前期对汽车的调研、对优秀汽车线条的分析以及对未来汽车的展望等，提炼汽车造型和外观的核心元素并进行艺术加工，最终完成设计效果图。

3. 学习活动三：模型汽车馆

本活动的主要任务是了解汽车中的动力学和设计制造流程，让学生主动设计制造兼具功能和外观的汽车。

环节一：从海洋到汽车

教师活动：引导学生根据流体动力学、作用力与反作用力等原理，分析汽车的基本功能需求，并根据这些功能设计汽车图纸。带学生参观海洋馆、汽车制造厂等，引导学生结合实际情况优化设计图纸。

学生活动：明确汽车所需的功能，并根据这些功能设计汽车的主体部分。参观海洋馆和汽车制造厂，找出自己设计的汽车的优缺点，并对自己的设计图纸进行优化。

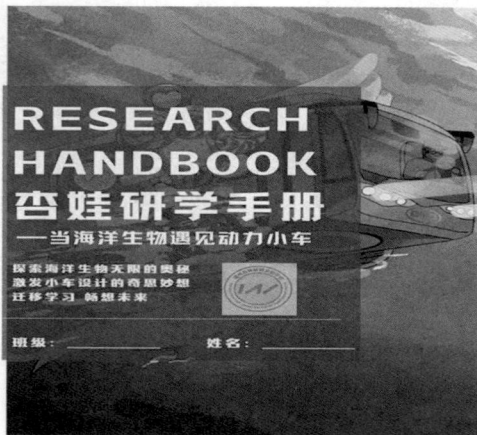

RESEARCH HANDBOOK
杏娃研学手册
——当海洋生物遇见动力小车
探索海洋生物无限的奥秘
激发小车设计的奇思妙想
迁移学习 畅想未来

班级：_____   姓名：_____

【过程性评价】本环节中，学生能根据自己的所思所想设计汽车图纸，设计力和创造力得到充分提升。在参观海洋馆和汽车制造厂的过程中，学生能够初步评估自己设计图纸的可行性，并以功能实现为目标优化自己的设计。

环节二：设计简易小车

教师提出驱动性问题：请利用生活中的材料设计、制作一辆具有动力的小车，它能在 5 秒内把两块橡皮泥（100 克）运输 1 米远。

教师引导学生思考：汽车的设计原理是什么？有哪些注意事项？测试后如有不足的地方，如何改进优化？

小车要求：车身不能超过 25 厘米；用橡皮筋或气球作为动力装置。

小车材料：生活废弃物再利用。

设计制作一辆小车

动力方式	气球	设计图（图文结合），说说设计意图
材料	数量	初设计
卡纸		
气球		
吸管		
轮子		
车轴		
胶带		
剪刀		
小组分工		改进后
姓名	任务	

设计制作小赛车活动之星评价单

评价项目	活动之星	操 作 要 求
外观创作		车身较轻、动力较大、阻力小（1 星） 车身美观、设计有创意（1 星）
行驶能力		行驶平稳、路线较直、不绕圈（1 星） 行驶距离较远（1 星）
学习表现		小组内分工明确，不大声喧哗（1 星） 材料领取和整理及时有序（1 星） 按要求参加测试和评比活动（1 星）

【过程性评价】在该环节中，学生整合科学课上所学的与动力小车相关知识，以及课外参观海洋馆和汽车制造厂的经验，动手制作小车，将创意转化为实物。这一过程有效培养了学生发现问题、设计解决方案和解决问题的综合能力。

环节三：小车说明书

教师活动：请学生从小车材料、小车结构、性能测试等方面梳理小车的汽车使用说明书，并根据评价单跟其他同学的小车比一比、赛一赛，看看谁的小车能得到最高分！

学生活动：打造并评测自己的小车。

• 活动目标

设计并制作一辆小车，设计时须考虑材料选择、结构设计等关键因素。通过性能测试评估小车的实际表现。通过评价单与其他同学的小车进行比较，最终选出得分最高的小车。

• 活动步骤

小车设计与材料选择：学生思考并选择适合制作小车的材料（如木头、塑料、金属等），选择时须考虑材料的重量、耐用性和易获取性。

小车制作：设计小车的结构，包括车身、轮子、动力系统等，可以绘制设计草图或使用设计软件辅助设计。根据设计图，学生动手制作小车，可以使用手工工具或简单的机器进行辅助。制作过程中，学生可以记录遇到的问题及解决方法，积累制作经验。

性能测试：制订性能测试方案，包括速度测试、载重测试、耐久性测试等。测试需要在安全的环境下进行，记录测试数据。

制作汽车使用说明书：学生需要撰写一份汽车使用说明书，内容包括小车的材料、结构设计、性能测试结果等。使用说明书应清晰明了，包含必要的操作指南和维护建议。

评价与比赛：制订一个评价标准，包括设计创意、材料选择、结构合理性、性能测试结果等多个方面。学生相互展示作品，并根据评价单给小车打分，制作出得分最高的小车的设计者将得到表彰。

活动结束：分享活动心得，讨论在制作和测试过程中学到的知识和技能。教师鼓励学生对自己的小车进行改进，为下一次活动做准备。

通过活动，学生不仅能学到关于小车设计和制作的知识，还能在实践中培养创新思维，提升动手能力和团队协作能力。

小车制作评价表			
项目	1分	2分	3分
小车设计	方案不合理，没有设计图	方案较合理，有简单的设计图	方案合理，有严谨、详细的设计图
小车制作	制作工艺差，对于出现的问题不能解决	制作工艺一般，对于出现的问题部分能解决	各部件连接合理，车架扎实，轮轴稳定，轮子转动灵活，制作时能及时发现问题并解决问题
小车功能	不能行驶	能够行驶，但距离较短，行驶较慢，载重能力差或不能按直线行驶	完全按照要求完成规定任务
团队分工合作	没有分工合作	有简单分工，合作较少	分工合理，团队协作顺畅
展示讲解	展示不清晰，内容不完整，讲解不流利	对设计和制作过程展示较完整，讲解较清晰	对设计和制作过程讲解清晰、思路开阔

【过程性评价】在此环节中，学生在比拼交流中能发现自己设计上的不足，在讨论中逐渐形成新的思想，对自己的设计进行优化和迭代。

4. 学习活动四：未来汽车馆

本活动的主要任务是想象未来汽车的多样性和发展趋势。

环节一：想象未来汽车

教师活动：教师把握整体，适度引导，解决疑惑，督促进度。借助未来汽车的话题，请学生构思一篇思路清晰、想象合理、对未来汽车有辩证思考的想象作文。

学生活动：学生通过上网检索、阅读汽车相关图书、与汽车相关职业者交流等多种方式了解汽车相关的知识，联系实际生活中其他的发明与创造，借助思维导图、图画等思维图示，发挥想象，写出自己想象的未来汽车。

【过程性评价】一篇关于未来汽车的想象作文，是学生完成这一思考过程的重要载体。通过习作，学生给汽车增添了属于自己的特定符号，逐渐打开想象大门，与未来汽车产生连接。

环节二：画出未来汽车

学生基于优势互补的原则，根据个人意愿组建 3 至 4 人的合作小组。

小组成员需要明确本组汽车的主题，在已有的汽车想象作文的基础上，运用创意绘画的基本要素，做好小组分工，进行合作创作。

【过程性评价】以小组合作的形式，学生通过不同的表现形式展现心目中的未来汽车，从个人写作到小组绘画，学生对汽车的理解不断加深，学生的表达能力、合作能力、思维水平都在一定程度上得以提升。

子任务四：设计阶段

本任务的主要内容是招募选拔现场解说员和现场操控员，撰写解说词，进行现场解说和展区布置。

1. 学习活动一：讨论优秀解说员的标准

教师活动：教师抛出两个问题："一位优秀解说员应该具备哪些素养?""评价内容有哪些，评价标准是什么?"

学生活动：进行小组讨论，选派代表进行发言。

2. 学习活动二：我来尝试当解说员

教师活动：在推选班级解说员代表前，为学生提供汽车产品介绍的支架，组织班级模拟演练，对学生的语言表达与仪态方面进行指导。

学生活动：通过模拟车展现场，向来参观的教师和同学介绍自己所负责的展区产品，着重介绍产品的亮点与设计意图。介绍结束后开展同伴互评和教师点评等，有针对性地改进解说中的不足。

"高实首届杏娃车展"展位评价量规			
项目 / 等级	水平 A	水平 B	水平 C
解说词撰写	能够结合自己的作品讲解所在区域的汽车，能用中英文介绍汽车的功能、原理、变化、关系	能用中英文介绍自己的作品以及所在区域的汽车	能用中文介绍区域的一两种汽车
现场表达	能自信大方完成解说词表达，并能跟听众有一定互动	能完成解说词表达，但还不够流利	能开口表达，但有些吞吐
合作分工	分工合理，合作顺畅	所有组员都参加活动，但分工不是很明确	由少数组员完成所有工作

【过程性评价】本任务的亮点在于以学生为主体，教师为辅助，学生在了解任务内容、掌握已有汽车知识、设计自己的汽车图纸的基础上，通过教师的引导，自主探究并制订出一份优秀的评价表。学生依据这份量化评价表对自己的作品进行优化，这一过程充分体现了"在实践中思考，在实践中学习"的教学理念。

子任务五：展示阶段

学生活动：学生利用自己设计的车展展位评价表，对车展展位进行评价。在评价过程中，学生须深入分析展位的各个方面，依据评价标准进行量化评分或评价等级，并就评价过程中发现的优点、不足及可能的改进方案展开讨论。通过小组内部的结果分享和经验交流，进一步加深对车展展位设计及评价方法的理解。

"高实首届杏娃车展"展位评价表			
项目	三星	四星	五星
主题特色	展位主题不够突出，汽车元素太少 ☆☆☆	展位主题较突出，汽车元素较多 ☆☆☆☆	能清晰表达该展位汽车主题，并呈现多元化的汽车元素 ☆☆☆☆☆
内容完整	汽车内容简单，观众对该主题有初步了解 ☆☆☆	汽车内容较为丰富，观众能对该主题有深入了解 ☆☆☆☆	汽车内容丰富，能深度呈现汽车知识，能让观众对该主题有全方位的认识 ☆☆☆☆☆
形式多样	运用音频、视频、宣传横幅、海报等中的一两种形式进行呈现 ☆☆☆	运用音频、视频、宣传横幅、海报等三种形式进行呈现 ☆☆☆☆	运用音频、视频、宣传横幅、海报等四种及以上形式进行呈现 ☆☆☆☆☆
造型美观	美观程度有待提高 ☆☆☆	整体较为和谐美观 ☆☆☆☆	整体大方美观 ☆☆☆☆☆
展位解说	展位解说员的介绍不够清楚 ☆☆☆	展位解说员能清楚地介绍展厅 ☆☆☆☆	展位解说员能清楚并且生动地介绍展厅 ☆☆☆☆☆
我印象最深的是_____（填展位），因为_____，该展位一共获得____（多少颗星）			
值得夸赞的地方		主要修改建议	

【过程性评价】此次活动不仅锻炼了学生的创意设计能力，还培养了他们的团队合作精神和批判性思维能力。通过自主设计车展展位并对其进行评价，学生更加深入地理解了展位设计的复杂性和多样性，学会了从多个角度审视和评价作品。同

时，学生间的互评也促进了知识的共享与碰撞，为车展展位设计的持续优化提供了宝贵的意见和建议。

五、活动点评

（一）大概念统领，提升本质理解能力

通过找到各门学科之间知识的联系，打破过细的学科和知识体系划分，从学生角度设计驱动性问题——"作为'高实首届杏娃车展'的小策展人，我们要如何设计车展活动"，提取出功能、原因、变化、联系四大概念。

四大概念为学科知识提供了现实支点，不仅使知识掌握更加牢固持久，更成为学生的自我生长点，能在未来的真实生活情境中持续发挥作用。

（二）利用 GRASPS 模型，建构车展核心任务

在提炼了项目式学习的大概念、核心问题之后，需要进一步搭建核心任务，使项目式学习形成一个有机的整体。在"策划布置车展"的真实情境下，利用 GRASPS 工具设计核心任务，通过策划车展的真实情境，设计举办车展的核心任务，设计驱动性问题"作为'高实首届杏娃车展'的小策展人，我们要如何设计车展活动"，进而将活动的主动权交还给学生。

（三）利用认知策略带动探究，提升高阶思维能力

如何才能让学生产生持续探索的自驱力呢？哪些具体的表现能够体现学生采取了低阶认知或高阶思维呢？在举办车展的过程中，子任务三至子任务五都是围绕高阶思维展开的学习活动。动力小车的制作、小车说明书的撰写体现了学生的创新思维和实践能力；最终的自主策展活动则培养了学生问题解决、决策分析和系统思考等综合能力。随着学生思维的提升和心智模式的转换，其思考、研究、交流和交往的关键能力也不断提高，同时合作、尊重和重视规则的品格不断显现。

（四）学程化设计，驱动学生持续探究

整个活动呈现了学生完成学习任务的全过程，通过创设真实实践情境，融入学生完成任务需要掌握的核心内容、学习方法、学习资源等关键要素，学生像汽车制造工程师、新闻工作者、活动策划师那样决策、思考和解决问题，明白作为一个积极且明智的现代公民在面对真实且复杂环境等问题时，该如何思考和行动。在子任务一中，学生在调查家庭汽车使用情况的过程中参与了探究性实践、社会性实践以

及技术性实践。学生利用资料搜索与阅读相关新闻报道，建立了关于汽车与环境的初步认识。

（五）成果导向，实现教学的闭环

在车展项目中，学生通过小组合作开展了汽车相关的研学活动、动力小车的设计与说明书撰写，参与了海报设计、车展策划活动，利用比亚迪汽车的资源，对车展进行优化迭代。项目成果形式丰富，包括制作汽车演变时间轴、车展海报、未来汽车想象作文、动力小车、动力小车使用说明书，以及车展前期调查报告、各学科的学习单和汽车研学手册等资料。

品读名著，戏说人生

实施年级： 五年级

所跨学科： 语文、美术、科学、数学、信息科技、综合实践

实施周期： 8 课时

设计者： 潘建策、李佳奇、金碧、陈舒畅

执笔人： 潘建策

一、主题背景分析

（一）主题来源

"品读名著，戏说人生"课程的构想源自对非遗的传承需求和对当代教育目标的深刻理解。2005 年，国务院办公厅发布的《关于加强我国非物质文化遗产保护工作的意见》为课程的设立提供了政策支持和方向指引。同时，基于本校学生对非遗认知度不高的现状，课程开发团队认识到有必要通过教育手段提高学生对中华优秀传统文化的认知和理解。本课程以皮影戏这一古老艺术形式为载体，将中国四大名著的经典故事以新颖的方式呈现给学生。

（二）主题概况

"品读名著，戏说人生"课程是一项专为小学五年级学生设计的综合性活动课程。它以中国四大名著为蓝本，通过皮影戏这一传统艺术形式，让学生在实践中学习和体验中华优秀传统文化。课程融合了语文、美术、科学、信息科技等多门学科

知识，旨在培养学生的跨学科思维和综合素质。

课程的核心目标是通过一系列精心设计的活动，使学生能够了解皮影戏及影子成像的特点，掌握阅读名著的方法，提升审美能力和艺术鉴赏能力，并最终通过皮影戏表演来增强对中华优秀传统文化的认同感和自豪感。课程分为光影传奇、手作匠心和舞台光影三个主要模块，涵盖了皮影戏的历史和文化背景学习、皮影的制作、剧本编写、舞台设计和实际表演等多个方面。

二、学习目标

（一）活动目标

通过"学—练—探"了解皮影戏及影子成像的特点，掌握阅读名著的方法，初步感受中华优秀传统文化的魅力。

通过"学—练—创"掌握制作皮影及写剧本的基本流程，演皮影戏的基本技巧，提升学生审美能力和艺术鉴赏能力。

通过"演—展—评"完成一场皮影戏表演，增强学生对中华优秀传统文化的认同感和自豪感。

（二）跨学科目标

任务	学科	目标
光影传奇	语文	通过阅读与皮影戏相关的文学作品，加深对皮影戏文化的理解
	美术	了解皮影戏的历史、文化背景和艺术特点
	科学	通过探索影子的表现形式，理解皮影戏的基本原理
手作匠心	美术	1. 掌握制作皮影的基本技巧，提高动手能力和艺术审美能力 2. 尝试设计为皮影戏表演做宣传的邀请函，提高设计能力和审美水平
	语文	尝试编写适合皮影戏表演的剧本，并能按照步骤有序地表演起来
舞台光影	信息科技	了解并参与皮影戏舞台的设计和布置
	综合实践	1. 通过实际表演体验皮影戏的艺术魅力，增强团队协作能力 2. 通过评价和反馈，提高皮影戏教育活动的质量

三、主题设计

（一）任务设计（GRASPS 工具）

任务设计元素	案例描述
目标（G）	策划一场经典名著皮影戏
角色（R）	皮影戏艺人
受众（A）	五年级学生及嘉宾
情境（S）	在 2024 年高实校园读书节活动中表演一场皮影戏
成果（P）	皮影剧本、人物、道具、剧场邀请函、最……角色单、情境音乐
标准（S）	一场有剧本、有道具、有配音等内容的皮影戏

（二）跨学科理解

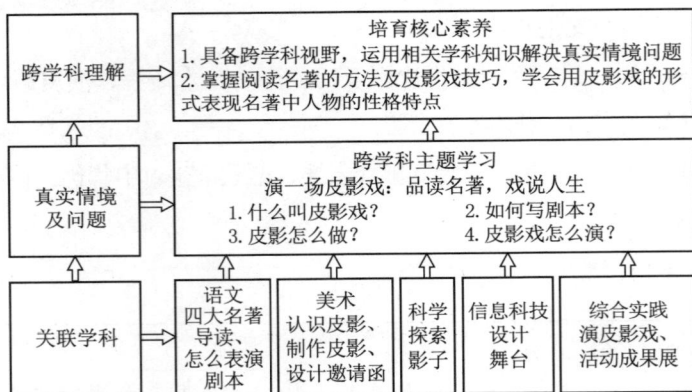

（三）子任务分解

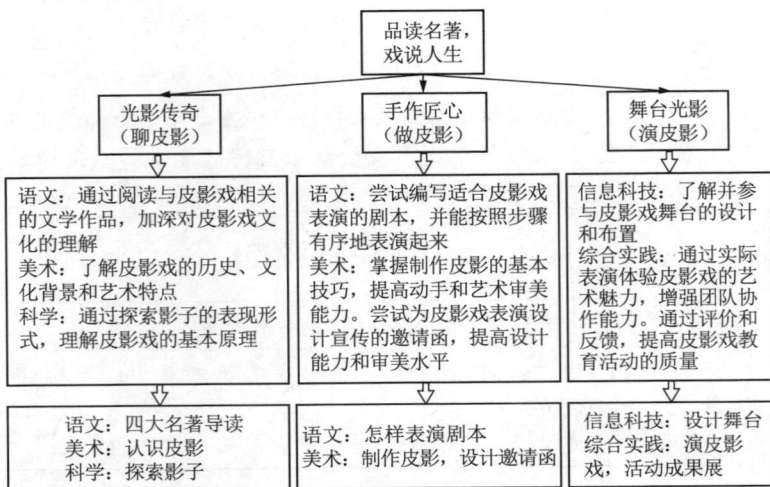

四、学习过程

子任务一：光影传奇——聊皮影

1. 学习活动一：中国四大名著导读

环节一：连一连

吴承恩　　　　　　罗贯中　　　　　　施耐庵　　　　　　曹雪芹

环节二：学一学

当你读四大名著时，都采用哪一招呢？

妙招一：
"囫囵吞枣式"
——速读

妙招二：
"细嚼慢咽式"
——精读

妙招三：
"如牛反刍"
——品读

妙招四：
"对比阅读"

以下阅读方式属于哪一招？请将答案填在括号里。

a. 不动笔墨不读书：①圈点勾画；②写批注；③做摘录；④列提纲；⑤写心得。（　　　）

b. 断章取篇来细读。（　　　）

环节三：练一练

请学生采用精读的方法读四大名著中的精彩片段，养成不动笔墨不读书的习惯。

片段一：王熙凤见林黛玉

一语未了，只听后院中有人笑声，说："我来迟了，不曾迎接远客。"黛玉纳罕道：这些人个个皆敛声屏气，恭肃严整如此，这来者系谁，这样放诞无礼。心下想时，只见一群媳妇丫鬟围拥着一个人，从后房门进来。

……

这熙凤听了，忙转悲为喜道："正是呢，我一见了妹妹，一心都在他身上了，又是喜欢，又是伤心，竟忘记了老祖宗。该打，该打。"

又忙携黛玉之手，问："妹妹几岁了？可也上过学？现吃什么药？在这里不要想家。要什么吃的，什么玩的，只管告诉我。丫头老婆们不好了，也只管告诉我。"

片段二：香菱学诗

香菱见过众人之后，吃过晚饭，宝钗等都往贾母处去了，自己便往潇湘馆中来。此时黛玉已好了大半，见香菱也进园来住，自是欢喜。香菱因笑道："我这一进来了，也得了空儿，好歹教给我作诗，就是我的造化了！"黛玉笑道："既要作诗，你就拜我作师。我虽不通，大略也还教得起你。"

……

原来香菱苦志学诗，精血诚聚，日间做不出，忽于梦中得了八句。梳洗已毕，便忙碌出来，自己并不知好歹，便拿来又找黛玉。刚到沁芳亭，只见李纨与众姊妹方从王夫人处回来，宝钗正告诉他们说他梦中作诗说梦话。众人正笑，抬头见他来了，便都争着要诗看。

请学生思考自己在阅读这两个片段时使用的阅读方法。在阅读完这两个片段后，请学生写读后感。

请学生结合原著回答：香菱这个人物，命运很悲惨，她原本生活在富贵人家，可被人拐骗，卖给了宝钗家做丫鬟，她后来的命运又怎样呢？

片段三：关羽刮骨疗毒

【原文】

羽尝为流矢所中，贯其左臂，后创虽愈，每至阴雨，骨常疼痛，医曰："矢镞有毒，毒入于骨，当破臂作创，刮骨去毒，然后此患乃除耳。"羽便伸臂令医劈之。时羽适请诸将饮食相对，臂血流离，盈于盘器，而羽割炙引酒，言笑自若。

【译文】

　　关羽曾被乱箭射中，箭头刺穿左臂，后来伤口虽然愈合，但每逢阴雨天气，左臂骨常常疼痛。医生说："箭头有毒，毒素已渗入骨中，需要重新剖开臂部上的伤口，刮去臂骨上的余毒，才能除去这痛苦。"关羽于是便伸出手臂，让医生为他开刀。当时恰逢关羽请将领们宴饮，他的臂部鲜血淋漓，流满了接在下面的盘子，关羽却切肉饮酒，谈笑自如。

　　先请学生介绍这个片段的主要内容，并分享其中印象最深的句子，然后请学生观看电视剧《三国演义》中"刮骨疗毒"的片段，思考：关羽是个怎样的人？想对他说什么？最后请学生阅读原著，了解关羽最后的命运。

2.　学习活动二：认识皮影

环节一：读一读

　　皮影旧称"影子戏"或"灯影戏"，是一种用灯光照射兽皮或纸板做成的人物剪影表演故事的民间戏剧。表演时，艺人在白色幕布后面，一边操纵戏曲人物，一边用当地流行的曲调唱述故事，同时配以打击乐器和弦乐，有浓厚的乡土气息。

　　千百年来，这门古老的艺术，伴随着祖祖辈辈的先人，度过了许多欢乐的时光。皮影不仅属于傀儡艺术，还是一种地道的工艺品。它是用驴皮、马皮、骡皮，经过选料、雕刻、上色、缝缀、涂漆等工序做成的。皮影制作考究，工艺精湛，表演起来生趣盎然，活灵活现。

环节二：扫码学一学

3. 学习活动三：探索影子

环节一：探影子形成的秘密

利用手电筒、木块、白纸探索影子形成的秘密。

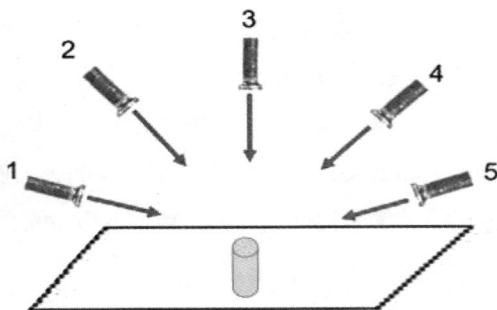

将木块放在桌面白纸上，用手电筒从不同位置照射。

光源位置	1号位	2号位	3号位	4号位	5号位
影子的长短（长、较长、短）					
影子的方向（与光源的方向相同？相反？）					
实验结论	影子的长短、方向与_____有关 光源直射遮挡物时，影子_____ 光源斜射遮挡物时，斜射程度越大，影子越_____				

环节二：探影子的大小

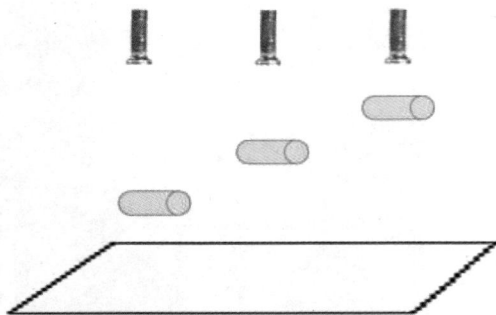

用手电筒照射木块，改变木块与桌面白纸间的距离。

遮挡物与光源的距离	远	中等	近
影子的大小 （大、中、小）			
实验结论	影子的大小与＿＿＿＿＿有关 遮挡物与光源的距离＿＿＿时，影子就大 遮挡物与光源的距离＿＿＿时，影子就小		

环节三：探影子的形状

手电筒从不同侧面照射木块		
画出影子形状		
实验结论	影子的形状与 ＿＿＿＿＿＿＿＿＿有关	

子任务二：手作匠心——做皮影

1. 学习活动一：怎样表演剧本

环节一：学一学

请欣赏一组由学生表演的《晏子使楚》课本剧视频，边看边思考：如何排演出这样的课本剧？要做好哪些准备？

明确步骤

选剧本：学过的课文中或看过的故事中，哪一篇或哪个片段适合演课本剧？

分角色：不同身份、性格的角色，适合分配给谁？

怎么演：可以从角色的台词、表情、动作等方面进行讨论。怎么把课文中叙述
　　　　的语言改为人物的对话？表演时可以用上哪些表情和动作？想想需要
　　　　准备哪些道具？

环节二：练一练

在分小组准备一场课本剧表演活动时有三个步骤，我们每个步骤选一位主持
人，确定三位主持人，分步骤主持本组讨论。我们一起试试吧！

第一步：选课文（剧本）

主持人引导每个学生发表自己的意见。学生需要说清楚选择的故事及原因，还
有最喜欢的精彩片段，然后展开讨论，最终形成一致意见。人人都要发表意见，但
也要尊重大家的共同决定。

第二步：分角色

选定课文或故事后，大家按照角色的性格、身份自主分配角色。

第三步：怎么演

故事选好后，要准备把课文改编成剧本。根据课文《晏子使楚》改编的课本剧
片段，你发现了什么？

2. 学习活动二：制作皮影

环节一：创一创，设计皮影花纹

引导学生欣赏不同类型的皮影花纹，并让学生梳理它们的设计特点。

请学生选择一个皮影部件（如手臂、腿或身体），在磨砂纸上设计并绘制花纹，
使用油性笔进行描绘。

组织学生展示自主设计的皮影作品，开展同伴互评活动，促进艺术鉴赏能力的
提升。

环节二：做一做，制作皮影

学生观看皮影制作视频，完成皮影制作的步骤。

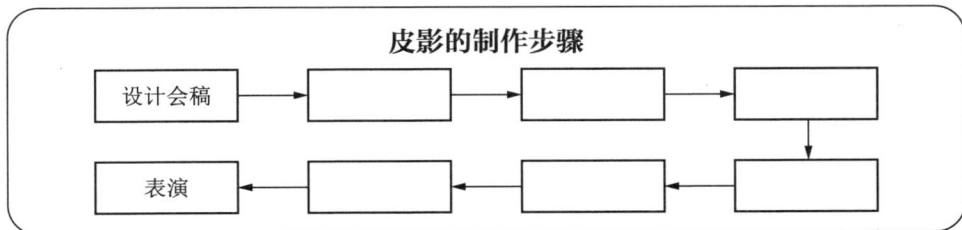

小组合作，制作一个或几个完整的儿童皮影。

小组组长：＿＿＿＿＿＿＿＿＿＿＿＿＿＿＿＿
小组成员及分工：

＿＿＿＿＿＿＿＿＿＿＿＿＿＿＿＿＿＿＿＿＿

＿＿＿＿＿＿＿＿＿＿＿＿＿＿＿＿＿＿＿＿＿

＿＿＿＿＿＿＿＿＿＿＿＿＿＿＿＿＿＿＿＿＿

制作的人物：

＿＿＿＿＿＿＿＿＿＿＿＿＿＿＿＿＿＿＿＿＿

＿＿＿＿＿＿＿＿＿＿＿＿＿＿＿＿＿＿＿＿＿

成品照片粘贴处

3. 学习活动三：设计邀请函

环节一：学一学

① 邀请函的由来

邀请函也称请柬，是人们在节日和各种活动中专门用来邀请客人使用的一种公关礼仪文书，是邀请宾客的书面通知。

邀请函体现着一种交际文化，并在各种场合被广泛使用。在生活中，结婚宴、生日会、祝寿宴中通常使用邀请函来邀请亲朋好友参加；在商业活动，如庆典、开业、会议等活动中也普遍采用纸质请帖。发邀请函是表示对被邀请者的尊重，也表示邀请者对此事的郑重态度，所以邀请函在款式和装帧设计上应美观、大方、精致，使被邀请者体味到主人的热情与诚意，感到喜悦和亲切。

这节课就让我们一起设计和制作邀请函，邀请教师和同学来观赏我们的皮影戏吧！

② 邀请函的设计

设计邀请函时，我们需要考虑以下几个问题。请学生小组讨论这些问题，并将讨论结果记录下来。

- 邀请函图案的绘制需要注意什么？_____
- 邀请函上要写哪些内容？_____
- 邀请函的形式有哪些？_____
- 邀请函个性化的形式设计还可以有哪些？_____

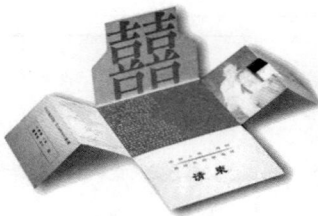

环节二：创一创

通过对邀请函的学习，相信你对怎么制作邀请函已经有了一些想法。请你结合名著内容和皮影戏的特征，制作一份内容完整、外观大方精致的邀请函吧！

子任务三：舞台光影——演皮影

1. 学习活动一：演皮影

我的皮影戏技巧指南手册

1. 基本操作

握杆技巧：_____

动作技巧：

说话：_____

走路：_____

挥手：_____

点头：_____

转身：_____

……

2. 表演技巧

我选择的配乐：_____

_____

我的角色定位：_____

_____

我的旁白节奏：_____

_____

我的动作难点：_____

_____

---

2. 学习活动二：我们最喜欢的角色

环节一：选一选

我们自编自导的皮影戏真精彩！经过认真考虑，选出你最喜欢的角色。（可多选，打√）

角色	诸葛亮	刘备	关羽	张飞	武松	小二	老虎	唐僧	八戒	悟空	沙僧	白骨精	老爷爷	老妇人	村姑
投票															

环节二：计一计

每个学生都选出了自己最喜欢的角色，请你调查并统计一下，我们班"我最喜欢的角色"人数。

想一想，用什么方法可以快速又准确地统计出人数。把统计结果填在下面的表格中。

我最喜欢的角色统计表

角色	诸葛亮	刘备	关羽	张飞	武松	小二	老虎	唐僧	八戒	悟空	沙僧	白骨精	老爷爷	老妇人	村姑
人数															

环节三：画一画

选择合适的统计图，让我们的投票结果更直观。

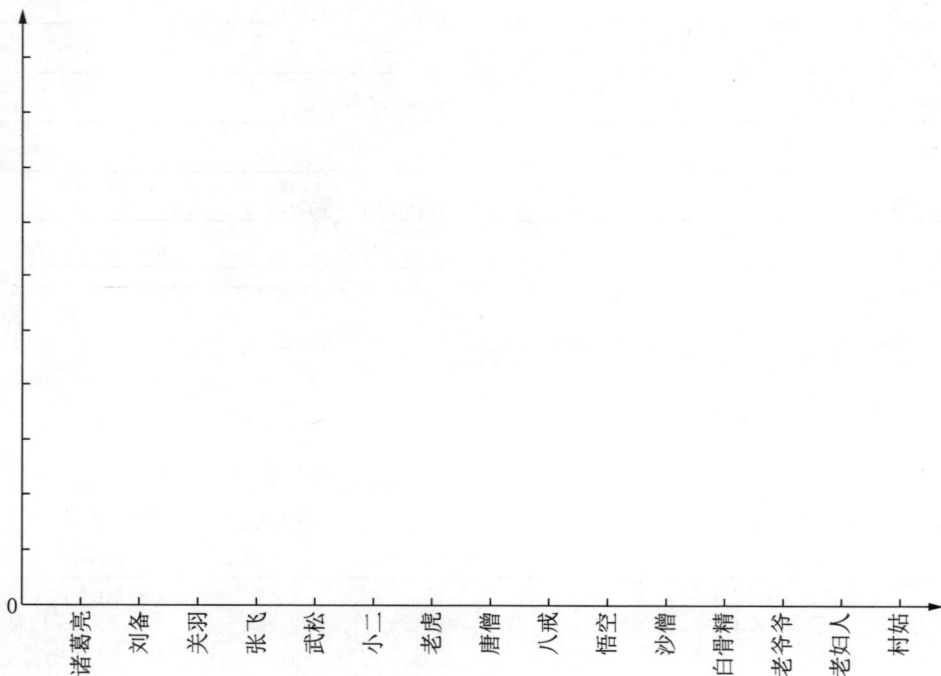

我最喜欢的角色统计图

五、活动点评

（一）课程主题新颖

"品读名著，戏说人生"课程的诞生，源于我们对非物质文化遗产传承的深切认识和对当代学生文化需求的精准把握。在数字化、全球化浪潮中，我们深感中华优秀传统文化教育的重要性。通过这门课程，我们希望激发学生对中华优秀传统文化的兴趣，培养他们的审美情感和创新精神。

（二）课程亮点颇多

本课程最大的亮点在于其跨学科的综合实践活动，让学生在实践中学习，在学习中实践。课程手册的编写，为学生提供了详尽的指导，确保了学习活动的系统性和有效性。此外，课程评价体系多元化，不仅关注学生的知识掌握，更重视学生能力的提升和个性的发展。

（三）学生收获丰满

通过"品读名著，戏说人生"课程，学生不仅学习到了皮影戏的制作技巧和表演艺术，更在团队合作中锻炼了沟通协调能力，在剧本创作中激发了创意思维，在皮影设计中培养了审美鉴赏力。学生的主体性得到了充分发挥，他们的自信心、创造力和团队精神得到了显著提升。

我的成长足迹

实施年级： 五年级

所跨学科： 语文、美术、科学、道德与法治、综合实践、体育

实施周期： 8 课时

设计者： 潘建策、李佳奇

执笔人： 李佳奇

一、主题背景分析

（一）主题来源

五年级学生面临同伴关系处理、团体协作能力培养等社交挑战，同时由于即将升入六年级，学习任务相对加重，他们有较大的学习压力。开展"我的成长足迹"活动，让学生回顾过去的成长经历，培养自我意识和责任意识，学习情绪管理，关注情绪变化并掌握正确处理情绪问题的技巧，同时学习时间管理的方法，帮助他们提高自我管理能力。

（二）主题概况

"我的成长足迹"是一项多学科实践活动，以认识自我、管理自我、展示自我三个板块为主线，融合了语文、美术、科学、道德与法治、综合实践和体育等多门学

科的知识。该实践活动基于学生的兴趣和直接经验，学生既可以参与社会调查、参观、采访，也可以参与动手活动。在这些实践活动中，学生的问题意识、创新意识、合作意识不断得到提高，观察、动手操作、人际交往、合作等多方面的能力都得到了锻炼和发展，让成长有"迹"、记录有"声"。

二、学习目标

（一）活动目标

小学五六年级是学生从儿童向青少年过渡的重要节点，也是自我认知能力与情感发展的关键时期。"我的成长足迹"实践活动，旨在帮助学生在即将告别小学之际，回顾自己的成长历程。学生通过认识自我、管理自我和展示自我三个板块，学习不同学科的知识，通过一系列实践活动，增强自我意识，学会情绪管理，培养责任心，并展示自己在体育、厨艺等多方面的才能，为自我的全面发展奠定坚实基础。学生在语言运用和构建中获得弘德、益智、健体、审美和热爱劳动的全面教育。

（二）跨学科目标

任务	学科	目标
认识自我	美术	1. 能了解艺术家在美术作品中表现自我的方式，并能通过学习绘画自画像进行自我认识和评价 2. 能结合具体美术作品分析和讲解，发挥想象力，加深对自我与社会关系这个问题的认识和表现
管理自我	科学	1. 能通过与他人交流与分享，获得面对压力、冲突等情况时，合理控制、管理自我的方法 2. 能将习得的合理控制、管理自我的方法，内化为管理和控制自己的有效行动
	语文	1. 能够学习第一人称来写作，以书信的形式围绕主题真切地表达自己的情感与想法 2. 能联系生活实际，用充满感情的语言表达对父母、教师、同学和母校的情感
	道德与法治	1. 能够通过了解真实案例，具象化地感受到责任心的内涵和重要意义 2. 能通过展示身边同学富有责任心的事迹，发现学习的榜样，并将这些优秀品质内化为自己的行为准则

（续表）

任务	学科	目标
展示自我	劳动	1. 能提前了解制作菜肴所需的原材料和烹饪方法，在实际操作中逐步掌握烹饪技巧 2. 能在烹饪实践活动中触发对食物的珍惜之情，感悟劳动带来的美好收获
	体育	1. 能通过参加体育运动，感受到拼搏、坚持的体育精神，展示自己的体育风采 2. 能在体育运动竞技或喝彩加油的过程中，感受到团队集体荣誉感和凝聚力

三、主题设计

（一）任务设计（GRASPS 工具）

任务设计元素	案例描述
目标（G）	完成一份成长管理手账
角色（R）	五年级学生
受众（A）	四年级学生
情境（S）	小学生涯即将结束，回顾小学生活的点点滴滴，请你整理一份可供下一届五年级学生（现四年级）参考的小学生成长管理手账
成果（P）	成长记录手账，内容包括自画像、健康生活计划表、书信、照片、《今天我掌厨》
标准（S）	完成一份符合自身特点的科学、合理的成长管理手账

（二）跨学科理解

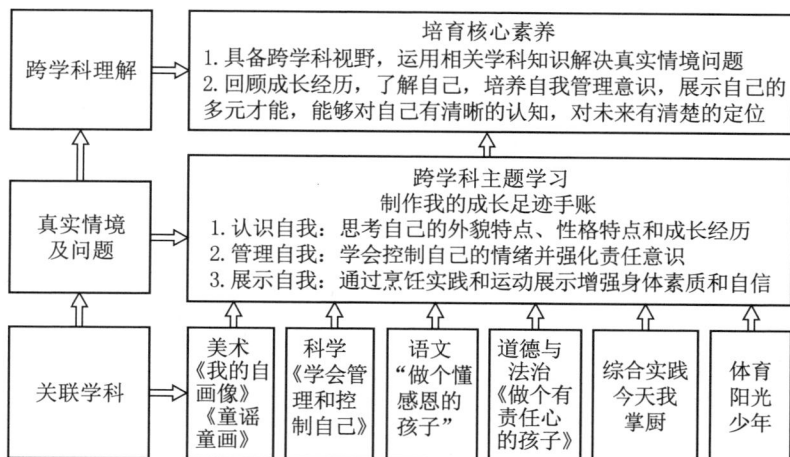

跨学科理解 → 培育核心素养
1. 具备跨学科视野，运用相关学科知识解决真实情境问题
2. 回顾成长经历，了解自己，培养自我管理意识，展示自己的多元才能，能够对自己有清晰的认知，对未来有清楚的定位

真实情境及问题 → 跨学科主题学习 制作我的成长足迹手账
1. 认识自我：思考自己的外貌特点、性格特点和成长经历
2. 管理自我：学会控制自己的情绪并强化责任意识
3. 展示自我：通过烹饪实践和运动展示增强身体素质和自信

关联学科 → 美术《我的自画像》《童谣童画》｜科学《学会管理和控制自己》｜语文"做个懂感恩的孩子"｜道德与法治《做个有责任心的孩子》｜综合实践今天我掌厨｜体育阳光少年

（三）子任务分解

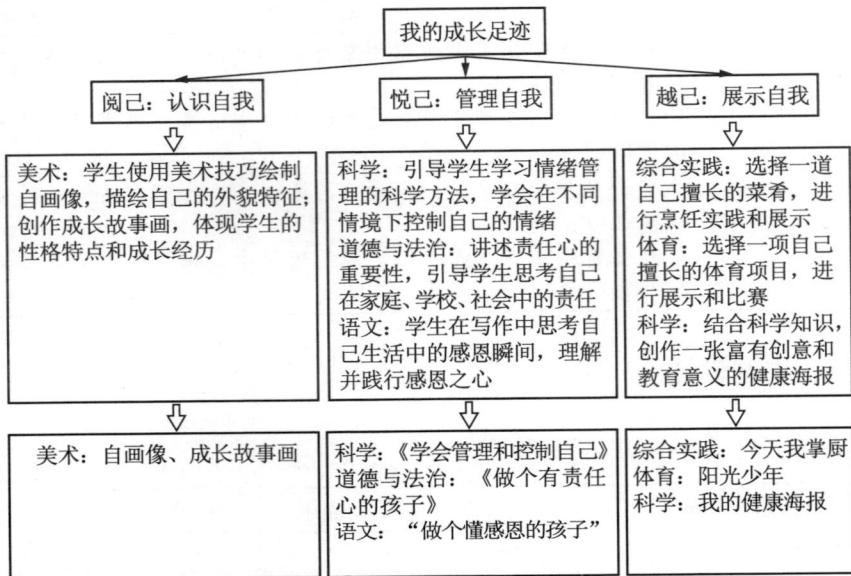

```
                        ┌─────────────┐
                        │  我的成长足迹  │
                        └─────────────┘
         ┌──────────────────┼──────────────────┐
         ▼                  ▼                  ▼
┌─────────────┐    ┌─────────────┐    ┌─────────────┐
│ 阅己：认识自我 │    │ 悦己：管理自我 │    │ 越己：展示自我 │
└─────────────┘    └─────────────┘    └─────────────┘
```

美术：学生使用美术技巧绘制自画像，描绘自己的外貌特征；创作成长故事画，体现学生的性格特点和成长经历	科学：引导学生学习情绪管理的科学方法，学会在不同情境下控制自己的情绪 道德与法治：讲述责任心的重要性，引导学生思考自己在家庭、学校、社会中的责任 语文：学生在写作中思考自己生活中的感恩瞬间，理解并践行感恩之心	综合实践：选择一道自己擅长的菜肴，进行烹饪实践和展示 体育：选择一项自己擅长的体育项目，进行展示和比赛 科学：结合科学知识，创作一张富有创意和教育意义的健康海报
美术：自画像、成长故事画	科学：《学会管理和控制自己》 道德与法治：《做个有责任心的孩子》 语文："做个懂感恩的孩子"	综合实践：今天我掌厨 体育：阳光少年 科学：我的健康海报

四、学习过程

子任务一：阅己——认识自我

本任务的主要任务是帮助学生从外貌、性格、成长经历等几个方面认识自我。

1. 学习活动一：认识外貌——美术自画像

环节一：课前自学任务

学生准备儿时和现在的个人照。

学生观察镜子中的自己，画自画像。儿童的创造要有感性经验的积累。经初次绘画体验，学生对人物画有了感性认知。

环节二：画像初探

教师随机抽取本班几个学生的生活照，并遮挡五官的部分部位，让学生猜一猜"我是谁"。

学生归纳总结表现人物外貌特征的要点。

师：每个人都有着自己的过去、现在，也将会有一个不同的未来，你的未来会是怎样的呢？

　　学生在小组活动中，跨过时空的界限，对未来展开了丰富的想象。创造性想象的参与和小组同伴之间的互助，帮助学生打破了自身想象力的壁垒，也为后续独立创作积累了丰富的图像素材。

　　环节三：艺术鉴赏

　　教师展示毕加索、弗里达等艺术家的人物肖像画，结合艺术家的生平经历、个性特点和创作风格进行讲解，引导学生感知人物肖像画夸张的表现手法，逐步深入理解作品的内涵，进而获得深度的审美体验。

　　环节四：独立创作

　　教师提供多种纸版画的制作方法，并提供相应的材料和工具，鼓励学生独立思考，创新技法，创造富有个性和创造力的自画像。

实践活动一：自画像

一、欣赏自画像

凡·高　　　　达·芬奇　　　宋徽宗　　　　伦勃朗　　　　维米尔

欣赏不同画家的自画像，说说有什么特征？

二、画五官

对着镜子观察自己五官的特点，画一画自己的五官。

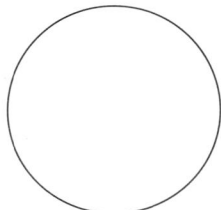 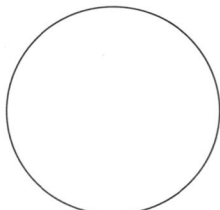 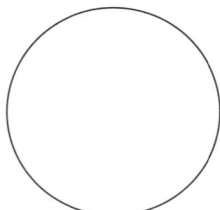 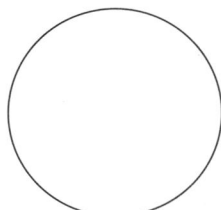

　　眼　　　　　　　　鼻　　　　　　　　口　　　　　　　　耳

三、画自画像

相信你现在对自己的外貌又有了更深入的了解，请你根据要求画一张自画像吧！

1. 画一幅以线描为主的自画像。

2. 不求形似，只要传神。

3. 构图饱满，线条流畅。

【过程性评价】该活动将学生提供的个人照作为教学资源，开展相应的教学活动，进一步调动学生学习的主动性。精心设计指向性明确的生活素材，引导学生观察、分析、归纳人物外貌特征，有效激发了学生参与教学活动的兴趣，帮助学生形成最初的创作意识。

2. 学习活动二：认识性格——成长故事画

环节一：悟童谣

① 诵读童谣

教师以童谣导入课堂教学，学生在琅琅的书声中感受童谣的韵律美。

师：小朋友，排排坐，我们一起做游戏；说好了，我等你，诚信话语永记牢。等到太阳说再见，等到月亮笑迎我，诚实守信忘不了。

② 理解童谣

师：读一读童谣，说一说这则童谣描绘了一个什么样的场景，出现了哪些人物，发生了怎样的故事，说明了什么道理。

学生通过理解童谣来激发绘画创作的灵感，为后续成长连环画的绘制提供基础。

环节二：画童画

师：同学们，请想象一下童谣描绘的画面、每个画面中出现的人物和背景、场景中人物的形态。

在这一过程中，教师引导学生从不同角度、用不同造型去展现童谣所表达的故事情境。

师：现在我们已经知道怎样用画面去描述故事。在学校生活、学习的这五年，一定也发生过美好的、令你印象深刻的故事，请你尝试画下来。

学生完成连环画之后，教师引导学生分享自己的成长故事，并谈创作后的感受。

实践活动二：成长故事画

一、连环画知多少

连环画是采用图文结合或仅以绘画形式出现的画种。连环画历史悠久，形式众多，如常见的连环画报、小人书等。请同学们在课前查阅有关连环画的资料并记录在表格里。

连环画分类	代表名家	代表作品	其他

二、成长故事齐分享

每个人的童年都会经历有趣的、开心的、令人印象深刻的事情，请你用简单的语言写下自己的成长故事并与同学分享。

_____

_____

_____

_____

_____

三、成长故事我来画

请你选择一个最能表现全部意境且又容易用绘画形式表现的场面，用丰富的色彩和富有想象的画面来进行描绘。可以通过特写、近景、中景、远景来讲述你们的成长故事。来吧，开始吧！

可根据自己的需求，把格子分成4格、6格……

【过程性评价】该活动的美术教学是从情感入手渗透德育。在审美活动中，学生通过非功利性的情感体验，将注意力转向美好事物。这种体验能唤起他们对成长过程中的美好回忆，并用画笔描绘这些珍贵回忆。

子任务二：悦己——管理自我

1. 学习活动一：情绪管理——学会管理和控制自己

环节一：聚焦情绪

师：虽然我们是小学生，但是在学习和生活中，我们也会遇到各种压力和刺激。不同的情绪，就是人面对外界不同刺激时所做出的反应，压力和情绪是正常的自然反应。

教师展示不同情绪的案例，引导学生讨论自己在遇到类似情况时可能会有的反应，并鼓励他们分享、交流案例以外的个人经历，最后让他们将这些经历记录在成长记录手账上。

环节二：探索策略

教师通过案例，帮助学生了解压力和不良情绪可能引发的健康问题，如胃肠道问题、免疫力下降等。这些健康问题不仅影响身体状况，还影响学习效率、人际关系。通过这种方式，学生能认识到压力过大和不良情绪给身心带来的危害。

师：压力和不良情绪会影响我们的身心健康，我们该如何有效地管理压力和情绪呢？

小组讨论。学生针对前面的案例，结合自己的经验，讨论管理压力和情绪管理的方法，记录下来，并进行汇报交流。

学生观看微课，补充介绍管理压力和情绪的方法。

环节三：研讨总结

① 情境演绎

情境：小明传本子时碰到了小红的眼睛，没有道歉，小红很生气。

学生观看情景表演，思考并讨论：如果你是小红，你会怎么做？如果你是小明和小红的好朋友，你会怎么做？随后，请学生通过角色扮演来展示想法。

② 辩证思考

学生观看范进中举后喜极而疯的视频。小组讨论：遇到特别高兴的事情，我们需要管理自己的情绪吗？

引导学生意识到，不是只有消极的情绪才算是不良情绪，积极的情绪如果处理不当也会造成身心伤害。

实践活动三：学会管理和控制自己

一、生活中你是否经常感到有压力，当你面对压力时，你又是如何进行管理的呢？

让你感到有压力的事	管理压力的方法

二、怎样可以做到"我的情绪我做主"呢？

我的情绪我做主

在日常学习和生活中，我们会接触很多人，遇到很多事。面对不同的人和事，我的心情也会发生变化，有时高兴，有时愤怒，有时惊喜，有时悲伤……情绪会影响我们的行为和生活。

积极的情绪让我们精神饱满、充满活力，使我们健康成长。消极的情绪则让人感到伤心难受、情绪低落，有些人控制不住情绪时会做出一些令自己后悔甚至是伤害别人的事情。因此，我们要学会管理情绪，调节自己的心情，与他人和谐共处。怎样可以做到"我的情绪我做主"呢？一起来学学下面的顺口溜吧！

> 控制情绪可转移，听听音乐谈谈心。
>
> 合理宣泄很正常，痛痛快快哭一场。
>
> 改变想法很奇妙，自我激励和解嘲。
>
> 调节情绪我有招，快快乐乐生活好。

【过程性评价】本活动旨在帮助学生认识情绪对自身的影响，学会管理和控制情绪，保持身心健康，提高生活质量和学习效率。在活动过程中，教师通过创设情境，充分调动学生的已有经验，让学生说出自己的亲身经历和真实感受，激发学生对本课学习内容的研究欲望，培养他们科学应对生活问题的能力。

2. 学习活动二：责任管理——做个有责任心的孩子

环节一：观察与发现

课前，学生以小组为单位，留心观察在学校各个部门工作的人。课上，学生汇报观察结果，根据学生的述说，教师依次展示学校各部门的工作牌。教师补充学生没有观察到的部门以及工作的人。

师小结：通过刚刚的交流，我们了解到在我们学校除了给我们上课的老师，还有许多组织机构和部门的老师也在为大家服务。

教师播放展示学校各类工作人员日常工作的视频和照片，学生认真观看，填写观察记录表。随后，教师引导学生思考：如果没有这些工作人员，学校会变成什么样？通过这种想象活动，帮助学生认识到每个人的工作对学校和谐运转的重要性，从而培养他们的责任心和感恩之心。

环节二：体验与感悟

① 扮演体验

师：请同学们想象一下，如果你们成了学校中的超级工作人员，为了让我们的校园变得更美好你们会怎么做呢？

学生小组讨论，各自设想自己所扮演的超级工作人员角色，记录下自己的角色和台词，并在小组内模拟演练。

② 责任体悟

学生根据自己的角色定位，分析自己角色的责任以及该角色对他人、社会的影响，小组其余同学可以补充。讨论完毕后将结果记录在成长记录手账的活动单上。

实践活动四：做一个有责任心的人

我的角色扮演

请每组根据课件中的例子准备并表演一个短剧，展现角色的责任心。

我的角色：_____

我的台词：_____

_____

_____

_____

_____

请你分析你的角色的责任心以及他（她）对个人和社会的影响。

_____

_____

_____

_____

_____

_____

【过程性评价】通过观看和讨论学校工作人员的视频照片，学生认识并感恩学校工作人员的辛勤付出，培养学生对学校环境和社区成员的尊重及感激之情。利用角色扮演，引导学生深入理解和体验校园内各个角色的责任和贡献，鼓励他们思考积极参与校园的美化和管理的方法。这一过程促使学生从自我中心的视角转变为更广阔的校园的视角，增强了学生的社会责任心和集体归属感。

3. 学习活动三：责任管理——做个懂感恩的孩子

环节一：营造氛围，激发习作动机

教师播放歌曲《一封家书》，切入习作主题，引导学生发现：歌词是一封信。学生讨论交流从这首歌曲中他们体会到的情感。

教师展示习作要求，引导学生梳理给父母写信的目的。

师：每天都和爸爸妈妈生活在一起，但还是有一些想法不好意思当面说。

学生发表看法，体会到书信这种形式能够更好地倾吐自己的心里话。

环节二：以说促写，练写难忘的事

师：请同学们从父母在生活方面的关爱、学习方面的关心、思想上的指引几个方面，回忆与父母之间发生的难忘的三件事。

学生分小组交流，挑选其中最难忘的一件事记录在成长记录手账上，并进行分享。

学生练写片段。教师引导学生运用神态、动作、语言和心理描写把事情写具体，运用场景描写、反复、反衬等方法把事情写得更具体。

实践活动五：《父母之爱》

一、读一读课前预热

材料一：李刚的学习成绩忽高忽低，考得不好时，爸爸就会训斥他。训斥完，爸爸又总是说："我们爱你，才这么严格要求你。"

材料二：王小雅的妈妈对她的关心无微不至，每天帮她收拾房间，整理书包，还陪她写作业。有一次，妈妈连续几天不在家，王小雅不是忘了带文具盒，就是忘了带作业本，自己的房间也是乱七八糟的。

材料三：陈敏的爸爸晚上经常和他一起下象棋，周末还带他出去看电影或爬山。

"我的观点"

选择一个事例记录自己的想法和感受。

"我的苦恼"

记录"我的苦恼"，写下最想和父母沟通的一件事。

二、说一说

在小组内分享你对父母之爱的理解，使用"父母的爱是_____（慈祥的、严格的、宽容的、感人的）"句式，小组代表表达共识或不同见解。

三、听一听

听一听老师讲述的三个小故事，想一想：父母的爱的不同方式并评说故事，提出自己的看法。

四、讲一讲

讲一讲自己与父母之间的小故事，并分享当时的想法及现在的看法。

五、做一做

"表达爱"

为父母做一件力所能及的事，以表达自己对他们的爱。

"心与心沟通"

与父母进行一次坦诚的谈话，以促进更好的相互理解和沟通。

【过程性评价】在阅读的基础上，勾起学生对往事的回忆，寻找和父母生活的点点滴滴，引导学生用书信的形式表达自己的情感。通过这一活动，学生既能学习、练习书信体裁的写作，又能借此机会向父母表达自己的感恩之情。

子任务三：越己——展示自我

本任务引导学生从自己擅长的方面，如制作一道擅长的菜肴，参加一项擅长的运动等，积极展示自我、表现自我。

1. 学习活动一：今天我掌厨

厨艺展示实践活动以"舌尖上的家乡"为主题，与五年级学生实践基地研学相结合，给予学生真实的、可操作的烹饪体验和展示。

环节一：活动前准备

活动开始前，学生选择一道自己拿手的或感兴趣的家乡菜。提前搜索资料，记录所需要的原材料和烹饪步骤。

学生以小组为单位展开讨论，共同商定现场制作的分工安排，群策群力给菜起靓名，制作精美菜谱卡，并做好主料与配料的准备工作，等等。

环节二：厨艺比拼

教师示范正确使用厨房工具的方法，引导学生掌握烹饪的重点操作步骤。

　　学生在烹饪过程中明确组内分工，教师引导学生在遇到问题时多请教同伴、家长或老师。在实践过程中依据评价标准进行自评和他评。

评价内容	自评	伙伴评	教师评	家长评	社会评
明确本次劳动的任务要求	☆ ☆ ☆	☆ ☆ ☆	☆ ☆ ☆	☆ ☆ ☆	☆ ☆ ☆
积极提出问题，能想到解决办法	☆ ☆ ☆	☆ ☆ ☆	☆ ☆ ☆	☆ ☆ ☆	☆ ☆ ☆
正确使用烹饪工具和餐具	☆ ☆ ☆	☆ ☆ ☆	☆ ☆ ☆	☆ ☆ ☆	☆ ☆ ☆
劳动中安全意识强，遵守纪律	☆ ☆ ☆	☆ ☆ ☆	☆ ☆ ☆	☆ ☆ ☆	☆ ☆ ☆
认真完成烹饪劳动，方法得当	☆ ☆ ☆	☆ ☆ ☆	☆ ☆ ☆	☆ ☆ ☆	☆ ☆ ☆
与小组成员相互配合	☆ ☆ ☆	☆ ☆ ☆	☆ ☆ ☆	☆ ☆ ☆	☆ ☆ ☆
掌握本次活动相关的营养知识	☆ ☆ ☆	☆ ☆ ☆	☆ ☆ ☆	☆ ☆ ☆	☆ ☆ ☆
活动总结时充分展示成果	☆ ☆ ☆	☆ ☆ ☆	☆ ☆ ☆	☆ ☆ ☆	☆ ☆ ☆
劳动过程中遇到困难努力解决	☆ ☆ ☆	☆ ☆ ☆	☆ ☆ ☆	☆ ☆ ☆	☆ ☆ ☆
劳动中感到快乐并且有成就感	☆ ☆ ☆	☆ ☆ ☆	☆ ☆ ☆	☆ ☆ ☆	☆ ☆ ☆
各项平均得星	☆ ☆ ☆	☆ ☆ ☆	☆ ☆ ☆	☆ ☆ ☆	☆ ☆ ☆
教师综合评价	☆ ☆ ☆				
本次劳动我的收获有：					
需要改进的地方是：					

　　烹饪结束后，学生分享自己对菜品的烹饪经验，介绍菜品的营养价值、烹饪注意事项，分享自己完成菜品后的感受。

实践活动六：厨艺展示

一、美食节中有厨艺展示环节，请你选择一道拿手的菜，将前期需要的食物和配料以及烹饪主要步骤记录下来。

```
食物和配料：


烹饪步骤：
1. _____
2. _____
3. _____
4. _____
5. _____
6. _____
```

二、请你将自己现场烹饪和制作成果的照片粘贴在下方。

【过程性评价】通过体验选择菜品、准备材料、烹饪、分享的劳动实践过程，学生能真正感悟劳动带来的价值。通过厨艺展示，培养了学生乐于为家人服务的劳动意识，引导学生学会用自己的劳动创造美好幸福生活，同时也在实践中培养了学生勤俭节约、不怕苦、不怕困难的劳动品质。

2. 学习活动二：阳光少年

环节一：知识教学，以理论培养体育精神

在课堂上，教师通过讲解、讨论和案例分析等方式，向学生传授运动的理论知识。

注重运动的练习与探索。在课堂上，教师可以预留一定的练习时间，让学生进行有针对性的运动训练。学生在成长记录单上记录下自己擅长的运动项目，以及自己在这项运动中的表现和进步。

环节二：竞赛活动，以游戏促进阳光运动

教师采取多样的竞赛活动，并通过游戏促进学生运动。

小组竞赛活动：接力赛、拔河比赛、足球赛等。学生可以在团队中相互合作，培养集体荣誉感。

趣味性游戏：绳索跳、踢毽子、捉迷藏等。既可以锻炼学生的身体素质，又能够激发学生的兴趣，提高运动积极性。

小型比赛：投篮比赛、跳远比赛等。学生互相切磋，不断提高自己的技能水平。

实践活动七：我的运动展示

一、选择你最喜欢或最擅长的一项运动（如跑步、跳绳、篮球、足球、游泳等），在一段时间内（如一个月），记录你在这项运动中的表现和进步。

日期	运动项目	运动时长	运动强度	主要成绩／数据	备注

二、请介绍你喜欢的运动的训练过程并展示出来。

_____

_____

_____

_____

三、我的运动照

【过程性评价】在这一活动中，教师通过"学—练—赛"一体化的活动方式提高体育教学的效果，培养学生的核心素养，并激发学生对体育的兴趣和热爱，展示阳光的自己。

3. 学习活动三：我的健康海报

环节一：评估身体健康状态

教师播放身体健康科普视频，学生通过视频了解身体的结构、功能以及人体的健康相关知识。

学生完成健康小调查，对自己当前的健康状况进行分析。将不健康的行为习惯，以及这些行为可能对身体产生的危害和对应的改变方法填在健康生活评估表中。

实践活动八：制订健康生活计划

健康小调查：生活中的不良习惯。（备注：有加 1 分，没有 0 分）

健康小调查	饮食习惯	1. 挑食。饮食时吃自己喜欢的食物；食物好吃的时候，会吃很多	□有 □没有
		2. 饮食重口味。喜欢吃过咸、过辣、口味过重的食物	□有 □没有
		3. 不规律饮食。因为时间来不及，不吃饭或随便吃点	□有 □没有
		4. 喝水少，常喝奶茶、可乐等饮料	□有 □没有
	运动习惯	1. 穿不合适的衣服或鞋子参加体育运动	□有 □没有
		2. 参加体育运动时，动作不到位、不规范	□有 □没有
		3. 不喜欢运动或很少运动	□有 □没有
		4. 饭后马上运动或空腹运动	□有 □没有
	行为习惯	1. 喜欢跷二郎腿	□有 □没有
		2. 看书、写作业时头低得很低、姿势不正确	□有 □没有
		3. 会久坐，喜欢宅在家里	□有 □没有
		4. 不注意个人卫生，睡觉前不刷牙	□有 □没有
	作息习惯	1. 累了的时候，喜欢趴在桌上睡觉	□有 □没有
		2. 作业拖拉，不会合理安排时间，有时要做到很晚才睡觉	□有 □没有
		3. 休息日熬夜看书、玩手机、打电脑游戏	□有 □没有
		4. 爱睡懒觉，节假日会起得很晚	□有 □没有

（续表）

健康小调查	心理习惯	1. 容易紧张，遇到重要的事情会吃不下、睡不着	□有　□没有
		2. 喜欢独处，不合群，不懂怎么和人相处	□有　□没有
		3. 没自信，上课不敢发言，怕说错被同学、老师笑话	□有　□没有
	其他		

结果分析：0—5分健康；6—10分亚健康；11分及以上不健康。

环节二：制订健康生活计划

师：我们要学会制订健康生活计划，来帮助我们改变这些不健康的行为方式。结合你的情况，说一说你想要实现的健康目标。

学生设立的健康目标不宜太大，教师引导学生制订小而有挑战性的健康生活目标，并为自己量身定制一份健康行为计划。

① 为自己设定一个健康目标，制订一份健康行为计划。

健康目标	
对健康的影响	
我的计划	
计划的执行效果	

② 搜集资料，制作一份小学生健康生活海报。（自主绘制、剪贴皆可）

【过程性评价】通过评估自己的健康状况、制订健康生活计划、执行计划、达

到健康目标，引导学生根据自己身体的实际，制订适用、有效的健康生活计划，用于指导今后的生活。

五、活动点评

（一）凸显"生活＋教育"的思想内涵

"我的成长足迹"以活动为主要开展形式，强调亲身经历，要求学生积极参与到各项活动中去，在考察、设计、创作、体验等一系列活动中发现和解决问题，体验和感受生活，凸显了"生活即教育"的思想内涵。

（二）契合"劳心＋劳力"的课程建构

"我的成长足迹"综合实践活动是一个融合性学习项目，它不仅帮助学生学习学科知识，更重要的是通过动手实践和生活实践促进学生全面发展。在活动过程中，有写作、记录等动脑型任务，也有绘画、烹饪、运动等动手型任务，这些学科知识的融合，使学生的身心得到更好的发展。

（三）实现"并举＋融合"的路径选择

"我的成长足迹"以成长记录手账为载体，串联多门学科，发展学生多方面能力，培养综合素养，这与"调动所有知识、能力、品质等创造性解决新问题"的跨学科的综合性学习方式不谋而合。

跨学科实践活动：
综合实践活动类跨学科主题学习

跨学科实践活动,从学生真实的生活经验和发展需求出发,关注学生自身成长经历和生活体验,要求学生融会贯通多学科知识和方法,运用多学科知识和方法来解决真实问题,加强所学知识与社会生活的联结。除了学科学习,学校还会开展大量的活动、比赛,如艺术节、科技节、访谈、课外实践等。这些活动不仅限于传统的课堂教学,还涉及校园外的环境和社会实际情境。

　　根据2017年教育部印发的《中小学综合实践活动课程指导纲要》的附件一《中小学综合实践活动推荐主题汇总》,小学阶段的综合实践活动主题共70个,以3—6年级考察探究活动的推荐主题"生活垃圾的研究"为例,学校可开展"绿色小卫士的环保之旅"跨学科主题活动,围绕校园垃圾分类的真实问题,融合班队活动,以及语文、数学、劳动、艺术等学科知识,引导学生收集、整理、统计垃圾产生量、回收量等数据,撰写垃圾分类倡议,利用废弃物品,制作有趣、新颖的手工制品,让学生在真实情境中认识垃圾分类的重要性,掌握垃圾分类知识,培养学生的环保意识和社会责任感,激发创造力。

　　每年学校的阅读节、科技节、艺术节等活动都可以成为策划和组织跨学科实践活动的载体。以笔者所在学校为例,每年12月是学校的中西文化月,学校曾以"杏娃迎冬奥"为主题,融合英语、道德与法治、语文等学科知识,以班级为单位研究参加北京冬奥会的挪威、意大利等国的体育文化,参照英语新课标文化知识内容要求中"中外主要体育运动项目、赛事,优秀运动员及其成就和体育精神"的要求,引导学生对比研究中外冬奥运文化的异同。每年的五六月份,学校周边幼儿园的幼儿会来学校参观体验，由此可设计以"幼小牵手，双向奔赴"为主题的跨学科实践活动，学校高年级学生与幼儿一对一结对，学生通过扮演"学校小导游"的角色，设计参观路线、介绍学校建筑文化，带领幼儿上课体验小学生活，培养学生的责任意识。

"菜菜头"春耕

实施年级： 四年级

所跨学科： 劳动、语文、数学、科学、英语、美术

实施周期： 17 课时

设计者： 余盈盈、张丽、林尖、方越、徐好好

执笔人： 余盈盈

一、主题背景分析

（一）主题来源

高实劳动教育依托校本教材《杏娃劳动课程手册》，组织学生开展日常劳动、家务劳动、种植劳动、社区劳动等。学校还会根据各年段学生的学情，结合学校果园、农耕基地等资源，分年级开展整理与收纳、种植养护、水果采摘、垃圾分类等主题融合课程，实现劳动体验与学习生活的融通。

结合学校的杏娃劳动月活动，教师带领学生体验农耕田趣。学生种下一颗颗种子，收获一个个劳动之果。"菜菜头"春耕课程是杏娃劳动月主题下围绕种植养护劳动开展的跨学科实践课程。该课程以"我是小菜农"耕种劳动项目活动为载体，围绕节气文化组织学生开展耕种劳作、种植养护、成果收获与分享三大阶段性的种植养护劳动实践活动，借此了解蔬菜的成长过程，培养学生观察生活、记录生活、热爱生活的品质，继承和发扬了传统的劳动文化，也赋予了劳动教育新视角、新表达和新内涵。

（二）主题概况

"菜菜头"春耕跨学科综合实践活动融合了劳动、语文、数学、科学、英

语、美术等学科的知识，让学生参加耕种劳作、种植养护和成果收获与分享三大阶段性活动，培养学生利用统计分析的知识解决实际问题，激活学生自主探索新知的能力，引导学生在感知季节更替中体悟顺应规律、敬畏自然的人生哲理。

二、学习目标

（一）总目标

以劳动协同发展智育。将学科知识与劳动进行重构，关联不同学科之间的重难点知识，以"我是小菜农"为主任务串联学科内容，让学生在问题的生成中解决问题，掌握和运用基础技能，提升综合学习能力。

以劳动历练责任担当。关注对学生实践能力的培养，帮助学生获得一定的劳动技能和方法。在劳动过程中学生需要学会与环境相处、与他人相处、与自己相处。

以劳动传承乡土文化。在课程的实践中以区域性的农耕活动为核心，了解农事节气文化，主动探究与传承农耕文化，传承温州人吃苦耐劳的劳动精神。

（二）相关课程核心素养

劳动	规划小菜园的种植区域和作物。掌握种植作物的基本要求和方法。了解蔬菜幼苗的养护方法和注意事项。学会通过观察和记录蔬菜幼苗的生长情况
数学	运用简单的排列组合、统计等相关知识，了解营养午餐搭配，养成科学饮食习惯。结合事例，理解株距与行距，运用知识解决实际种植问题
语文	调动五感描写景物，按照顺序写游览过程，把印象深刻的景物作为重点来写
科学	通过观察实验，了解土壤组成成分，形成善于观察，并把事物的特点和性质相联系的习惯
美术	了解欣赏各类蔬菜及包装设计。为蔬菜写生，设计文化卡片、海报

三、实施流程

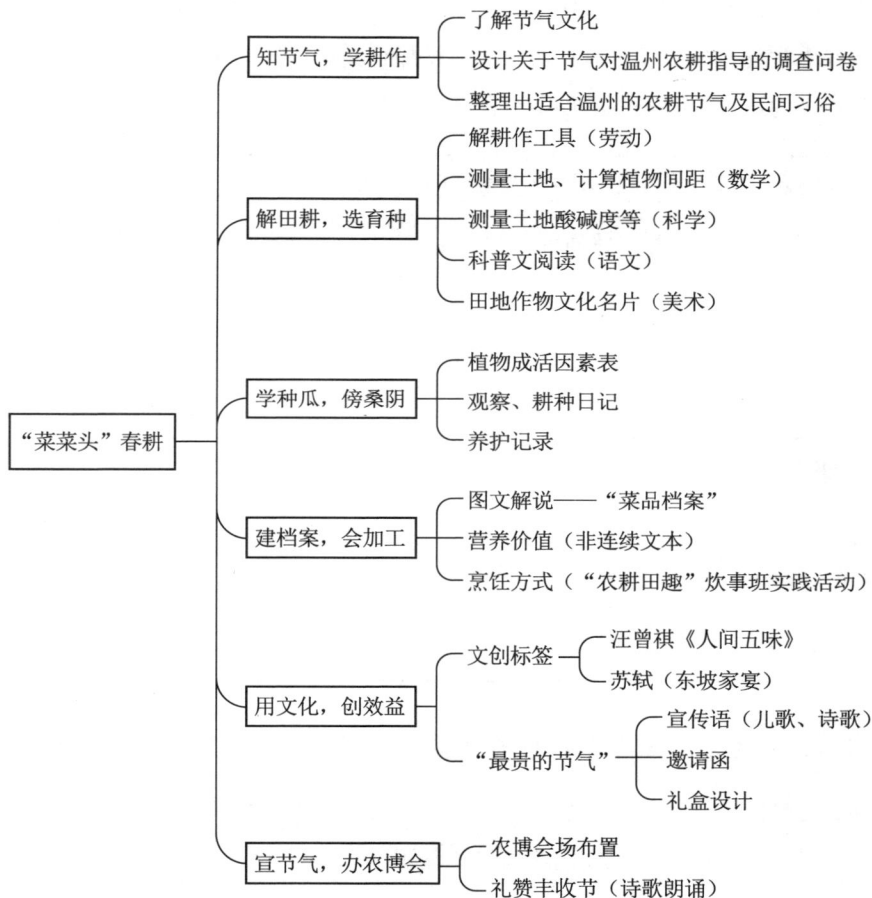

四、学习过程

实践活动一：知节气，学耕作

环节一：了解节气文化，知道节气与自然条件的关联与指导作用

中国古代农耕讲究时令节气，春耕、夏耘、秋收、冬藏等农事活动都遵循节气变化。二十四节气是古人对自然界时间规律和农耕生产关系的最精确掌握。让学生了解节气，了解节气对春耕的作用，带学生走进田野，体验农耕文化，让学生在实践中收获成长。

环节二：通过调查问卷，知道节气对农耕的作用

二十四节气与农耕活动密切相关，如立春、清明、秋分、霜降等节气都对应着不同的农事活动。每个节气对农作物的生长都有影响。学生通过调查问卷，了解节气的特点，为进行农事实践活动做准备。

调查到的蔬菜	适宜生长的环境和种植的时间	其他种植小知识
白萝卜	9—11 月，怕高温，怕害虫	种植时避开 9 月上旬多发的食心虫，9 月 10 日之后是种植的好时机

其中我最想种植的植物是：

原因：

调查人：　　　　　　　　　时间：

环节三：整理本土春耕农事与习俗

通过这样的教学设计，学生能在轻松愉快的氛围中了解和探索传统文化中独特的二十四节气，培养对传统文化的兴趣和理解。

实践活动二：解田耕，选育种

环节一：为田间作物设计文化名片

教师组织学生了解农作物名片的作用，讲解制作流程以及材料的使用方法，包括材料选择、设计构思、绘制草图、制作牌面、安装悬挂等步骤。通过展示优秀的名片设计案例，引导学生欣赏作品创意和美学特征，以此激发学生的设计灵感，并为田间作物设计文化名片。

环节二：阅读科普文，了解农耕知识

通过阅读科普文章，学生了解春分的由来和含义，通过搜集不同作家对春分的描写，进一步了解春分时的农事安排、民俗活动、饮食安排等，培养学生的文化自信。

环节三：解密土壤，了解农作物生长环境

带领学生参与学校农场劳作，组织学生对学校农场中的土壤成分进行观察，了解土壤的组成成分，通过不同的观察方法解密土壤，让学生更全面地了解土壤成分和对植物的作用。

环节四：测量土地、计算植株种植间距

学生通过观察、动手操作、模拟栽种、小组讨论交流等方式理解株距和行距的实际含义；综合运用已学知识解决种植中的实际问题，讨论种植方案；经历栽种的过程，体验栽种的乐趣，在解决实际种植问题中获得成功体验。

环节五：认识耕作工具，初步掌握种植蔬菜育苗、移栽等简单方法

学生了解传统农耕工具，观看农耕工具的演变过程图。教师带领学生到校园农场工具房中进一步观察耕种工具，知道其作用及使用技巧。最后，学生进行蔬菜的耕种，在实践中掌握方法与技巧。

实践活动三：学种瓜，傍桑阴

环节一：制作植物成活因素表

学生通过学习植物成活因素表，认识到种植、养护是一个长期的过程。分组合作，养成定期观察、合理养护植物的习惯，初步形成吃苦耐劳的劳动品质。做好耕种日记，培养耐心记录的能力。组织学生利用课余时间对农作物进行浇水，定期除草、施肥，并观察是否有病害，做好记录。

环节二：定期养护，写好耕种日记

组织学生利用课余时间对农作物开展养护工作，定期浇水、除草、施肥，并观察农作物的生长情况，如是否有病害，做好记录。学生小组组长最终对耕种日记进行汇总。

实践活动四：建档案，会加工

环节一：整理农作物的耕种事项及种植小妙招

请学生分享耕种过程中发现的农作物生长的秘密，可以是农作物的生长情况，也可以是种植中的注意事项。

环节二：了解所种植的农作物的营养成分

学生通过上网查资料等方式了解所种植农作物的营养价值，结合人体每日所需营养标准，设计一份营养菜单。

环节三：学习简单的烹饪方法

学生带上自己所种植的农作物，根据环节二设计的营养菜单，学习简单的烹饪方法。

通过实践活动四，学生不仅展示了自己的劳动成果，还通过烹饪和分享，加深了劳动所带来的成就感。

实践活动五：用文化，创效益

环节一：为农作物设计文创标签

学生在了解文创标签概念的基础上，学习文创标签设计的原则与要素。通过小组合作，学生发挥创意，借鉴名家作品，设计并制作具有文化特色的农作物标签，为农作物注入文化价值。

环节二：设计宣传语、邀请函、设计包装礼盒

学生以"最贵的节气，最朴实的农作物"为主题，深入了解消费者的需求与喜好，发散思维，融合传统、时尚、地域等多种元素，创新性地设计宣传语、邀请函，制作包装礼盒。

通过实践活动五，学生不仅加深了对中华传统文化的理解与认同，更培养了文化传承意识，主动承担起传播中华优秀传统文化的责任。

实践活动六：宣节气，办农博会

环节一：礼赞丰收节

学生在展示会上汇报实践心得，分享自己在活动中的体验、感受和学习到的知识。这一环节鼓励学生公开演讲、朗诵，提升他们的表达能力和自信心。

环节二：布展农博会

学生在了解布展准备工作的基础上，实地探查布展的场地，规划和组织成果展示活动，通过合作学习，研究、策划主题，制订切实可行的展示方案，提升解决问题的能力。

杏娃农博会

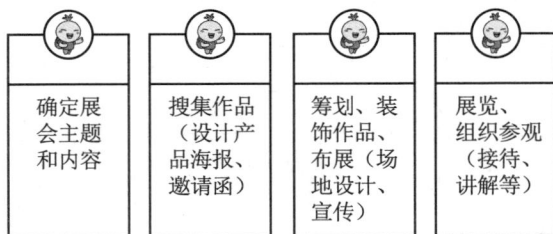

| 确定展会主题和内容 | 搜集作品（设计产品海报、邀请函） | 筹划、装饰作品、布展（场地设计、宣传） | 展览、组织参观（接待、讲解等） |

五、活动点评

（一）结构化的任务设计，为学习赋能

以"主题—目标—活动—评价"为体系设计并建构跨学科主题学习内容，通过具有探究性、综合性、实践性的学习过程，促进学生深入理解并灵活应用知识、技

能等，提高解决问题的能力，为学习增值赋能。课程内容包括六大任务：

以真实的校园场域、真实的情境为起点，联结能力与素养，确定六大任务群，围绕"跟着节气去耕种"展开，以"办展会"表现评价终结。六大任务循环推进，教师还为本活动设计了配套《学习活动手册》，以落实课程目标。

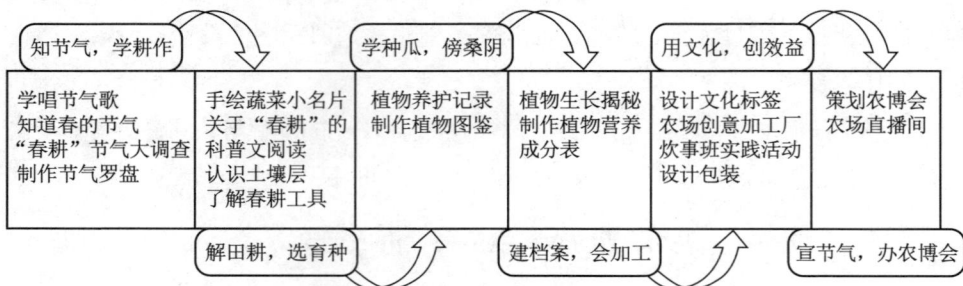

知节气，学耕作		学种瓜，傍桑阴		用文化，创效益	
学唱节气歌 知道春的节气 "春耕"节气大调查 制作节气罗盘	手绘蔬菜小名片 关于"春耕"的 科普文阅读 认识土壤层 了解春耕工具	植物养护记录 制作植物图鉴	植物生长揭秘 制作植物营养 成分表	设计文化标签 农场创意加工厂 炊事班实践活动 设计包装	策划农博会 农场直播间
	解田耕，选育种		建档案，会加工		宣节气，办农博会

（二）"我是小菜农"主题实践，促六大任务群落地

素养统领下的"我是小菜农"课堂，以实践为主，倡导"做中学""学中做"，注重学生的直接体验和深度参与，实现知行合一、学创融通。课堂立足教材，用项目化活动设计，寻找跨学科的融合点，强调以"用"的方式去"学"，在解决问题的过程中丰富认知，生成真正的学习经验。"菜菜头"春耕活动有效整合、联结各学科知识，打造"资源教室"，使学习内容结构化，学习过程进阶化。

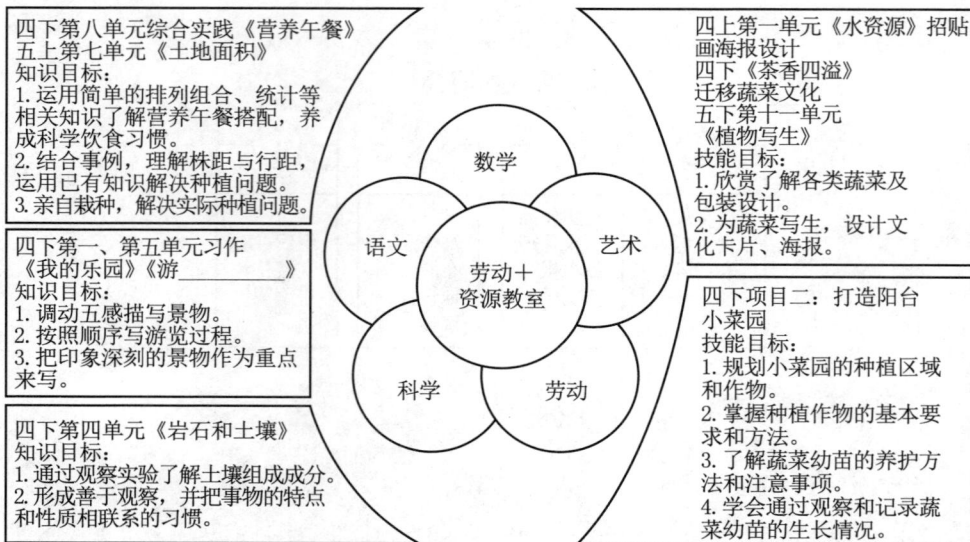

四下第八单元综合实践《营养午餐》
五上第七单元《土地面积》
知识目标：
1. 运用简单的排列组合、统计等相关知识了解营养午餐搭配，养成科学饮食习惯。
2. 结合事例，理解株距与行距，运用已有知识解决种植问题。
3. 亲自栽种，解决实际种植问题。

四下第一、第五单元习作《我的乐园》《游_____》
知识目标：
1. 调动五感描写景物。
2. 按照顺序写游览过程。
3. 把印象深刻的景物作为重点来写。

四下第四单元《岩石和土壤》
知识目标：
1. 通过观察实验了解土壤组成成分。
2. 形成善于观察，并把事物的特点和性质相联系的习惯。

四上第一单元《水资源》招贴画海报设计
四下《茶香四溢》
迁移蔬菜文化
五下第十一单元《植物写生》
技能目标：
1. 欣赏了解各类蔬菜及包装设计。
2. 为蔬菜写生，设计文化卡片、海报。

四下项目二：打造阳台小菜园
技能目标：
1. 规划小菜园的种植区域和作物。
2. 掌握种植作物的基本要求和方法。
3. 了解蔬菜幼苗的养护方法和注意事项。
4. 学会通过观察和记录蔬菜幼苗的生长情况。

（中心圆圈：数学、艺术、劳动、科学、语文；中心：劳动+资源教室）

绿色小卫士的环保之旅

实施年级： 一至三年级

所跨学科： 语文、数学、劳动、艺术、科学

实施周期： 4 课时

设计者： 杨炉峰

执笔人： 杨炉峰

一、主题背景分析

（一）主题来源

公益活动月注重学生的综合实践与生活体验，分为校内、校外两个板块。校外板块定在每年的 1 月、2 月、7 月、8 月，由学生自主选择主题开展跨学科主题学习活动。

"绿色小卫士的环保之旅"是公益活动月主题下，围绕垃圾分类问题开展的跨学科实践课程。本课程充分利用周边的社会资源，让学生了解垃圾分类的重要性，掌握分类知识。通过实践活动，引导学生在日常生活中进行垃圾分类，培养学生的环保意识和社会责任感。

（二）主题概况

"绿色小卫士的环保之旅"跨学科实践活动融合了劳动、艺术、科学等多门学科的知识技能，引导学生深度参与调查、实践、制作等活动，感受垃圾分类的必要性，把环保理念、环保意识、环保行为渗透到日常生活中。

二、学习目标

（一）总目标

通过亲身调查，体验生活中垃圾数量的真实情况。了解垃圾去向，掌握垃圾分类的方法。用亲身实践的方式，为垃圾分类工作做贡献。

（二）相关课程核心素养

责任意识	在活动中培养爱护环境、保护生态的社会责任感和担当精神
数学思维	收集、整理、统计垃圾产生量、回收量等数据，运用数据得出结论
文字和口语表达	在撰写垃圾分类倡议、汇报成果等活动中，清晰表达观点
创意实践	利用废弃物品，制作有趣、新颖的手工制品，激发创造力和动手能力

三、实施流程

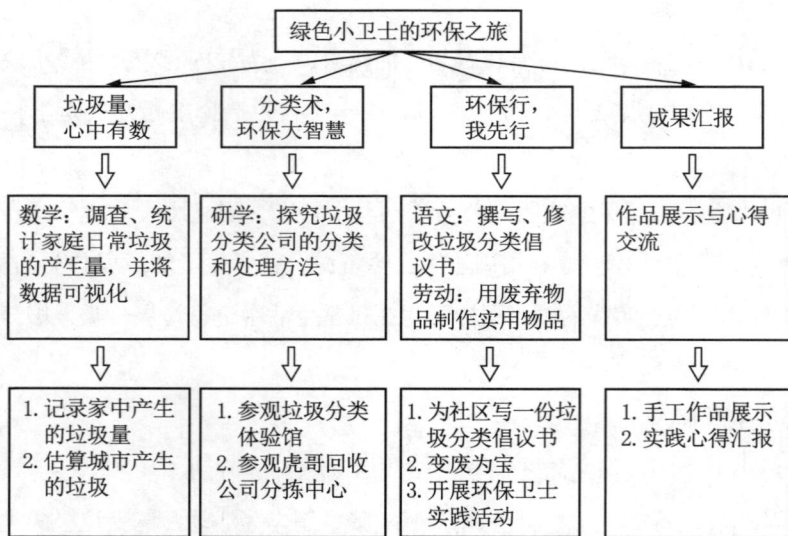

四、实施过程

实践活动一：垃圾量，心中有数

环节一：初步认识与记录

学生在家庭中建立对垃圾分类的初步认识，家长指导学生识别厨余垃圾、可回收物、有害垃圾和其他垃圾。每日记录各类垃圾的产生量，培养对垃圾产生量的基本认识。

家庭生活垃圾统计表				
时间	厨余垃圾（kg）	可回收物（kg）	有害垃圾（kg）	其他垃圾（kg）
周一				
周二				
周三				
周四				
周五				
周六				
周日				

环节二：数据整理与可视化

学生整理一周内收集的数据，利用软件绘制出柱状图和饼图，直观反映家庭垃圾的分类和比例，加深对垃圾分类的理解。

环节三：扩展估算与社会联系

根据家庭垃圾数据和在网络上搜索得到的本市人口数据，学生进行数学估算，推算出全市一周可能产生的垃圾总量，将个人行为与社会问题联系起来。

【小贴士】可以"每周家庭垃圾产生量 ÷ 家庭人口数"计算人均周垃圾产生量，再乘以全市总人口，估算全市居民一周产生的垃圾数量。

环节四：深入分析与讨论

学生以小组为单位开展讨论，分析家庭垃圾数据，探讨垃圾产生的原因和减少垃圾的可行方法。通过讨论，学生分享自己的见解，增强环保意识。

实践活动二：分类术，环保大智慧

环节一：实地体验与知识学习

学生前往垃圾分类体验馆，通过现场讲解和互动体验，学习垃圾分类的基本知识和技巧。学生将了解不同垃圾的分类标准和方法，认识垃圾分类对环境保护的重要意义。

环节二：现场观察与过程了解

学生参观虎哥回收公司的分拣中心，实地观察垃圾的分类、处理和资源回收流程。学生将见证垃圾分类后的实际去向，理解资源回收和循环利用的重要性。

参观后，要求学生绘制垃圾分类处理流程图。

环节三：感受实践与互动讨论

在参观过程中，学生通过自己的观察和工作人员的现场演示，直观感受垃圾分类的实际应用。参观结束后，教师组织学生进行互动讨论，分享参观体验，鼓励学生提出自己的见解和疑问。

说一说：经过今天的研学走访，你怎么看待"垃圾是放错地方的资源"这句话？

环节四：总结反馈与行动计划制订

学生总结参观体验，分享自己的感想和收获。在此基础上，教师引导学生制订行动计划，将垃圾分类的知识和技能应用到实际生活中，如在学校或社区开展垃圾分类的宣传活动。

通过这一系列的实践活动，学生不仅能够深入了解垃圾分类的方法和处理流程，还能提高自己的环保意识和实践能力，为成为环保小卫士打下坚实的基础。

实践活动三：环保行，我先行

环节一：倡议书撰写与社区意识提升

学生学习倡议书的撰写方法，了解倡议书的结构和语言风格，确保内容具有说服力和可行性。倡议书将围绕垃圾分类提出具体建议和行动方案，旨在提升社区居民的环保意识。

学一学：上网查询，学习如何撰写倡议书。

环节二：变废为宝活动

鼓励学生参与废弃物品的再利用活动。

做一做：选择身边的废弃物品，制作一件小物品，使它变废为宝，物尽其用。做完后进行小组展示并相互评价。

物品名称	星级评价	所用材料	星级评价
实用价值	☆ ☆ ☆ ☆ ☆	外观	☆ ☆ ☆ ☆ ☆
创新度	☆ ☆ ☆ ☆ ☆	复杂程度	☆ ☆ ☆ ☆ ☆

环节三：环保行动方案的制订与推广

学生根据倡议书，制订具体的环保行动方案，包括垃圾分类的宣传、执行和监督措施。通过社区公告、社交媒体等渠道进行推广，吸引更多居民参与。

写一写：小组合作，写一份社区垃圾分类倡议书，在其中提出可行的意见，并在社区中分发宣传。

环节四：社区参与和成果展示

在社区内组织活动，展示学生的手工作品和倡议书，鼓励社区居民提出意见和建议。通过成果展示，学生能获得社区的反馈，进一步优化自己的环保行动方案。

通过实践活动三，学生不仅能将垃圾分类的理念应用到实际生活中，还能通过与社区居民的互动，培养自己的社会责任感和环保意识，成为社区环保行动的积极推动者。

实践活动四：成果汇报

环节一：作品准备与创意阐述

学生利用废弃物品进行创意制作，深入思考每件作品背后的创意来源和制作过程。这一环节要求学生对自己的作品有深入的了解和思考，为展示和讲解作品做好准备。

环节二：展示材料的设计与制作

学生利用PPT、海报等多种形式，设计展示材料，将手工作品的图片、制作过程和创意思路整合在一起。在此过程中，学生将学习如何有效地传达信息并吸引观众的注意力。

环节三：心得汇报与经验分享

学生在展示会上汇报实践心得，分享自己在活动中的体验、感受和学习到的知识。这一环节鼓励学生进行公开演讲，提高他们的表达能力和自信心。

环节四：活动反思与个人成长

在展示和汇报结束后，安排互动交流环节，让观众提出问题和建议，学生进行回应。

展示会结束后，学生进行个人反思，思考活动过程中的成功之处和可改进空间。教师引导学生讨论如何将这次活动的经验应用到未来的学习和生活中，促进个人成长。

通过实践活动四，学生不仅展示了自己的创意和手工技能，还通过心得分享和交流，加深了对环保和社会责任的理解，同时提高了公众演讲和自我表达的能力。

五、活动点评

（一）跨学科融合与实践应用

"绿色小卫士的环保之旅"是一个成功融合了多学科知识的综合实践活动。通过将语文、数学、劳动、艺术等学科的核心素养与环保主题相结合，加深了学生对垃圾分类重要性的认识，锻炼了他们的数学思维、文字和口语表达能力以及创意实践能力。学生在实践活动中深度参与，从记录家庭垃圾量到撰写倡议书，再到进行创意制作和成果展示，这一过程加深了学生对环保理念的理解，体现了知行合一的教育理念。

（二）环保意识与社会责任的培养

本案例另一个显著成就是对学生环保意识和社会责任感的有效培养。通过实践活动，学生不仅学到了垃圾分类的知识，更在社区倡议和变废为宝的活动中，展现了积极参与社会事务的责任感。学生通过自己的行动影响周围的人，推广环保行为，这不仅有助于改善社区环境，还培养了学生的社会责任感，引导他们逐步成长为有担当的公民。此外，活动的实施还为学生提供了展示自我和提升自信的机会，进一步激发了他们持续关注和参与环保事业的热情。

通过总结，我们可以看到"绿色小卫士的环保之旅"不仅是一项教育活动，更是一种生活实践，它在培养学生综合能力的同时，也为构建环保型社会贡献了积极力量。

亚运小使者，探秘龙舟韵

实施年级： 四年级

所跨学科： 综合实践、劳动、美术、语文、体育

实施周期： 7 课时

设计者： 余盈盈、姜维、林悦悦、周毓虹、潘建策

执笔人： 姜维

一、主题背景分析

（一）主题来源

温州龙舟运动中心是杭州第 19 届亚运会龙舟赛事的承办场地，位于浙江省温州市瓯海区的娄桥，离高实 5 分钟车程。它秉承"龙跃东瓯境·桨舞丝路情"的设计理念，依河而建，整体以龙为造型，从空中看宛如"潜龙在渊、飞龙出水"。

2023 年，我们在家门口迎来亚运盛会，作为亚运小使者的学生兴奋不已。经初步调查发现，对温州龙舟运动中心进行深入探访的人少之又少。因此，基于此热点话题和学生的发展需求，我们设计了一场探秘温州龙舟运动，以宣扬亚运龙舟文化。

（二）主题概况

我们以学生为主体，以问题为核心，以任务为路径，引导学生在实际情境中学习和应用知识，形成跨学科的知识结构和思维方式，提升实践能力和社会责任感。我们以主题内容为单位，围绕温州龙舟运动中心，为学生设计走访者、小记者、志愿者三类实践角色，分别对应解读温州龙舟运动中心密码、探寻龙舟文化和勇担时代责任三大活动，引导学生综合应用语文、美术、劳动、体育等学科知识，通过调查、采访、制作、服务等研究性方法，发现问题、分析问题和解决问题，用可视化形式呈现自己对亚运会龙舟运动的认识，体验和宣传龙舟文化，提高综合实践能力。由于亚运会赛程较短，学生根据实际情况自主选择角色并完成相应任务，最后在交流课上相互分享交流体验，有效突破了时间与空间的限制。

二、学习目标

（一）总目标

通过角色体验，掌握调查问卷等方法，提高收集信息、整理信息、分析信息及处理信息的能力。

通过实地探访，培养设计与采访的能力，培养热爱家乡的情怀。

通过探究活动，收获龙舟运动相关的知识，学会承担责任，宣传亚运龙舟文化。

围绕主题进行探究，学会分工合作，乐于与同学交流和分享信息，培养合作精神。

（二）角色体验分目标

活动主题	活动目标	活动形式
解读温州龙舟运动中心密码（走访者）	1. 了解温州龙舟运动中心建筑风格和温州其他建筑文化 2. 通过查找资料、分析资料，体会不同建筑的美，提高审美能力 3. 通过实地考察，了解温州龙舟运动中心的功能	校内学习与校外实践
探寻龙舟文化（小记者）	1. 调查各地龙舟习俗 2. 了解家乡龙舟文化，激发热爱家乡情怀 3. 梳理赛事并做展播，培养表达能力	校外实践与实地展播
勇担时代责任（志愿者）	1. 设计志愿者导游解说词，锻炼表达能力 2. 通过设计维护安全方案，增强对家乡发展的使命感与时代担当	校内学习与校外实践

（三）相关课程核心素养

劳动能力和品质	在活动中学会正确使用工具制作龙舟模型，持之以恒完成任务
美术表现和文化理解	了解温州龙舟运动中心建筑风格，用各种绘画形式宣传龙舟文化
文字和口语表达	在撰写解说词、汇报成果等活动中，清晰表达观点
体育情感与品格	了解运动员的拼搏精神，并以之为榜样

三、实施流程

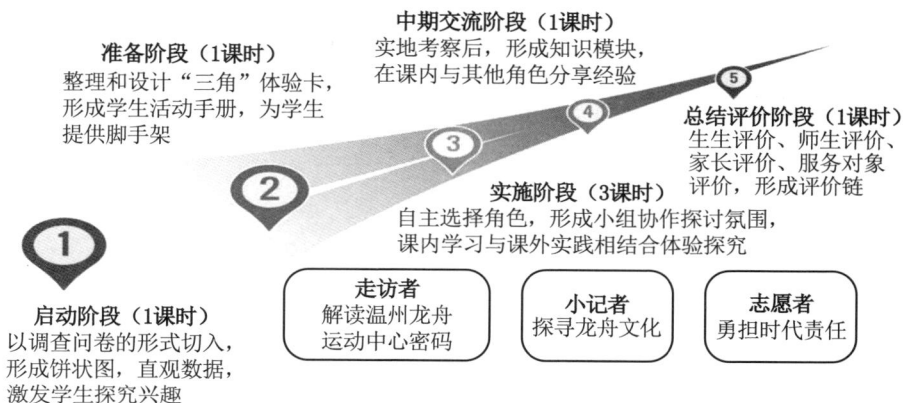

准备阶段（1课时）
整理和设计"三角"体验卡，
形成学生活动手册，为学生
提供脚手架

中期交流阶段（1课时）
实地考察后，形成知识模块，
在课内与其他角色分享经验

总结评价阶段（1课时）
生生评价、师生评价、
家长评价、服务对象
评价，形成评价链

实施阶段（3课时）
自主选择角色，形成小组协作探讨氛围，
课内学习与课外实践相结合体验探究

启动阶段（1课时）
以调查问卷的形式切入，
形成饼状图，直观数据，
激发学生探究兴趣

走访者
解读温州龙舟
运动中心密码

小记者
探寻龙舟文化

志愿者
勇担时代责任

四、学习过程

实践活动一：启动阶段（1课时）

环节一：兴趣入手，确定主题

在综合实践活动开题课上，教师通过温州龙舟运动中心介绍视频导入，展现周边资源，直击社会焦点，激发学生探究兴趣。

师：同学们，这是承办第19届亚运会龙舟赛事的温州龙舟运动中心。作为一场国际赛事，亚运会有来自亚洲各地的运动员及工作人员参加，我们有幸能这么近距离接触亚运会。在咱们家门口的盛会中，你作为亚运龙舟小使者，想了解些什么？做些什么？

生：想进温州龙舟运动中心，看看里面的样子。想知道运动中心是谁造的、为什么这么设计。想知道龙舟的起源和各地龙舟的区别。想知道具体的比赛项目。想知道这么多人是否安全……

师：这么多问题让老师都不知道从哪里开始回答了。我们该怎么办呢？谁能想想办法来解决？

生：先把问题分分类，归类整理，合并同类……

【过程性评价】通过创设真实情境，以问题为驱动，引导学生关注周边资源，聚焦社会热点，发现并提出问题，以主人翁的心态走进探究之路。

环节二：调查问卷，找准切口

在探究活动开始前，我们设计了调查问卷，在统计了所有学生的问题后得知，有59%的学生对此次探究活动很感兴趣，有23%的学生很想了解自己感兴趣的内容，有10%的学生很想知道怎样开展研究，有8%的学生特别期待研究成果。

基于学生反馈，我们进一步聚焦主题：近半数学生希望购票观赛并录制视频与同伴分享，这正契合小记者的角色定位。超过三分之一的学生表达了希望担任志愿者维护安全的意愿。据此，我们设计了驱动性问题：作为亚运小使者，如何通过"三角"体验探究温州龙舟运动中心，传播龙舟文化？围绕这一问题，我们规划了三大角色及其对应任务，并在方法指导课中完成具体设计。

【过程性评价】调查问卷为我们提供了可靠的数据，教师通过深入学生的真实想法与困惑，提炼出核心问题，充分体现了基于真实情境、解决真实问题、开展真实实践的教学理念。

实践活动二：准备阶段（1课时）

学生根据个人兴趣自主选择角色并组建小组，围绕角色任务展开深入讨论。基于兴趣驱动的学习使学生讨论积极且富有成效。随后，各小组汇报方案，教师进行提炼总结，最终形成完整的角色实施方案，为后续活动奠定基础。走访者角色方案示例如下表所示。

走访者活动方案	
活动背景	家门口的亚运盛会即将来临
活动目的	作为亚运小使者，以走访者的角色，助力亚运
活动方法	问卷调查、资料查阅、实地参观考察、总结分析
活动计划	1. 2023年9月4日—9月10日，进行问卷调查 2. 2023年9月11日—9月17日，查阅温州龙舟运动中心资料，结合美术、体育学科知识，了解其建筑及周边其他体育综合体中心风格 3. 2023年9月18日—9月24日，实地参观，了解"一场二馆一水上基地"的设施与分布 4. 2023年9月25日—10月1日，制作简报，交流、分析、总结

（续表）

	走访者活动方案	
成员分工	徐**	队长，负责协调、沟通、组织工作
	方**	在网上搜索信息并整理记录
	张**	设计任务单
	徐**	记录任务单
	叶**	制作成果简报
研究结果形式	任务单、照片、简报	
活动所需的条件	网络搜索工具、温州龙舟运动中心及周边特色体育综合体资料、购买入场票	

【过程性评价】"凡事预则立，不预则废"，一份完整的、可行性高的方案为后续的实践活动提供了正确方向与有力支架。从方案中可以看出学生能以自身特长安排任务，分工合理、设计周全。

实践活动三：实施阶段（3 课时）

环节一：实地考察，解读基地密码

2023 年 10 月 1 日，走访者带着设计好的寻访卡走进温州龙舟运动中心。学生发现该建筑远看像正在飞跃水面的银龙。龙楼与舟塔的设计巧妙融合，既象征龙舟运动精神，又展现建筑美学，令人叹为观止。学生记录每一处细节。

通过观察和探究，学生了解温州龙舟运动中心的设计理念和建筑功能。教师引导学生以简报图文结合的方式记录所见、所闻、所感。受此启发，学生进一步探究其他特色体育场馆，如北京"鸟巢"、杭州"大莲花"、天津"水滴"等，拓宽了学习视野。

【过程性评价】角色体验探究随着学生的深入理解而自然展开，并随着新发现不断加深。这种学习模式不仅拓展了学生对体育综合体知识模块的认知，培养了发散性思维，同时也为后续志愿者服务积累了宝贵的资料。

【资料袋】寻访任务单

温州龙舟运动中心寻访卡	
	走访者：_____
名称及位置	
设计理念	
主体建筑	
历史背景	
场馆设施功能	
其他体育运动中心	

环节二：追根溯源，探寻龙舟文化

（1）小记者研学

2023年10月2日，四年级学生前往温州龙舟运动中心里的博物馆，开启"小记者"研学之旅。学生系统参观了龙舟起源、种类、分布、构造等展区，积极参与3D互动、成语接龙、歌谣学唱、彩绘体验等项目，全面记录龙舟文化的历史渊源与地域特色。

【过程性评价】活动前，为了避免学生走马观花，我们在课前设计了博物馆参观指导方案。为确保研学实效，我们在课堂上通过小组讨论，确立了"纵向探究龙舟历史演变，横向比较地域文化特色"的学习框架，实现了语文、美术、劳动等学科的深度融合，充分体现了思维的深度与广度。各班级还制作了公众号推文，宣传亚运龙舟文化。

（2）小记者实践

学校成立了高实融媒体中心，为活动做好充分准备。2023年10月4日，学生带着各自角色的任务单，怀着激动的心情，满怀期待地来到现场。"小记者"可以运用综合实践活动方法指导课学到的采访知识和采访礼仪，有礼貌地采访亚运会工作人员。

采访记录单

生：姐姐，早上好！我是高铁新城实验学校的小记者，我能问你几个问题吗？

工作人员：可以的。

生：你来自哪里？在现场是做什么事情的？

工作人员：我是来自温州大学的学生，在现场做后勤工作。

生：你喜欢看龙舟比赛吗？为什么？

工作人员：喜欢的，平时有关注。因为我们温州是龙舟之乡，每年端午前后，是最热闹的日子，各地都组织龙舟比赛，温瑞塘河上锣鼓纷纷，划手们喊着口号划着桨，比赛特别激烈。

生：今天你对哪支队伍感兴趣，想对大家说什么？

工作人员：当然是中国队啦，中国队加油！

生：谢谢你的耐心解答，我们能合个影吗？

……

【过程性评价】该学生运用综合实践活动方法指导课《学会采访》中学到的知识进行采访实践，展现了高实小记者应有的素养：开场介绍礼貌得体，问题设计完整且有针对性，能够适时追问，现场表现大方自然。不过从记录中发现，该学生没有回应工作人员的回答，缺少互动，这是后续中期交流时要解决的问题。

环节三：现场直播，展示高实学子风采

组织扮演小记者的学生进行现场直播。其中有两名小记者通过社交平台分享了赛事，获得了广泛关注。得益于充分准备，这两名小记者在镜头前从容自信地展现了运动员的拼搏精神。

"跨以成人" ——小学跨学科主题学习这样做

【资料袋】

高实融媒体探究温州龙舟运动中心之小记者任务单

导语：亲爱的高实小记者，欢迎来到亚运高实特快列车，我们将踏上新的旅途，揭开温州龙舟运动中心的神秘面纱，相信在此次探究之旅中你的综合实践能力将得到锻炼。让我们蓄势待发，向前出发吧！

出发前，你对温州龙舟运动中心里的比赛和各国家队伍方面，有什么问题要问的？请罗列！

比赛方面：_____

各国家队伍方面：_____

知己知彼，做好功课，才能提高探究效率哦！

第一站：赛前调查采访。

龙舟					
竞赛项目	场次代码	比赛日期	比赛时间	场次类型	票价类型
龙舟	DGB01	2023 年 10 月 4 日　星期三	9:00—12:00	男／女—200 米直道竞速赛决赛	决赛票价
龙舟	DGB02	2023 年 10 月 5 日　星期四	9:00—12:00	男／女—500 米直道竞速赛决赛	决赛票价
龙舟	DGB03	2023 年 10 月 6 日　星期五	9:00—12:00	男／女—1000 米直道竞速赛决赛	决赛票价

赛前小调查				
比赛时间	2023 年 10 月　　日上午			
国家名称（选 4 支）				
队服颜色				
队伍战斗力指数（涂能量值）				
曾获得的成绩				
本场预测				

第一步：提前准备三个开放性问题，采访身边的观众，采访过程录像或在采访最后与受访者拍照合影留念。

【例】

您好！我是温州高铁新城实验学校融媒体中心的小记者×××，感谢您抽空接受我的采访！

请问这几天您关注了哪些亚运项目？请问您喜欢看龙舟比赛吗，为什么？请问今天您对哪支队伍最感兴趣？……

谢谢您的耐心解答……我们能合个影吗？

第二步：将录像或照片发群里。

第二站：赛中录播伴解说。

将剪辑好的有解说的视频发群里，并发朋友圈，点赞最高者凭截图获得一个精美小礼物。

【例】

观众朋友们大家好！我是高实融媒体中心的小记者×××，我正在亚运龙舟比赛现场。鼓点阵阵，鼓声震天，和着两岸惊天动地的呐喊，一支队伍如离弦之箭往前冲刺。我喜欢的××队，他们正拼尽全力，奋勇争先！让我们一起为他们加油鼓劲！近了，更近了，××队赢了！祝贺他们，他们赢得了本场比赛！

第三站：赛后分享。

第一步：询问并做记录。

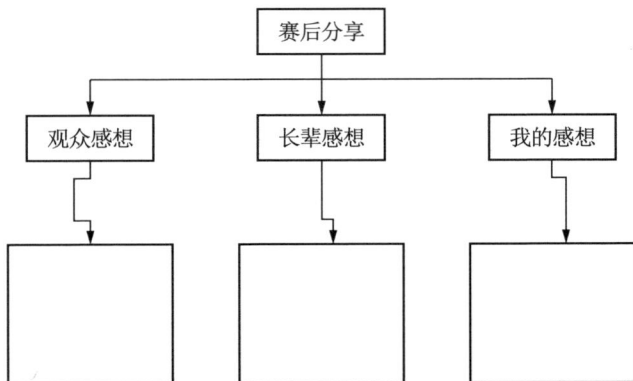

第二步：在网络平台上以图文结合的形式分享观赛感受，截图发群里。

结束语：高实特快列车已安全到站，相信你们在旅途中对温州龙舟比赛有了更深入的了解，能大胆自信地表达与分享。这只是开始，探究学习的终点永远在前方……

环节四：安保在前，担当时代责任

扮演志愿者的学生也怀着好奇心带着任务单走进场馆，向家人和同伴介绍从走访者处了解到的各场馆特点及功能，利用课上制作的安全提示语，在人多时提醒大家"缓慢前行，注意安全"。

【过程性评价】结合四年级上册语文第一单元习作《推荐一个好地方》的内容，引导学生将所学知识运用于实践，实现学在课堂，行在路上。

【资料袋】任务单

高实融媒体探究温州龙舟运动中心之志愿者任务单

导语：亲爱的高实志愿者，欢迎来到亚运高实特快列车，我们将踏上新的旅途，揭开温州龙舟运动中心的神秘面纱，相信在此次探究之旅中你的综合实践能力将得到锻炼。让我们蓄势待发，向前出发吧！

别急，出发前，你对温州龙舟运动中心的场馆和安保方面有什么疑问吗？请罗列！

场馆方面：_____

安保方面：_____

请提早出发，让我们带着好奇走进温州龙舟运动中心。

第一站：参观温州龙舟运动中心，选择一处你感兴趣的，解说场馆名称及功能，与大家分享馆内发生的事。

【例】

大家好！我是温州高铁新城实验学校的志愿者_____，我现在身处温州龙舟运动中心，我们现在看到的是_____，其中，我最想介绍给大家的是_____，这里环境_____，它的作用是_____。现在，这里的人正_____。

第二站：提前准备三个开放性问题，采访身边的工作人员，采访过程录像或在采访最后与受访者拍照合影留念。最后将剪辑好的视频或照片发群里。

【例】

您好！我是温州高铁新城实验学校融媒体中心的志愿者×××，感谢您抽空接受我的采访！

请问您在这里具体做什么事？请问您喜欢这份工作吗，为什么？请问你们如何保障前来观看比赛的观众和参赛的运动员的安全？

谢谢您的耐心解答……我们能合个影吗？

第三站：要求以图文结合的方式设计场馆安全提示语，提醒观众注意安全，并与温州龙舟运动中心里现有的安全标语合影。

安全标语我设计

设计者：

结束语：高实特快列车已安全到站，相信你们在旅途中对温州龙舟运动中心有了更深入的了解，能大胆自信地表达与分享。这只是开始，探究学习的终点永远在前方……

实践活动四：中期交流阶段（1课时）

在交流课上，学生以各自角色为单位展开交流，边展示成果，边列举优点和不足。通过评选最爱分享奖、最有想法奖、创新奖和童趣奖，激发学生分享热情。

【过程性评价】交流过程中，走访者解读温州龙舟运动中心密码，通过实地考察，完成寻访卡，并制作简报与大家分享资料。小记者探寻龙舟文化，通过收集资料、分析处理信息，纵向比较龙舟由古到今的演变历史，通过采访等完成任务单，并与大家分享资料。志愿者勇担时代责任，通过解说场馆，设计制作安全提示语为大家保驾护航。三种角色相互分享，相辅相成。

实践活动五：总结评价阶段（1课时）

根据评价内容，学生对自己的表现和收获进行自评，家长、指导者和被服务者也对学生表现进行评价，并通过前后评价结果的对比，反映学生的进步情况。

评价主体	评价内容	描述性评价
姓名： 性别： 班级： 日期：		
家长评价	1. 你的孩子对角色体验活动是否感兴趣？	
	2. 你的孩子是否为这项活动投入了大量的时间和精力？	
	3. 你对孩子的学习成果有什么看法？	
	4. 你的孩子参与角色体验后是否有变化？	
学生自评	1. 你喜欢自己选择的这个角色吗？	
	2. 你会怎样开展调查、收集资料、处理信息？	
	3. 你与其他小组成员合作得是否愉快？	
	4. 在主题活动开展中，当遇到困难时，你是怎么做的？	
	5. 你对你的活动成果满意吗，为什么？	
	6. 你认为在哪些方面还可以做得更好？	
指导者评价	1. 学生对角色体验的兴趣是否持久？	
	2. 学生收集的信息是否丰富？	
	3. 小组成员能否进行有效的合作与分工？	
	4. 学生主动请教老师的次数	
	5. 活动成果是否实现了预定目标？	
	6. 学生是否有自信表达自我观点？	
被服务者评价	1. 服务者是否礼貌、大方？	
	2. 服务者是否有充分准备？	
	3. 服务者是否服务周到？	

【过程性评价】在描述性评价中，强调评价标准和评价主体多元化。鼓励学生富有个性的自我表现，充分发挥评价的教育、改善、促进的功能，引导学生通过多方的评价反思自己的实践活动表现。

五、活动点评

本案例从儿童视角出发，挖掘适宜的学校周边资源，形成从资源到活动的行动路径，引导学生走出课堂，走进温州龙舟运动中心，体验多种实践，继承与宣扬温州传统龙舟文化。案例基于"三轮驱动"指向儿童多元经验，以活动、问题为线索，帮助学生积累生活经验，逐步形成了资源行动路径。同时，基于"三轨支持"，整合学习内容、情境、方法和资源等要素，设计活动任务群。教师通过设计定向探究任务，设计学习支架，实施学习评价。此外，还基于"三角体验"，丰富优化课程资源。三条路径协同推进，关联生活、融合学科、发展素养。

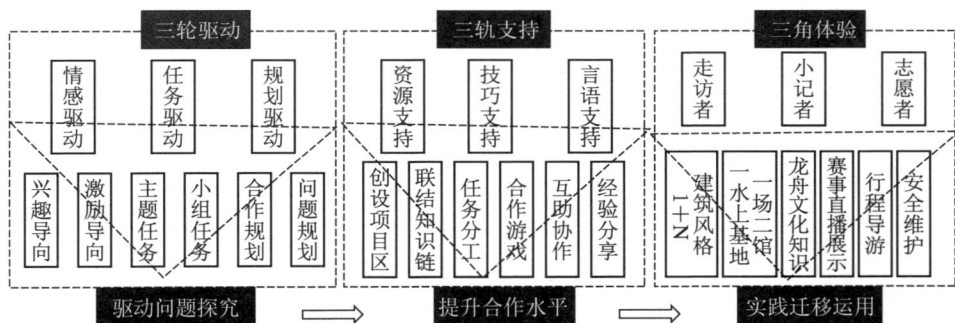

（一）"三轮驱动"，挖掘资源让学生动起来

以情感驱动为导向，以任务驱动为跃升点，以规划驱动为引子，引导学生在跨学科主题学习任务群中更好地自主探究。

1. 注重兴趣，回归本真

兴趣是创作的源泉，我们从学生感兴趣的问题出发，围绕主题任务开展调查，通过 KWL 工具表了解学习需求，设计小组角色。我们发现学生对龙舟文化、温州龙舟运动中心的标志性场馆建筑、赛事如何直播等内容特别感兴趣。让学生自主参与课程资源的开发，不仅能帮助他们了解相关知识，还能让他们体验生活，养成仔细观察和主动探究的好习惯。

2. 注重创新，反馈实践

基于需求分析，我们以主题情境为驱动，提出核心问题"作为亚运小使者，如何通过'三角'体验探究温州龙舟运动中心，传播龙舟文化?"，以激发学生的创造性，让他们积极参与社会性实践。面对新的方式、新的环境，就会遇到新的问题，要解决这些问题，就需要引导学生从小问题开始思考，激发他们针对性解决问题的热情和灵感，巧妙地运用平时解决问题的方法形成综合处理、综合表现的反馈实践效应，促进思维的开发。

3. 注重激励，延展评价

任何有价值的表达都源于发自内心的感受，只有对学生倾注人文关怀，童真、童趣才能自然流露。学生通过实地考察，整理所见所闻，在课堂上与扮演其他角色的同伴分享经验。教师设定了多角度、多层次的评价方式，设计最爱分享奖、最有想法奖、创新奖等，这种具有延展性的评价也得到学生的广泛认可。

（二）"三轨支持"，盘活资源让学生学起来

实践操作与任务单支持是盘活资源的有效介入技术。实践操作要求学生与教师共同参与。学生全身心投入实践活动，教师通过方法指导课提供支持。同时，教师开发任务单支架，确保实践活动顺利展开。

1. 定项目，促发展

以学校周边温州龙舟运动中心的资源为依托，以班级角色小组为单位创设项目区。学生通过活动知道温州龙舟运动中心的建筑结构特点，实地感受亚运会龙舟赛事的热闹。活动突破了时间、地点的限制，让更多学生更自由地联结知识域，真正体现了趣味及自主发展的原则。

2. 观实地，研知识

在技巧支持中，教师通过方法指导课为学生的实践做好知识储备。教师通过游戏，引领学生学会设计问卷，为后续实践做支撑；通过采访课，教会学生尊重他人，采访时使用礼貌用语互动交流，并在课中经验分享。通过走出校门的活动，学生多方位地接触亚运会工作人员、观众等不同人群。这些经验都将影响学生的品质和性格。

3. 融学科，同互动

参观完温州龙舟运动中心后，学生拿起画笔绘制所见所感，综合运用语文、数学、美术、劳动、体育等学科知识，形成新的知识联结，活动提高了学生的表达能力，激发了学习兴趣。总之，有了"三轨支持"路径，学生能更加明白如何学习、用什么方法学习，能更有效地实现任务目标，更好地提升合作水平。

（三）"三角体验"，开发资源让学生用起来

这一活动以社会考察为核心，采用体验性学习的方式，学生通过三种角色探索

温州龙舟运动中心。活动形式包括参观、考察、问卷和访问等，旨在重构亚运龙舟主题。在经验回顾与分享拓展环节，教师组织学生梳理活动轨迹，分享活动经验，并根据学生的需要设计拓展活动，培养他们的实践迁移运用能力。

1. 让"龙舟运动意蕴"说话

学生走访"一场二馆一水上基地"、龙舟博物馆等场地。由于活动空间大、活动性强，教师为衡量学生的学习成果设计寻访表，扮演走访者的学生用文字、图像的形式记录调查结果，了解建筑风格并总结收获。

2. 令"龙舟运动文化"绽放

此次亚运会的龙舟赛在浙江温州举行，是对温州本土龙舟运动的认可。扮演小记者的学生带着任务单在实践中逐步了解龙舟文化知识。这种深入的学习不仅可以激发学生的民族自豪感，也增强了他们的文化自信，使他们在展播过程中能生动、鲜活地表达。

3. 使"龙舟运动情怀"迸发

通过导游的场馆解说与安全提示，学生加强对龙舟运动的宣传推广，让更多人了解并喜爱龙舟运动。同时，活动也弘扬了民族精神，激发了学生的爱国情怀。

小小纸飞机，放飞科创梦

实施年级：一至二年级

所跨学科：科学、劳动、体育

实施周期：4 课时

设计者：金碧

执笔人：金碧

一、主题背景分析

（一）主题来源

为响应科教兴国的号召，激发学生的思维创新能力，高实将每年 11 月定为学校的思维创新月，引导学生感受数学、科学、信息科技的魅力。在校园科技节的各项比赛中，低年段学生由于年龄小，比赛参与度不高，因此学校在思维创新月中专为低年段学生量身打造了"小小纸飞机，放飞科创梦"的实践活动，希望小小的纸飞机在学生心中种下一颗科技的种子，一个飞行的梦想。

（二）主题概况

劳动、体育学科的相关知识正好能帮助学生在"小小纸飞机，放飞科创梦"活动中更好地解决"如何让纸飞机飞得更远？"的真实问题。因此活动顺势升级为跨学科实践活动，引导学生在探究的过程中加深对科技的热爱，养成坚持研究、勇于探索的科学精神，体会科学的乐趣。

二、学习目标

（一）总目标

科学：掌握纸飞机的设计与制作技巧，运用科学对比探究的方法优化飞行性能。通过不断试飞与改进，了解纸飞机飞得远的关键，培养问题解决能力。

劳动：能运用不同的折法折出不同形状的纸飞机，增强手工制作能力，加强细致操作，感受劳动带来的快乐。

体育：通过纸飞机放飞活动，掌握纸飞机的投掷技巧，增加体育运动量，提升身体协调性。

（二）相关课程核心素养

科学观念	认识飞机的外部特征
科学思维	能在教师指导下，观察纸飞机，通过口头描述其外在特征，比较不同纸飞机外在特征的不同点和相同点；初步具备从不同角度提出观点的能力
探究实践	能在教师指导下，通过对纸飞机的观察和比较，猜测影响纸飞机飞行距离的因素，并通过实践得出结论；能具有简单交流、评价探究过程和结果的意识
态度责任	对"如何在规定时间内完成纸飞机制作，并让它飞得最远？"感兴趣，能尝试从不同角度、以不同方式认识纸飞机；乐于倾听他人的想法，乐于分享和表达自己的想法

三、实施流程

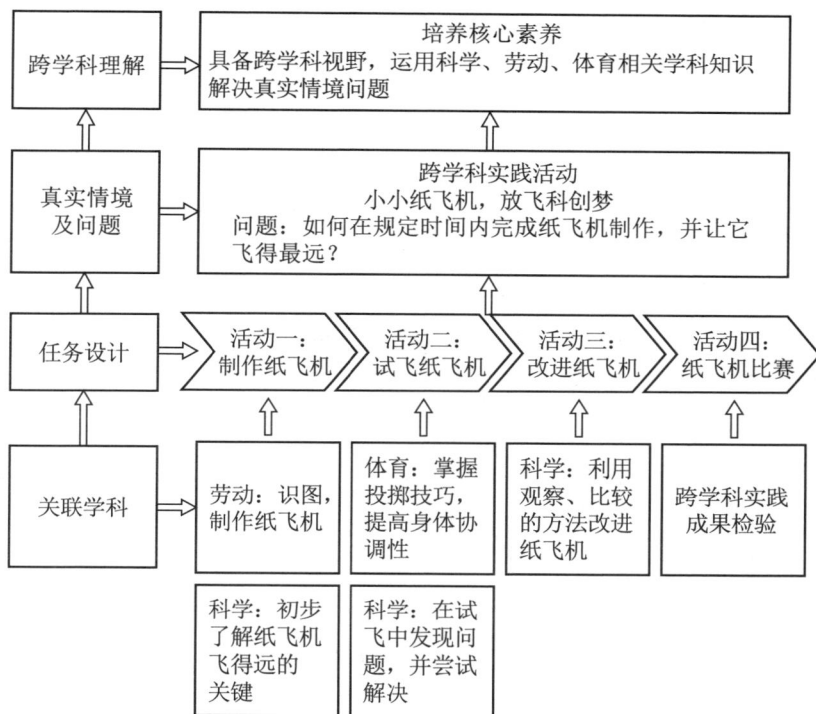

四、学习过程

实践活动一：制作纸飞机（1课时）

1. 目标

能读懂折纸符号"虚线、点划线和箭头"所表示的意义，能识图尝试制作不同的纸飞机。

初步了解纸飞机飞得远的关键。

在反复的实践中提升折纸技能，感受劳动带来的快乐。

2. 活动过程

（1）认识飞机，了解构造

（2）学看图示

学生在教师的指导下学会读懂基本的折纸图示，了解更多的图示意思，获得打开缤纷折纸世界的金钥匙。

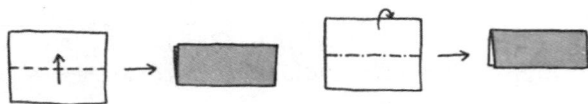

（3）动手实践

学生对折纸有了初步的感觉后，参照示意图，开始简单的折纸练习，为后面的活动做铺垫。同时通过小组展示，全班交流，分享折纸带来的快乐。

（4）活动评价

制作纸飞机评价表

评价内容	我的奖章
乐于折叠	☆ ☆ ☆
方法正确	☆ ☆ ☆
作品完成	☆ ☆ ☆
耐心细致	☆ ☆ ☆

实践活动二：试飞纸飞机（1课时）

1. 目标

通过纸飞机放飞活动，掌握投掷技巧，增加体育运动量，提升身体协调性。

能在纸飞机的试飞、调试过程中感受制作纸飞机的快乐与成就感。

能积极主动参与纸飞机试飞，在试飞中发现问题，积极想办法解决问题，试飞纸飞机时能够遵守秩序，注意安全。

2. 活动过程

（1）试飞纸飞机

学生拿出自己制作的纸飞机，在教师指导下掌握投掷技巧后在操场上进行试飞。

（2）发现问题

不是所有的纸飞机都能成功飞行，有的纸飞机高高飞起，但是马上落下；有的纸飞机还没有飞出去就直接坠地；还有的纸飞机不是向前方飞去，而是往一边飞……学生在发现问题后尝试在现场进行改进。

（3）活动评价

试飞纸飞机评价表

评价内容	我的奖章
主动试飞	☆ ☆ ☆
及时记录	☆ ☆ ☆
尝试改进	☆ ☆ ☆
注意安全	☆ ☆ ☆

实践活动三：改进纸飞机（1课时）

1. 目标

利用观察、比较的方法，发现自己折的纸飞机与同伴的不同之处。

在教师指导下学会用对比实验探究机头形状对纸飞机飞行距离的影响。

能提出其他影响纸飞机飞行距离的因素，做出简单猜想，并乐于在自己的纸飞机制作过程中实践。

2. 活动过程

（1）观察比较

发现自己折的纸飞机与同伴的不同之处。

（2）对比探究

学生对比三种典型的飞机头型，进行思考和猜测：不同的飞机头型可能会影响飞行距离吗？用实验来验证结果。尝试提出更多猜测并自主探究。

实验记录单

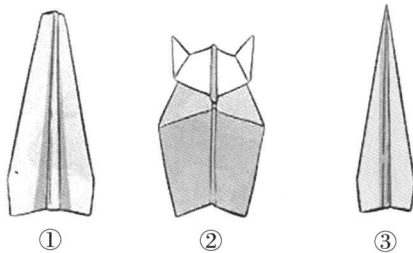

① ② ③

思考：还有其他影响飞行距离的因素吗？也来实验一下吧！

谁飞得远？（填写序号）

预测结果：

实验结果：

实践活动四：纸飞机比赛（1课时）

1. 目标

利用给定材料在规定时间内现场制作纸飞机。

站在指定区域内投掷，第二次试飞时能根据前次结果调整状态，使纸飞机飞得更远。

继续总结经验并反思，和同伴分享经验。

2. 活动过程

（1）纸飞机现场比赛。

（2）颁奖仪式。

（3）优胜者进行经验分享，学生进行总结反思。

纸飞机比赛成绩登记表			
姓名	次数	飞行距离	名次
		米	
		米	
		米	
		米	

五、活动剪影

六、活动点评

（一）跨学科融合与实践应用

"小小纸飞机，放飞科创梦"是一个成功融合了科学、劳动、体育三门学科知识的实践活动。在整个学习过程中，教师以"如何在规定时间内完成纸飞机制作，并让它飞得最远？"这一问题作为学习驱动，找准各学科研究的切入点，教学过程循序渐进，从认识飞机，到学看折纸图示，最后制作纸飞机、投掷纸飞机、改进纸飞机、进行纸飞机比赛。学生在小组合作、探究讨论、查阅纸飞机资料的过程中，提高了自主探究和质疑的能力，学会了多渠道获取信息的方法。学生的科学学习能力、实践能力、观察能力、创新能力都得到了全面的提高。除此之外，学生也在活动过程中体会到劳动的乐趣，增加了体育运动量，提高了身体协调性，强健了体魄。

（二）情感态度和价值观的培养

在玩中学、做中学，在实践活动中，学生对科学充满了兴趣，活动培养了学生主动思考、乐于交流分享的好习惯，让学生发挥积极创新实践的精神，真正实现"小小纸飞机，放飞科创梦"的美好愿景。

幼小牵手，双向奔赴

实施年级： 五年级

所跨学科： 语文、美术、数学

实施周期： 3 课时

设计者： 杨炉峰、周毓虹、潘建策

执笔人： 杨炉峰

一、主题背景分析

（一）主题来源

每年五六月，学校周边的幼儿园会组织即将毕业的大班小朋友，来学校开展幼小衔接活动。小朋友会参观学校、体验小学课堂、开展艺体活动等。以往的活动都是由学校层面进行策划和组织，教师全程采用大班化形式接待，难以关照到每个幼儿，幼儿在体验小学生活时往往只是走马观花。学生是学校的小主人，为培养五年级学生的责任感，从 2024 年开始，我们以"幼小牵手，双向奔赴"为主题，将幼小衔接活动设计为五年级的跨学科实践活动，让学生与幼儿一对一结对，在体验日接待幼儿，带他们了解小学生活，为下半年入学做好心理准备。

（二）主题概况

本课程融合了语文、美术、数学三门学科的知识，通过实践活动，让学生在模拟的场景中学习和应用跨学科知识，培养学生的人际交往能力、责任担当精神和团队合作精神。

二、学习目标

（一）总目标

以角色扮演促进学科融合。五年级学生通过扮演小导游的角色，将语文、美术、数学三门学科知识与校园小导游角色相结合，提升学生的综合运用能力。

以实践活动培养责任感。在扮演小导游的过程中，学生需要学习如何规划旅游路线、介绍校园景点、处理突发事件等，通过活动锻炼学生的责任意识和团队合作精神。

以问题解决提升思维能力。在导游活动中，学生将面临各种问题和挑战，如语

言沟通、信息搜集、时间管理等，在解决这些问题的过程中，学生的批判性思维和创造性思维得到锻炼，解决问题的能力得到提高。

（二）相关课程核心素养

责任担当	学生承担起小导游的角色，要对活动的成功负责，以此培养学生的责任感；通过规划路线、介绍校园文化、处理突发事件等任务，锻炼学生组织协调能力
探究实践	学生需要面对在导游活动中面临的语言沟通、信息搜集、时间管理等挑战
艺术表现	学生在设计个性化请柬时，结合自己的创意，运用色彩搭配、图案选择、版式设计等美术技巧，展现艺术表现力和创意表达的能力
数学思维	设计路线时需要考虑空间布局和时间分配，同时，通过问卷调查收集数据，分析数据以确定最受欢迎的校园景点

三、实施流程

课程通过结合校园活动与教材内容，设计出一套跨学科主题学习方案。学生通过情景化的探究，将课堂学习与实际参与的课外活动相结合，深化对课内知识的理解和应用，提高解决问题的能力。

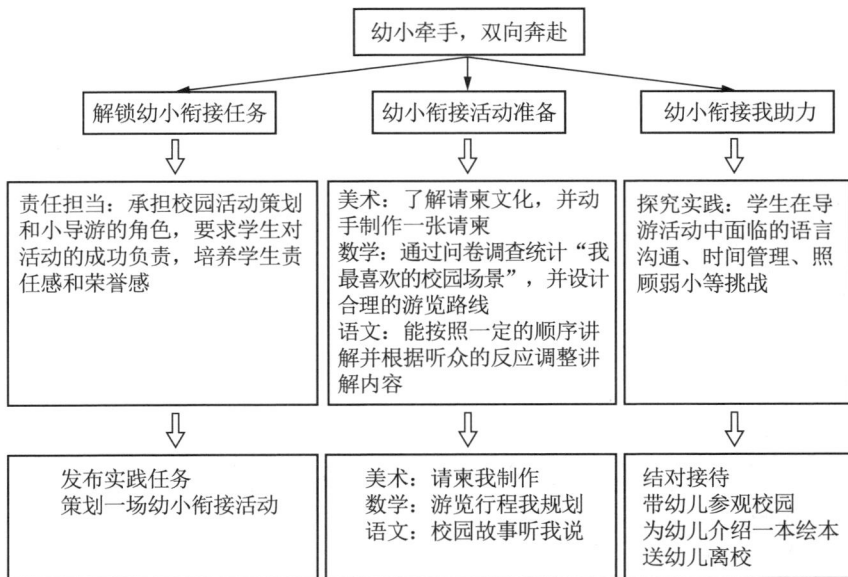

```
                  ┌──────────────┐
                  │ 幼小牵手，双向奔赴 │
                  └──────────────┘
        ┌───────────────┼───────────────┐
        ▼               ▼               ▼
┌──────────────┐ ┌──────────────┐ ┌──────────────┐
│ 解锁幼小衔接任务 │ │ 幼小衔接活动准备 │ │ 幼小衔接我助力 │
└──────────────┘ └──────────────┘ └──────────────┘
        ▼               ▼               ▼
┌──────────────┐ ┌──────────────┐ ┌──────────────┐
│责任担当：承担校 │ │美术：了解请柬文 │ │探究实践：学生在导 │
│园活动策划和小导 │ │化，并动手制作一张 │ │游活动中面临的语言 │
│游的角色，要求学 │ │请柬          │ │沟通、时间管理、照 │
│生对活动的成功负 │ │数学：通过问卷调查 │ │顾弱小等挑战     │
│责，培养学生责任 │ │统计"我最喜欢的校 │ │             │
│感和荣誉感     │ │园场景"，并设计合 │ │             │
│             │ │理的游览路线    │ │             │
│             │ │语文：能按照一定的 │ │             │
│             │ │顺序讲解并根据听众 │ │             │
│             │ │的反应调整讲解内容 │ │             │
└──────────────┘ └──────────────┘ └──────────────┘
        ▼               ▼               ▼
┌──────────────┐ ┌──────────────┐ ┌──────────────┐
│发布实践任务    │ │美术：请柬我制作  │ │结对接待      │
│策划一场幼小衔接 │ │数学：游览行程我规 │ │带幼儿参观校园   │
│活动          │ │划            │ │为幼儿介绍一本绘本 │
│             │ │语文：校园故事听我 │ │送幼儿离校     │
│             │ │说            │ │             │
└──────────────┘ └──────────────┘ └──────────────┘
```

四、学习过程

实践活动一：解锁幼小衔接任务

环节一：发布实践任务

教师向学生展示幼儿园园长的来信，了解对方的需求。引导学生接受本次挑战任务的角色——幼小衔接活动的策划者与实施者。

环节二：策划一场幼小衔接活动

（1）回顾往年幼小衔接活动流程

教师播放过往的幼小衔接活动视频，引导学生思考：有哪些地方做得好，哪些地方需要改进？今年怎么做会更好？

（2）了解其他学校幼小衔接活动过程

教师展示其他学校的幼小衔接活动，引导学生观察并思考：几所学校的活动的共同之处是什么？特色有哪些？

学生总结：都有参观和体验两部分。

（3）师生探讨

师：我们学校可以做哪些幼小衔接活动，让小朋友既能对小学印象深刻又产生向往？

通过讨论，学生慢慢理解本课程的核心问题，在整理已有资料后，将自己对幼小衔接活动的认识梳理成思维导图。

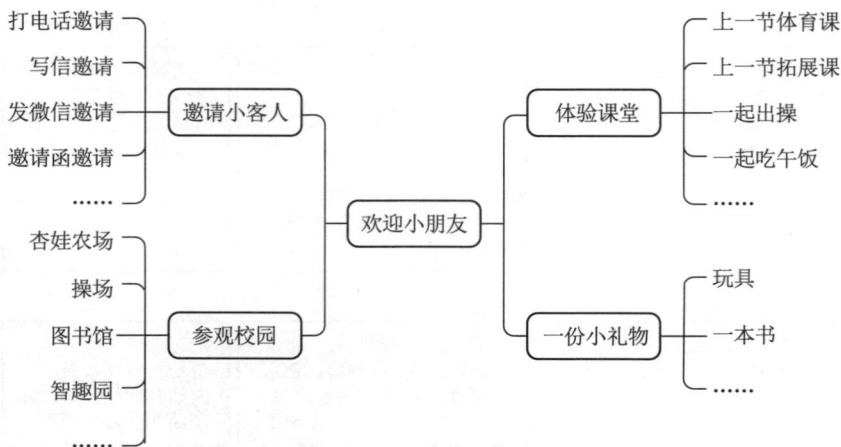

　　为了让本次活动更加丰富，学生在原有的参观和体验两项活动的前后，分别加上了"邀请"和"送礼物"两项活动，并提出了一些建议。

实践活动二：幼小衔接活动准备

　　本活动的主要任务是引导学生为幼小衔接工作做准备。经过讨论，学生认为制作邀请函能突出对客人的重视，于是我们邀请美术教师为学生介绍邀请函的设计和制作流程。为了让本次活动更加顺利、精彩，我们还邀请了语文、数学学科的教师一同参与参观校园的活动。

　　环节一：请柬我制作

　　（1）了解请柬文化

　　学生通过课堂讲解和视频资料，了解请柬的历史背景和文化意义。

　　学习请柬的种类、格式和使用场合。学生可以列举一些生活中的请柬，教师进行补充，然后将这些请柬分类。（图片展示）

　　师：生活中有这么多请柬，谁可以来帮我分分类呢？请柬主要分为活动请柬、节日请柬、商务请柬三大类。（小组讨论，指定某一小组开火车，请该组学生说一说图示的请柬的类型）

　　（2）分析与评述

　　学生观察和分析不同风格和主题的请柬实例。

　　① 欣赏完整版请柬

　　师：同学们，一张完整的请柬应该包含哪些内容呢？（板书：活动主题、被邀请人及其尊称、时间、地点、内容、邀请方、与主题相关的图片、"请柬"两字）

　　② 找茬游戏

　　师：这两张请柬你更喜欢哪一张？为什么？（进行小组讨论）

　　生：完整的内容、适合的主题图案、艺术字的运用……

　　师：你们还见过哪些特别的请柬样式吗？（学生列举）看来课前预习都做得很不错，生活中请柬的造型多种多样，大致有以下这几种，我们一起来看一看！（PPT展示请柬）

　　师：你们可以想到用哪些方法来装饰呢？（PPT展示方法：手绘法、拼贴法、剪、刻）希望同学们可以在接下来的创作中用自己喜欢的方法装饰请柬！

小组讨论，分享对请柬设计的看法和感受。

（3）设计制作请柬

学生运用所学的请柬设计知识，结合自己的创意，设计个性化的请柬。请柬的制作材料包括纸张、颜料、装饰品等。

完成设计后，请同伴评价并进行改进和优化。

完善后的请柬，由教师代为转交给幼儿园。

请柬设计评价表			
维度	自我评价	同伴评价	教师评价
内容是否完整？	☆ ☆ ☆	☆ ☆ ☆	☆ ☆ ☆
形式与内容是否符合？	☆ ☆ ☆	☆ ☆ ☆	☆ ☆ ☆
是否别致、新颖、实用、美观？	☆ ☆ ☆	☆ ☆ ☆	☆ ☆ ☆
是否具有创意和个性特色？	☆ ☆ ☆	☆ ☆ ☆	☆ ☆ ☆

环节二：游览行程我规划

（1）校园布局与文化了解

学生通过校园导览，熟悉学校的建筑布局和功能区域。

师：同学们，为了更好地向小客人展示校园风采，让我们带上校园十景图，去寻找你想要介绍的校园场景吧。

学习校园十景的历史故事和文化意义。学生交流分享自己喜欢的校园十景。

维度	评价
观点鲜明	☆ ☆ ☆
能结合校园文化讲述	☆ ☆ ☆
理由充分	☆ ☆ ☆
语言生动、吸引人	☆ ☆ ☆

（2）场景调查

通过问卷调查或访谈，收集学生对校园场景的喜好和建议。分析数据，确定最受欢迎的校园景点。

五年级 1 班"我最喜欢的校园十景"统计表			
	人数	百分比	备注（简要摘记理由）
智趣园			
高屋华堂——高实文化展示长廊			
银杏小舞台			
一站式服务站			
智行连廊			
知书雕塑			
行远广场			
高实小舞台			
知书院			
杏娃农场			

（3）路线设计与绘制

根据调查结果，设计合理的游览路线，确保覆盖主要景点。

师：根据调查结果，请同学们设计合理的游览路线，本次游览过程中需要向小客人介绍最受欢迎的 3 个校园场景和 2 个自选场景。

绘制路线图，标明各个景点的位置和特色。制作路线说明，包括游览顺序、所需时间和注意事项。

评价维度	自我评价	同伴评价
游览顺序合理、规避拥堵	☆ ☆ ☆	☆ ☆ ☆
时间分配适度	☆ ☆ ☆	☆ ☆ ☆
注意事项清晰	☆ ☆ ☆	☆ ☆ ☆

环节三：校园故事听我说

根据路线图，制订详细的讲解提纲，包括每个景点的介绍点。

每个学生讲解的内容不同，介绍的顺序也不一样，讲解的重点也不相同。不论介绍什么，学生都要根据听众感兴趣的内容进行讲解，这样才会有趣，才能让听众愿意听。除此之外，学生还要能够根据讲解的内容来整合资料，并能修改完善提纲。

① 小组练习讲解技巧，确保表达清晰流畅

【小贴士】怎么做讲解

讲解的时候，条理要清楚，语气、语速要适当，可以用动作、表情做辅助讲解。可以根据听众的反应调整讲解的内容。当发现听众对某个部分不太感兴趣时，可以适当删减内容。

② 抓住感兴趣之处讲解

师：（PPT 视频）老师特意给大家请来了一位金牌讲解员，看看她是如何讲解半条棉被的故事的。请大家仔细看，认真听，想一想，我们要怎样来做讲解。（播放视频）

师追问：同学们从刚才的视频中学会了哪些讲解的技巧？

生 1：我从视频中学会了讲解时可以用动作、表情来辅助讲解。

生 2：在讲解时我们可以借助纪念馆的照片、文物来讲解，还可以通过讲故事的方式让讲解更有趣。

师补充：我们还可以根据听众的反应调整讲解的内容。刚才的视频中，大家都想知道这半条被子背后的故事，小讲解员就讲得特别详细，重点突出，其他内容就简单带过。我们在介绍校园的时候，也可选择别人感兴趣的点讲解。

③ 个人故事融合

学生提前准备，搜集或创作与校园景点相关的个人故事或经历，增强讲解的吸引力和感染力。

实践活动三：幼小衔接我助力

环节一：结对接待

（1）根据名单的安排，学生找到自己的结对幼儿

学生在校门口列队，欢迎幼儿光临。

（2）进行自我介绍，建立初步的联系和信任

学生需要使用清晰和友好的语言，做简短有趣的自我介绍，包括自己的名字、年级和爱好。

学生与幼儿手牵手，引导他们进入校园。

环节二：校园参观与介绍

学生带领幼儿参观校园，按照设计好的路线进行游览，向幼儿介绍校园的各个景点和设施，分享自己的校园生活。

【小贴士】

声音清晰度：使用适当的音量，既不过大，以免造成不适，也不过小，以免听不清楚。

内容调整：观察幼儿的反应，灵活调整讲解的深度和重点，如遇到幼儿特别感兴趣的景点，可适当延长讲解时间。

路线控制：学生应熟悉路线，并在引导过程中保持警觉，如有幼儿偏离路线，及时引导他们回到既定路线上。

互动提问：鼓励幼儿在参观过程中提问，通过互动提问来提高幼儿的参与度和兴趣。

故事性讲解：结合校园景点的历史或有趣故事进行讲解，使介绍更加生动有趣。

安全意识：在带领幼儿参观时，始终保持安全意识，确保幼儿在安全区域内活动。

时间管理：注意控制每个景点的停留时间，确保整个参观流程在预定时间内完成。

环节三：绘本阅读

学生选择适合幼儿的绘本，与幼儿一起阅读。通过互动提问和讨论，引导幼儿理解故事内容，激发他们的阅读兴趣。

【小贴士】

声音表达：使用生动的语调和变化的音量来表现故事中不同角色的情感和语气。

肢体语言：利用手势和面部表情来增强故事的表现力，使阅读更加生动。

互动方式：阅读过程中，适时停顿，鼓励幼儿猜测故事情节或参与角色扮演。

问题设计：提前准备一些开放式问题，引导幼儿思考故事的主题和寓意。

故事延伸：阅读结束后，与幼儿一起讨论故事，引导他们分享自己的感受和学到的教训。

环节四：送别幼儿

学生列队将幼儿带回集合地点，交给负责教师，送上自己准备的小礼物，并礼貌告别。

五、活动点评

（一）活动设计与目标实现

1. 活动设计的创新性与综合性

本次"幼小牵手，双向奔赴"活动通过跨学科的方式，将语文和美术等学科知识与实践活动紧密结合，体现了创新性。学生在各个环节中，不仅学习了学科知识，更在实际操作中锻炼了应用能力。课程设计综合考虑了学生的知识掌握情况、技能培养要求和情感体验需求，为学生提供了一个全面发展的平台。

2. 目标实现的具体表现

活动目标的实现体现在学生的具体表现上。在人际交往方面，学生学会了如何与幼儿建立联系和信任；在责任感培养方面，学生通过规划和执行任务，体会到了责任的重要性；在团队合作精神方面，学生在小组讨论和合作中，学会了相互支持和协作；在解决问题的能力方面，学生在面对实际问题时，展现了批判性和创造性思维。

3. 目标与结果的一致性

活动的目标与实际结果高度一致。学生在活动中的表现证明了活动设计的有效性。例如，学生在请柬设计中展现出的创意能力和美术素养，在校园故事讲解中表现出的语言表达和组织能力，以及在接待幼儿中展现出的责任感和团队精神，都是活动目标实现的具体体现。

（二）学科融合的实践应用

1. 语文素养的全面提升

语文素养的提升不仅体现在学生的书面表达上，更体现在口头表达和沟通能力上。活动中，学生需要清晰、生动地向幼儿介绍校园景点，这要求学生具备条理清晰的讲解能力和吸引听众的表达技巧。此外，学生在编写请柬时，需要考虑语言的正式性和礼貌性，这也是语文素养的重要组成部分。

2. 美术素养的实际应用

美术素养在请柬设计环节得到了充分的应用。在设计过程中，学生运用色彩搭配、图案选择、版式设计等多种美术技巧，不仅要考虑请柬的美观性，还要考虑其实用性和创意性。

3. 学科知识与实践的深度融合

学生在实践活动中遇到的问题和挑战，促使他们更深入地理解和运用学科知识。例如，在规划游览路线时，学生需要运用空间感知和组织能力；在讲解校园故事时，学生需要运用语言表达和逻辑思维能力。

（三）学生参与度与互动性

1. 学生参与度的高度提升

学生在活动中展现出的高参与度，是活动成功的关键因素之一。学生不仅积极参与每个环节，而且在活动中主动思考、积极探索，表现出了强烈的学习动力和参与热情。

2. 师生互动的有效促进

师生互动在活动中起到了桥梁和催化剂的作用。教师的引导和反馈，帮助学生更好地理解任务要求，激发了学生的思考和创造力。教师的及时评价和建议，也为学生提供了改进的方向和动力。

3. 生生互动的积极作用

生生互动在活动中同样发挥了重要作用。学生在小组讨论和合作中，相互启发、相互学习，共同解决问题。这种互动不仅增进了学生之间的了解和友谊，也培养了学生的团队合作能力和沟通协调能力。

杏娃书画展

实施年级： 学校拓展班

所跨学科： 美术、综合实践

实施周期： 32 课时

设计者： 林悦悦

执笔人： 林悦悦

一、主题背景分析

（一）主题来源

学校首届"艺术审美月——书画展"活动，各学生社团提供了百余幅风格多变、特性鲜明、形式多样的艺术作品，为各校师生搭建了展示、交流的平台。

（二）主题概况

本次展览从策划、布展，到展览的顺利进行，再到展览后的整理归纳、探究交流等活动，环环相扣，活动之间形成了互动交流的关系。学生在综合运用美术、综合实践等学科知识中发现、分析、解决问题，提高综合的审美运用能力。

二、学习目标

了解展览设计的功能和分类，学会将美的形式法则应用到展览设计中。了解美术学科与其他学科以及社会的关联，能灵活运用各学科的知识进行探究性、综合性的美术活动，形成综合学习的能力。

掌握展览设计的方法，启发学生积极探索。能运用生活中易得的材料为不同的美术作品进行装裱、美化，能设计海报和为画展做其他工作准备。能提高欣赏能力、创新能力和审美情趣。

培养团结协作能力，激发热爱生活、热爱学校的情感，以及发现美、创造美的愿望。让更多学生关注社会生活，增强美化生活的愿望，培养积极向上的生活态度。

三、主题设计

（一）任务设计

不同于传统的书画展，这场展览融合了跨学科的理念，师生共同策展，让观众在欣赏作品之美的同时，也能领略到美术与综合实践学科之间的碰撞与融合。

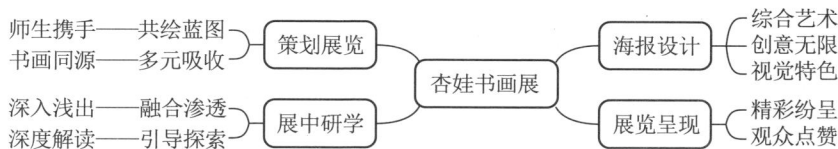

（二）安排表

活动主题	活动目标	活动课时	活动形式
任务一 策划展览：师生携手，共筑梦想	1. 了解画展文化，掌握和了解一定的布展方式 2. 通过分析、评述，学会从不同角度欣赏展览；尝试确定展览的主题、作品选择、布局设计等环节 3. 通过活动，提高审美能力，引发学生设计实践的兴趣，发挥学生的想象力，激发学生创造美的愿望	2	校内学习与校外实践结合
任务二 海报设计：创意无限，多元吸收	1. 了解校园的布局和校园拓展课的文化内涵 2. 调查各个拓展课的底蕴 3. 参考调查结果设计展览海报并绘制	4	校内实践与调查
任务三 设置研学：深入浅出，展中研学	1. 根据路线图，列出研学的提纲 2. 能结合自己在校园里的故事，对讲解的内容进行调整	2	校内学习与实践
任务四 展览呈现：视觉之美，尽收眼底	1. 组队进行参观展览 2. 记录研学单并讲述感受 3. 多方位角度思考，用艺术的语言解决真实的问题	4	校内实践

四、学习过程

实践活动一：策划展览——师生携手，共筑梦想

	教师活动	学生活动
环节一：初步了解	提供画展用的场地位置图，其他展览的策划书、样本	收集参观展馆或画廊实录影像，收集各种画展的电子资料图片
环节二：引入主题	介绍办画展的知识和注意事项	实地考察展览地点，初步确定策划方案
环节三：总结策划过程	确立画展的主题和内容（规模、参展范围、作品类型）	
		1. 搜集作品（发展览公告、征集、邀请、寻找等） 2. 整理作品（挑选、评价、作品分类等） 3. 筹划、装饰作品、布展（作品装帧、场地设计、宣传品设计） 4. 展览、组织参观（学校、集团校的新闻发布、接待、讲解等）
环节四：学生展示		1. 分小组展示并讲解策划方案（画展的主题、内容、场地、宣传等） 2. 展示搜集的作品并介绍
	结合课件介绍美术作品的分类知识	实践策划画展的过程

教师作为专业指导者，为学生提供丰富的艺术资源和创作思路，学生则凭借自己的想象力和创造力，为展览注入新鲜血液。通过共同参与策展过程，师生在合作中相互学习、相互启发，共同推动展览的顺利进行。

实践活动二：海报设计——创意无限，多元吸收

	教师活动	学生活动
环节一：初步了解	介绍海报的作用	找一些画展、博物馆等的海报作为资料，互相借鉴学习
环节二：设计海报	介绍办海报设计的知识	小组讨论：选择设计合适的字体、构图、色彩搭配等
环节三：设计过程	确立书画展的主题和内容，掌握海报设计的组成要素与设计思维	
		结合书画元素，设计海报中的图形、文字、色彩、版式，设计出一幅幅独具特色的海报（小组分工完成海报）
环节四：学生展示		装裱、展示

师生充分发挥自己的想象力与创造力，采用手绘的形式，将展览的信息巧妙地融合在一起，运用色彩、字体、排版等视觉元素，营造出符合展览氛围的视觉效果。

实践活动三：设置研学——深入浅出，展中研学

	教师活动	学生活动
环节一：初步了解	引导学生了解研学单	收集一些参观展馆或博物馆的研学单，将其作为资料，参考学习
环节二：尝试设计	根据展览主题和观众特点，设计出有意义的研学单	小组讨论，设计研学单
环节三：展中研学	收集研学	1. 分小组带领参观者认识研学单并讲解内容 2. 组织观展并研学

　　通过设计研学单，教师不仅能够提升学生的参观体验和学习效果，还能促进学生的互动和交流，为展览的后续发展提供有益的反馈和建议。

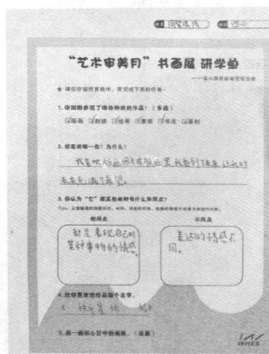

实践活动四：展览呈现——视觉之美，尽收眼底

	教师活动	学生活动
环节一：分头行动	组织学生分工合作，成为书画展的带领人	向参观者介绍书画展的路线、介绍书画展内容、介绍研学单等活动
环节二：过程反馈	组织学生收集总结展览中遇到的问题并及时解决	小组讨论，设计研学单
环节三：升华感悟	收集研学单	总结反馈、解决

　　通过这次展览，学生不仅了解了书画艺术的魅力，还领略了跨学科知识的博大精深。师生也表示，通过这次策展过程，不仅自己的策划、设计、组织能力得到了锻炼，还更加深入地了解了书画艺术。

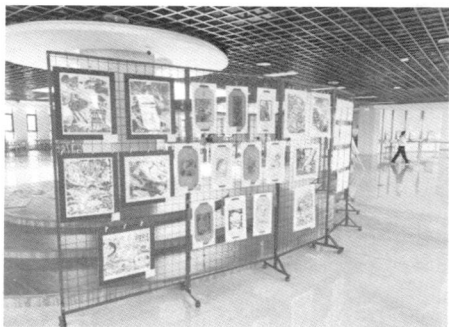

五、活动点评

（一）从"纸上谈兵"到学习如何策划一场书画展

本次活动将展览规划的主动权交给学生，让学生从参与者变成设计者、决策者，激发了他们的主动性和责任感，培养了他们的综合整体规划意识。通过本次展览，学生经历了完整的规划制订流程，从确定选题、收集信息、分析问题、制订方案、购买材料、实施方案、评价反思这一系列过程中学习如何做策展方案，真正感悟问题解决过程的一般思路。为了完成真实的任务，学生综合运用多学科知识，边实践边修正，将规划意识与能力的培养落在了实处。

（二）从创作一幅作品到策划一场展览

学生在确定书画展地点和策展内容之前，需要进行充分准备，收集相关资料，包括场地规划、展览海报、区域划分、材料采购、作品类别、研学单设计等，还要了解并统计参观者的动态观展路线需求，这样才能确定最佳的观展路线安排。同时，学生还要根据目标和调查结果，制订时间表、路线图、活动安排、预算表等详细计划，以及随时做好调整的准备。展览结束后，学生需要对整体行程进行总结，积累成功的经验，反思不足之处，以提升下一次策展的能力。

（三）从美术学科视角到多学科融合视角

"办一场书画展"方案涉及很多细节的选择，比如画框的选择、展架和夹子的美观性选择、区域的选择等，同时还涉及美术等多学科知识和信息，学生需要学习多媒体技术，搜集并筛选信息，统筹设计方案。单一学科的知识和信息，无法满足这些问题解决的需求。学生可以感受到，一个复杂问题的解决一定是多学科知识和方法融合的结果。

激情篮球，团结共进

实施年级：四年级

所跨学科：劳动、美术、体育、语文、数学

实施周期：4 课时

设计者：陈晨晨

执笔人：陈晨晨

一、主题背景分析

（一）主题来源

"激情篮球，团结共进"是体育健康月主题下围绕篮球比赛开展的四年级跨学科实践活动。区别于常规篮球赛，该活动更关注篮球赛从筹备、选拔到比赛、宣传的整个赛事过程，要求四年级全体学生参与，以激发学生参与体育运动的热情，提高学生的身体素质和团队协作能力，培养团体意识。

（二）主题概况

"激情篮球，团结共进"跨学科实践活动融合了劳动、美术、体育、语文、数学五门学科的知识技能，四年级全体学生参与其中。

二、学习目标

（一）总目标

以角色扮演促进学科融合。四年级学生通过扮演策划者的角色，将语文、美术等学科知识与实际的活动相结合，在真实的赛事组织场景中学习和应用跨学科知识，提升综合运用能力。

以实践活动培养责任感。在扮演策划者的过程中，学生需要学习有关篮球比赛的流程、规则、技战术解说话术、训练计划的制订方法等知识，培养责任意识和团队合作精神。

以问题解决提升思维能力。在篮球赛筹备活动中，学生将面临各种问题和挑战，如啦啦操舞蹈的选取与组织、信息搜集、计划的制订以及时间管理等，通过解决这些问题，学生的团队协作能力和解决问题能力得到锻炼。

（二）相关课程核心素养

团队意识	在活动中培养齐心协力、团结共进的团队精神
数学思维	调查、收集、整理篮球赛所需物资的具体数据，运用数据得出结论
文字和口语表达	在解说篮球赛事时，语言准确，逻辑清晰；记录收获时，能具体清楚地表述自己的收获
信息搜集	利用身边的信息搜集篮球赛的啦啦操舞蹈相关资料

三、实施流程

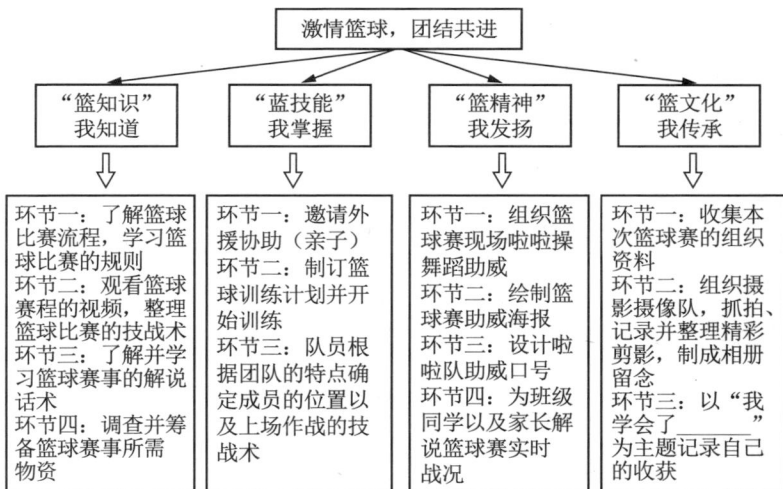

四、学习过程

实践活动一："篮知识"我知道

环节一：了解篮球比赛流程，学习篮球比赛的规则

活动前期开展对"篮知识"的学习活动非常重要。鼓励学生利用信息检索工具搜集信息，并在班级中以开展小讲座、小讲坛的形式宣讲与篮球相关的知识，帮助学生了解篮球比赛流程，学习篮球比赛的规则。

环节二：观看篮球赛程的视频，整理篮球比赛的技战术

学生在家长的协助下利用信息检索工具收集、整理精彩的篮球比赛视频，并在班会课上播放。组织上场的篮球队员以及班级中的篮球热爱分子讨论并整理赛程中所用到的技战术。

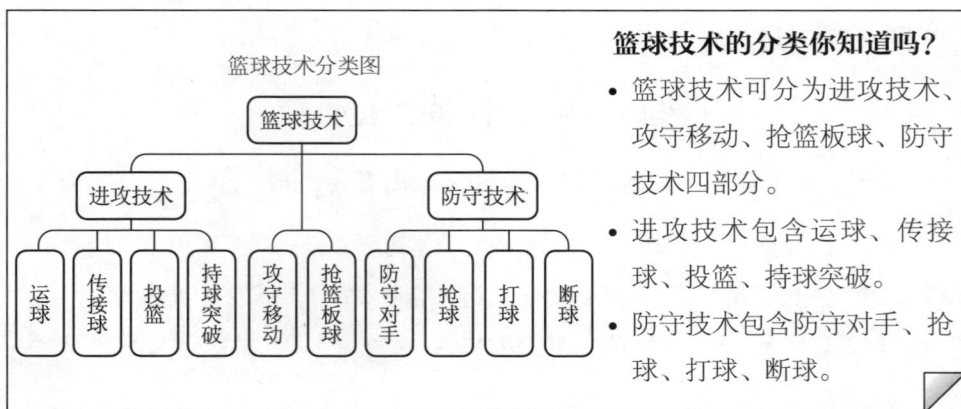

篮球技术的分类你知道吗？

- 篮球技术可分为进攻技术、攻守移动、抢篮板球、防守技术四部分。
- 进攻技术包含运球、传接球、投篮、持球突破。
- 防守技术包含防守对手、抢球、打球、断球。

环节三：了解并学习篮球赛事的解说话术

精彩的解说能为激情的赛事增添色彩，在真正的比赛开始之前，组织学生观看篮球解说视频，学生学习并实战模拟篮球赛事的解说，锻炼语言表达能力。

环节四：调查并筹备篮球赛事所需物资

建立后勤分队，队员设计调查问卷，调查筹备篮球赛期间所需物资，包括啦啦队所需物资、运动员能量补给站所需物资，并进行整理和登记，队长统筹安排。

实践活动二："篮技能"我掌握

环节一：邀请外援协助训练，紧密家校联系

鼓励学生邀请家长作为外援，在课后安排一对一训练，开展亲子篮球训练活动，提升篮球技能。学生可以将训练的视频或者照片分享至班级群，教师进行整理记录，增强家校紧密联系。

环节二：制订篮球训练计划并开展训练

篮球队员之间协调课余的时间，确定统一训练的时间，制订计划，进行实战演练，通过实战演练巩固技术并锻炼团队协作能力。

环节三：队员根据团队的特点确定成员的位置以及上场作战的技战术

在训练过程中，学生互相了解与切磋，确定各自所擅长的领域，通过讨论，投票确定首发队伍成员，确定首发阵容，确定每一名队员在场上的位置，并确定篮球作战的技战术。

实践活动三："篮精神"我发扬

环节一：组织篮球赛现场啦啦操舞蹈助威

学生票选出心仪的啦啦操舞蹈。通过讨论，决定由具有舞蹈功底的学生率先学习舞蹈，再以"一带二"或"一带三"的形式带领其他同学集中练习。

环节二：绘制篮球赛助威海报

鼓励学生结合班级队伍的特色，以及筹备比赛和训练期间发生的小故事，以小组为单位绘制海报，为篮球队队员助威！

环节三：设计啦啦队助威口号

整齐划一的助威口号是班级凝聚力的表现。请学生集思广益，为班级的篮球赛比赛想一条独具特色的班级助威口号。

环节四：为班级同学以及家长解说篮球赛实时战况

学生根据之前的模拟演练，选出两名最佳讲解员。在篮球赛期间，他们将开启现场直播，为班级同学与关注赛事的家长进行赛况实时讲解。

实践活动四："篮文化"我传承

环节一：收集本次篮球赛的组织资料

准备 U 盘保存本次篮球赛的电子资料，准备文件夹保存纸质材料并进行存档。

环节二：组织摄影摄像队，抓拍、记录并整理精彩剪影，制成相册留念

准备六部手机，捕捉、拍摄、记录篮球场上的精彩时刻，在赛后选取值得留念的片段，制成相册留念。

环节三：以"我学会了_____"为主题记录自己的收获

师：相信在这次篮球比赛筹备和比赛中，你一定收获了许多，学会了很多本领，接下来就请你以"我学会了_____"为主题记录自己的收获。

【小贴士】

我们正慢慢长大，学会了很多事情。你学会的哪件事情让你最有成就感？把它填在横线上。再把学做这件事的经历、体会和同学分享。写之前想一想：

你是怎样一步步学会做这件事的？

学习过程中遇到了哪些困难？你是怎么克服的？

有哪些有趣的经历？心情有哪些变化？

写完后，读读自己的习作，修改不通顺的地方；和同学互换习作，看看学习的过程是否写清楚了。

五、活动点评

（一）跨学科融合与实践应用

学生在实践活动中深度参与，从设计调查表、筹备物资，到邀请家长做外援、制订队伍训练计划，再到啦啦操组织和激情的现场解说，整个活动过程锻炼了他们的数学思维、文字和口语表达能力以及创意实践能力。

（二）团队意识与人际交往能力的培养

篮球队伍的团队合作，促成赛场上球员们的精彩表现；啦啦操成员之间的互相配合，成就赛场上那一抹靓丽的色彩；后勤、解说、摄影，都是团队中坚实的力量。除此以外，在这次实践活动中，学生的人际交往能力也得到锻炼，从调查、请

外援，再到确认首发阵容和啦啦队站位，这些小细节都要求学生妥善处理同伴关系，在此过程中，学生的人际交往能力也得到提高。

通过这两个方面的总结，我们可以发现"激情篮球，团结共进"不仅是一项体育赛事，更是一场教育活动，它在培养学生体育素质的同时，也培养了学生的团队意识与人际交往能力。

杏娃迎冬奥，一起向世界

实施年级： 三年级

所跨学科： 英语、美术、信息科技、地理

实施周期： 3 课时

设计者： 郭春艳、胡佳佳、黄琦琦、马梦梦、张丽

执笔人： 张丽

一、主题背景分析

（一）主题来源

2021 年 12 月，学校的中西文化月活动恰逢北京冬季奥运会前夕，我们以英语学科的视角探索中西文化差异，通过分析三年级学生的年龄特征和学情，研判后决定开展"杏娃迎冬奥，一起向世界"实践活动，办一场"The World Culture Show"，引导学生学会尊重不同文化，懂得各美其美，美美与共。

（二）主题概况

三年级学生在一、二年级已经学习了一些国家的英语表达以及相关文化知识的介绍，但是这些知识较为碎片化，没有形成完整的知识体系。"杏娃迎冬奥，一起向世界"跨学科实践活动融合了英语、美术、地理、信息科技四个学科的知识技能，引导学生在实践活动中，学习世界各国不同文化知识，加强对世界各国的了解，对比中西文化异同，在实践活动中体验文化差异，感受文化多样性，尊重不同文化。

二、学习目标

英语：借助图片，能辨认国家的英语表达。在活动中了解主要英语国家在地理

位置、地标建筑、独有动植物、传统服饰等方面的不同，能用已学知识简单地介绍主要英语国家，对比中西文化的差异，感受文化多样性。

地理：能借助地图，了解世界各国所处的地理位置，增强地理识图能力。

美术：能利用绘图的相关技能，对比中西方国家的差异，提高学生绘图能力；通过文化展布置提升学生的创意和艺术能力。

信息科技：能利用网络等多媒体搜集、处理和运用信息，提升信息科技能力。

三、实施流程

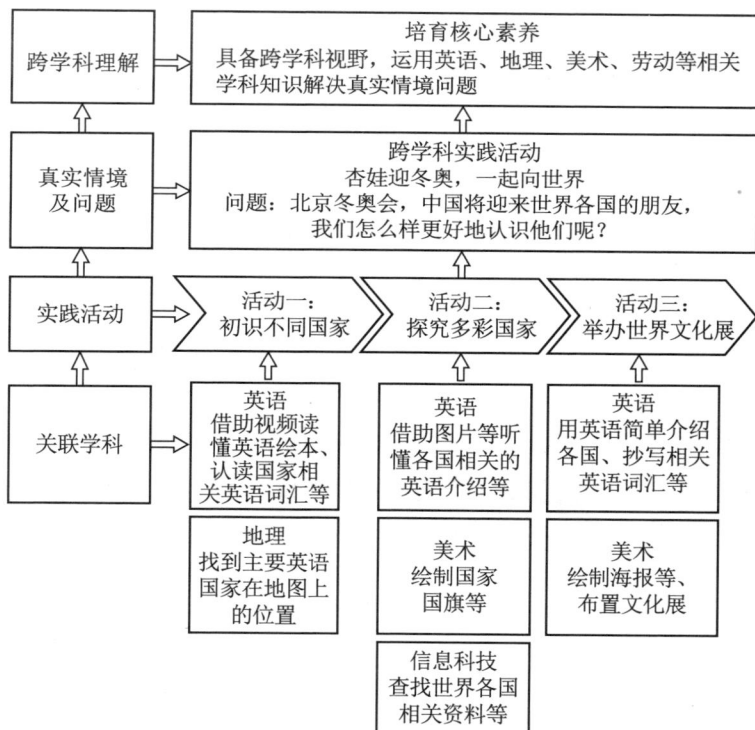

四、实施过程

实践活动一：初识不同国家

环节一：绘本故事导入

学生在课堂学习英语绘本故事 *Snail's Adventure*，通过梳理小蜗牛冒险路线图，初步认读 France, Britain, Canada, Japan, China 等国家名称，能在地图上找到各国所处的位置。学生在国家及其标志性建筑、特有动植物，以及独特服装等方面的匹配练习中，初步了解每个国家都有不同的特色文化。

师：Look at the form, we know "Paris, London, Beijing" are...?

生：首都!

师：Yes, they are "Capitals". What about these? The Big Ben, the Great Wall...? And the others? Talk with your partner first.

生：（同桌讨论，试着给它们分类）它们在建筑、动物、植物、服饰上都不同。

师：Yes! How different! Different countries, different landmarks, animals, plants, clothes and so on. Really different culture!（板书：Landmark, Unique Animal, Plant, Traditional Clothes）

师追问：What other countries do you know around the world? What are the differences?（同桌讨论，全班交流）

环节二：明确实践任务

通过环节一，学生知道不同的国家有不同的文化特色。借助 2022 年冬季奥运会在北京举行这一契机，教师进一步提出探究问题：北京冬奥会，中国将迎来世界各国的朋友，我们怎么样更好地认识他们呢？综合学生的讨论结果，教师提出实践任务，办一场 "The World Culture Show"。

环节三：确定主题国家

根据学生学习能力，选定组长以及小组成员。

全班通过讨论问题 "What countries do you want to show? Why?"，明确本次 "The World Culture Show" 可以展示的国家以及原因。综合考虑各国文化特点等信息，最终确定本次实践活动的十六个主题国家。

各小组通过抽签的方式，抽取实践主题国家。以满满的仪式感，激发学生对主题国家探究的欲望，以及对英语学习的兴趣。

评价内容	具体内容	评价主体		
		自评	组评	师评
实践活动一	会认读绘本国家单词	☆ ☆ ☆ ☆ ☆	☆ ☆ ☆ ☆ ☆	☆ ☆ ☆ ☆ ☆
	国家相关信息匹配正确	☆ ☆ ☆ ☆ ☆	☆ ☆ ☆ ☆ ☆	☆ ☆ ☆ ☆ ☆
	国家地理位置标注正确	☆ ☆ ☆ ☆ ☆	☆ ☆ ☆ ☆ ☆	☆ ☆ ☆ ☆ ☆
	认真参与，乐于合作	☆ ☆ ☆ ☆ ☆	☆ ☆ ☆ ☆ ☆	☆ ☆ ☆ ☆ ☆

实践活动二：探究多彩国家

环节一：小组实践初探中国

（1）梳理探究模板

"我们可以从哪些方面介绍国家的不同？"通过这个问题，教师引导学生回顾绘本知识，发散思维，共同梳理出从"location，landmark，unique animals/plants，traditional clothes，national flag，special food，traditional festivals"等方面介绍国家的方法，形成探究模板。

（2）小组合作实践

教师以中国为范例示范，学生在电脑机房进行小组讨论，并完成探究单。

探究单								
实践主题	杏娃迎冬奥，一起向世界 The World Culture Show							
班级					姓名			
Country 国家	National Flag 国旗	Capital 首都	Landmark 地标建筑	Unique Animals 独有动物	Traditional Clothes 传统服饰	Traditional Festival 传统节日	Special Food 特色美食	
请在表格里画或贴上对应的图片，并写出英文								

（3）小组展示与互评

小组派代表对主题国家进行简单的英语介绍，班级交流，提出反思建议。教师给出句式参考，如"We are from Group... We are going to talking about... This is... It is...

Welcome to..."。学生可结合已学的句型和单词进行介绍。

环节二：小组合作深探主题国家

小组合作完成对主题国家的探究。

小组组内进行介绍和互评，全班交流分享，提出修改建议。学生注意英语语言的表达以及国家相关信息的准确性。

评价内容	具体内容	评价主体		
		自评	组评	师评
实践活动二	信息正确	☆ ☆ ☆ ☆ ☆	☆ ☆ ☆ ☆ ☆	☆ ☆ ☆ ☆ ☆
	绘制精美	☆ ☆ ☆ ☆ ☆	☆ ☆ ☆ ☆ ☆	☆ ☆ ☆ ☆ ☆
	书写美观	☆ ☆ ☆ ☆ ☆	☆ ☆ ☆ ☆ ☆	☆ ☆ ☆ ☆ ☆
	表达准确	☆ ☆ ☆ ☆ ☆	☆ ☆ ☆ ☆ ☆	☆ ☆ ☆ ☆ ☆

实践活动三：举办世界文化展

环节一：多种形式布置文化展

班级讨论布置主题国家文化展的形式。教师通过问题"探究单告诉了我们主题国家可以展示的内容，但是我们可以用什么形式呈现这些内容呢？"引导学生思考。学生呈现各种答案：绘制海报、活动体验、品尝特色美食、地标拍照打卡等等。

小组讨论本组主题国家文化展的布置形式。可采取两至三种形式进行布置，突出主题。

小组分工布置文化展。有困难的小组在必要时可以寻求教师或家长的帮助，注意活动的安全性。

环节二：畅游世界文化展（成果展示）

小组分工进行展示活动的任务。

小组成员轮换，参与体验其他小组的活动。

环节三：评价与反思

小组内互评，反思总结。

班级交流评价，评选最佳策划小组、最具创意小组、最佳英语表达小组等奖项，最后总结与颁奖。

评价内容	具体内容	评价主体		
		自评	组评	师评
实践活动三	主题鲜明	☆ ☆ ☆ ☆ ☆	☆ ☆ ☆ ☆ ☆	☆ ☆ ☆ ☆ ☆
	布置精美	☆ ☆ ☆ ☆ ☆	☆ ☆ ☆ ☆ ☆	☆ ☆ ☆ ☆ ☆
	书写美观	☆ ☆ ☆ ☆ ☆	☆ ☆ ☆ ☆ ☆	☆ ☆ ☆ ☆ ☆
	表达准确	☆ ☆ ☆ ☆ ☆	☆ ☆ ☆ ☆ ☆	☆ ☆ ☆ ☆ ☆
	成果有创意	☆ ☆ ☆ ☆ ☆	☆ ☆ ☆ ☆ ☆	☆ ☆ ☆ ☆ ☆

五、活动点评

（一）链接时事热点，问题链驱动任务

　　基于冬奥会的时事热点背景，教师提出驱动性问题："北京冬奥会，中国将迎来世界各国的朋友，我们怎么样更好地认识他们呢？"师生共同讨论，提出实践活动任务——办一场"The World Culture Show"。教师在真实情境中提出"What other countries do you know around the world?""What are the differences between them?""Which country do you want to show? Why?"等多个问题，形成问题链驱动任务逐步推进，从认识国家，到探究各国不同文化，最后举办世界文化展，让学生在实践活动中体验世界文化的多样性，感受文化的差异性，并学会尊重文化的多元化。

（二）立足学科特点，实施跨学科融合

　　本活动以英语科学为主线，根据三年级学生学情，有效整合碎片化的知识，巧妙地融合了地理、美术、信息科技等其他学科的知识与技能，帮助学生更好地开展英语实践活动，学习和体验各国不同文化，形成结构化的知识。这种跨学科实践活动，不仅有助于学生掌握学科知识，还拓宽了学生的知识面。学生在地图中定位国家，增加了地理知识；在文化布展中提升了美术创造能力和艺术鉴赏能力；在文化的冲突中，在思维的碰撞下，培养了批判性思维和创新意识，有效促进了学生综合素养的提升。

小餐桌，大学问

实施年级：一年级

所跨学科：道德与法治、科学、美术

实施周期：4课时

设计者：张美凤

执笔人：张美凤

一、主题背景分析

（一）主题来源

"小餐桌，大学问"是文明礼仪月主题下围绕一年级新生入学教育开展的跨学科实践活动，旨在帮助一年级新生解决就餐差异、挑食、浪费等问题，培养学生的自理能力，引导学生养成正确、健康的就餐习惯，提高文明素养，能更好地适应和融入小学生活。

学校文明礼仪月设在每年的3月和9月，重点关注学生的习惯养成与仪态展现。每学期的文明礼仪月主题各有侧重，目前已开展课堂常规、路队、整理、就餐等主题，"小餐桌，大学问"就是就餐主题下的一年级跨学科实践活动。

（二）主题概况

一年级新生进入小学生活，就餐是他们要面临的一大挑战。"小餐桌，大学问"跨学科实践活动通过结合文明礼仪这一核心价值观，融合道德与法治、科学、美术等学科，学习就餐礼仪，了解健康饮食知识，将课堂学习与课外实践相结合，引导学生养成良好的就餐习惯，提高文明素养，更好地适应和融入小学生活。

二、学习目标

（一）总目标

通过学习和实践，了解就餐礼仪，懂得遵守规则，养成讲礼貌、守规则的良好习惯，形成较好的文明素养。

知道节约光荣、浪费可耻，逐步感知正确的饮食礼仪，争当一名爱惜粮食、节

约粮食的小学生。

知道食物的营养对成长的重要性，养成不挑食、不偏食的习惯，并愿意尝试不同种类的食物。

（二）相关课程核心素养

责任意识	在活动中培养珍爱粮食、节约资源的社会责任感和担当精神
身心健康	了解营养金字塔，认识营养均衡、不挑食的重要性，积极践行光盘行动，养成健康的生活方式
文字和口语表达	在撰写光盘小妙招、小组讨论、汇报展示等流程中，清晰表达观点
创意实践	创意设计并制作营养金字塔、营养菜单，激发创造力和动手能力

三、主题设计

（一）任务设计（GRASPS工具）

任务设计元素	案例描述
目标（G）	通过学习和实践，了解就餐礼仪，懂得遵守规则的道理，知道健康饮食对成长的重要性，养成讲文明、守规则、不浪费、不挑食的良好习惯，主动践行正确的、健康的饮食文化，形成较好的文明素养
角色（R）	"就餐之星"的竞选者
受众（A）	教师、同学
情境（S）	学校要开展"就餐之星"的评选活动，你能通过文明就餐过关活动，制作一份适合小学生的营养菜单，设计并向同学分享你的光盘小妙招，成为高实的"就餐之星"吗？
成果（P）	1. 参与一年级文明就餐过关活动 2. 设计一份光盘小妙招 3. 制作一份适合小学生的营养菜单
标准（S）	文明就餐过关要按照标准达到过关分数；光盘小妙招要好记、易操作；能做到大方、有礼地表达；营养菜单要图文并茂

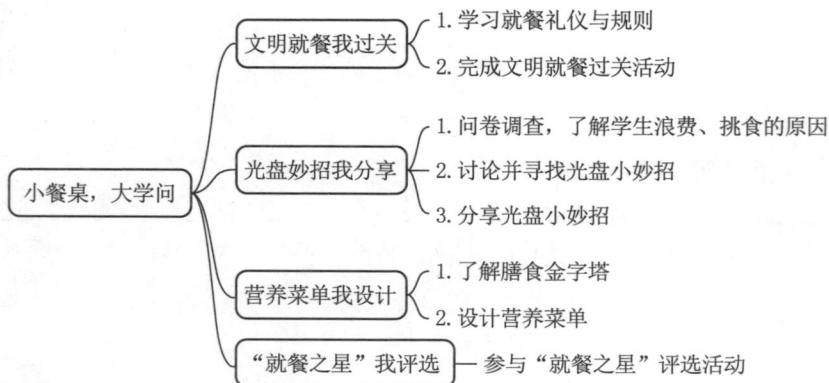

```
                                    ┌─ 1. 学习就餐礼仪与规则
                   ┌─ 文明就餐我过关 ┤
                   │                └─ 2. 完成文明就餐过关活动
                   │
                   │                ┌─ 1. 问卷调查，了解学生浪费、挑食的原因
                   │                │
   小餐桌，大学问 ──┼─ 光盘妙招我分享 ┤─ 2. 讨论并寻找光盘小妙招
                   │                │
                   │                └─ 3. 分享光盘小妙招
                   │
                   │                ┌─ 1. 了解膳食金字塔
                   ├─ 营养菜单我设计 ┤
                   │                └─ 2. 设计营养菜单
                   │
                   └─ "就餐之星"我评选 ── 参与"就餐之星"评选活动
```

（二）安排表

活动主题	活动目标	活动课时	活动形式
实践活动一： 文明就餐我过关	1. 学生掌握并熟悉就餐流程 2. 主动规范自己的就餐行为，培养有序、安静、卫生就餐的习惯 3. 营造安静的就餐氛围，做到文明就餐	1	校内学习 实践过关
实践活动二： 光盘妙招我分享	1. 通过问卷调查，了解学生浪费、挑食的原因 2. 通过绘本阅读与班级讨论，寻找光盘小妙招，减少浪费，积极践行光盘行动 3. 通过分享活动，积极推广光盘小妙招	1	问卷调查 绘本阅读 美术设计 实践活动
实践活动三： 营养菜单我设计	1. 通过绘本和视频，了解膳食金字塔，了解营养均衡的重要性 2. 设计并美化一份适合小学生的营养菜单	1	绘本阅读 视频观看 美术设计
实践活动四： "就餐之星"我评选	根据"就餐之星"的评选标准参与评选	1	校内实践

四、学习流程

实践活动一：文明就餐我过关

环节一：就餐礼仪知多少

教师准备有关就餐礼仪的绘本、视频和相关资料，学生开展阅读并讨论，了解

就餐礼仪，确定小学生应该学习的就餐礼仪。

环节二：文明就餐我能行

本环节的重点是让学生根据《高实文明就餐行规标准》进行文明就餐的学习与练习。

教师活动：根据《高实文明就餐行规标准》，组织学生进行文明就餐的学习活动。在学习过程中，与学生讨论适合各个就餐环节的小口号和手势，如排队时用"两脚夹一线"的口号、提醒学生安静时用静止手势等。根据学生的学习情况，进行文明就餐的示范与错误纠正。

学生活动：学习《高实文明就餐行规标准》，参照标准利用一周就餐的时间进行学习与练习。与教师讨论和制订适合各个就餐环节的小口号和手势，并在学习文明就餐的过程中进行运用。

【资料袋】

高实文明就餐行规标准

一、排队

1. 运用七步洗手法清洗小手。

2. 班主任组织学生集合排队，学生做到不松散、不拥挤、不推、不大声喧哗，做到快、静、齐。

二、就餐

1. 学生进入食堂后，按规定位置就座，安静等待餐盒与餐具的分发。

2. 餐盒整齐摆放在正前方，爱护餐具，文明就餐，不得打闹、敲打碗筷。

3. 不浪费、不挑食，做到光盘。

4. 个人用餐的位置要包清洁、包干净。

三、倒厨余垃圾、放餐具

1. 用餐完毕后，学生将厨余垃圾装进餐盒，盖好餐盘。

2. 到指定位置倒厨余垃圾，放置餐具、碗、餐盒。

3. 厨余垃圾不得洒落在垃圾桶外，碗筷餐盒摆放整齐。

环节三：文明就餐关关过

本环节的重点是以年级为单位进行文明就餐过关活动，教师对每个班级、每个学生进行文明就餐考核。

教师活动：年级组制订文明就餐过关方案，教师在午餐时间对班级、学生进行过关检测，并向过关班级和学生颁发过关徽章。提醒未过关班级与学生继续学习，并进行二次、三次过关，直到全员过关为止。

学生活动：参与文明就餐过关活动，并完成过关，获得"文明就餐"过关徽章。

【过程性评价】就餐礼仪的学习形式丰富多样，既有绘本阅读、视频观看，又有讨论分享，兼具视觉体验与思维拓展。文明就餐的学习则更重视实践体验、评价导向，在做中学，在评中改，真正体现了跨学科实践活动的综合性、实践性。

实践活动二：光盘妙招我分享

环节一：问卷调查，查找原因

学生在班级里进行关于小学生挑食、浪费问题的问卷调查，并对收集到的问卷数据进行整理与分析，了解班级同学的挑食情况和浪费粮食的原因。

【资料袋】

关于小学生挑食、浪费问题的调查问卷

亲爱的小朋友们，你们好！我们正在进行一项关于小学生挑食、浪费粮食情况的调查。挑食不仅影响我们的身体健康与成长发育，还会产生粮食浪费现象，对我们的生活和环境都会产生不良后果。希望通过这次调查，了解你们在日常生活中的挑食、浪费的情况，并找出可能的改进方法。请根据自己的实际情况如实回答。感谢你的支持和配合！

1. 你的性别是？

A. 男　　　　　　　　　　B. 女

2. 你平时挑食吗？

A. 总是挑食　　B. 从不挑食　　C. 有时挑食，有时不挑食

3. 你平时爱吃哪类食物？

A. 肉类　　　　B. 蛋类　　　　C. 豆类　　　　D. 蔬菜　　　　E. 水果

4. 你认为挑食的原因有哪些？（多选）

A. 爱吃零食　　B. 饭菜不可口　　C. 吃饭不及时

D. 父母挑食　　　　　　　E. 胃口不好

5. 你的挑食是否造成过粮食浪费？

A. 是　　　　　　　　　　B. 否

6. 你认为造成粮食浪费的原因是什么？（多选）

A. 食物不合胃口

B. 盛太多，吃不下

C. 不知道如何保存剩食物

D. 认为浪费一点没关系

7. 你通常如何对待剩的饭菜？

A. 直接倒掉　　　　　　　B. 下次再吃

C. 储存起来，用于其他　　D. 分享给其他人

8. 你是否愿意参与学校组织的节约粮食活动？

A. 愿意　　　　　　　　　B. 不愿意

环节二：绘本阅读，寻找妙招

学生阅读绘本《我绝对绝对不吃番茄》和《我不挑食》，了解不挑食、不浪费食物的重要性。以小组为单位进行讨论，寻找光盘小妙招，如食物想象法、食物分享法、食物交换法等。教师根据学生的讨论情况，罗列汇总小妙招。

环节三：践行实施，改进妙招

学生利用一周的时间实施光盘小妙招，并在教师的协助下记录实施效果。根据光盘小妙招的实施情况，进行班级讨论，并对小妙招进行改进。同时班级张贴光盘光荣墙，每日展示学生的光盘情况。

环节四：绘制分享，推广妙招

学生在美术教师的指导下绘制光盘小妙招的标签卡并进行优化，以年级为单位进行展示，向其他年级推广自己的光盘小妙招。

【资料袋】

"光盘小妙招" 评价单			
评价标准	A	B	C
语言表达	语句表达清楚，读起来朗朗上口	语句表达清楚，语句比较简短	语句表达清楚，能读明白
外观设计	外观设计个性化，色彩亮眼	外观设计有形状、有色彩	外观干净清爽
有效好用	实施过的人都觉得好	同桌愿意和自己一起实施	能按照方法实施

【过程性评价】光盘妙招我分享这一学习活动的开展是逻辑严谨、逐层递进的。问卷调查明确了挑食、浪费的原因，让后面的小组讨论有的放矢，而践行实施则是检验了光盘小妙招的有效性，为最后的推广展示打下基础，形成闭环。

实践活动三：营养菜单我设计

环节一：了解膳食金字塔

学生通过阅读绘本和观看视频，了解膳食金字塔，明白营养均衡的重要性。和美术教师一起制作膳食金字塔的黏土海报，并布置在教室当中。

环节二：设计营养菜单

本环节的重点是学生在教师的引导下设计个性化的营养菜单。

教师活动：收集营养菜单的范例，引导学生观察、讨论，了解营养菜单构成元素，如日期、菜名、图片等，设计引导学生关注营养均衡和烹饪方式，争取得到更多人的喜欢。

学生活动：欣赏营养菜单的范例，讨论了解菜单应该包含哪些内容。通过小组讨论，了解同学喜欢的菜名。和家长一起商量，明确一周的营养菜单。

环节三：美化营养菜单

学生借助美术教师的指导，运用不同材料对营养菜单进行美化，并在小组中进行分享、改进。

环节四：展示营养菜单

本环节的重点是对学生的成果进行展示，主要通过展架、公众号、评奖等方式进行。

教师活动：根据"营养菜单"评价单，每班评选出十份优秀的营养菜单，颁发校级证书与奖励。以年级为单位布置展架，展示优秀的营养菜单，并将这些营养菜单提供给食堂，运用到学生的日常就餐当中。最后将优秀作品作为学校公众号的一期主题文章，进行推送宣传。

学生活动：根据"营养菜单"评价单对营养菜单进行评价并打分，评选出十份优秀的营养菜单。

【资料袋】

"营养菜单"评价单		
评价标准	评价内容	星级
营养均衡	□主食类　□肉类　□鱼类　□蔬菜类 □水果类　□蛋类　□奶制品	（　　）星
烹饪多样	□蒸　□炒　□煎 □炖　□煮　□炸	（　　）星
外观设计	□清楚明了　□排版美观 □图片搭配　□色彩亮眼	（　　）星

【过程性评价】本环节充分调动学生的积极性。绘本和视频是低年段学生喜爱的学习素材，利于低年段学生学习理论知识，避免出现枯燥乏味的学习氛围。小组合作能发挥团队力量，促进交流，将主动权放在学生手中。

实践活动四："就餐之星"我评选

环节一：对照标准，参与评比

教师以年级为单位制订"就餐之星"评比方案，同时结合课程的开展与实施，师生合作讨论并制订高实"就餐之星"评价表。学生以八人为一个小组进行"就餐之星"评选活动，通过组内成员循环打分的方式进行评价，分别评选每周之星、每月之星，并颁发校级奖状与奖励。

【资料袋】

高实"就餐之星"评价表					
评价标准	周一	周二	周三	周四	周五
小手洗干净	☆	☆	☆	☆	☆
排队快、静、齐	☆	☆	☆	☆	☆
有序分发餐具餐盒	☆	☆	☆	☆	☆
安静就餐	☆	☆	☆	☆	☆
光盘行动	☆	☆	☆	☆	☆
餐桌理干净，餐具放整齐	☆	☆	☆	☆	☆

环节二：公布结果，展示优秀

学校以光荣榜、公众号的形式公布文明就餐的每周之星与每月之星，并利用周一晨会邀请优秀学生进行方法与经验的分享。学生在分享会上进行实践心得汇报，分享自己的体验、感受和学习到的方法。这一环节鼓励学生进行公开演讲，以提升他们的表达能力和自信心。

环节三：活动反思，改进成长

在课程结束后，学生进行个人反思，思考实践过程中的成长之处和可改进空间。教师引导学生讨论总结这次实践活动经验的方法，并将这些方法分享给未来的一年级新生，运用到以后的学习和生活中，促进成长。

【过程性评价】本环节重点关注评价的多样性。借助评价单，充分发挥评价的导向功能；借助光荣榜、公众号，充分发挥评价的激励功能；借助分享展示，充分发挥评价的强化功能，使学生的个体性、自主性都得到了发展。

五、活动点评

（一）关注习惯，聚焦素养

"小餐桌，大学问"跨学科实践活动通过结合文明礼仪这一核心价值观，融合道德与法治、科学、美术等学科，开展就餐礼仪、健康饮食的学习与实践，将课堂学习与课外实践相结合，引导学生养成良好的、健康的就餐习惯，培养学生珍爱粮食、节约资源的社会责任感和担当精神。同时通过动手实践和创意表达，激发学生的创造力、表达力，提升自律性和责任感。

（二）幼小衔接，聚力成长

该活动聚焦"文明就餐"这一幼小过渡适应性问题，通过餐桌上丰富多样的实践活动，贯通课堂内外的学习场域，以多元导向的评价方式，实现"做中玩、玩中学、学中思"的教育理念，帮助他们更好更快地适应新的学习环境和生活节奏，面对全新挑战。随着活动的开展与推进，学生的适应能力、协作能力、表达能力、解决问题的能力都得到了提高，为下阶段的学习凝心聚力，促进学生全面成长。

花开十岁　成长有礼

实施年级：四年级

所跨学科：语文、数学、科学、英语、美术、劳动、道德与法治

实施周期：19 课时

设计者：张丽、陈铱涵、方越、陈尤尤、余盈盈、李丽春、陈晨晨、应秀春、安冰茹、郑晓旭等

执笔人：张丽

一、主题背景分析

（一）主题来源

十岁是成长中的一个重要节点。《礼记·曲礼上》中说："人生十年曰幼，学。"但"十岁成长礼"究竟意味着什么呢？学生又该如何度过这个特殊的日子呢？"花开十岁，成长有礼"主题就是在这样的情况下确立的。

（二）主题概况

"花开十岁，成长有礼"是一项多学科实践活动。围绕主题"举办一场十岁成长礼活动"，活动分为三个阶段，即策划阶段、准备阶段、展示阶段。在准备的过

程中，学生根据自己的特长或喜好，分成策划组、导演组、摄影组、宣传组、场务组等不同小组，综合应用语文、美术、信息科技、劳动等学科知识，用可视化的方式把自己对活动的认识呈现出来，整合零散的学科知识点，进行系统的实践活动。

（三）实施流程图

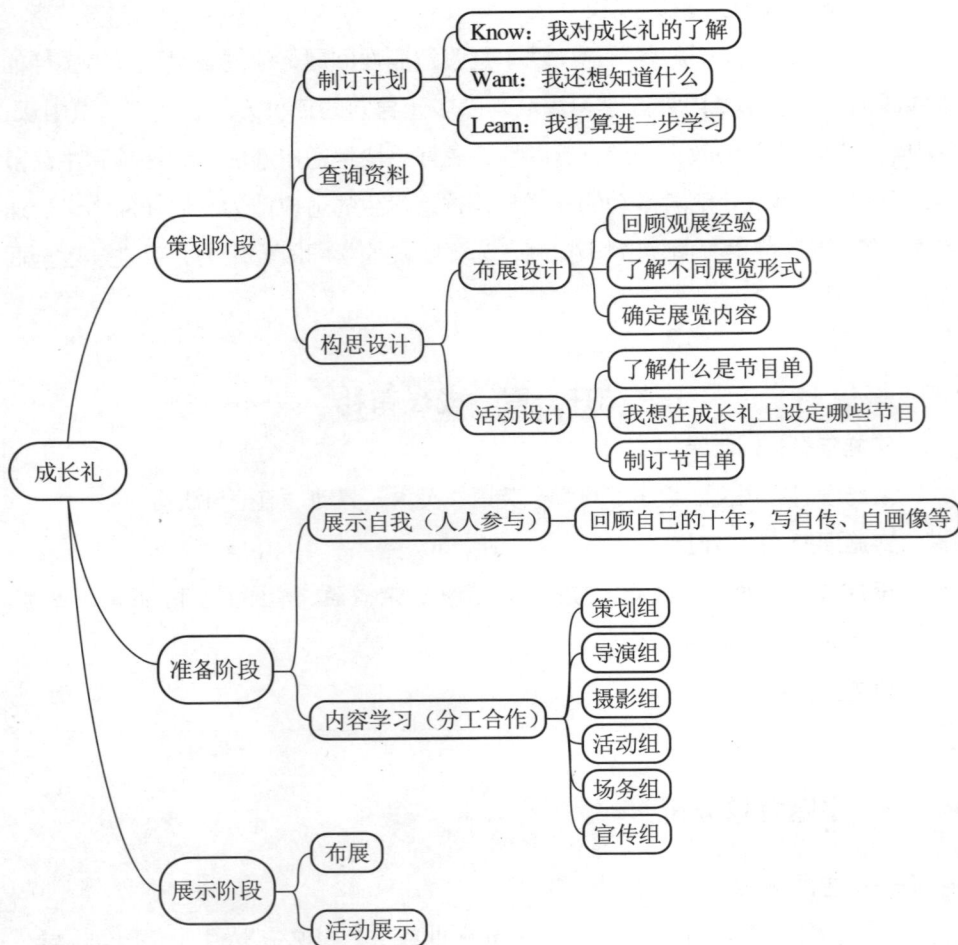

二、学习目标

（一）活动目标

通过创设真实情境推动学科融合，帮助学生了解十岁成长礼的文化背景，知道成长礼的呈现方式，引导学生运用多学科知识，思考策划成长礼的准备工作，联结学科知识促进合作应用。通过学习、运用各学科中与活动相关的知识与技能，深化自我认知。借助真实情境的体验，让学生感悟成长历程，学会以真诚的态度尊敬师长，以感恩的心对待父母。

（二）相关课程核心素养

价值体认	在教师指导下，通过参与成长礼的策划与设计制作等活动，提升沟通合作能力，逐步培养社会责任感
语言应用	选择丰富、恰当的表达形式，围绕成长礼进行演讲，提升语言表达能力
艺术表现	结合成长礼主题，设计制作关于成长的系列作品
创意实践	通过劳动教育与语文学科深度融合的美育课程，设计并实施成长礼活动
劳动能力	学会合作，小组协作布置活动会场，展示作品
数字化学习与创新	学会学习，能根据任务要求，自主探究手机、单反等摄影装备的使用方法，能运用相关软件剪辑视频

三、主题设计

（一）任务设计（GRASPS 工具）

任务设计元素	案例描述
目标（G）	策划成长礼，体验成长礼
角色（R）	成长礼策划师
受众（A）	四年级学生
情境（S）	《礼记》曰："十有三年，学乐，诵诗，舞勺"。十岁成长礼乃一生典礼仪式之一。因此，我们要策划一场成长礼
成果（P）	举办一场"成童"礼：举办一场成长礼；设计活动策划手册；设计入场券、邀请函、节目单；布置成长礼展
标准（S）	1. 作品标准：一份完整的策划书，一场"成童"礼 2. 展览标准：有产品展示，介绍汉代成长礼；全员参与，观众可以体验成长仪式 3. 小组合作：小组合作氛围和谐，分工明确且合作高效

（二）跨学科理解

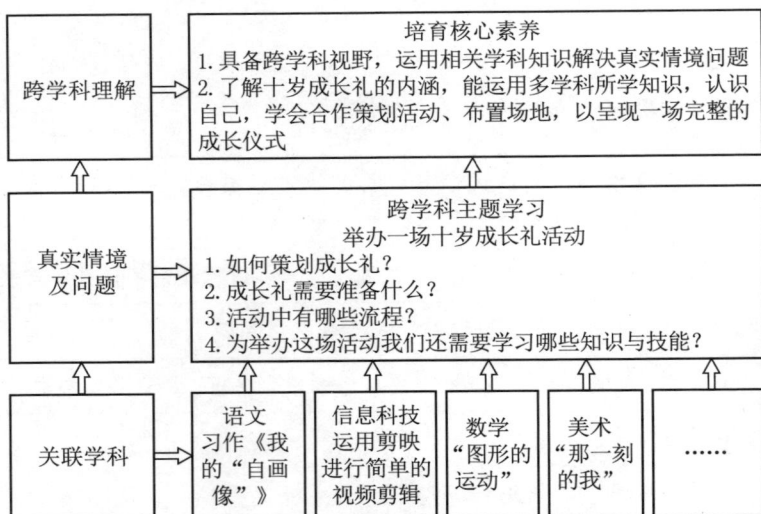

跨学科理解	**培育核心素养** 1. 具备跨学科视野，运用相关学科知识解决真实情境问题 2. 了解十岁成长礼的内涵，能运用多学科所学知识，认识自己，学会合作策划活动、布置场地，以呈现一场完整的成长仪式
真实情境及问题	**跨学科主题学习 举办一场十岁成长礼活动** 1. 如何策划成长礼？ 2. 成长礼需要准备什么？ 3. 活动中有哪些流程？ 4. 为举办这场活动我们还需要学习哪些知识与技能？
关联学科	语文习作《我的"自画像"》｜信息科技运用剪映进行简单的视频剪辑｜数学"图形的运动"｜美术"那一刻的我"｜……

四、学习过程

实践活动一：策划阶段

环节一：入项课

（1）入项活动

通过诗歌朗诵会进行预热，学生在自主设计活动中感受乐趣。

（2）前期调研

发放问卷，学生基于自己以往的生日体验，自主设计关于十岁成长礼的问卷调查并形成分析统计图。

问卷调查

花开十岁　成长有礼

——高实四年级成长礼调查问卷　2024.04

1. 请问你十岁的心愿有哪些？

2. 请问你期盼成长礼举办哪些活动？

（3）项目启动

学生以策划师的视角观看成长礼纪录片，感受礼仪文化，为后期独立自主设计成长礼做准备。

教师介绍项目活动背景，发布项目活动，展示前测调查统计图，并引导学生提炼归纳出核心任务，开展成长礼的策划活动。

环节二：制订计划，学习策展和布展

引导学生回顾以往参加过的印象深刻的活动，思考活动吸引自己的地方，进而揭示活动的概念和意义。

帮助学生了解不同形式的活动，引导学生确定活动内容。学生需要结合入项课中的调查活动单，思考将自己知道的知识可视化呈现的方法，如画册、工艺品、朗诵等。教师对学生的回答进行整理，并将回答分为两部分：一为静态成长礼成果展，二为动态仪式活动。

环节三：查询资料

学生以小组为单位，围绕静态展示与动态呈现两个方面，通过案例研究学习优秀展览与活动设计，记录并分享创意灵感，以此拓宽视野、激发创新思维。

环节四：构思设计一——布展设计

本活动的主要任务是让学生认识自我。学生在认识自我的基础上，结合所学知识，展现自己。学生可以运用美术技巧为自己做一本成长小书，可以结合语文习作《我的"自画像"》，写一篇介绍自己的作文并展示，还可以运用劳动技能展示自己在本学期所学的手工，等等。学生从不同角度展示不一样的自己，并将作品保存好，用于布展。

环节五：构思设计二——活动设计

该活动要求学生为总时长有四个小时的十岁成长礼策划活动，设计节目单。在活动中，教师引导学生将节目单分为三个部分，即十岁成长礼开篇暨传统成长礼仪式、高潮节目表演、终曲勇敢者露营活动。

实践活动二：准备阶段

环节一：展示自我

该活动由全体学生共同参与。学生回顾自己的十年，回顾自己的成长足迹。语文教师先行引导学生了解自己，让学生围绕自身的特点进行自我介绍。美术教师教授学生编画属于自己的自传小书，用绘画结合文字，由构思到草稿，从勾线到打磨细节，设计和制作自传小书。

环节二：学生分组制订学习计划

引导学生系统认识活动策划的准备工作，包括各岗位职责与专业要求，以及所需的知识技能储备。例如，活动策划者需要统筹节目流程，既要熟悉每个节目的特点，又要协调节目间的衔接，精确把控时间节点，管理相关道具与展品。在此基础上，学生可根据兴趣自主选择小组，为后续分工合作做好准备。

角色设定	活动任务	指导教师团队	预期成果
导演组	负责整体活动的流程设计与把控，确保活动按预定计划顺利进行，协调各组之间的合作	数学教师、语文教师	一份完整的流程表
策划组	根据活动主题，设计活动内容、活动环节及场景布置方案	美术教师、信息科技教师、数学教师及各班班主任	一份活动展的设计图及节目单
活动组	执行策划组设计的活动环节，确保现场互动有序进行	数学教师、科学教师	一份人员安排表
摄影组	全程记录活动精彩瞬间，包括现场照片拍摄与视频录制	信息科技教师	照片、视频影像
道具组	负责活动所需的所有道具、服装、装饰品的采购、制作与布置	劳动教师、美术教师	所需用品罗列单及制作计划
宣传组	负责活动的前期和后期宣传、邀请函制作	美术教师、信息科技教师、语文教师	公众号推文、邀请函

环节三：活动策划人

策划组学生在教师的引导下，广泛收集活动素材。根据活动主题，设计活动内容、活动环节及场景布置方案。

（1）设计活动内容

学生负责具体活动内容的设计，如成长宣言、表演的节目等。

教师组织并引导学生，搜集各个班级中同学的特长，并进行分组分类，与特长学生探讨节目事项。

（2）设计场地布置方案

设计舞台背景、场地布置、装饰元素等。

该部分内容由美术教师指导，美术教师结合从电视、网络等处搜集的案例，让学生了解舞台，知道舞台的布景和搭建所需的东西，引导学生结合十岁成长礼的主题设计舞台。

（3）设计活动环节

细化活动流程，包括时间安排、嘉宾邀请、互动环节等。

环节四：活动摄影师

（1）学习摄影构图及拍摄技巧

教师通过讲授和分析案例的方式，引导学生欣赏照片，帮助学生理解并掌握基本的摄影构图原则。

学生通过实践拍摄，能运用所学构图原理与拍摄技巧完成作品创作，并掌握照片后期处理的基本技能。

（2）初学视频剪辑

基于学生普遍熟悉智能设备操作的特点，选择剪映 APP 作为教学工具，指导学生掌握视频剪辑的基本方法与技巧。

实践活动三：展示阶段

环节一：布置成长礼

本活动作为综合实践环节，要求学生运用前期准备的展示材料，将策划方案付诸实施。静态成长礼成果展通过主题海报、展板、照片墙等形式，呈现活动宗旨与学生的成长历程；动态仪式活动则由学生自主设计，学生通过导演并表演成长主题节目，完整呈现成长礼活动。

环节二：体验成长礼

学生体验成长礼仪式。

【过程性评价】作为成长礼的最终呈现环节，学生在完成前期筹备工作后，迎来了独属于自己的别具一格的十岁成长礼。

五、活动点评

（一）课程特色

打破固式。在现今的学校层面，十岁成长礼的仪式已经比较成熟，一个大型活动的背后往往离不开教师和家长的支持。但过度仪式化将导致学生只能按部就班地根据策划公司的流程走。因此，我们创新活动形式，让学生真正成为仪式策划人，实现了以学生为中心的活动重构。

增加变式。跨学科教学模式打破了传统教学常规，教学组织形式丰富多样，结合学生喜好与特长，组建跨学科教师指导团队，让课堂不仅由语文教师一人组织，还有多学科教师的共同参与，打破思维常规，增加学生实践的可实施性，解决真实问题。本案例的教学空间同样不局限于教室，融合学校、家庭与社会资源。学生在真实情境中，从生活出发，以实际问题为目标，完成资料搜集、信息整合、设计制作、活动展示等任务，培养合作能力、决策判断能力、资源整合能力和自主解决问题的习惯。通过多方协作，共同完成十岁成长礼这一跨学科主题学习活动，使学生获得不一样的体验，收获一段宝贵的学习经历。

（二）实施效果

学生的主体地位得到充分肯定。在本跨学科主题学习活动中，学生通过举办属于自己的成长礼探究活动，自主决定学习内容、学习进度和学习方法。教师主要担任指导者的角色，提供建议、帮助和咨询，鼓励学生进行自主探究、团队合作和创造性思考。通过全程参与，学生不仅感受到了成长的意义，还自主策划和举办了十岁成长礼，将理论知识与实践活动相结合，培养了组织能力和创造力，增强了自我认知能力。

Chapter 5　第五章

结　语

跨学科主题学习不仅是对传统教育模式的革新，也是培养学生适应未来社会所需能力的关键途径。经过三年的跨学科主题学习实践，学校初步取得了以下成果。

一、全面发展了学生能力

跨学科主题学习打破了传统学科界限，通过鼓励学生围绕中心主题，运用多学科知识解决问题，学生的批判性思维、合作能力、解决问题能力得到显著提升，并在各类展示活动中得到一致认可。例如，在"汽车总动员——高实首届杏娃车展"这一主题下，学生不仅研究小车的动力原理，还结合数学进行数据分析，用艺术形式展现汽车车展，这种综合性学习极大地丰富了他们的知识结构，提高了他们的综合应用能力。学生在跨学科主题学习中担任主动探索者的角色，渐渐学会团队合作、沟通协调。随着跨学科主题学习的不断深入，学校的做法获得了家长和社会的一致好评，《人民日报》和《温州晚报》于 2023 年 11 月 22 日报道了高实跨学科主题学习"汽车总动员——高实首届汽车展"。近几年来，学生的综合素质水平已跃居全区前列，因进步明显，小学部校长在 2024 年瓯海区教学工作会议上做质量提升优秀经验汇报。

二、加速培育了教师专业成长

跨学科教学要求教师具备更广泛的知识视野和更强的课程整合能力。学校通过举办工作坊、研讨会及在线培训等方式，鼓励教师进行跨学科合作、共同设计课程，促进教师间的业务交流，助力教师专业成长。教师在准备跨学科教案时，不仅加深了对自己学科的理解，也拓宽了对其他领域的认识，增强了教育创新意识，提升了教育技术的应用能力，为培养适应未来挑战的学生打下了坚实基础。

三、有效整合了课程资源

推进跨学科主题学习，意味着对传统课程资源进行重新整合与优化。学校构建了丰富的跨学科课程资源库，涵盖多门学科领域，支持教师根据教学需要灵活调用。同时，学校鼓励教师开发本土化案例，将地方文化、社会热点融入教学，增强学习的实践性和趣味性。这种资源的整合不仅提升了教学效率，也使学习内容更加贴近学生生活实际，增强了学生的参与度，提高了学生的学习兴趣。

四、深度塑造了学校文化

跨学科主题学习的推行，对学校文化氛围产生了深远影响。它倡导的是一种开放、合作、创新的教育环境，鼓励师生共同探索未知，敢于质疑，勇于创新。通过举办跨学科项目展示、学习成果交流会等活动，在校园里营造了浓厚的学术探讨与实践探索氛围，强化了学校作为学习共同体的角色。学校先后在 2023 年 11 月义乌校长参观团和 2024 年广州校长访问团中，就跨学科主题学习项目进行了汇报交流。学校还承办了"在创造中成长"首届跨学科主题学习研讨会，小学部校长应邀作"从零到一"跨学科主题学习的主旨发言。这种文化氛围的塑造，不仅提升了学校的整体教育品质，也为学生提供了一个展示自我、实现潜能的舞台。

学校在推进跨学科主题学习的过程中，不仅有效提升了学生的核心素养与综合能力，也促进了教师队伍的专业成长，实现了课程资源的高效整合，并深刻塑造了积极向上的学校文化。这一系列积极成效，不仅证明了跨学科主题学习模式的有效性，更为地区乃至全国的教育改革提供了宝贵经验与示范作用。

后　记

　　2021 年 8 月，我调到温州高铁新城实验学校任副校长，分管这所九年一贯制学校的小学部。三个月之后，我决定推行主题活动月课程，第一个主题活动月是 2021 年 12 月的"中西文化月"，由德育处的杨炉峰老师牵头，张丽、郭春艳等英语教师一起共创。

　　当时正值北京冬奥会筹备阶段，大家把这一次的中西文化月主题定为了"杏娃迎冬奥"，并共同编写了一本关于中西文化月的课程手册，聚焦英语学科，研究中西文化的异同，以驱动性问题"冬奥会就要在中国举行了，你怎样向外国的客人介绍中国文化呢？"开展研究，在子任务"冬奥知识篇""文化介绍活动篇""评价篇""收获篇"中，学生须了解参加冬奥会运动员参加的冬奥会项目、所在国家的地理位置等信息，再用英文或者绘画的形式介绍中国的国宝、温州瓯海的特产。这是我们进行跨学科主题学习的开始。

　　2022 年 4 月，新课程方案颁布，当中明确提出要用 10% 的课时开展跨学科主题学习。8 月，我们在均优教育研究院的指导下开展融合课程的研发，融合课程实为多学科融合型跨学科主题学习。我们先在一、二年级试点，一年级的主题为"杏娃探高实"，二年级的主题为"拯救身边的植物朋友"。潘海兰、黄雅丹两位年级组长为课程负责人，联合本年级各门学科教师开展教研并落地实施。

在期末，我们以乐考的形式对学生的跨学科主题学习进行了评估。一、二年级顺利完成了两个跨学科主题学习。此后，我们在小学段全面铺开融合课程的研发和实践。

2023 年 11 月，瓯海区教育研究院张林勇副院长带领团队一行入校指导，建议我们做"小学跨学科主题学习项目建构的实践研究"的课题群研究。定下这个课题之后，语文、数学、英语、科学四门学科再加上德育处同时申报"跨学科主题学习"的子课题，在 2024 年瓯海区教育研究课题评选中全部立项成功。2024 年开始，全校以"单学科主导型""多学科融合型""跨学科实践活动"三个类型来进行跨学科主题的研究。

2024 年 6 月，我们的研究有所进展，三个类型的主题实施已达 30 多个。温州市教育局督导处原处长朱朝国看到我们做的案例后给予了高度评价，认为我们在做一些创新的研究，这让我们很受鼓舞。不久后，温州市教育研究院的首席研究员陈素平老师来学校指导，陈老师也肯定了我们的做法，并希望我们在常态化实施的基础上继续迭代和优化个案。

三年多的跨学科主题学习实践，温州高铁新城实验学校的学生样态已经得到了极大改变，他们能落落大方地介绍自己的产品，能深度参与合作探究。温州高铁新城实验学校的全体教师用实际行动参与研究、探索和实践，对如何组织学生进行综合性学习有了更深层次的理解。

感谢总校长黄建刚给予了强有力的支持，也感谢均优教育研究院的陈长河老师多次提供机会，让我们的团队前往深圳、北京、贵港等地的学校学习。

此书能出版得到了王小庆老师的帮助，在此表示感谢。同时也特别感谢上海教育出版社的刘美文老师和姜一宁老师的指导。

我和我的团队将继续努力！

王 蓉

2025 年春于温州瓯海

图书在版编目（CIP）数据

跨以成人 : 小学跨学科主题学习这样做 / 王蓉编著.
上海 : 上海教育出版社, 2025. 7. — ISBN 978-7-5720-
3424-4

  I. G622.0

  中国国家版本馆CIP数据核字第202551F3N0号

策划编辑　刘美文
责任编辑　姜一宁　刘美文
装帧设计　王鸣豪

跨以成人——小学跨学科主题学习这样做
王　蓉　编著

出版发行　上海教育出版社有限公司
官　　网　www.seph.com.cn
地　　址　上海市闵行区号景路159弄C座
邮　　编　201101
印　　刷　上海华顿书刊印刷有限公司
开　　本　700×1000　1/16　印张 26.75
字　　数　447 千字
版　　次　2025年7月第1版
印　　次　2025年7月第1次印刷
书　　号　ISBN 978-7-5720-3424-4/G·3059
定　　价　128.00 元

如发现质量问题，读者可向本社调换　电话：021-64373213